REGRAS DO JOGO DIGITAL

Propostas para uma internet mais competitiva e inovadora

ÉRICO PRADO KLEIN

Prefácio
João Victor Archegas

Apresentação
Marcos Wachowicz

REGRAS DO JOGO DIGITAL

Propostas para uma internet mais competitiva e inovadora

Belo Horizonte

FÓRUM
CONHECIMENTO JURÍDICO

2025

FÓRUM
CONHECIMENTO JURÍDICO

Luís Cláudio Rodrigues Ferreira
Presidente e Editor

Coordenação editorial: Leonardo Eustáquio Siqueira Araújo / Thaynara Faleiro Malta
Revisão: Fabiana Guimarães Coelho
Projeto gráfico: Walter Santos
Capa e Diagramação: Formato Editoração

Rua Paulo Ribeiro Bastos, 211 – Jardim Atlântico – CEP 31710-430
Belo Horizonte – Minas Gerais – Tel.: (31) 99412.0131
www.editoraforum.com.br – editoraforum@editoraforum.com.br

Técnica. Empenho. Zelo. Esses foram alguns dos cuidados aplicados na edição desta obra. No entanto, podem ocorrer erros de impressão, digitação ou mesmo restar alguma dúvida conceitual. Caso se constate algo assim, solicitamos a gentileza de nos comunicar através do *e-mail* editorial@editoraforum.com.br para que possamos esclarecer, no que couber. A sua contribuição é muito importante para mantermos a excelência editorial. A Editora Fórum agradece a sua contribuição.

Dados Internacionais de Catalogação na Publicação (CIP) de acordo com ISBD

K64r Klein, Érico Prado

Regras do jogo digital: propostas para uma internet mais competitiva e inovadora / Érico Prado Klein. Belo Horizonte: Fórum, 2025.

317p. 14,5x21,5cm

ISBN impresso 978-85-450-0820-0
ISBN digital 978-85-450-0814-9

1. Regulamento dos Mercados Digitais da União Europeia (RMD/UE). 2. Concorrência. 3. Dados pessoais. 4. Controladores de acesso. 5. Mercados digitais. I. Título.

CDD: 340.0285
CDU: 342

Ficha catalográfica elaborada por Lissandra Ruas Lima – CRB/6 – 2851

Informação bibliográfica deste livro, conforme a NBR 6023:2018 da Associação Brasileira de Normas Técnicas (ABNT):

KLEIN, Érico Prado. *Regras do jogo digital*: propostas para uma internet mais competitiva e inovadora. Belo Horizonte: Fórum, 2025. 317p. ISBN 978-85-450-0820-0.

AGRADECIMENTOS

Agradeço à minha esposa, Emili, por ter me apoiado ao longo de anos de dedicação acadêmica, desde os vários dias de estudo e escrita, passando pelas tentativas em processos seletivos e ao longo de todo o programa de mestrado. Por vezes à distância, por vezes nas nossas conversas à mesa de jantar, você foi a mais importante para que tudo isso fosse possível.

Ao meu sócio, André, por ter lido meus textos, produzido alguns comigo e me incentivado. Pelo convívio diário e pelo grande exemplo acadêmico que é para mim, tenho muito a agradecer ao André.

Aos meus pais, por sempre terem estimulado minha curiosidade e inquietude. Depois de muitos livros e discussões, eu encontrei um tema sobre o qual queria me debruçar. É pela força, pelo apoio e fomento de vocês que eu cheguei aqui.

Aos meus amigos no Klein Portugal Advogados, que me deram boas razões para sorrir e acordar a cada dia ao longo de todos esses anos. O escritório e as pessoas que o tornam o que ele é foram uma enorme motivação ao longo desses anos de estudo. Dentre essas pessoas destaco Diana, Bruna, Victor, Augusto, Diego, Heloisy, Sofia, Gabriel, Filipo e Bárbara.

Aos amigos do GEDAI e da comunidade acadêmica, especialmente Lukas, Lena, Pedro, João Archegas, Marcelle, Rafael Reis, dentre outros, pelas colaborações específicas e pelo apoio generalizado em cada desafio da vida acadêmica.

Aos meus amigos em geral, por ouvirem e valorizarem minha pesquisa, por compreenderem as ausências ou restrições e por se dedicarem à nossa amizade.

Ao meu orientador, Prof. Dr. Marcos Wachowicz, por todo o apoio e por acreditar em mim e na minha pesquisa.

LISTA DE ABREVIATURAS E SIGLAS

ANPD	Autoridade Nacional de Proteção de Dados
CE	Comissão Europeia
DGA	Dados Governamentais Abertos
API	Interface de Programação de Aplicações
RGPD	Regulamento Geral sobre a Proteção de Dados
DMA	*Digital Markets Act*
DSM	*Digital Single Market*
OCDE	Organização para a Cooperação e o Desenvolvimento Econômico
RGD	Regulamento de Governança de Dados
RMD/EU	Regulamento dos Mercados Digitais da União Europeia
SSL	*Secure Socket Layer*
RSD	Regulamento dos Serviços Digitais
TFUE	Tratado sobre o Funcionamento da União Europeia
TUE	Tratado da União Europeia
UE	União Europeia

LISTA DE FIGURAS

LISTA DE TABELAS

SUMÁRIO

APRESENTAÇÃO

A pesquisa de Érico Prado Klein, agora publicada em forma de livro, revela-se de extrema relevância no campo do Direito Digital e da Proteção de Dados, não apenas pela originalidade e atualidade da temática explorada, mas também pela profundidade analítica que caracteriza sua abordagem.

O trabalho de pesquisa de Érico articula-se em torno da complexidade da concorrência nos mercados digitais, enfocando, de maneira especial, a regulação do fluxo de dados pessoais.

No século XXI, o advento do uso massivo das novas Tecnologias de Inteligência Artificial (IA) faz com que, cada vez mais, estejamos imersos em um cenário em constante transformação, onde as distinções entre o físico e o virtual se tornam cada vez mais tênues.

A ascensão da Internet como um potente veículo de comunicação e interação não apenas revoluciona as dinâmicas sociais, mas também recontextualiza o relacionamento entre tecnologia, direito e a proteção dos dados pessoais, estabelecendo um novo protagonismo para esses elementos em uma era digital.

A pesquisa de Érico revela uma investigação crítica bem como a interação entre direito concorrencial e aspectos relacionados à coleta e ao uso de dados pessoais, demonstrando uma maturidade acadêmica singular. Ele apresenta reflexões contundentes sobre as limitações da legislação brasileira existente e sugere direções e possíveis reformas que se fazem necessárias para que possamos enfrentar os desafios impostos por esse novo ecossistema digital.

Através de uma redação clara e incisiva, o leitor é conduzido por uma análise precisa das complexidades associadas ao fluxo de dados no ciberespaço. Érico enfatiza, de maneira lúcida, que a centralidade dos dados pessoais nos mercados digitais não é apenas uma questão comercial, mas também um fator que afeta direitos fundamentais, como a privacidade e a autonomia dos indivíduos na Sociedade Informacional.

A capacidade das novas Tecnologias de IA de tratar grandes volumes de dados obtidos de vastas bases de usuários confere um poder significativo tanto sobre o mercado quanto sobre as escolhas dos indivíduos, trazendo à tona dilemas éticos e jurídicos que exigem uma abordagem regulatória atualizada no tocante às Plataformas Digitais.

Nesta pesquisa, Érico adota uma perspectiva abrangente e reflexiva, que, ao explorar as questões de concorrência à luz do tratamento de dados pessoais, não apenas contribui para o debate acadêmico, mas também apresenta um guia estratégico para a formulação de políticas públicas que visem um mercado mais justo e competitivo. A abordagem metodológica, sustentada por extensa revisão de literatura e análise normativa, enriquece a discussão ao oferecer substratos teóricos sólidos para a necessidade de intervenção do Estado.

O texto incita o leitor a considerar a importância de se estabelecer uma harmonia entre os direitos concorrenciais e a aspiração por um ambiente digital que atenda aos interesses do público e promova a diversidade e a inovação. Ao nos guiar por essa trajetória, Érico revela a imperativa necessidade de uma reconfiguração do arcabouço regulatório, o que permitirá à sociedade digital avançar de maneira sustentável, respeitando princípios democráticos que sustentam nosso tecido socioeconômico.

Indubitavelmente, a obra que agora se publica é fundamentada na dissertação apresentada por Érico Prado Klein, defendida com distinção no Programa de Pós-Graduação em Direito da Universidade Federal do Paraná. Como seu orientador, tive a satisfação e o privilégio de acompanhá-lo nesse importante percurso acadêmico. No entanto, o texto que se apresenta vai muito além dos limites da sua defesa original; ele inclui diversas complementações e aprofundamentos desenvolvidos após a apresentação da dissertação.

Este livro se configura como um verdadeiro convite à reflexão sobre as complexas interações entre tecnologia, direito e sociedade. À medida que se desdobra ao longo de suas páginas, a narrativa proposta por Érico inspira os leitores a contemplar a relevância da regulação do ciberespaço e da proteção de dados pessoais. Ele explora como esses temas podem convergir para promover um futuro mais equilibrado e justo, destacando a necessidade premente de uma abordagem regulatória que respeite tanto os direitos individuais quanto as dinâmicas do mercado digital.

Por meio de uma análise profunda e bem fundamentada, a pesquisa de Érico não apenas apresenta um panorama abrangente da situação atual, mas também propõe caminhos e soluções que podem moldar políticas públicas e práticas jurídicas mais eficazes.

Assim, esta obra se torna um recurso valioso para acadêmicos, profissionais do direito e todos aqueles interessados nas implicações sociais e éticas das tecnologias emergentes na sociedade contemporânea.

A riqueza da pesquisa se encontra na ponte que estabelece entre os desafios contemporâneos da concorrência de mercado e as aspirações de uma sociedade informacional que valoriza os direitos de todos os seus cidadãos.

Neste trabalho, Érico Prado Klein não apenas lança luz sobre as complexas interações entre concorrência, proteção de dados e a natureza dinâmica dos mercados digitais, mas também nos proporciona uma visão crítica e inovadora sobre como o direito pode e deve se adaptar a essas transformações. Sua pesquisa evidencia a urgência de reavaliar as estruturas regulatórias existentes, assim como propõe alternativas que promovam um ambiente mais equitativo e competitivo.

Suas contribuições são de suma importância para o avanço do debate na área do Direito Digital, considerando as implicações sociais e éticas que surgem na esteira do uso de dados pessoais.

Assim, o texto se torna um precioso recurso tanto para acadêmicos quanto para profissionais do direito e formuladores de políticas, oferecendo insumos valiosos para uma discussão mais ampla e fundamentada.

Desejo a todos uma excelente leitura e, ao mesmo tempo, reforço a relevância do trabalho de Érico, cuja dedicação e o rigor científico certamente irão enriquecer a compreensão sobre as complexidades do ciberespaço e a necessidade urgente de uma regulação que contemple os direitos de todos os cidadãos em uma sociedade digital em constante evolução.

Marcos Wachowicz

Professor Titular da Faculdade de Direito da Universidade Federal do Paraná UFPR

PREFÁCIO

No final da década de 1960, em Washington, D.C., Lawrence Roberts tomou uma decisão que mudaria o curso da história. Após concluir seu PhD em Engenharia Elétrica em 1963, recebeu um convite para trocar o *Lincoln Laboratory* do MIT pelos corredores de concreto do Pentágono. Lá assumiu o cargo de gerente da hoje lendária divisão ARPA, responsável pelo desenvolvimento e implementação da Arpanet – a primeira grande rede de computadores para transmissão de dados militares sigilosos. A visão de Roberts para uma rede interconectada de terminais, incluindo os protocolos técnicos que a sustentam, tornou-se fundamental para a Internet que conhecemos hoje.

A partir dessa infraestrutura informacional de ponta, surgiram os blogs, as salas de *chat*, o *e-mail*, as redes sociais, as plataformas de *e-commerce* e tantas outras aplicações sem as quais já não sabemos mais viver. Tudo começou com dois computadores interconectados.

Se há algo que se tornou evidente nas últimas duas décadas é que a Internet não é apenas um meio de comunicação, mas uma arena de disputas políticas e econômicas que reverberam em todas as estruturas da nossa vida em sociedade. O impacto disso vai além da inovação e do código: estamos diante de uma nova configuração de poder, em que mercados altamente concentrados ameaçam a concorrência, a autonomia dos usuários e, em última instância, a própria democracia.

A obra de Érico Prado Klein se debruça exatamente sobre essa questão e oferece uma contribuição essencial ao debate. Muito se discute sobre a regulação de serviços digitais, inteligência artificial e moderação de conteúdo, mas pouco se fala sobre como a própria estrutura dos mercados digitais precisa ser repensada para salvaguardar direitos fundamentais na era digital. A União Europeia (UE) compreendeu essa necessidade ao desenvolver, simultaneamente, o *Digital Markets Act* (DMA – Regulamento dos Mercados Digitais) e o *Digital Services Act* (DSA – Regulamento dos Serviços Digitais). Trata-se do reconhecimento de que regular plataformas sem abordar os mercados nos quais operam é um esforço incompleto. No Brasil, no entanto, seguimos focados quase exclusivamente na regulação de plataformas, enquanto o debate sobre concorrência digital ainda ganha espaço em órgãos como o Ministério da Economia e o CADE.

É nesse ponto que a pesquisa de Érico se torna indispensável, trazendo duas importantes contribuições. Em primeiro lugar, o autor oferece uma análise aprofundada do regulamento da UE, ainda cercado de incompreensões e vítima de certa simplificação excessiva tanto na academia quanto em instâncias governamentais no Brasil. Em segundo lugar, seu estudo ilumina as dinâmicas de concentração da infraestrutura digital e o papel desempenhado pelo fluxo de dados pessoais na formação de monopólios e barreiras à entrada no mercado. Ao analisar os controladores de acesso (*gatekeepers*) – empresas que, mais do que simplesmente atuar no mercado, definem seus próprios termos de competição –, o autor demonstra como um ambiente regulado com inteligência e estratégia pode não apenas fomentar a inovação, mas também restaurar o equilíbrio de forças na economia digital contemporânea.

A obra não se limita a um exame técnico da legislação europeia ou do ecossistema regulatório brasileiro – o que, por si só, já seria uma contribuição digna de atenção por acadêmicos e formuladores de políticas públicas no Brasil. Pelo contrário, ela articula um olhar crítico e bem fundamentado sobre os desafios concretos da regulação digital explorando os efeitos do DMA e pavimentando o caminho para suas possíveis implicações em ordenamentos jurídicos como o nosso.

O leitor encontrará aqui uma análise instigante e essencial para entender por que regular serviços digitais sem abordar a estrutura de mercado na qual essas empresas estão inseridas – e os fluxos de dados pessoais que as sustentam – é uma abordagem insuficiente e, em última instância, temerária.

Tive o privilégio de acompanhar o desenvolvimento deste trabalho quando Érico e eu dividimos as salas de pós-graduação da Faculdade de Direito da UFPR. Com a clareza que o define (para além de sua extrema gentileza e leveza de ser), Érico Prado Klein nos brinda com uma obra fundamental em uma área que ainda dá seus primeiros passos no país. Sua dissertação é um chamado convincente à necessidade de enxergar o cenário regulatório como um todo, unindo serviços e mercados e garantindo que inovação e concorrência caminhem juntas. Apenas assim podemos transformar visão em ação para que os mercados digitais não se tornem reféns de um punhado de gigantes tecnológicos.

De dois computadores interconectados à revisão das regras do jogo digital, tudo é parte de uma mesma história que agora temos a chance de recontar.

Curitiba, verão de 2025.

João Victor Archegas

Professor de Direito e um otimista cauteloso em relação ao nosso futuro interconectado e Digital

CAPÍTULO 1

INTRODUÇÃO

1.1 Contexto do estudo

O presente estudo ocupa-se de uma pergunta complexa e necessária, que pode se desdobrar em duas: Em que medida o Regulamento[1] dos Mercados Digitais (RMD) da União Europeia[2] promove a regulação da concorrência nos mercados digitais,[3] com base em critérios relacionados ao fluxo de dados pessoais? E quais efeitos são esperados a partir da vigência e aplicação da lei? A hipótese apresentada é de que o RMD é fortemente pautado por medidas envolvendo o fluxo de dados pessoais, bem como pela regulação dos controladores de acesso (*Gatekeepers*). Explica-se, desde já, que os controladores de acesso são

---

1 O presente estudo utiliza o termo regulamento ao se referir à peça legislativa que é objeto da pesquisa. Tal opção metodológica se dá por ser o termo utilizado no Jornal Oficial da União Europeia, não se entendendo caber ao pesquisador a alteração do termo. Quanto a seus efeitos, tal regulamento possui força de lei, sendo vinculativo para toda a UE. Observe-se os tipos de legislação da UE e seus efeitos também nos termos de fonte oficial: UNIÃO EUROPEIA. Tipos de legislação. *União Europeia*. S.D. Disponível em: https://european-union.europa.eu/institutions-law-budget/law/types-legislation_pt. Acesso em: 28 abr. 24.

2 Toda a terminologia deste estudo, inclusive o termo regulamento, respeita aquela utilizada pelo RMD UNIÃO EUROPEIA. Regulamento (UE) 2022/1925 relativo à disputabilidade e equidade dos mercados no setor digital e que altera as Diretivas (UE) 2019/1937 e (UE) 2020/1828 (Regulamento dos Mercados Digitais). *Jornal Oficial da União Europeia*, Bruxelas, Bélgica, v. L 265/1, p. 2, 14 set. 2022a. Disponível em: https://data.consilium.europa.eu/doc/document/PE-17-2022-INIT/pt/pdf. Acesso em: 29 ago. 2023.

3 O Regulamento dos Mercados Digitais utiliza os termos "mercados digitais", "economia digital" ou "mercados no setor digital" para tratar do conceito, que é um recorte econômico do ciberespaço. Esta pesquisa convenciona o uso do termo "mercados digitais", partindo dos termos usados pela lei e considerando a relevância da existência de mercados digitais de serviços específicos, essenciais ou não, com suas dinâmicas particulares (UNIÃO EUROPEIA, 2022a).

empresas de grande porte, com faturamento bilionário e dezenas de milhões de usuários na União Europeia. Mais importante que isso, elas prestam serviços essenciais digitais, intermediando a relação entre usuários profissionais e finais, com grande influência no mercado e na sociedade. Tais empresas são centrais para o presente estudo.[4]

Os efeitos esperados são de um melhor ambiente competitivo nos mercados digitais, amenizando a posição de mercado dos controladores de acesso no que toca a serviços essenciais digitais, dando mais autonomia aos usuários e construindo um melhor ambiente no ciberespaço[5] como um todo.

Visando a responder tal pergunta e validar a hipótese, o estudo se desenvolverá ao longo de três capítulos. O capítulo 2, "Concorrência nos mercados digitais", procurará compreender e delinear um novo paradigma regulatório concorrencial do ciberespaço, focado em dados pessoais, principalmente a partir do questionamento: Como se deve aplicar o direito concorrencial ao ciberespaço, considerando as peculiaridades dos mercados digitais bem como os aspectos relacionados à concentração de dados pelos controladores de acesso?

O capítulo 3, "Fluxo de dados pessoais nos mercados digitais", reconhece a importância dos dados pessoais para o objeto de estudo,

---

4 O termo controladores de acesso remete ao correspondente em inglês *Gatekeepers* e é usado sempre que se tratar de empresas que se amoldem aos critérios do Regulamento dos Mercados Digitais da União Europeia (UNIÃO EUROPEIA, 2022a) para o conceito "controlador de acesso" nos termos dos arts. 2º e 3º: "Artigo 2º (...) Para efeitos do presente regulamento, entende-se por: 1) 'Controlador de acesso', uma empresa que presta serviços essenciais de plataforma, designada nos termos do artigo 3º; Artigo 3º (...) 1. Uma empresa é designada como controlador de acesso se: a) Tiver um impacto significativo no mercado interno; b) Prestar um serviço essencial de plataforma que constitui uma porta de acesso importante para os utilizadores profissionais chegarem aos utilizadores finais; e c) Beneficiar de uma posição enraizada e duradoura nas suas operações ou se for previsível que possa vir a beneficiar de tal posição num futuro próximo". Os demais critérios e aspectos aplicáveis serão analisados oportunamente.

5 O termo é utilizado por Lévy na obra indicada a seguir, sendo o marco teórico do uso neste estudo. Lévy define "o ciberespaço como o *espaço de comunicação aberto pela interconexão mundial dos computadores e das memórias dos computadores*. Essa definição inclui o conjunto dos sistemas de comunicação eletrônicos (...), na medida em que transmitem informações provenientes de fontes digitais ou destinadas à digitalização. Insisto na codificação digital, pois ela condiciona o caráter plástico, fluido, calculável com precisão e tratável em tempo real, hipertextual, interativo e, resumindo, virtual da informação que é, parece-me, a marca distintiva do ciberespaço. Esse novo meio tem a vocação de colocar em sinergia e interfacear todos os dispositivos de criação de informação, de gravação de comunicação e de simulação. A perspectiva da digitalização geral das informações provavelmente tornará o ciberespaço o principal canal de comunicação e suporte de memória da humanidade a partir do início do próximo século". (LÉVY, Pierre. *Cibercultura*. Tradução de Carlos Irineu da Costa. São Paulo: Ed. 34, 1999, p. 92.)

já que a regulação proposta é centrada no estabelecimento de regras para seu fluxo nos mercados digitais. Assim, o capítulo é dedicado à compreensão dos dados pessoais nos mercados digitais e da influência que o tratamento de tais dados tem nos direitos dos usuários[6] e na concorrência. A arguição feita é: Qual a importância dos dados pessoais nos mercados digitais, e quais as perspectivas de seu fluxo nos mercados digitais podem favorecer a dinâmica concorrencial e os usuários?

O capítulo 4, por sua vez, aprofunda a análise do marco legal escolhido, o Regulamento dos Mercados Digitais da União Europeia (RMD/EU), procurando compreender as alternativas trazidas nele para regulação da concorrência com base em medidas que envolvam dados pessoais. Propõe-se a responder à pergunta: Quais os efeitos esperados a partir da vigência e aplicação do RMD/EU para o aprimoramento da concorrência nos mercados digitais, especialmente com foco em suas disposições sobre o fluxo de dados pessoais?

As hipóteses são formuladas no contexto da Sociedade Informacional, uma Sociedade em Rede, como definida por Manuel Castells,[7] em que os dados são cada vez mais centrais para o desenvolvimento de toda a atividade econômica, especialmente na economia digital. Os dados e seus arranjos são razões centrais para as relações de dominação, influência de comportamento e transformação social. Não haveria razão, então, para que os dados não estivessem também no centro das análises de política pública e legislativa concorrencial, assim como dos estudos acadêmicos que se propõem a contribuir positivamente para a transformação social.

---

6 Os direitos dos usuários, para os fins da presente pesquisa, são aqueles abrangidos pela legislação europeia e direcionados a usuários de serviços digitais essenciais e seus dados. Dá-se ênfase aos direitos previstos pelo RMD (UNIÃO EUROPEIA, 2022a), bem como pelo Regulamento dos Serviços Digitais (RSD), pelo Regulamento Geral sobre a proteção de Dados (RGPD) e por demais peças legislativas correlatas, especialmente nos campos de direito concorrencial, proteção de dados e do consumidor. Cita-se as leis referidas acima: UNIÃO EUROPEIA. Regulamento (UE) 2022/2065 do Parlamento Europeu e do Conselho de 19 de outubro de 2022 relativo a um mercado único para os serviços digitais e que altera a Diretiva 2000/31/CE (Regulamento dos Serviços Digitais). *Jornal Oficial da União Europeia*, Bruxelas, Bélgica, 27.10.2022b L 277/1. Disponível em: https://eur-lex.europa.eu/legal-content/PT/TXT/PDF/?uri=CELEX:32022R2065. Acesso em: 10 dez. 2023; e UNIÃO EUROPEIA. Regulamento (UE) 2016/679 do Parlamento Europeu e do Conselho de 27 de abril de 2016 relativo à proteção das pessoas singulares no que diz respeito ao tratamento de dados pessoais e à livre circulação desses dados e que revoga a Diretiva 95/46/CE (Regulamento Geral sobre a Proteção de Dados). *Jornal Oficial da União Europeia*, Bruxelas, Bélgica, 4.5.2016 L 119/1. Disponível em: https://eur-lex.europa.eu/legal-content/EN/TXT/PDF/?uri=CELEX:32016R0679. Acesso em: 10 dez. 2023.

7 CASTELLS, Manuel. *A sociedade em rede*. São Paulo: Paz e Terra, 1999, p. 57 e ss.

Nos primórdios do desenvolvimento da internet, em que o fluxo de dados e as relações se davam de forma ágil e complexa, a abertura para inovação e a redução inicial das barreiras de ingresso no mercado eram evidentes. Foi essa estrutura que permitiu grandes inovações nas últimas décadas. Paradoxalmente, um mesmo grupo de grandes empresas tem buscado o crescimento empresarial rápido e a atuação escalável no ciberespaço. A estrutura deste ambiente gera efeitos de rede e favorece a formação de ecossistemas de serviços ou produtos[8] centralizados em apenas uma empresa ou grupo empresarial. Tal situação propicia concentrações de dados e, consequentemente, de mercado, favorecendo monopólios ou dominância significativa de setores de mercado por apenas uma empresa, que pode ser chamada de controlador de acesso.[9]

Vislumbra-se e explica-se a insuficiência de abordagens e conceitos antigos do antitruste para abordar o contexto contemporâneo. Dentre as novas formas de regulação, visando evitar a concentração e o compartilhamento abusivo de dados por apenas uma empresa, tem-se por intenção analisar a abordagem do RMD e em que medida ele abordou o fluxo de dados pessoais para fins concorrenciais. Igualmente, pretende-se verificar se o RMD abordou o tema considerando formas de compartilhamento de dados que deem autonomia aos usuários e reconheçam sua titularidade sobre eles.

É esta a proposição do estudo: uma nova forma de regulação do ciberespaço, visando a evitar concentrações de dados e barreiras de mercado. Essa nova forma coloca no centro da regulação os usuários e a compreensão da relevância de seus dados no contexto da Sociedade Informacional. Também se levanta a possibilidade de se obter, a partir da política legislativa e pública, modelos econômicos e concorrenciais que se legitimem a partir da escolha política tomada pelos cidadãos nas vias institucionais adequadas.

Parte-se da hipótese de que uma regulamentação técnica adequada do ciberespaço, levando em consideração aspectos do fluxo de dados

---

[8] Um ecossistema de serviços ou produtos é aquele em que apenas uma empresa ou grupo empresarial fornece vários serviços e oferece benefícios de integração ao usuário com base nesse ecossistema, estimulando que o usuário utilize esses vários serviços, assim fornecendo dados de diversas naturezas ao controlador de acesso, o que facilita a atuação de tais empresas no mercado de anúncios direcionados, bem como a potencial combinação de dados, formação e comercialização de perfis dos usuários.

[9] Este é o termo utilizado pelo RMD (UNIÃO EUROPEIA, 2022a).

pessoais (especialmente concentração e compartilhamento), gerará efeitos positivos e atenderá ao interesse público[10] no gerenciamento e utilização dos dados. Também se propõe a hipótese de que seus efeitos concorrenciais serão positivos, gerando maior abertura do mercado e competição mais acirrada, bem como inovação mais duradoura e eficiente. Os aspectos técnicos regulatórios a serem aplicados, somados à atribuição de autonomia e propriedade aos usuários, podem levar a mudanças na dinâmica concorrencial do mercado digital em que a referida concorrência se dá a partir de uma modificação gradual do modelo de negócio vigente.

Tais aspectos técnicos regulatórios seriam especialmente: (a) a transparência algorítmica e de tratamento de dados em geral; (b) demais medidas de transparência, envolvendo consentimento e proibição de condutas desleais, que permitam ao usuário tomar suas decisões com clareza; (c) rejeição de aquisições predatórias e anticompetitivas; (d) a imposição de medidas de desconcentração de mercado, inclusive com desmembramento de empresas; (e) medidas focadas em dados, como a interoperabilidade e portabilidade; (f) restrições à combinação de dados e aprimoramento do modelo de tomada de consentimento; (g) restrições à formação e comercialização de perfis dos usuários, e imposição gradual de restrições aos anúncios direcionados e à publicidade comportamental; (h) estímulo de práticas de anonimização e desidentificação de dados e valorização da privacidade. Temas como os listados serão, portanto, analisados criticamente visando ao cumprimento dos objetivos de pesquisa.

---

10 Tal conceito é utilizado na acepção do RMD (UNIÃO EUROPEIA, 2022a), conforme mencionado nos considerandos 09, 35 e 67, e refere-se aos interesses elegidos por uma determinada comunidade, no caso a União Europeia, como relevantes para seu adequado desenvolvimento. Traz em si, ainda, a oposição aos interesses privados de uma determinada pessoa, um grupo ou uma empresa. O interesse público é o do conjunto social, isto é, "o interesse resultante do conjunto dos interesses que os indivíduos pessoalmente têm quando considerados em sua qualidade de membros da Sociedade e pelo simples fato de o serem". É uma dimensão pública dos interesses de cada um, como membro da sociedade, considerado um recorte nacional e intergeracional (BANDEIRA DE MELLO, Celso Antônio. *Curso de direito administrativo*. 27. ed. São Paulo: Malheiros, 2010, p. 58/61). Ainda é relevante destacar, como conceito relacionado ao de interesse público, a dimensão de interesse comum, trazida pelo Tratado sobre o Funcionamento da União Europeia (TFUE), que envolve uma perspectiva de interesse dos países-membros da União Europeia, como se observa no artigo 121 do referido diploma legal, entre outros artigos (UNIÃO EUROPEIA. Tratado sobre o Funcionamento da União Europeia (TFUE). 26.10.2012. *Jornal Oficial da União Europeia* C 329/49. Disponível em: https://eur-lex.europa.eu/LexUriServ/LexUriServ.do?uri=CELEX:12012E/TXT:PT:PDF. Acesso em: 21 abr. 24).

Identifica-se, neste contexto, a relação entre a concorrência e a proteção de dados e do consumidor. Tal relação não se dá apenas influenciando a concorrência, mas sim em uma recíproca influência em que a alteração de aspectos do gerenciamento dos dados pessoais dos usuários gera impactos concorrenciais e de proteção ao consumidor, assim como medidas antitruste contribuem para os demais campos. As hipóteses serão postas à prova pela análise teórica, com base no RMD e na bibliografia disponível.

Serão estudados aspectos dos dados pessoais, especialmente os desdobramentos do fluxo de dados e as tecnologias usadas em tal percurso. Serão considerados aspectos da privacidade e o contexto de formação da personalidade e suas interações em laços coletivos e comunitários, no contexto de um pretendido convívio solidário e justo em sociedade.

Por fim, estabelecidas as bases teóricas do estudo, será verificado em que medida o RMD traz propostas positivas e factíveis e quais são os efeitos esperados para elas.

1.2 Aspectos metodológicos

Faz-se uso da premissa de que a adoção de políticas de regulação da concorrência no mercado digital, envolvendo fluxo de dados, é necessária e está abarcada pelo RMD. Aplica-se tal premissa às grandes plataformas[11] de tecnologia (conhecidas como *Big Tech*) visando a compreender, com profundidade, seus desdobramentos.

Com foco na resolução do problema de pesquisa, utilizar-se-á noções de Direito Concorrencial para analisar o contexto político, os conceitos e instrumentos de regulação da concorrência, em geral e no

---

[11] Plataforma é o modelo de negócio de empresas que aproximam diferentes tipos de usuários, como os usuários profissionais e os usuários finais, estes dois últimos conceitos vindos da definição do RMD (UNIÃO EUROPEIA, 2022a). Para os autores adiante citados, as plataformas gozam de efeito de rede, de forma que o valor por usuário aumenta quanto mais usuários houver. Além disso, forma-se um mercado de dois lados, em que o lado dos usuários profissionais se aproveita do lado dos usuários finais. Bons exemplos são a *Google*, que tem como usuários finais aqueles que pesquisam no mecanismo de buscas e como usuários finais os anunciantes, que pagam para figurar entre os primeiros resultados das pesquisas. (ALIMONTI, Roberto; NEUROHR, Bertram; RALSTON, Helen. Digital Markets and implications for competition policy: Evidence from recent economic analysis. *In*: PARCU, Pier Luigi; MONTI, Giorgio; BOTTA, Marco (Ed.). *Economic Analysys in EU Competition Policy*: Recent Trends at the National and EU Level. Cheltenham (UK): Edward Elgar Publishing Limited, 2021, p. 112.)

ciberespaço, envolvendo o fluxo de dados pessoais e abrangendo abordagens doutrinárias e aplicações práticas, especialmente no âmbito da União Europeia.

Como premissa epistemológica se tomará as complexas relações no âmbito do ciberespaço, bem como a natureza dos dados pessoais, na busca de se compreender a proposta regulatória do RMD, sempre observando a mutabilidade das relações ali estabelecidas. A proposta é de compreender, da forma mais completa possível, o fenômeno da regulação da concorrência nos mercados digitais a partir das grandes empresas de tecnologia, bem como os instrumentos regulatórios utilizados e as informações que se puder identificar sobre seus efeitos.

A amostragem dos dados se dará, primeiramente, através da pesquisa do RMD, bem como na bibliografia, além de dados da experiência internacional que descrevam o fenômeno e os conceitos analisados, estabelecendo os pressupostos do estudo. No momento posterior serão analisadas as diversas propostas e aplicações atuais voltadas ao estabelecimento de regras para o fluxo de dados pessoais nos mercados digitais, com suas nuances.

Será feito o levantamento dos dados secundários, identificando elementos para estruturar a discussão e analisar os efeitos e as conjecturas (positivos e negativos) acerca das possibilidades de regulação da concorrência no ciberespaço, com ênfase para hipóteses atentas à concentração de dados. Tal levantamento partirá da doutrina jurídica nacional e internacional, mas também de estudos de tecnologia da informação e economia.

Tendo em vista a amplitude global do fenômeno, o recorte dará ênfase aos controladores de acesso, bem como ao RMD e às propostas regulatórias que envolvam o controle sobre o fluxo de dados pessoais, ainda que levando em consideração outros instrumentos, com o intuito de compreender de forma plena o contexto regulatório.

A intenção é colher os dados que melhor exemplifiquem os fenômenos analisados. Será feita a seleção de determinados casos ocorridos nos últimos anos, com ênfase para a União Europeia, a serem apontados quando do desenvolvimento da pesquisa, mediante critérios de representatividade da amostra e interesse da pesquisa. O estudo pretende agregar informações e reflexões ao estado da arte no campo da concorrência nos mercados digitais. Ao avançar no estudo, a intenção é compreender o quanto dessa concorrência e dos problemas ali ocorridos decorrem de concentrações de dados e o quanto o RMD ou as medidas correlatas podem contribuir para alterações em tal quadro a partir do estabelecimento de regras para o fluxo de dados pessoais.

Dentre as principais análises que se optou por excluir do estudo, quando do recorte metodológico realizado, estão: (1) quaisquer comparativos com o direito brasileiro ou fatos passados no Brasil; (2) abordagens específicas do direito internacional, por exemplo envolvendo conflitos entre leis de diferentes jurisdições; (3) desdobramentos para a potencial fragmentação do ciberespaço em si; (4) aspectos especificamente relacionados à moderação de conteúdo ou outras responsabilidades de empresas no ciberespaço não relacionadas com este estudo; (5) perspectivas aprofundadas de autorregulação ou temas correlatos; (6) análises econômicas marxistas mais aprofundadas, assim como perspectivas de um estado planificado ou não capitalista.

As referidas análises não serão realizadas por excederem o escopo do presente estudo; por merecerem estudos próprios; por extrapolarem a perspectiva econômica e prática da legislação analisada; ou, por fim, por não influenciarem diretamente na adequada resolução do problema de pesquisa aqui posto. Quando eventualmente margeados os assuntos acima ao longo do texto, serão realizados os comentários metodológicos pertinentes, deixando claro o recorte realizado.

1.3 O Regulamento dos Mercados Digitais da União Europeia como objeto de estudo

Publicado em outubro de 2022 e com medidas entrando em vigor no segundo semestre de 2023, o Regulamento dos Mercados Digitais (RMD) da União Europeia (*Digital Markets Act* ou *DMA*)[12] é, possivelmente, o regramento mais sofisticado e atualizado quando se fala de concorrência entre empresas no ciberespaço.[13] A legislação supranacional, promulgada em paralelo ao Regulamento dos Serviços Digitais (*Digital Services Act* ou *DSA*), visa precisamente regular a concorrência entre empresas, enquanto o outro instrumento legislativo regula aspectos mais diretamente relacionados à prestação dos serviços.

---

12 UNIÃO EUROPEIA, 2022a.

13 Sobre a posição da Europa na vanguarda das legislações sobre o tema: MOROZOV, Evgeny. *Big Tech*: a ascensão dos dados e a morte da política. Tradução de Claudio Marcondes. 4. reimp. São Paulo: Editora Ubu, 2018, p. 10. Sobre o destaque das autoridades antitruste nestes países, WU, 2011, p. 319.

O RMD estabelece as bases para seu regramento, explicando que as grandes plataformas digitais, também chamadas *big tech*, embora tragam benefícios aos consumidores e empresas, podem se tornar controladores de acesso, assim, praticamente anulando as possibilidades de concorrência. A principal função do RMD é a promoção de disputabilidade e equidade nos mercados do setor digital, além de promover uma unificação do direito na UE, assim buscando integração na região e a facilitação da conformidade dos agentes econômicos.[14]

As plataformas prestam serviços essenciais aos utilizadores profissionais e finais, e em razão de seus modelos de negócio escaláveis, dos efeitos de rede, bem como da natureza multilateral dos serviços, criam grande dependência nos utilizadores.[15]

O RMD é marcado por claras menções ao papel de relevância dos dados como vantagem competitiva potencialmente abusiva e que constitui barreira de mercado. Em paralelo à necessidade de investimento, a lei destaca o papel dos dados na economia digital, pois veja-se: "A disputabilidade é reduzida, em especial pela existência de barreiras muito significativas (...), custos de investimento elevados, (...) e a ausência de insumos fundamentais na economia digital, ou um acesso reduzido aos mesmos, como os dados".[16]

São bastante relevantes também as colocações sobre a necessidade de se dar respostas mais ágeis e eficazes aos comportamentos anticompetitivos dos controladores de acesso, já que o direito vigente na EU pode ser excessivamente lento ao conduzir investigações exaustivas, assim como pode não considerar que haja posição dominante de mercado, nos parâmetros comuns, que deixam de considerar aspectos dos mercados digitais, em especial o fluxo de dados e sua possível concentração por determinados agentes.[17]

Observa-se a contínua consideração dos dados pessoais como elemento central do RMD, na medida em que, além de critérios econômicos, são considerados também o número de usuários finais e profissionais ativos, para que se enquadre determinada empresa como controlador de acesso.[18] Tal critério, além de considerar a relevância da empresa, igualmente leva em consideração a fatia do mercado e os

14 UNIÃO EUROPEIA, 2022a, p. 1-2.

15 *Ibidem*, p. 2.

16 *Ibidem*, p. 2.

17 *Ibidem*, p. 2.

18 *Ibidem*, p. 30.

dados concentrados sob aquela plataforma, dando origem ao óbice à disputabilidade que ela pode estabelecer à concorrência. A lei ainda trata das práticas específicas dos controladores de acesso, vedando, por exemplo, combinações e usos cruzados de dados em empresas do mesmo grupo.[19]

Assim, apresentada justificativa da relevância da pesquisa, com itens a serem devidamente aprofundados ao longo do estudo, demonstrando o destaque dado aos elementos centrais dele, consistentes da concorrência entre empresas nos mercados digitais e sua regulação pelo RMD com ênfase para medidas aplicáveis considerando o fluxo de dados pessoais e sua concentração com controladores de acesso, considerando, ainda, que tais empresas prestam serviços digitais essenciais para a contemporaneidade na Sociedade Informacional, inicia-se o estudo para compreender como a regulação pode tornar melhores os mercados digitais e o uso da tecnologia em prol da vida humana.

19 *Ibidem.*

CAPÍTULO 2

CONCORRÊNCIA NOS MERCADOS DIGITAIS

Conhecimento é poder.
Investigar os outros enquanto se evita o próprio escrutínio é uma das mais importantes formas de poder.[20] (Frank Pasquale)

A internet parecia democratizar o poder representado pelo conhecimento quando surgiu com suas fronteiras abertas, conectando seres humanos de todos os lugares e simplificando o acesso à informação e meios de inovação. Aplicativos, *sites* e plataformas também surgiram como grandes facilitadores: gratuitos,[21] de alta qualidade e plurais, inicialmente se apresentavam como a nova panaceia. Diante de todas aquelas já grandes empresas que trabalhavam sem auferir lucros, os mais desconfiados já se perguntavam: onde está o truque?

Já com milhões de usuários, as *big tech*, grandes empresas de tecnologia, a serem referidas neste estudo como controladores de acesso, como num passe de mágica revelaram seus modelos de negócio e exerceram seu poder para concentrar mercados e influenciar intensamente os usuários. O ciberespaço, que parecia apenas trazer instrumentos e

---

20 PASQUALE, Frank. *The black box society*: the secret algorithms that control money and information. Cambridge: Harvard University Press, 2015, p. 3. Tradução livre de: "Knowledge is power. To scrutinize others while avoiding scrutiny oneself is one of the most important forms of power".

21 Ressalva-se, desde já, que a menção aos serviços gratuitos prestados por controladores de acesso deve ser vista com muita atenção, já que se trata de empresas que têm por objetivo o lucro. Assim, a referida gratuidade se presta a uma estratégia de médio prazo para obter e comercializar os dados pessoais de usuários finais aos usuários profissionais. Deixa-se claro, portanto, que os serviços dos controladores de acesso não podem ser vistos como gratuitos, quando analisados de forma completa, mas sim apenas ocasionalmente na ponta dos usuários finais.

potencialidades positivas, revelou-se repleto de riscos, armadilhas e preocupações.

O segundo capítulo deste livro procura delimitar exatamente como ocorre a concorrência nesse ambiente hostil dos mercados digitais, dominado pelos controladores de acesso. São postos três principais questionamentos a serem respondidos: A forma como o direito regula a concorrência é suficiente para a regulação concorrencial dos mercados digitais? Como o tratamento dos dados pessoais é feito pelos controladores de acesso e como pode influenciar na concorrência entre empresas? Em que medida a regulação concorrencial com base em dados pessoais pode trazer benefícios aos mercados digitais e aos indivíduos?

A hipótese é de que os mercados digitais trazem peculiaridades que não são resolvidas pelo direito antitruste convencional. Um dos aspectos centrais em tal dinâmica são os dados pessoais e o seu fluxo, de forma que medidas regulatórias devem levar em consideração aspectos de concentração de dados, bem como possibilidades de compartilhamento, como solução para as concentrações de mercado. Tem-se também por hipótese que a regulação com base nos aspectos de dados pessoais pode levar à maior competitividade e inovação, bem como a potenciais mudanças estruturais e no próprio modelo de negócio, privilegiando a qualidade ao usuário, assim como seu bem-estar, privacidade e autonomia.

Respondendo efetivamente a tais perguntas e às demais que se mostrem importantes para a resposta das primeiras, ficará estabelecida uma base sólida para a continuidade do estudo, que se aprofundará ainda sobre os dados pessoais e sobre o RMD, tendo por objetivo final a compreensão tão completa quanto possível das medidas relativas a dados pessoais previstas no referido instrumento normativo. O estudo do RMD, como escolha política, é também a análise das razões e circunstâncias pelas quais se chegou a tal arranjo e se decidiu pela desconfiança em relação ao mercado em prol da regulação pelo Estado.

Para Morozov,[22] já não se acredita mais nas plataformas como companheiras inofensivas, transparentes e descomplicadas. É uma era de sobriedade digital que sucedeu décadas "marcadas pela adoção incondicional das últimas vogas de Palo Alto e de Shenzhen". Para WU[23] as tecnologias da informação vieram com otimismo, um sentimento

---

22 MOROZOV, 2018, p. 7.

23 WU, 2010, p. 14.

de utopia e idealismo. Para ele, a tônica que permaneceu é a de que se vive tempos sem precedentes: as sociedades estão em um lugar nunca antes visitado e precisarão trabalhar para desenvolver as tecnologias para o bem. Doneda,[24] seguindo o mesmo entendimento, comenta o entusiasmo visionário e o potencial quase transcendental da internet: uma revolução que nos levaria a toda uma nova sociedade, livre de convenções políticas e sociais e de comunicação livre e ilimitada. Para o autor, deixado para trás esse momento inicial, surge a necessidade de um pragmatismo, para que seja possível acomodar a tecnologia à sociedade, com foco no respeito aos direitos fundamentais[25] e compreendendo "limitações e (...) possibilidades do ordenamento jurídico para tratar a matéria".[26]

Shoshana Zuboff traça esse caminho histórico com um interessante enfoque na *Google* (hoje *Alphabet Inc.*). A empresa iniciou suas atividades focada em prestar o melhor serviço possível ao usuário. Em resumo, a empresa possuía um ótimo programa (*software*), composto por ótimos códigos, a exemplo do famoso algoritmo *Page Rank*, que identificava as páginas mais populares ao considerar o quanto elas eram linkadas a outras páginas e a relevância destas outras páginas. Além disso, a empresa passou a usar o subproduto das buscas para melhorar seus resultados: as ações dos usuários eram objeto para "a captura, o armazenamento, a análise e a aprendizagem" do motor de buscas. E, até aí, estava tudo certo, pois havia um ciclo de reinvestimento do valor comportamental, já que os dados pessoais comportamentais eram utilizados em favor da melhoria do serviço para o usuário.[27]

---

[24] DONEDA, 2020, p. 37-38.

[25] Este estudo aborda a perspectiva dos direitos fundamentais a partir da Carta dos Direitos Fundamentais da União Europeia: UNIÃO EUROPEIA; Carta dos Direitos Fundamentais da União Europeia. *Jornal Oficial das Comunidades Europeias*, Bruxelas, Bélgica, 18.12.2000 C364/1. Disponível em: https://www.europarl.europa.eu/charter/pdf/text_pt.pdf. Acesso em: 10 dez. 2023.

[26] Trazendo perspectiva semelhante, O'NEIL, Cathy. *Algoritmos de destruição em massa*. São Paulo: Editora Rua do Sabão, 2020, p. 7-8. Zuboff, por sua vez, dá enfoque a fatos contraditórios envolvendo a tecnologia e alerta para "a rapidez com que preciosos sonhos de um futuro digital mais justo e democrático estavam se transformando em pesadelo, trazendo sombrios presságios de um confronto global referente à fusão de capacidades digitais e ambições capitalistas". ZUBOFF, Shoshana. *A era do capitalismo de vigilância*: a luta por um futuro humano na nova fronteira do poder. 1. ed. Rio de Janeiro: Intrínseca, 2021, p. 23.

[27] ZUBOFF, 2021, p. 85-87.

Tal estado de coisas se prolongou até ao estouro da bolha da internet em abril de 2000.[28] As empresas baseadas na internet eram pressionadas a dar lucro, e a *Google*, procurando evitar ser vítima dos cortes de investimentos no Vale do Silício, procurou, já no fim de 2000, mais especialmente entre 2002 e 2003, investir em sua equipe do *Google Ad Words* (Hoje *Google Ads*), alterando o próprio modelo de negócios da empresa, para investir pesadamente em publicidade, visando uma mudança da publicidade como relacionamento, ou até arte, para uma ciência. A empresa faria predições tão precisas quanto possível, com base nos dados pessoais do usuário. As patentes registradas pela empresa à época demonstram sua disposição para ingressar em um certo estado de exceção em que a empresa teria poder ilimitado sobre tais dados. A empresa passaria a usar todas as ferramentas possíveis para obter dados dos usuários, inclusive a partir de terceiros, bem como de deduções a partir de comportamentos para alimentar seu enorme e eficiente sistema de publicidade direcionada. Os usuários saíam brutalmente do centro das preocupações da empresa, passando a fornecer a matéria-prima para o atendimento aos anunciantes, agora os verdadeiros clientes e interessados no *superávit comportamental* a ser obtido dos usuários.[29] A *Google* mudava. A internet mudava.

Para que se compreenda em detalhes as intervenções possíveis, faz-se necessário compreender todo o fundamento do direito antitruste aplicável. Ao se deliminar os conceitos aplicáveis, mapeando tecnicamente o assunto, será possível introduzir aspectos próprios do novo paradigma hipotético de dados do direito concorrencial aplicado aos mercados digitais.

2.1 Direito Concorrencial: conceitos e funções

A fim de compreender o direito concorrencial, no contexto do presente estudo, é imprescindível que se traga alguns comentários aos conceitos básicos e concepções de Estado, sociedade e direito

---

[28] Também chamada "bolha das empresas 'ponto com'", refere-se ao fenômeno que se iniciou com altos investimentos em empresas com atuação na internet, que eram avaliadas positivamente no mercado. Em seguida, houve uma percepção de que tais empresas, ano após ano, não apresentavam balanços lucrativos, o que fez com que vários investidores deixassem de financiar as referidas operações, assim causando diversas falências e reduções. *Ibidem*, p. 89 e ss.

[29] ZUBOFF, 2021, p. 89 e ss.

concorrencial adotadas, em seu diálogo com algumas perspectivas políticas. Em seguida, serão listados alguns dos referidos conceitos com os devidos comentários contextualizantes.

2.1.1 Fundamentos e perspectivas do Direito Concorrencial

Primeiramente, importante destacar que o direito concorrencial ou antitruste,[30] [31] [32] na leitura de Calixto Salomão Filho, é a disciplina do direito que se ocupa da proteção da ordem econômica como interesse difuso, ou institucional. São interesses, portanto, relacionados ao bem-estar de uma coletividade indeterminável de pessoas, podendo envolver aspectos financeiros ou não. As leis, políticas públicas, decisões jurídicas e outros elementos de direito voltados à concorrência se prestam, portanto, a aumentar o bem-estar de coletividades indeterminadas de pessoas por meio da proteção da ordem concorrencial.[33]

O Direito Concorrencial é passível de uma definição majoritariamente aceita e que não enfrenta severas modificações ao longo do tempo e do espaço. As variações mais significativas a serem observadas ao longo da pesquisa tocam a definição de bem-estar, bem como a restrição do direito concorrencial à promoção de tal ideal. Como se observará, também são objeto de discussão a extensão dos bens jurídicos a serem protegidos pelo direito concorrencial e em que medida o Estado deve se utilizar de tal ramo do direito para intervir na atividade econômica. O que se verifica, neste sentido, é que, ainda que o conceito possa ser razoavelmente consensual, tal ramo do direito está altamente sujeito a

---

30 Como no referido excerto da obra citada, opta-se por utilizar os referidos termos como sinônimos, sempre em sua concepção do ramo do direito que protege a ordem econômica, nos termos definidos também no texto. Não se trata, portanto, da acepção da concorrência em um contexto da relação entre duas empresas, com a prática de condutas que possuem impactos localizados, e sim da concorrência/antitruste em sua noção estruturante dos mercados e de condutas com impactos nas estruturas da ordem econômica, como se desenvolverá ao longo do estudo. SALOMÃO FILHO, Calixto. *Direito concorrencial*. 2. ed. Rio de Janeiro: Grupo GEN, 2021, p. 72-85.

31 Luis Ortiz Blanco utiliza os termos igualmente de forma intercambiável. BLANCO, Luis Ortiz. *Market Power in EU Antitrust Law*. Oxford: Hart Publishing, 2011, p. 2.

32 Para WHISH e BAILEY, que são britânicos, observa-se que o Direito Concorrencial (*competition law*) é a nomenclatura adotada na Europa, enquanto o antitruste (*antitrust*) é utilizado nos EUA. Os autores, igualmente, não traçam qualquer diferença prática entre tais termos. WHISH, Richard; BAILEY, David. *Competition law*. 7. ed. Oxford: Oxford University Press, 2012, p. 2.

33 SALOMÃO FILHO, 2021, p. 72-85.

interpretações e à utilização como instrumento para a implementação de medidas que denotam um certo projeto político de maior ou menor intervenção na atividade econômica.[34]

Richard Whish e David Bailey apontam que a existência do direito concorrencial em si demonstra dois pressupostos políticos, quais sejam a decisão por uma economia capitalista de mercado e pela importância de que o Estado, em alguma medida, tutele este mercado para garantir certos propósitos considerados relevantes pela sociedade. O contexto europeu, em que se situam os referidos autores, é muito mais de ceticismo quanto ao mercado e às recompensas que alguns operadores colhem, do que quanto ao Estado como regulador, o que resulta em uma atuação mais ativa da Comissão Europeia e autoridades antitruste nacionais.[35]

Como se verá ao longo do estudo, a disciplina da concorrência tem oscilado entre atribuir maior importância às estruturas econômicas ou a comportamentos/condutas. O que se observa é que a doutrina mais moderada recomenda a análise conjunta dos critérios, isto é, determinadas condutas, como preços predatórios, quando praticadas por uma empresa monopolista, por conclusão de uma análise estrutural, podem ser vistas com maior rigor, pois são comportamentos que possuem maior impacto no mercado. O controle conjunto, portanto, recomenda-se exatamente em razão de se perceber que a estrutura promove incentivos perniciosos a condutas anticompetitivas, e essas condutas são mais facilmente controláveis que a estrutura. Trata-se, então, via de regra, de uma importante simbiose entre as análises, em que a observação das estruturas pode levar à aplicação de critérios adicionais de razoabilidade econômica.[36] Este estudo, por outro lado, trará ainda apontamentos sobre possíveis danos à concorrência causados pela formação de certas estruturas por si só, como se observará adiante.

A noção de bem-estar do consumidor aparece frequentemente atrelada aos objetivos do Direito Concorrencial, o que, no contexto europeu, ao menos desde a década de 1970, não se restringe a preços ao consumidor final, estendendo-se também à regulação de condutas que

---

[34] MENDONÇA, Nadir Domingues. *O uso dos conceitos*: uma tentativa de interdisciplinaridade. Petrópolis: Vozes, 1985, p. 29-30. A abordagem metodológica dos conceitos nesta pesquisa foi realizada sempre levando em consideração e procurando dar cumprimento à técnica proposta na obra citada. A ênfase foi dada à precisão e amplitude dos conceitos, sua temporalidade e espacialidade, bem como a variação dos sentidos no direito ou em outras ciências relacionadas.

[35] WHISH, BAILEY, 2012, p. 24.

[36] SALOMÃO FILHO, 2021, p. 110-112.

prejudiquem a estrutura do mercado. Neste sentido, entre os objetivos principais a serem destacados, além da proteção do consumidor, está a redistribuição de riqueza e dispersão de poder econômico, valorizando a equidade econômica acima da eficiência. Também se destaca a proteção aos competidores menores, em face dos maiores, o que, via de regra, deve ser feito com vistas à manutenção da competição em si, e não dos competidores.[37]

Ao analisar o conceito de poder de mercado[38] deve-se primeiro considerar a relevância da ideia de poder para as ciências sociais. O poder e o controle estão no centro do estudo da sociedade, já que, em resumo, moldam, a partir de estímulos, coerção e outros incentivos, a forma como se vive e a dinâmica das relações sociais. Dito isso, deve-se partir da análise prática das formas de poder no mercado para identificar suas formas ilegais.[39]

O poder no mercado depende da análise da definição do mercado de atuação, mas é importante apontar que tal definição de mercado não é um fim em si. A análise prática do caso demonstrará a forma de atuação de uma determinada empresa e se ela possui poder de mercado, quando ela pode aumentar preços, de forma lucrativa, ou restringindo a produção ou a escolha do consumidor, demonstrando controlar aquele determinado mercado. A definição de mercado, portanto, deve ser analisada concomitantemente com o poder exercido por aquele agente. Nesse sentido, a participação no mercado é apenas um elemento de análise, já que se deve observar também eventuais restrições estabelecidas pelos fornecedores, naquele mercado, em relação aos competidores; restrições a expansão ou entrada de competidores; e as restrições impostas aos competidores pelo poder de negociação dos consumidores.[40]

Assim, o poder de mercado não se reduz à possibilidade de aumentar preços, já que tal conduta pode se mostrar completamente

---

[37] WHSH, BAILEY, 2012, p. 19 e ss.

[38] No trecho citado, o autor utiliza o termo "poder no mercado" ou "poder econômico no mercado". Os referidos termos podem ser abordados a partir de nuances envolvendo a abrangência de tal poder e se ele se restringe a influenciar preços. O autor, no entanto, aborda tal nuance como característica da teoria neoclássica, segundo a qual o poder no mercado seria apenas relacionado com a capacidade de influenciar preços pela redução da oferta. Para os fins deste estudo, o conceito de poder de mercado é suficiente para tratar do tema.

[39] SALOMÃO FILHO, 2021, p. 114 e ss.

[40] WHSH, BAILEY, 2012, p. 42 e ss.

inadequada a características específicas daquele mercado, o que não indicará, obrigatoriamente, ausência do exercício de um poder de mercado que tenda à dominância monopolista. Como se destacará adiante, ao abordar o caso *Amazon*, o agente de mercado que seja mais eficiente que seus competidores pode reduzir preços exatamente para excluí-los, mantendo certa margem de lucro,[41] ou até em detrimento de seu lucro, mas em favor de uma estratégia predatória, visando ao monopólio do mercado.[42]

Na legislação europeia não há proibição à dominância de mercado, isto é, à conquista de poder de mercado suficiente para gerar a dominância a partir dos méritos da atuação do incumbente. O que seria punido é o abuso de tal posição a partir de condutas específicas. Luis Ortiz Blanco deixa claro, inclusive, que a aquisição de tal poder, com seus benefícios, é um incentivo para as empresas que investem, produzem e buscam o crescimento econômico a partir de suas atividades. Para o autor, na análise de julgados no contexto europeu, mesmo certas condutas abusivas poderiam ser permitidas em condições bastante restritas em que gerassem eficiência, desde que fossem indispensáveis para gerar tais efeitos; que tais efeitos beneficiassem consumidores, e que a competição não fosse eliminada para uma parte substancial dos produtos. No mesmo contexto, ele aponta a ideia de superdominância, como um conceito que evoluiu e atualmente é visto como a situação em que a dominância gera eliminação da competição em relação a uma parte substancial dos produtos.[43]

A análise de poder de mercado, portanto, não se exaure na análise de condutas, sendo imprescindível a sua análise estrutural, precedida da própria análise de definição de mercado relevante. O poder de mercado, portanto, não é a mera possibilidade de aumentar preços, mas sim o efetivo controle da relação entre participação no mercado e lucratividade. Assim, a teoria neoclássica que vincula o bem-estar do consumidor (doutrina conhecida como *consumer welfare*) aos preços e à eficiência das empresas tende a se omitir diante do controle exercido por determinadas empresas, em uma atitude de "descrença na competição em si como meio de tutela dos interesses dos consumidores",

---

[41] SALOMÃO FILHO, 2021, p. 115-116.

[42] KHAN, Lina M. "Amazon's Antitrust Paradox". *The Yale Law Journal*, v. 126, p. 710-805, 2017, p. 718.

[43] BLANCO, 2011, p. 96 - 102.

permitindo que tal controle se alastre em detrimento dos consumidores, especialmente a longo prazo.[44]

Para alcançar a definição de poder de mercado, deve-se definir o mercado relevante. Tal definição se dá pela análise das dimensões (i) substancial (relacionada ao produto ou serviço); (ii) geográfica e (iii) temporal, sendo que esta última pode ser analisada no âmbito do conceito de barreiras de entrada. A análise passa pela compreensão, quanto ao produto ou serviço, de sua possível substitutibilidade naquele mercado, do ponto de vista da oferta ou da demanda, isto é, respectivamente a verificação dos possíveis substitutos que o consumidor vê para aquele produto e quais produtores poderiam ingressar naquele mercado.[45]

Nas dimensões geográfica e temporal, é necessário analisar a projeção dos preços e condutas de um agente no mercado de forma dinâmica, visando compreender como seriam fixados os preços e como os consumidores e demais agentes do mercado agiriam, visando verificar se haveria possibilidades de entrada no mercado e substituição dos produtos do hipotético monopolista. Considerando a tendência de aumento de preços nesse quadro, deve-se projetar também a estrutura do mercado no momento em que se prevê o ponto de equilíbrio monopolista. Idealmente, se for possível a substituição do produto ou serviço, entende-se não haver concentração de mercado suficiente à caracterização de dominância de mercado.[46]

Também importante sedimentar tecnicamente os critérios estabelecidos para a definição da dominância em casos europeus. Os critérios apontados devem ser analisados em conjunto, tendo peso diferente em cada mercado, e não costumando ter impacto nas decisões, quando analisados isoladamente. Eles envolvem: (a) a estrutura do mercado; (b) o comportamento do incumbente; (c) eventual dependência econômica de fornecedores ou consumidores vítimas do abuso do dominante; (d) a estrutura de suprimentos do mercado; (e) a existência de potenciais competidores e barreiras de entrada; e (f) a estrutura da demanda.[47]

A doutrina atualizada também vem identificando os impactos[48] da Economia da Informação nas estruturas e conceitos da teoria

44 SALOMÃO FILHO, 2021, p. 116.

45 *Ibidem*, p. 125 e ss.

46 *Ibidem*, p. 126-127.

47 BLANCO, 2011, p. 103.

48 Embora seja o termo adotado pelo autor (SALOMÃO FILHO, 2021, p. 149/151), importante advertir, com base em Levy (1999, p. 16), quanto à limitação do termo "impacto" para tratar

econômica. Como será aprofundado adiante, a assimetria de informações[49] entre os agentes econômicos possui severos impactos nos mercados e na sociedade. Trata-se de situação de alta complexidade em que o poder econômico age para instrumentalizar a Economia da informação, trabalhando contra a dispersão natural dessa informação e em favor da criação de assimetrias que geram concentrações verticais em que o poder de mercado está centrado em tais alocações de informação.[50]

No contexto da concentração e de poder de mercado, deve-se analisar as barreiras de entrada.[51] A criação de barreiras artificiais,[52] e/ou o aprofundamento de barreiras naturais[53] são condutas a serem punidas pelo direito antitruste em uma análise estrutural do mercado. Importante ponderar, ainda, que o exercício do poder de mercado pode até moldar a estrutura de um mercado, especialmente em se tratando de novas tecnologias, assim criando barreiras para novos concorrentes.[54]

As barreiras de entrada são extremamente perniciosas aos bens tutelados pelo direito concorrencial, tais quais a existência de concorrência em si e o bem-estar dos consumidores, já que a criação,

---

da relação entre tecnologia e sociedade, economia e cultura. O autor chama atenção para o fato de que a tecnologia não é um elemento externo que se choca contra a sociedade, como se fosse um míssil. "(...) pelo contrário, que não somente as técnicas são imaginadas, fabricadas e reinterpretadas durante seu uso pelos homens, como também é o próprio uso intensivo de ferramentas que constitui a humanidade enquanto tal (junto com a linguagem e as instituições sociais complexas)". Leia-se, portanto, qualquer menção ao termo "impacto", ou semelhantes, considerando essa ressalva a que se filia este estudo.

49 AKERLOF, George A. "The market for lemons: quality uncertainty and the market mechanism". *Quarterly Journal of Economic*, Oxford University Press, v. 84, n. 3, p. 488-500, ago. 1970. Disponível em: https://viterbi-web.usc.edu/~shaddin/cs590fa13/papers/AkerlofMarketforLemons.pdf. Acesso em: 31 out. 2023. Sobre assimetria informacional, consultar esse artigo, que é fundador de tal teoria.

50 SALOMÃO FILHO, 2021, p. 149 - 151.

51 Identificadas como "barreiras à entrada" pelo autor citado, o que equivale ao termo utilizado.

52 São exemplos de barreiras artificiais (i) os comportamentos tendentes a dificultar o acesso de concorrentes a fornecedores ou canais de distribuição e (ii) o uso de publicidade excessiva para moldar gostos dos consumidores de forma a barrar acesso de concorrentes. Seriam exemplos, respectivamente, o comportamento da *Amazon*, que alegadamente nega acesso dos vendedores em sua plataforma ao serviço de entrega rápida ou mesmo a opções de compra mais ágeis. Recorda-se que a empresa é um *marketplace*, de forma que dispõe de posição privilegiada para impor restrições a concorrentes dentro de sua própria plataforma. E, para o segundo caso, usa-se como exemplo o *Google Shopping*, que oferece determinados produtos com maior destaque visual e de posição, assim moldando os padrões de compra do consumidor. Diversas condutas correlatas serão discutidas no capítulo 4, ao tratar dos casos específicos de alguns controladores de acesso.

53 Os ganhos de escala, diferenciações entre produtos, investimento inicial e os custos irrecuperáveis (*sunk costs*) são bons exemplos de barreiras naturais de mercado.

54 SALOMÃO FILHO, 2021, p. 176.

nas palavras do autor, "de um mercado cativo, impenetrável" pode vir até mesmo em detrimento da liberdade de iniciativa, visto que se elimina a possibilidade de entrada de concorrentes naquele mercado. Tal quadro, por sua vez, cria incentivos para o aumento desenfreado de preços e para que o controlador de acesso não compartilhe com os consumidores qualquer ganho de eficiência, convertendo tudo em lucros e tornando inviável que sequer se meça as perdas em termos de inovação e desenvolvimento, visto que eliminada a competição e sua pressão positiva por eficiência e qualidade.[55]

Destaca-se a possível caracterização dos controladores de acesso ao ciberespaço como monopólios naturais.[56] Os monopólios naturais derivam de situações práticas ou econômicas que impedem a exploração da atividade por mais de um agente econômico. Isso se dá por existir tecnologia protegida por patente ou segredo industrial; ou, por outro lado, um forte efeito de economia de escala somado de custos irrecuperáveis aos entrantes, assim tornando a entrada de competidores inviável e também desaconselhável, considerados os impactos negativos ao consumidor. Tal situação geraria, então, a necessidade de forte regulação estatal da atividade, visando a evitar consequências deletérias que adviriam aos consumidores, caso se aceitasse um suposto quadro de monopólio natural.[57]

Para Nicolas Petit, o quadro não se mostra dessa forma, pois, mesmo em monopólios naturais, com ganhos de escala, que implicam custos menores para aumentar a base de clientes, os custos e o faturamento da empresa podem se aproximar, assim reduzindo os lucros. A longo prazo, fatores externos à operação influenciariam na equação, por exemplo com a queda da curva de demanda, ou a redução na produtividade dos trabalhadores, com um aumento de demanda. Além disso, o

---

55 *Ibidem,* p. 176 e ss.

56 ZIMMER, Daniel. Digital markets: new rules for competition law. *Journal of European Competition Law & Practice,* v. 6, Issue 9, November 2015, pages 627-628, https://doi.org/10.1093/jeclap/lpv049, julho/2015. ZIMMER aponta que a quebra dos monopólios em empresas menores e com a intenção de permitir a competição com empresas menores não seria positiva. Ele entende, ainda, que as empresas de tecnologia, mesmo em posições de dominância, seguem buscando aprimorar seus produtos e serviços para serem melhores que outras de setores correlatos e para ingressar em tais mercados. Esta pesquisa não se filia a tais visões e apresenta argumentos ao longo do texto. Este estudo entende ser possível a caracterização de monopólio natural e entende pela necessidade de forte regulação e tomada de medidas para evitar condutas abusivas e aquisições que visem ao domínio de mercado. As grandes empresas devem seguir se sentindo vulneráveis à competição e devem ser impedidas de se isolar no mercado.

57 SALOMÃO FILHO, 2021, p. 204-205 e 209.

autor faz uma comparação com ditadores, que deveriam compreender que serão depostos caso os cidadãos sejam deixados à míngua.[58]

A questão que se põe no presente estudo é que não se deve esperar até que os usuários sejam deixados à míngua, ou acreditar em cenário a longo prazo em que os controladores de acesso seriam forçados, por fatores econômicos externos à sua operação, a aprimorar seus serviços, ou serem derrubados por algum hipotético competidor. Diante dos já experimentados efeitos da atuação das grandes empresas de tecnologia na sociedade, é essencial que providências sejam tomadas para que sejam amenizados os malefícios e otimizados os potenciais de tal desenvolvimento em favor do interesse público.

Em uma abordagem prática, vê-se que as plataformas digitais e a Economia de Dados que lhes caracteriza dão margem a uma relativização do conceito de monopólio natural em situação na qual o Estado atua para promover competição. O contexto a ser analisado é de distorções geradas por assimetrias informacionais que, por sua vez, são geradas a partir de poder de mercado e dos efeitos de rede. Isso porque se forma extensa massa de informação sobre padrões de uso e preferências do consumidor, que representa grande assimetria em relação a concorrentes, especialmente entrantes, e também em relação aos consumidores. Tais circunstâncias estimulam uma redução de oferta, deterioração de qualidade e concentração de mercado. Assim, a relativização de tais monopólios naturais deve se dar exatamente para garantir uma estrutura de mercado que gere alternativas e estimule verdadeiramente o consumidor a buscá-las por meio do "processo de descoberta das melhores alternativas instrumentalizado pela concorrência". Trata-se de mercado, portanto, que demanda uma estrutura que permita a existência de uma pluralidade de redes e a concorrência como fator que, por sua natureza, é positivo para o mercado.[59]

Trata-se de uma escolha política pela disputabilidade e pelo equilíbrio dos mercados digitais de serviços essenciais. O potencial monopólio, natural ou não, exercido pelos controladores de acesso não pode ser aceito, pela natureza do poder que tais empresas detêm. As medidas propostas, então, levam em consideração também a natureza e aspectos do fluxo de dados, assim como as características do modelo

---

[58] PETIT, Nicolas. *Big tech and the digital economy*: the moligopoly scenario. Oxford: Oxford University Press, 2020, p. 68.

[59] SALOMÃO FILHO, 2021, p. 210 e ss.

de mercado, visando promover profundas mudanças, que alterem os atuais estímulos do mercado à exploração do usuário e seus dados, procurando promover um modelo de autonomia do usuário em seu lugar.

As medidas que serão aqui expostas procuram promover uma série de alterações, com ênfase à promoção da competição para obter inovação e escolha em favor dos usuários; além de transparência quanto aos atuais e novos serviços desenvolvidos; diluição e distribuição de poder de mercado, inclusive com a fiscalização recíproca dos agentes de mercado, visando coibir condutas desleais; e um mercado mais ético, equânime, aberto e disputável para serviços novos e atuais.

Procurando abordar outros aspectos dos modelos de negócio dos controladores de acesso, surgem as necessárias ponderações e análises caso a caso com relação a práticas como a autopreferência, que ocorre quando uma plataforma como a *Amazon* favorece um produto comercializado por si mesma ou suas subsidiárias. Também pode-se falar de venda casada, ou agrupamento e vinculação, que se dá quando a *Google* forma seu ecossistema de serviços e os vende de forma obrigatoriamente atrelada no mercado, vinculando o sistema operacional para celulares *Android* com a loja de aplicativos *Google Play Store* e seu mecanismo de buscas. Trata-se de casos em que se deve procurar compreender quais são os efeitos positivos e negativos; qual o poder de dominância do controlador de acesso e, especialmente, qual a viabilidade de troca pelo usuário, com a prática do *multi-homing*, que é a utilização de múltiplos provedores de serviços tecnológicos de diferentes empresas, tais quais provedores, plataformas, serviços de nuvem entre outros.[60]

Procurando compreender os conceitos a serem abordados, resta identificar as concentrações como horizontais ou verticais, bem como a formação de conglomerados, o que ocorre geralmente a partir de fusões ou aquisições empresariais. As horizontais seriam as mais comuns e objeto de punição pelo direito: são aquelas entre atuais ou potenciais concorrentes em um mercado relevante, na mesma região geográfica e no mesmo nível do ciclo de distribuição ou produção.[61] Para que seja necessário o controle do estado nesses casos, deve ser verificado

---

[60] ALIMONTI, Roberto; NEUROHR, Bertram; RALSTON, Helen. Digital Markets and implications for competition policy: Evidence from recent economic analysis. *In*: PARCU, Pier Luigi; MONTI, Giorgio; BOTTA, Marco (Ed.). *Economic Analysys in EU Competition Policy*: Recent Trends at the National and EU Level. Cheltenham (UK): Edward Elgar Publishing Limited, 2021, p. 134/143.

[61] WHSH, BAILEY, 2012, p. 810.

certo nível de concentração. Importante destacar, nesse sentido, que a concentração efetivamente gera eficiência, o que deve ser analisado a cada caso, visando compreender qual seria um ponto próximo do ideal no equilíbrio entre concorrência e eficiência. A concentração que gera mudança estrutural e permanente no mercado relevante é indesejada, de forma que a eficiência, nesses casos, deve ser buscada por meio de parcerias (*joint ventures*), por exemplo, que gerem os benefícios sem prejudicar a concorrência.[62]

Já nas concentrações verticais e na formação de conglomerados a doutrina se divide quanto à necessidade de seu sancionamento. Concentração vertical é a que ocorre quando uma empresa atua em diversos níveis da mesma cadeia produtiva (indústria). Já os conglomerados ocorrem quando as atividades de atuação de determinada empresa não possuem relação direta entre si. Procurando abordar o assunto de forma breve, a teoria aponta para a necessidade de se identificar problemas, na concentração vertical e nos conglomerados, que ocorram independentemente de aspectos de eventual concentração horizontal naqueles setores.[63]

No caso das concentrações verticais, podem ocorrer problemas, pois aumenta-se a potencialidade de exclusão de concorrentes, que pode acontecer em razão da redução de fornecedores independentes. Em tais concentrações, observa-se que muitas vezes não há ganho de eficiência para o mercado, e, por outro lado, aumenta-se o risco de conluio entre as empresas da cadeia produtiva.[64] Ocorre também o aumento de barreiras de entrada, pois a paridade entre empresas só ocorreria se adotada a concentração vertical também pelo entrante. Embora nesses casos a concentração horizontal também seja elemento de análise antitruste, a concentração vertical por si só é elemento que deve levantar preocupações e possíveis investigações para verificação de poder de mercado decorrente delas.[65]

Quanto à formação de conglomerados, a doutrina tende a punir ainda menos. Como se vê, em princípio, não há efeitos estruturais imediatos na formação de conglomerados, já que as empresas se situam em mercados relevantes não conectados. Assim, a análise deve se atentar

---

62 SALOMÃO FILHO, 2021, p. 253 e ss.

63 *Ibidem*, p. 254 e ss.

64 WHSH, BAILEY, 2012, p. 810.

65 SALOMÃO FILHO, 2021, p. 258 e ss.

à verdadeira caracterização de um conglomerado, procurando compreender se não se trataria, em verdade, de concentração vertical, ou se, mesmo se tratando de conglomerado, há a formação ou o aumento de poder de mercado. Por fim, em análise do potencial aumento de poder financeiro dos agentes econômicos na formação de conglomerados, entende-se que a análise deve recair sobre a efetiva utilização abusiva do poder econômico, como em casos de financiamento cruzado[66] e/ou preços predatórios. Assim, a regra geral para situações envolvendo conglomerados é a análise da conduta dos agentes, pois não se verificaria efeitos estruturais no mercado a partir de conglomerados. A punição, portanto, deve igualmente recair sobre a conduta.[67]

O raciocínio desenvolvido efetivamente aponta no seguinte sentido: a concorrência é um fator essencial para o bom desenvolvimento do mercado, em favor dos consumidores e de seu bem-estar, quando visto de maneira mais ampla. É assim, pois os monopólios estimulam a opacidade dos controladores de acesso, assim como comportamentos de controle dos preços e de não compartilhamento de ganhos de eficiência. Na Sociedade Informacional também se encontra, no centro das análises, a forma como tais empresas realizam a coleta, o tratamento e a combinação de dados, bem como a busca de modulação de comportamentos[68] realizada por elas à revelia dos consumidores, entre outros efeitos a serem destacados neste estudo.

É por essas razões que, como se verificará, são necessárias estratégias de regulamentação que demandem severas alterações no comportamento dos controladores de acesso, da gênese de seus aplicativos e funcionalidades, passando por seus modelos de negócios e chegando à ponta de cada um deles, tendo em vista o impacto que têm nos usuários e nas sociedades, visando obter resultados que respeitem conceitos básicos de autonomia e dignidade do usuário, além de objetivos coletivos, políticos e sociais.

São necessárias, ainda, medidas que estimulem a concorrência como fator em si benéfico ao mercado, por gerar pressão por ganhos de eficiência, qualidade, inovação e maior transparência nas políticas empresariais e de preços. A concorrência, como visto, estimula a inovação

---

66 KHAN, Lina M. The Separation of Platforms and Commerce. *Columbia Law Review* (Faculty Scholarship), v. 119, p. 973-1.098, 2019, 1.052 e ss.

67 SALOMÃO FILHO, 2021, p. 266 e ss.

68 O que Shoshana Zuboff (ZUBOFF, 2021, p. 13-16 e 153 e ss.) denomina *superávit comportamental*, isto é, a predição e alteração de comportamento dos usuários em favor dos anunciantes.

positiva e o desenvolvimento de um mercado mais aberto, plural e com estímulos para a manutenção da qualidade dos serviços e produtos.

Por fim, há posturas fatalistas, conformadas ou até satisfeitas com o desenvolvimento atual do mercado e lançando mão de conceitos como o de eficiência e preços como únicos critérios para o controle de concentrações, ou o de que se trata de um monopólio natural e que os ganhos de escala não podem ser superados por aspectos trazidos pela competição. Como se poderá verificar, as escolhas dos atores envolvidos na discussão frequentemente estão relacionadas a projetos de sociedade divergentes.

De um lado, tem-se visões que, como premissa, parecem rejeitar qualquer intervenção do Estado defendendo que os indivíduos e governos nutram pelas forças do mercado uma confiança pouco motivada. De outro, vê-se uma abordagem crítica e atenta às complexidades, que procura especialmente lidar com os conceitos de poder e controle, entendendo que está aí o principal problema: o controle das comunidades em que se vive não pode estar nas mãos de empresas que são controladores de acesso ao ciberespaço. É nesta visão que se amparará o presente estudo.

Visando dar suporte a tal perspectiva, apresentar-se-á algumas das mais relevantes teorias que tangem ao direito concorrencial, tratando do papel do Estado na economia e em que medida ele deve se posicionar para conduzi-la, atribuindo maior ou menor papel também aos agentes econômicos privados.

2.1.2 Estado, economia e concorrência

A regulação da concorrência depende muito, é claro, da concepção de Estado que se defenda. Nesta seção serão apresentadas as concepções liberais, com ênfase à escola neoliberal, abordando também a análise econômica do direito e alcançando perspectivas de maior intervenção estatal na economia, como a ideia de Estado Social. Serão abordados, ao longo de todo o estudo, acadêmicos europeus, muitos deles que influenciaram e compuseram painéis de especialistas, realizando análises do tema e até do RMD em si. Será também descrita a escola Neo-Brandeis, que tem ganhado relevo nos Estados Unidos da América e influenciado o pensamento contemporâneo sobre o tema.[69]

---

[69] Como recorte metodológico, entende-se que a análise deve ser realizada considerando um estado capitalista, de forma que não será analisada a noção de um estado socialista, ou outras perspectivas econômicas marxistas aprofundadas ou de uma economia planificada.

Por fim, apresentar-se-ão o contexto, os argumentos e os dados que consolidam o quadro de concentração de mercado pelos controladores de acesso em setores de serviços essenciais digitais, assim justificando a premissa do presente estudo e, na concepção aqui apresentada, recomendando a intervenção estatal na concorrência com base no fluxo de dados pessoais nos mercados digitais, nos moldes do que se entende propor o RMD/UE.

A intervenção do Estado é bastante criticada, por exemplo, pelos teóricos chamados liberais ou neoliberais. Alguns expoentes dessa perspectiva econômica são Adam Smith[70] e os acadêmicos que deram seguimento ao seu pensamento tecendo teorias que compuseram as conhecidas Escola de Chicago e Escola Austríaca. Opta-se pela ênfase a esta última, trazendo as visões de Mises e Hayek, por representarem a perspectiva europeia do tema, considerando que se discute a regulação europeia da concorrência no ciberespaço. Aspectos levantados pela Escola de Chicago serão trazidos em complemento, de forma secundária, contextualizando discussões pertinentes abordadas por teóricos que escrevem sob a perspectiva do direito estadunidense. As escolhas metodológicas realizadas têm por intenção dar clareza ao contexto europeu, bem como alargar a compreensão acerca dos objetivos

---

As teorias abordadas se propõem a demonstrar adequadamente a hipótese proposta no estudo.

70 SMITH, Adam. *A riqueza das nações*: investigação sobre sua natureza e suas causas (1776). v. I. Tradução de Luiz João Baraúna. São Paulo: Nova Cultural, 1996, p. 437-438. Smith se destaca por sua defesa do individualismo somado às forças naturais do mercado (a mão invisível) como a melhor forma de promover o interesse público e a riqueza nacional: "orientando sua atividade de tal maneira que sua produção possa ser de maior valor, visa apenas a seu próprio ganho e, neste, como em muitos outros casos, é levado como que por mão invisível a promover um objetivo que não fazia parte de suas intenções. (...) Ao perseguir seus próprios interesses, o indivíduo muitas vezes promove o interesse da sociedade muito mais eficazmente do que quando tenciona realmente promovê-lo. Nunca ouvi dizer que tenham realizado grandes coisas para o país aqueles que simulam exercer o comércio visando ao bem público". Também fala contra a intervenção do estado: "É evidente que cada indivíduo, na situação local em que se encontra, tem muito melhores condições do que qualquer estadista ou legislador de julgar por si mesmo qual o tipo de atividade nacional no qual pode empregar seu capital, e cujo produto tenha probabilidade de alcançar o valor máximo". Este estudo discutirá outras regras e tendências de mercado que podem gerar efeitos negativos à sociedade. Também se defenderá um comportamento autônomo, consciente e fraterno do indivíduo, em oposição à visão individualista defendida pelo autor. Por fim, ficará demonstrada como imprescindível a intervenção do estado, visto que os efeitos experimentados no usuário e na sociedade em geral por um ambiente desregulado são altamente negativos.
Não se dará excessiva atenção ao desenvolvimento do texto de Smith, pois compreende-se que os demais autores trataram dos temas aqui endereçados de forma mais completa.

específicos de pesquisa, com ênfase em direito concorrencial, dados pessoais e Regulamento dos Mercados Digitais da União Europeia.

a) As escolas neoliberais

Avançando, quanto à compreensão da intervenção do Estado, para Mises, um dos expoentes da Escola Austríaca, a regulação estatal, independente dos instrumentos ou da proporção, geraria ciclos viciosos regulatórios que corromperiam os mecanismos naturais do mercado. A percepção é de que a atuação estatal invariavelmente conduziria a perspectivas autoritárias e à servidão dos cidadãos. As bases de tal pensamento remetem a uma falsa contraposição entre governo e sociedade, indicando que a intervenção estatal representa uma apressada desconfiança estatal nos cidadãos e nos movimentos do mercado, que, se lhes fosse permitido, tenderiam ao desenvolvimento ótimo e socialmente adequado.[71]

Os referidos teóricos criticam fortemente a pretensão de planejamento central exercida pelos governos. Hayek complementa essa linha teórica argumentando que, em momentos históricos em que prevaleceu a teoria liberal clássica, o desenvolvimento teria se dado de forma acelerada, gerando melhorias sociais e a valorização do indivíduo. O que seria visto por muitos como conquistas sociais, para os referidos economistas é um retrocesso na caminhada liberal, pois geraria empecilhos para o avanço econômico, representando nada mais que um açodamento da população com o amadurecimento do sistema capitalista. Chama atenção, nesse sentido, a crítica generalizada das formas de governo, na medida em que se considera opressivas, de forma geral, as medidas tomadas pelo Estado, ainda que esses Estados sejam democráticos.[72]

---

[71] MISES, Ludwig Von. *As seis lições*. Tradução de Maria Luiza X. de A. Borges. 2. ed. Rio de Janeiro: José Olympio e Instituto Liberal, 1986, p. 35-51. Em diálogo com as teorias trazidas por Mises, importante enfatizar que a contraposição adversarial entre estado cidadão é falsa e desconsidera as pretensões generalizadas em estados contemporâneos, voltadas à construção de um estado constitucional democrático atento aos direitos fundamentais do cidadão. A argumentação tendente a vilificar o estado, como ficará claro ao longo deste estudo, propicia o domínio das classes dominantes sobre as populações vulnerabilizadas. A concepção de estado aqui defendida é voltada à proteção do cidadão e correção das distorções e concentrações de mercado.

[72] HAYEK, Friedrich Auguste. *O caminho da servidão*. Tradução de Ana Maria Capovilla e outros. Rio de Janeiro: Expressão e Cultura e Instituto Liberal, 1987, p. 38-53. Trazendo a perspectiva de Hayek para o contexto do ciberespaço, vê-se claramente que o desenvolvimento aceleradíssimo dos atuais controladores de acesso neste âmbito se deu em detrimento dos direitos dos usuários. O domínio de tais empresas sobre a internet e, em última análise, sobre tantos aspectos das vidas dos indivíduos se deu à margem da regulação estatal, e seu domínio não pode mais ser tolerado. Como se aprofundará adiante: se não se pode tolerar

É relevante pensar nas escolas neoliberais e suas preocupações com a intervenção do Estado, assim como na manutenção do livre mercado e da livre iniciativa. Tais aspectos devem ser preservados e considerados ao se regular os mercados digitais, sendo devidamente ponderados na consideração de outros fatores relevantes. Não se deve ignorar, igualmente, a legitimidade do Estado democrático para tomar decisões que protejam o mercado de seus próprios vícios, promovendo abertura, competitividade, diversidade e escolha ao consumidor. Tais decisões democráticas preservam a própria liberdade de mercado e de iniciativa, resguardando ainda princípios democráticos, ao evitar concentrações de poder e de mercado e tomar para si decisões políticas relevantes.

É legítimo às empresas, entre elas os controladores de acesso, buscar lucros em seus mercados digitais. Da mesma forma, a institucionalidade democrática permite e legitima a regulação das atividades econômicas visando ao atendimento do interesse público, assim legitimando decisões que vedem práticas nocivas à sociedade, bem como conformem os mercados aos valores sociais, inclusive inviabilizando o avanço de práticas como a publicidade comportamental e demais abusos de dados.

b) Análise econômica do Direito

Robert Cooter e Thomas Ulen trazem a perspectiva da análise econômica do direito, comentando que o direito antitruste era um dos poucos que teve a aplicação da economia em seu bojo. Tal perspectiva traz a dimensão econômica para a análise de várias áreas jurídicas, assim procurando agregar elementos científicos para prever o efeito das sanções no comportamento. Para essa teoria, as sanções são como preços, e o sistema de sanções pode ser visto a partir de estatísticas e econometria, para que se possa efetivamente compreender os efeitos de uma decisão jurídica ou de uma política pública, assim superando o que seria uma mera intuição, ou a avaliação incompleta de determinados fatos. Trata-se de uma perspectiva que procura dar uma abordagem científica ao que poderia ser mero senso comum. Por fim, em resumo, a análise econômica do direito passa pela visualização de aspectos de eficiência e também de distribuição de renda, procurando equilibrar

---

um ditador estatal, por que razão se pode tolerar o autoritarismo e o controle total exercidos por empresas? Nessa linha, o neoliberalismo desenvolvido por Hayek é incompatível com o avanço do Estado Democrático Constitucional de Direito contemporâneo.

os ônus do sistema e alinhar a lucratividade dos negócios com o bem-estar do público.[73]

Richard Posner, também da perspectiva da análise econômica do direito, antecipa não ter a solução para os problemas contemporâneos e defende a capacitação de peritos neutros para atuar nas agências e avaliar os assuntos de antitruste no que ele chama de nova economia, entendendo que a capacitação dos juízes em si não seria eficiente, pois eles logo estariam desatualizados. Posner também é contra a capacidade dos estados americanos de judicializar assuntos de antitruste, dizendo que tais temas deveriam ficar com o âmbito federal, posicionando-se em favor de dar força às agências antitruste para que atuem. Quanto à forma de atuação, o autor direciona o foco a medidas posteriores de indenização a vítimas de abusos dos agentes dominantes. O autor conclui apontando que o quadro, quando analisado teoricamente, dá bases para preocupação quanto ao emprego de condutas abusivas de concentração, que não seriam suficientemente endereçadas pelo mercado, o que causaria prejuízos sociais. A ausência de atuação no setor ainda poderia privar as autoridades de informações importantes sobre a concorrência ali, bem como sobre tendências monopolísticas, assim sendo recomendada a sua atuação atenta e cautelosa nos mercados digitais.[74]

c) Estado Social

O Estado Social é mais alinhado com a perspectiva trazida pelo RMD e que é retratada com maior especificidade na seção seguinte. Ele é consequência das demandas do proletariado no contexto que precede a Segunda Guerra Mundial,[75] em decorrência desta, da primeira guerra mundial e da queda da bolsa de Nova Iorque, sobretudo. Essa sequência de fatos gerou convulsões sociais em diferentes partes do mundo, buscando a alteração do modelo vigente à época, com a perspectiva econômica liberal.[76]

---

[73] COOTER JR., Robert B.; ULEN, Thomas. *Law and economics*. 6. ed. Harlow: Pearson, 2014, p. 1-4.

[74] POSNER, Richard A. Antitrust in the new economy. *Chicago John M. Olin Law & Economics Working Paper*, n. 106 (2D SERIES). The University of Chicago Law School, 2000, p 10-11. Disponível em: http://papers.ssrn.com/paper.taf?abstract_id=249316. Acesso em: 11 mar. 2024, p. 10.

[75] DI PIETRO, Maria Sylvia Zanella. *Parcerias na Administração Pública*. 7. ed. São Paulo: Atlas, 2009, p. 9.

[76] SOUTO, Marcos Juruena Villela. *Desestatização*: privatização, concessões, terceirizações e regulação. 4. ed. Rio de Janeiro: Lumen Juris, 2001, p. 21.

O estado social traz um novo entendimento sobre a igualdade. A Administração Pública passaria a agir perante as dinâmicas econômica e social, buscando promover a igualdade por meio do auxílio às classes baixas, que naquele momento se viam sob a tirania da liberdade usufruída apenas pelas elites. Tal noção de estado passou a valorizar conceitos com o bem comum e o interesse público.[77]

A formação do estado social é fortemente influenciada pelas ideias de Karl Marx e pelo contexto da Guerra Fria, destacando-se a noção histórica de luta de classes,[78] assim como a percepção de mais-valia, segundo a qual os trabalhadores não recebem adequadamente pelo que produzem, já que o lucro capitalista é majoritariamente uma consequência da usurpação do valor do trabalho.[79] Os efeitos de tais elementos foram observados em estados capitalistas por meio das conquistas do proletariado, obtendo maior poder político, o reconhecimento de direitos e a intervenção estatal para promover ideais em linha com a justiça social.

A escolha de tutelar direitos de diversos tipos e com diferentes titulares levou ao entendimento de que o interesse público não é de fato uniforme. O Estado passou, então, a prestar vários serviços sob o regime de direito público, alargando sua participação nas atividades econômicas e no atendimento de necessidades sociais.[80] Passou, ainda, a intervir com a regulamentação de atividades econômicas de iniciativa privada, além de exercer o fomento de outras atividades consideradas importantes para a sociedade.[81] Tal atuação do estado pode também se justificar como reação às disfunções dos sistemas capitalistas, buscando sua recuperação, com o auxílio que se entendeu necessário pelo Estado, tendo contado, inclusive, com a atuação do Estado para financiar e socorrer empresas privadas.[82]

O RMD está mais atrelado à ideia de um estado de bem-estar social como apontado nesta breve seção. Trata-se de um estado que intervém nas atividades econômicas com a finalidade de promover o

---

77 DI PIETRO, 2009, p. 9.

78 MARX, Karl, *O 18 Brumário de Luis Bonaparte.* 4. ed. São Paulo: Nova Cultural, 1987-88.

79 MARX, Karl. *Salário, preço e lucro.* 4. ed. São Paulo: Nova Cultural, 1987-88, p. 110-111.

80 JUSTEN FILHO, Marçal. *Teoria geral das concessões de serviço público.* São Paulo: Dialética, 2003, p. 19; DI PIETRO, 2009, p. 9.

81 DI PIETRO, 2009, p. 9/10.

82 GRAU, Eros Roberto. *A ordem econômica da Constituição de 1988.* 7. ed. São Paulo: Malheiros, 2008, p. 26-27 e 43.

bem-estar dos cidadãos. É essa a noção aplicada mais especificamente para atividades no mercado digital que se analisa a seguir.

d) Perspectiva pela intervenção estatal

Tratando do cenário digital atual, Pasquale lembra o quão opacos são os mercados e o agir da mão invisível, dando destaque para a teoria de Hayek quanto ao chamado "problema do conhecimento",[83] segundo o qual os governos não poderiam intervir no mercado simplesmente por não compreender seu funcionamento. Nessa linha, Pasquale destaca que, se tal desconhecimento, por outro lado, é gerado de forma premeditada pelas empresas que procuram manter o governo no escuro, ou confundi-lo, então pode ser que o problema não esteja no governo.[84] É possível, nesse caso, que se queira mudar outra parte da equação, passando a conhecer o funcionamento do mercado, exigindo dos controladores de acesso que exponham elementos relevantes sobre seu funcionamento e de seus algoritmos, para que seja possível promover melhor regulação do setor.

Pasquale chama a atenção para o fato de que, diferente do que dizem os liberalistas, o que se sabe sobre os fatos sociais não é inerente à sua natureza, mas sim fruto dos arranjos sociais em si. Tal raciocínio se aplica também a várias informações que se sabe sobre empresas e governos, já que elas são publicadas apenas em razão da existência de preceitos normativos exigindo que assim seja. Isso vale igualmente para leis que permitem ou determinam que certas informações sejam mantidas em segredo. Os arranjos sociais são de grande relevância para que se defina o caminho a ser percorrido e as relações e dinâmicas de poder a serem estabelecidas ou perpetuadas.[85]

Tais relações de poder na Sociedade Informacional são centradas no conhecimento de informações: quanto mais se sabe dos outros, e menos os demais sabem sobre você ou sua instituição, mais poderoso se é.[86] O poder resulta também em controle: os controladores de acesso detêm enormes dossiês de informações sobre os usuários, mas não

---

83 Tradução Livre. No original "*knowledge problem*". PASQUALE, 2015, p. 2.

84 PASQUALE, Frank. *The black box society*: the secret algorithms that control money and information. Cambridge: Harvard University Press, 2015, p. 3.

85 PASQUALE, 2015, p. 1-4.

86 No mesmo sentido, LANIER, Jaron. *Who owns the future?* New York: Simon & Schuster, 2013, p. 112. O autor destaca que a sua falta de privacidade é a riqueza de outra pessoa e que a espionagem é oficialmente o principal negócio da Sociedade Informacional; então, ir contra tal corrente é como desafiar a atual ideia da internet em si.

permitem que estes decidam sobre o que se faz com tais dados. Pasquale, ao escolher a metáfora da caixa-preta, não esquece do usuário, mas dá maior foco à opacidade das grandes empresas e dos governos, que podem estar se colocando no caminho da democracia e da perspectiva de um livre mercado ao negarem a mínima transparência sobre seus algoritmos e aspectos centrais das atividades que afetam elementos vitais dos indivíduos e da vida em sociedade.[87] Ao contrário do argumentado pelos liberalistas, apenas o mercado não parece dar conta das necessidades impostas pela tecnologia na Sociedade Informacional.

Retomando tal argumento, a Escola de Chicago traz aspectos semelhantes, explicando que se deveria abandonar uma visão estruturalista do mercado em prol da teoria de preços como referência para o antitruste. Entende-se pela eficiência dos mercados e seus atores, que buscariam maximizar lucros e seriam punidos pela competição, em caso de falha. Nesse sentido, esta escola econômica entende que a dinâmica natural do mercado seria o melhor padrão a ser seguido, e, já que o poder de mercado seria flutuante, o antitruste seria raramente necessário. É dessa escola também a interpretação de que o antitruste serviria apenas para aumentar o bem-estar do consumidor, que teria o significado meramente de redução de preços. Destaca-se que essa visão é insuficiente para os tempos atuais, com ênfase em sua incapacidade de tratar efeitos como a precificação predatória e a integração vertical, que acabam por gerar dominância de mercados e efeitos negativos aos consumidores e pequenas empresas, assim como ao mercado como um todo, que perde em dinamismo e inovação, dentre outros aspectos.[88]

São marcantes as semelhanças entre a agenda neoliberal e os argumentos dos controladores de acesso: parece haver um paraíso em algum lugar. Narrativas utópicas em que sequer se explica quais são os elementos que se alinharão para que a sociedade chegue em tal estado de perfeição. Sabe-se, por outro lado, que nem o ciberespaço, nem as vidas dos indivíduos em geral parecem estar se encaminhando a isso. As condutas dos agentes de mercado também não nos levam a tal conclusão. Parece ser importante que o Estado, como ente legitimado democraticamente, tome certas medidas para corrigir problemas sérios com os quais os cidadãos não são obrigados a conviver, sofrendo suas

---

87 PASQUALE, 2015, p. 1-4. Observa-se que a teoria do autor será tratada de forma mais aprofundada adiante.

88 KHAN, 2017, p. 718.

consequências por longos anos, até que se chegue a tal futuro distante em que se alcançaria o suposto pote de ouro no fim do arco-íris do neoliberalismo.

e) O movimento neo-Brandeis

Em uma perspectiva antitruste mais atuante aparece o atual movimento neo-Brandeis, que vem se destacando nos Estados Unidos da América nas últimas décadas, inclusive com membros assumindo postos relevantes no governo Biden.[89] Dentre os membros do movimento, destacam-se Tim Wu, então assistente especial do presidente para políticas de tecnologia e competição,[90] e Lina Khan, então presidente da FTC (*Federal Trade Commission*).[91]

Louis Brandeis foi juiz da Suprema Corte estadunidense de 1916 a 1939[92] e responsável por advertir à administração de Woodrow acerca da necessidade de criar legislação antitruste, bem como dar poderes ao Departamento de Justiça para exigir o cumprimento de tais leis, assim sendo um dos responsáveis pela criação da *Federal Trade Commission* (FTC), órgão responsável pelo tema nos EUA, assim como o *Sherman Act*, lei pertinente, gerando também um forte movimento antitruste no país.[93]

O presidente estadunidense indica ter assumido a doutrina neo-Brandeis, inclusive tendo emitido uma ordem executiva na qual defende um mercado justo e aberto, que combata a concentração e busque garantir uma prestação de contas democrática das grandes

---

89 GUGGENBERGER, Nikolas. Moderating Monopolies. *Berkeley Technology Law Journal*. v. 38, p. 119-172, 2023, p. 170. O autor aponta a abertura das agências administrativas da era Biden para adotar medidas antitruste ou pró-competitivas. Faz a ressalva, por outro lado, no sentido de que a atuação das agências depende da recepção dos casos pelo Poder Judiciário, de forma que a via mais interessante para as mudanças seria, neste caso, o Poder Legislativo.

90 FEINER, Laura. "*Big Tech critic Tim Wu joins Biden administration to work on competition policy*". CNBC, 5 mar. 2021, 8:41 AM. Atualizado em 5 mar. 2021, 2:51 PM. Disponível em: https://www.cnbc.com/2021/03/05/big-tech-critic-tim-wu-joins-biden-administration-to-work-on-competition-policy.html. Acesso em: 1 out. 2023.

91 BRANDOM, Russell; KELLY, Makena. *Tech antitrust pioneer Lina Khan will officially lead the FTC*. The Verge, 15 jun. 2021. Disponível em: https://www.theverge.com/2021/6/15/22527709/lina-khan-ftc-commissioner-competition-facebook-amazon-google-apple. Acesso em: 1 out. 2023.

92 Supreme Court of the United States. *Justices 1789 to Present*. Disponível em: https://www.supremecourt.gov/about/members_text.aspx. Acesso em: 1 out. 2023.

93 McCRAW, Thomas K. *Prophets of Regulation*. Cambridge: Belknap Press, 1986.

empresas, assim como o bem-estar dos cidadãos e pequenas empresas em um mercado livre.[94]

O documento é bastante claro ao reconhecer a dominância de alguns controladores de acesso que excluem competidores e obtêm lucros decorrentes de um monopólio de mercado, além de abusar das informações dos usuários e causar prejuízo a pequenas empresas e outros concorrentes no mercado de publicidade. A administração se compromete, nesse sentido, a atuar perante os controladores de acesso, visando evitar aquisições anticompetitivas, a agregação indevida de dados pessoais, a vigilância dos usuários, efeitos negativos de rede e outras práticas anticompetitivas no mercado pela atenção dos usuários.[95]

Bradeis opunha-se aos monopólios e procurava dar ao Estado a capacidade de regular a concorrência com a finalidade de incentivar e promover a competição. O autor via a democracia em uma relação de equilíbrio entre o poder privado e o público, buscando criar liberdades e seguranças para os indivíduos, visando à sua realização e a construção de um quadro de estabilidade econômica.[96]

O bem-estar dos consumidores estava em vista, no entanto Brandeis entendia pela necessidade de criar parâmetros claros, como a avaliação sobre se uma conduta promoveria competição ou tenderia a suprimir e destruí-la. Assim, procurava proteger a competição como um processo, em vez de buscar a tarefa muito mais árdua de promover valores como o bem-estar ou a riqueza. Tais valores, seja por sua abstração, ou por sua insuficiência, respectivamente, tendem a gerar inação das autoridades.[97]

As dinâmicas econômicas e o poder são o centro das análises do movimento neo-Brandeis. Entende-se que um mercado mais dinâmico e de possibilidades é o mais adequado a uma sociedade democrática. Isso também por se compreender que as democracias são criadas com a noção de limitação de poderes. Os poderes devem ser distribuídos, descentralizados e compensados, evitando a dominância e o controle total por poucos agentes. Por vezes a lei não dá conta de limitar o poder

---

[94] BIDEN, Joseph. *"Executive Order on Promoting Competition in the American Economy"*. The White House, July 9, 2021. Disponível em: https://www.whitehouse.gov/briefing-room/presidential-actions/2021/07/09/executive-order-on-promoting-competition-in-the-american-economy/. Acesso em: 1 out. 2023.

[95] *Ibidem.*

[96] WU, Tim. *The curse of bigness*: antitrust in the new gilded age. New York: Columbia Global Reports, 2018, p. 136.

[97] WU, 20018, p. 139.

de agentes privados, gerando uma lacuna que dá poder excessivo a esses agentes e deve ser objeto das preocupações contemporâneas.[98]

Do ponto de vista prático, propõe-se, ainda, critérios mais amplos e rígidos de controle de fusões entre empresas, evitando critérios como o aumento imediato de preços no setor ou simplesmente o bem-estar dos consumidores. Nessa linha a intenção é intensificar a revisão de processos de fusão e aquisição e criar presunções como a de que a existência de menos de quatro empresas em um setor seria um problema competitivo.[99]

Propõe-se, ainda, a compreensão de que grandes operações assim têm natureza política e devem ser publicizadas para fins de escrutínio democrático. É essencial o enfrentamento de grandes casos, inclusive de tecnologia, seguindo o exemplo europeu; e também a eventual realização de divisão de uma empresa, ou o bloqueio de fusões ou aquisições, visando a reorganizar a estrutura do mercado. Por fim, a agenda neo-brandeisiana defende a intensificação de investigações de mercado e estipulação de regras de concorrência visando dar suporte para a atuação das autoridades, em conjunto com o estabelecimento de objetivos da política antitruste que envolvam a promoção de competição nos mercados.[100]

f) Demonstração do quadro de concentração nos mercados digitais

A concentração de mercado promovida pelos controladores de acesso é uma hipótese deste estudo a ser confirmada. A apresentação de um estudo sério e honesto passa pela validação das hipóteses apresentadas, de forma que se deve demonstrar a existência de concentração de mercado, apresentando os mercados envolvidos e a participação das referidas empresas em tais mercados, indicando sua proporção, número de usuários e a eventual existência de concorrentes relevantes, ou entrantes com tendência de expansão. Igualmente relevante validar a hipótese da existência de ecossistemas de serviços do mesmo controlador de acesso, o que facilita o efeito de aprisionamento dos usuários, assim como a massiva coleta de dados, seguida de sua combinação, assim permitindo a formação de perfis dos usuários e sua comercialização de

98 *Ibidem*.

99 WU, 2018, p. 127 e ss.

100 WU, 2018, p. 130 e ss.

múltiplas formas, especialmente com foco em anúncios direcionados, predição e modulação de comportamento de usuários.

Pode-se extrair algumas constatações acerca da concentração de mercado da análise do tráfego no ciberespaço. Observa-se na tabela a seguir que o *site Google.com* detém o primeiro lugar no *ranking* global de tráfego, seguido pelo *Youtube.com*, o *site* categorizado com *streaming* e *TV on-line* pertencente ao mesmo grupo empresarial. Em seguida, constam *Facebook.com* e *Instagram.com* e, em décimo lugar, *Whatsapp.com*, todas redes sociais pertencentes à Meta. Destaca-se também a *Amazon.com*, no ramo de *marketplace*, ostentando o décimo segundo lugar no tráfego mundial do ciberespaço.

A análise geral dos mercados digitais também mostra a relevância geral de tais empresas para diversas funções sociais em serviços digitais considerados essenciais na Sociedade Informacional, como mecanismos de busca, redes sociais, transmissão de vídeos e comércio digital. Os controladores de acesso são dominantes em seus mercados específicos e também no quadro geral de tráfego, assim reforçando o seu poder sobre as interações sociais. Veja-se:

TABELA 1 – *Ranking* de *sites* mais visitados do mundo em fevereiro de 2024

Classificação	Site	Categoria	Mudança de ranking	Duração Média da Visita	Páginas/ Visita	Taxa de Rejeição
1	google.com	Computadores Eletrônicos e Tecnologia > Mecanismos de pesquisa	=	00:10:48	8.76	28.06%
2	youtube.com	Artes e entretenimento > Streaming e TV online	=	00:20:05	11.12	22.18%
3	facebook.com	Computadores Eletrônicos e Tecnologia > Redes sociais	=	00:10:37	9.33	31.24%
4	instagram.com	Computadores Eletrônicos e Tecnologia > Redes sociais	=	00:08:22	11.60	35.88%
5	twitter.com	Computadores Eletrônicos e Tecnologia > Redes sociais	=	00:11:03	10.72	31.97%
6	baidu.com	Computadores Eletrônicos e Tecnologia > Mecanismos de pesquisa	=	00:04:31	7.76	25.23%
7	wikipedia.org	Materiais de referência > Dicionários e enciclopédias	=	00:03:55	3.16	59.29%
8	yahoo.com	Publicação de notícias e mídia	=	00:08:48	5.56	33.7%
9	yandex.ru	Computadores Eletrônicos e Tecnologia > Mecanismos de pesquisa	=	00:09:08	8.87	26.33%
10	whatsapp.com	Computadores Eletrônicos e Tecnologia > Redes sociais	=	00:20:07	1.80	41.54%
11	xvideos.com	Adulto	=	00:08:33	8.97	17.71%
12	amazon.com	E-commerce e compras > Marketplace	=	00:06:51	9.50	35.35%
13	pornhub.com	Adulto	▲ 1	00:09:22	8.23	22.73%
14	tiktok.com	Computadores Eletrônicos e Tecnologia > Redes sociais	▼ 1	00:03:26	6.89	35.79%
15	reddit.com	Computadores Eletrônicos e Tecnologia > Redes sociais	▲ 1	00:07:45	5.81	42.42%
16	xnxx.com	Adulto	▼ 1	00:08:02	11.31	12.09%
17	yahoo.co.jp	Publicação de notícias e mídia	=	00:09:05	6.26	31.15%
18	live.com	Computadores Eletrônicos e Tecnologia > E-mail	=	00:06:07	8.11	21.91%
19	linkedin.com	Computadores Eletrônicos e Tecnologia > Redes sociais	▲ 1	00:07:40	7.96	25.83%
20	docomo.ne.jp	Computadores Eletrônicos e Tecnologia > Telecomunicações	▼ 1	00:05:54	4.71	27.16%

Fonte: SIMILARWEB (2024).[101]

Quando se analisa apenas mecanismos de pesquisa, *Google.com* aparece em primeiro lugar, mas é possível ver também outros domínios

[101] SIMILARWEB. *Ranking de sites mais visitados do mundo em fevereiro de 2024* (última atualização em 01.03.2024). Disponível em: https://www.similarweb.com/pt/top-websites/. Acesso em: 09 mar. 2024. Conforme consta no referido *site*, o *ranking* é "ordenado por compartilhamento de tráfego", "incluindo todos os domínios significativos". As categorias seguem a classificação da loja de aplicativos iOS / Android. A taxa de rejeição é a "percentagem de visitantes que visualizam apenas uma página no *site* antes de saírem".

pertencentes à mesma empresa em sexto e em nono lugar; são os *sites* da *Google* no Brasil e na Alemanha respectivamente.

TABELA 2 – *Ranking* dos *sites* de mecanismos de pesquisa mais visitados em fevereiro de 2024

Classificação	Site	Categoria	Mudança de ranking	Duração Média da Visita	Páginas/ Visita	Taxa de Rejeição
1	google.com	Computadores Eletrônicos e Tecnologia > Mecanismos de pesquisa		00:10:48	8.76	28.06%
2	baidu.com	Computadores Eletrônicos e Tecnologia > Mecanismos de pesquisa		00:04:31	7.76	25.23%
3	yandex.ru	Computadores Eletrônicos e Tecnologia > Mecanismos de pesquisa		00:09:08	8.87	25.33%
4	bing.com	Computadores Eletrônicos e Tecnologia > Mecanismos de pesquisa		00:07:00	6.07	30.31%
5	duckduckgo.com	Computadores Eletrônicos e Tecnologia > Mecanismos de pesquisa		00:08:46	7.23	11.34%
6	google.com.br	Computadores Eletrônicos e Tecnologia > Mecanismos de pesquisa		00:06:32	11.49	20.86%
7	ya.ru	Computadores Eletrônicos e Tecnologia > Mecanismos de pesquisa		00:06:23	5.70	33.13%
8	ssyoutube.com	Computadores Eletrônicos e Tecnologia > Mecanismos de pesquisa		00:02:24	2.28	39.9%
9	google.de	Computadores Eletrônicos e Tecnologia > Mecanismos de pesquisa		00:08:25	11.13	26.95%
10	seznam.cz	Computadores Eletrônicos e Tecnologia > Mecanismos de pesquisa		00:09:48	5.03	29.25%

Fonte: SIMILARWEB (2024).[102]

A cota do mercado dominada pelo *Google* no mundo, entre os mecanismos de busca, é de 90,68%, conforme gráfico a seguir, com seus concorrentes não apresentando qualquer ameaça, nem tendência relevante de crescimento:

[102] SIMILARWEB. *Ranking dos sites de mecanismos de pesquisa mais visitados em fevereiro de 2024*. (última atualização em 01.03.2024). Disponível em: https://www.similarweb.com/pt/top-websites/computers-electronics-and-technology/search-engines/. Acesso em: 09 mar. 2024.

FIGURA 1 – Participação no mercado de mecanismos de busca (junho de 2023)[103]

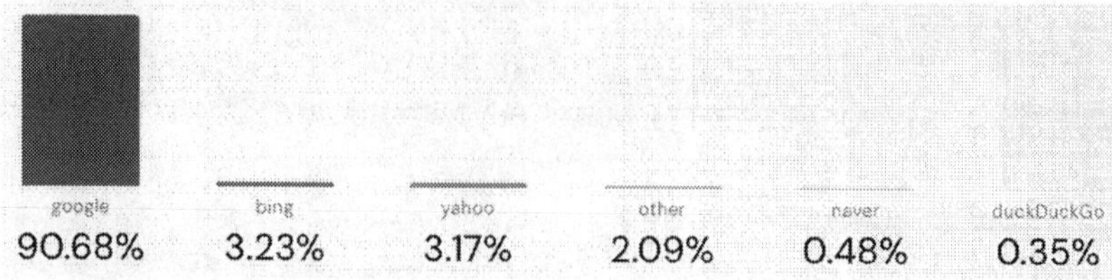

Fonte: SIMILARWEB (2023).[104]

No ramo de *streaming* e *TV on-line*, já se demonstra estratégias de formação de ecossistemas de serviços. Vê-se o líder *Youtube.com*, pertencente à *Alphabet Inc.*, o conglomerado detentor da *Google*. Em sexto lugar, a *Primevideo.com*, aplicativo da *Amazon Inc.*, grupo empresarial líder mundial em *Marketplace*.

TABELA 3 – *Ranking* de *sites* de *streaming* e *TV on-line* mais visitados do mundo em fevereiro de 2024

Classificação	Site	Categoria	Mudança de ranking	Duração Média da Visita	Páginas/ Visita	Taxa de Rejeição
1	youtube.com	Artes e entretenimento > Streaming e TV online	=	00:20:05	11.12	22.18%
2	netflix.com	Artes e entretenimento > Streaming e TV online	=	00:07:18	4.17	39.8%
3	max.com	Artes e entretenimento > Streaming e TV online	=	00:06:36	5.80	37.02%
4	imdb.com	Artes e entretenimento > Streaming e TV online	=	00:03:18	4.67	45.25%
5	disneyplus.com	Artes e entretenimento > Streaming e TV online	=	00:08:01	4.77	33.71%
6	primevideo.com	Artes e entretenimento > Streaming e TV online	=	00:03:04	2.90	44.36%
7	miguvideo.com	Artes e entretenimento > Streaming e TV online	=	00:03:47	2.06	55%
8	nicovideo.jp	Artes e entretenimento > Streaming e TV online	▲ 2	00:10:48	6.54	39.1%
9	fmovies2.to	Artes e entretenimento > Streaming e TV online	=	00:09:27	4.74	36.86%
10	kinopoisk.ru	Artes e entretenimento > Streaming e TV online	▼ 2	00:04:10	4.07	41.05%

Fonte: SIMILARWEB (2024).[105]

---

[103] Tradução livre de *Search Engines Market Share* (June 2023).

[104] SIMILARWEB. *Search Engines Market Share* (June 2023). Disponível em: https://www.similarweb.com/engines/. Acesso em: 09 mar. 2024.

[105] SIMILARWEB. *Ranking de sites de Streaming e TV on-line mais visitados do mundo em fevereiro de 2024* (última atualização em 01.03.2024). Disponível em: https://www.similarweb.com/pt/top-websites/arts-and-entertainment/tv-movies-and-streaming/. Acesso em: 09 mar. 2024.

O posicionamento das referidas empresas no ramo de artes e entretenimento reforça seu papel na formação cultural dos usuários, assim como em papéis informativos e educativos, como ocorre na plataforma *Youtube*, adquirida pela *Google*. A coleta de dados dos controladores de acesso nesses ramos também permite a vasta coleta de dados dos usuários acerca de suas preferências, assim beneficiando as empresas em seus empreendimentos no mercado de anúncios direcionados.

A participação das empresas no mercado de filmes e transmissão de vídeos tinha a seguinte configuração em 2023:

TABELA 4 – Estatísticas de empresas transmissoras de vídeo[106]

Month, Year	Netflix	YouTube	Hulu	Amazon	Disney+
Jan 2023	7.5%	7.3%	3.2%	2.9%	1.7%
Feb 2023	7.3%	7.9%	3.3%	3%	1.8%
Mar 2023	7.3%	7.8%	3.3%	2.9%	1.8%
Apr 2023	6.9%	8.1%	3.3%	2.8%	1.8%
May 2023	7.9%	8.5%	3.7%	3.1%	1.8%
Jun 2023	8.2%	8.8%	3.5%	3.2%	2%
Jul 2023	8.1%	9.2%	3.6%	3.4%	2%

Fonte: Exploding Stats (2024).[107]

Quando se trata de redes sociais, o primeiro, o segundo e o quarto lugares são empresas da *Meta Inc*. São elas a *Facebook.com*, a primeira empresa bem-sucedida do grupo, seguida das aquisições *Instagram.com* e *Whatsapp.com*. A estratégia de aquisições de concorrentes aparece aqui de forma bastante clara, somando indícios à perspectiva de dominância do setor.

[106] Tradução livre de *Video Streaming Services Stats*.

[107] Exploding Stats. *Video Streaming Services Stats*, 2024. Disponível em: https://explodingtopics.com/blog/video-streaming-stats. Acesso em: 09 mar. 2024.

TABELA 5 – *Ranking* de *sites* de redes sociais mais visitados do mundo em fevereiro de 2024

Classificação	Site	Categoria	Mudança de ranking	Duração Média da Visita	Páginas/ Visita	Taxa de Rejeição
1	facebook.com	Computadores Eletrônicos e Tecnologia > Redes sociais	=	00:10:37	9.33	31.24%
2	instagram.com	Computadores Eletrônicos e Tecnologia > Redes sociais	=	00:08:22	11.60	35.88%
3	twitter.com	Computadores Eletrônicos e Tecnologia > Redes sociais	=	00:11:03	10.72	31.97%
4	whatsapp.com	Computadores Eletrônicos e Tecnologia > Redes sociais	=	00:20:07	1.80	41.54%
5	tiktok.com	Computadores Eletrônicos e Tecnologia > Redes sociais	=	00:03:28	6.89	35.79%
6	reddit.com	Computadores Eletrônicos e Tecnologia > Redes sociais	=	00:07:45	5.81	42.42%
7	linkedin.com	Computadores Eletrônicos e Tecnologia > Redes sociais	=	00:07:40	7.96	25.93%
8	pinterest.com	Computadores Eletrônicos e Tecnologia > Redes sociais	▲ 1	00:05:47	6.04	41.7%
9	vk.com	Computadores Eletrônicos e Tecnologia > Redes sociais	▼ 1	00:11:23	13.20	29.28%
10	discord.com	Computadores Eletrônicos e Tecnologia > Redes sociais	=	00:06:46	7.39	51.2%

Fonte: SIMILARWEB (2024).[108]

[108] SIMILARWEB. *Ranking de sites de redes sociais mais visitados do mundo em fevereiro de 2024* (última atualização em 01.03.2024). Disponível em: https://www.similarweb.com/pt/top-websites/arts-and-entertainment/tv-movies-and-streaming/. Acesso em: 09 mar. 2024.

FIGURA 2 – As redes sociais mais populares em todo o mundo até janeiro de 2024, classificadas pelo número de usuários ativos mensais (em milhões)[109]

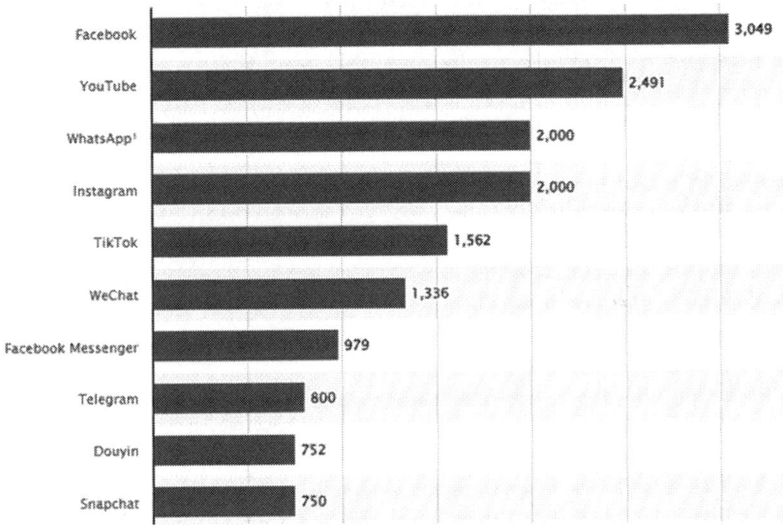

Fonte: STATISTA (2024).[110]

A análise realizada com base na participação de mercado das empresas é a seguinte, quando analisado o tráfego gerado a partir de tais *sites*:[111]

---

109 Repare-se que o Youtube foi considerado uma rede social pela referida fonte, assim como pela seguinte.

110 STATISTA. *As redes sociais mais populares em todo o mundo até janeiro de 2024, classificadas pelo número de usuários ativos mensais (em milhões)* (última atualização em janeiro de 2024). Disponível em: https://www.statista.com/statistics/272014/global-social-networks-ranked-by-number-of-users/. Acesso em: 09 mar. 2024.

111 A metodologia é explicada em detalhes na seguinte fonte: STAT COUNTER. *Frequently Asked Questions*. Disponível em: https://gs.statcounter.com/faq#social-media-methodology. Acesso em: 09 mar. 2024.

FIGURA 3 – Estatísticas mundiais de redes sociais (Fev. 2023 - Fev. 2024)[112]

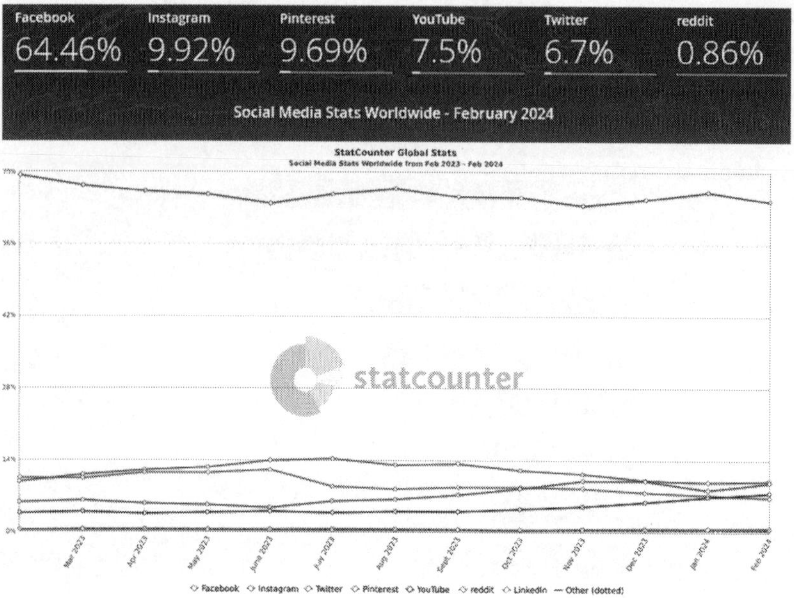

Fonte: STAT COUNTER (2024).[113]

Observa-se, ainda, que *Facebook* e *Instagram* somados detém 74,38% de participação no mercado, demonstrando a relevância da concentração obtida pela *Meta* ao adquirir a rede concorrente. Não se identifica qualquer tendência de redução significativa em suas participações, ou de crescimento de redes sociais rivais. Não se observa tampouco o aparecimento de quaisquer entrantes no referido mercado.

No setor de *marketplace*, destaca-se a *Amazon.com* e seus *sites* localizados no Japão e na Alemanha, respectivamente primeiro, terceiro e oitavo no *ranking* de tráfego mundial no setor, assim representando significativa concentração do tráfego para o comércio digital mundial, o que permite à empresa condutas bastante abusivas e preços predatórios, como se verá adiante neste estudo. Quando se observa a participação de mercado da empresa somada a seus *sites* mais relevantes, chega-se

[112] Tradução livre de *Social Media Stats Worldwide (Feb 2023 - Feb 2024)*.

[113] STAT COUNTER. *Social Media Stats Worldwide* (Feb 2023 - Feb 2024). Disponível em: https://gs.statcounter.com/social-media-stats. Acesso em: 09 mar. 2024.

ao percentual de 28,24% das visitas a *sites* de *marketplace* em todo o mundo, representando uma fatia bastante relevante, especialmente quando se vê que seus mais próximos concorrentes, *Ebay* e *Aliexpress*, detêm apenas 4,46% e 3,32% respectivamente.

TABELA 6 – *Ranking* de *sites marketplace* mais visitados do mundo em fevereiro de 2024

Classificação	Site	Categoria	Mudança de ranking	Duração Média da Visita	Páginas/ Visita	Taxa de Rejeição
1	amazon.com	E-commerce e compras > Marketplace	=	00:06:51	9.50	35.36%
2	ebay.com	E-commerce e compras > Marketplace	=	00:06:51	6.90	38.05%
3	amazon.co.jp	E-commerce e compras > Marketplace	=	00:06:44	7.48	36.97%
4	rakuten.co.jp	E-commerce e compras > Marketplace	▲ 1	00:06:06	7.47	37.06%
5	etsy.com	E-commerce e compras > Marketplace	▲ 2	00:05:44	6.49	45.91%
6	aliexpress.com	E-commerce e compras > Marketplace	=	00:06:17	5.88	38.27%
7	ozon.ru	E-commerce e compras > Marketplace	▲ 2	00:08:17	11.56	31.48%
8	amazon.de	E-commerce e compras > Marketplace	=	00:06:59	9.50	31.75%
9	wildberries.ru	E-commerce e compras > Marketplace	▲ 2	00:11:42	12.49	26.89%
10	temu.com	E-commerce e compras > Marketplace	▼ 6	00:05:59	7.97	38.3%

Fonte: SIMILARWEB (2024).[114]

114 SIMILARWEB. *Ranking de sites Marketplace mais visitados do mundo em fevereiro de 2024* (última atualização em 01.03.2024). Disponível em: https://www.similarweb.com/pt/top-websites/e-commerce-and-shopping/marketplace/. Acesso em: 09 mar. 2024.

FIGURA 4 – Os *marketplaces* mais populares no mundo em dezembro de 2023 com base no número de visitas (considerados apenas acessos por *desktop*).

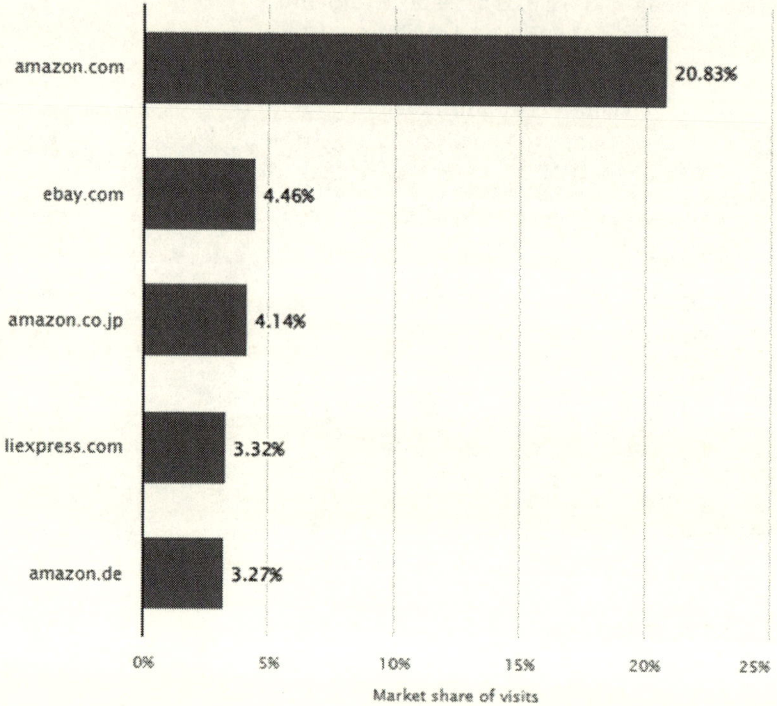

Fonte: STATISTA (2024).[115]

Interessante considerar o mercado de sistema operacional de celulares, que é dominado pela *Google*, proprietária do sistema *Android*. Em seguida, o único sistema com alguma representatividade no setor é o *iOS*, pertencente à *Apple*. Os aparelhos celulares têm ostentado um papel cada vez mais relevante na Sociedade Informacional, seja por sua presença constante nas mãos dos mais diversos usuários, seja por serem portáteis, e por isso capazes de acompanhar o usuário nas tarefas

---

115 STATISTA. *Os marketplaces mais populares no mundo em dezembro de 2023, baseado no número de visitas* (publicado em janeiro de 2024). Considerados apenas acessos por *desktop*. Disponível em: https://www.statista.com/statistics/1332178/global-market-share-leading-marketplaces/. Acesso em: 09 mar. 2024.

diárias, assim coletando diversas naturezas de dados a serem tratados pelos controladores de acesso.

FIGURA 5 – Participação no mercado mundial de sistema operacional para celulares (Fev. 2023 – Fev. 2024).[116]

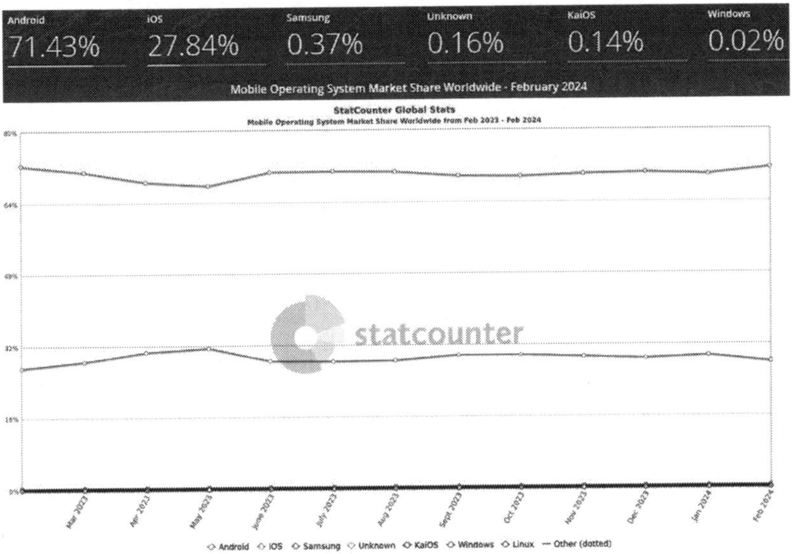

Fonte: STAT COUNTER (2024).[117]

Quanto aos sistemas operacionais de computadores, o mercado é dominado pela *Microsoft*, detentora do *Windows*, seguida pelo Mac OS, também conhecido como OS X. Veja-se o gráfico a seguir:

[116] Tradução livre de *Mobile Operating System Market Share Worldwide (Feb 2023 - Feb 2024).*

[117] STAT COUNTER. *Mobile Operating System Market Share Worldwide* (Feb 2023 - Feb 2024). Disponível em: https://gs.statcounter.com/os-market-share/mobile/worldwide. Acesso em: 09 mar. 2024.

FIGURA 6 – Participação no mercado mundial de sistema operacional para computadores (Fev. 2023 – Fev. 2024)[118]

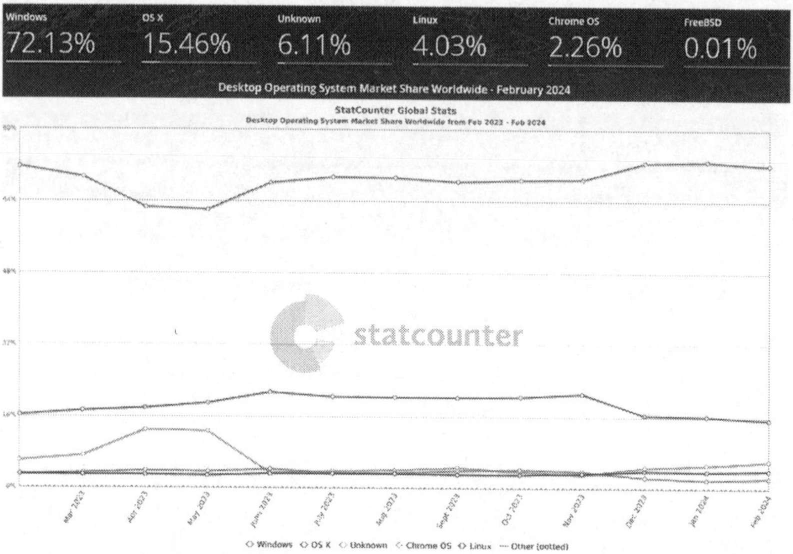

Fonte: STAT COUNTER (2024).[119]

Um dos mercados em franca expansão é o do armazenamento em nuvem, que também é dominado por serviços das grandes empresas de tecnologia. *Amazon* lidera com seu *AWS* (*Amazon Web Services*), seguida do *Azure* da *Microsoft* e do *Google Cloud*. Novamente, reforça-se a estratégia de formação de ecossistemas de serviços, que fica demonstrada pela presença das várias empresas aqui indicadas como controladores de acesso em posições relevantes nos mercados de serviços essenciais digitais. Observe-se o gráfico de participação de mercado para o setor de armazenamento em nuvem em 2023.

---

118 Tradução livre de *Desktop Operating System Market Share Worldwide (Feb 2023 - Feb 2024).*

119 STAT COUNTER. *Desktop Operating System Market Share Worldwide* (Feb 2023 - Feb 2024). Disponível em: https://gs.statcounter.com/os-market-share/desktop/worldwide. Acesso em: 09 mar. 2024.

FIGURA 7 – Participação no mercado mundial dos líderes em fornecimento de serviço de infraestrutura de nuvem no quarto trimestre de 2023[120]

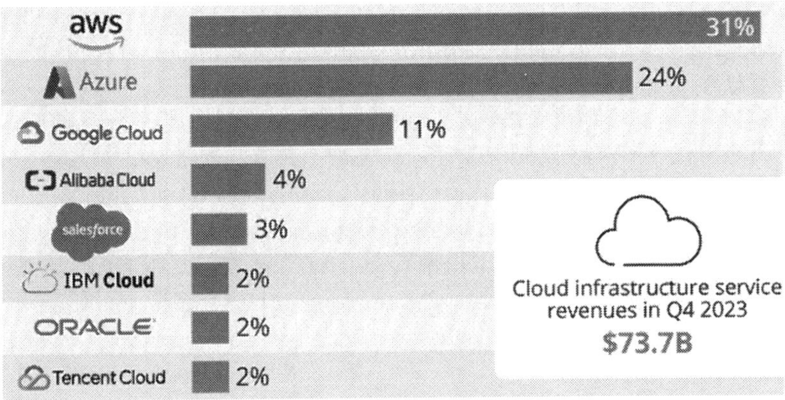

Fonte: STATISTA/SYNERGY RESEARCH GROUP (2023).[121]

Os dados acima demonstram diversos aspectos destacados no presente estudo, a se iniciar pela dominância de determinadas empresas em serviços essenciais dos mercados digitais, tais quais mecanismos de buscas, redes sociais e serviços de transmissão de vídeos.

Analisando *Google*, *Amazon*, *Meta* (*Facebook*), *Apple* e *Microsoft*, observa-se que, além de ostentarem posições de dominância em seus mercados principais, as referidas empresas procuram espalhar seus ecossistemas de serviços por várias das áreas mais relevantes da economia digital, assim aumentando suas possibilidades de combinação de dados pessoais dos usuários e as perspectivas de dominância e exercício de poder de mercado. Tais circunstâncias reduzem a competitividade e tendência de inovação e fortalecem o modelo de negócios baseado na exploração de dados do usuário, envolvendo publicidade direcionada, ampla violação de privacidade e modulação de comportamento. Como um todo, reforça-se a perspectiva de foco no anunciante em detrimento do usuário, que tem seus dados vistos como um ativo

120 Tradução livre de *Worldwide market share of leading cloud infrastructure service providers in Q4 2023*.

121 STATISTA / SYNERGY RESEARCH GROUP. *Worldwide market share of leading cloud infrastructure service providers in Q4 2023*. Disponível em: https://www.statista.com/chart/18819/worldwide-market-share-of-leading-cloud-infrastructure-service-providers/. Acesso em: 09 mar. 2024.

a ser comercializado, assim recebendo apenas a mínima atenção dos controladores de acesso.

Soma-se a tais análises o fato de tais empresas terem sido efetivamente enquadradas no conceito de controladores de acesso, tal qual proposto pelo RMD.[122] Como se analisará a fundo, tal conceito é parte de uma perspectiva de regulação *ex ante*, isto é, antes da verificação específica de condutas abusivas pelas empresas. Basta verificar que uma empresa se amolda aos critérios da lei, e ela estará sujeita a uma série de restrições. Tal perspectiva considera precisamente que, ao ostentar características que indiquem um porte e um certo domínio do mercado, as empresas devem se sujeitar a regras mais rígidas, que visam especialmente propiciar um ambiente concorrencial mais aberto, assim como o respeito a direitos dos usuários, com foco nos aspectos de proteção de dados.

Diante de tais perspectivas apresentadas pelo direito concorrencial, e da necessidade de sua adaptação aos tempos contemporâneos, e ainda tendo ficado demonstrado faticamente o quadro de concentração de mercado, apresenta-se os detalhes do que se tem como uma Sociedade Informacional em que se insere todo o quadro acima.

2.2 Sociedade Informacional: dados pessoais e concorrência

Passa-se à análise, no contexto da Sociedade Informacional, dos mercados digitais, em que a concorrência é pautada na concentração e no tratamento dos dados pessoais pelos controladores de acesso. A arquitetura do ciberespaço e a relevância dos dados pessoais são elementos estruturantes de tal análise, que trará também aspectos políticos e sociais imprescindíveis para a compreensão do objeto de estudo.

---

[122] UNIÃO EUROPEIA, 2022a, p. 31-32. Para que uma empresa se encaixe no conceito de controlador de acesso, os critérios subjetivos da lei envolvem o impacto significativo da empresa no mercado interno da União Europeia; prestação de serviço essencial e porta de acesso entre utilizadores profissionais e utilizadores finais; além de posição sólida e duradoura das operações, ou da possibilidade de vir a se beneficiar de uma posição assim no futuro. Os critérios objetivos, dentro dos quais se presume o preenchimento dos requisitos anteriores são um volume de negócios anual igual ou superior a 7,5 bilhões de euros em cada um dos últimos três exercícios; a prestação do mesmo serviço essencial em pelo menos três Estados-Membros; 45 milhões de usuários finais ativos mensalmente e 10 mil utilizadores profissionais. Mais detalhes no capítulo 4.1.3 "O Regulamento dos Mercados Digitais da União Europeia (RMD/UE)".

2.2.1 Perspectivas sociais da Sociedade Informacional

Nota-se a formação da Sociedade Informacional. Como definido por Castells, trata-se de uma sociedade em que a geração de conhecimento, a economia, o poder político e militar, bem como a comunicação funcionam sob a lógica do desenvolvimento tecnológico centrado na informação. Trata-se de uma rede global de riqueza, poder e símbolos relacionados a essa estrutura de um paradigma econômico e tecnológico amplamente compartilhado.[123]

A Sociedade Informacional se organiza em torno da infraestrutura de redes baseadas em tecnologia da informação. Os elementos da infraestrutura e da superestrutura da rede, bem como os participantes e sua dinâmica definirão as relações de dominação e transformação social nas redes, já que elas são o palco das principais interações sociais.[124]

Nessas dinâmicas se posicionam atualmente as grandes empresas de tecnologia, impulsionadas por fluxo global de capitais e se orientando, do ponto de vista competitivo e produtivo, pelos dados e por suas estruturas tecnológicas, assim buscando o avanço e a dominação em seus mercados.[125]

Byung-Chul Han vê esse regime de informação no contexto de uma transição do regime disciplinar que dominava corpos e energias, no capitalismo industrial, para o regime da informação com a dominação de dados e informações para "vigilância, controle e prognóstico de comportamentos psicopolíticos", em um contexto em que os seres humanos se tornam apenas "animais de consumo e dados". O autor prossegue descrevendo que o sujeito passa a não ser mais dócil e obediente, mas sim a acreditar ser livre, autêntico e criativo ao produzir e performar. A biopolítica seria substituída pela psicopolítica, em que o regime da informação se apodera da *psique* e submete o corpo à indústria da beleza. Ainda que se discorde quanto à total substituição de um modelo por outro, vê-se como altamente pertinentes as colocações de Han sobre algumas mudanças nas relações de poder na sociedade.[126]

---

123 CASTELLS, Manuel. *A sociedade em rede*. São Paulo: Paz e Terra, 1999, p. 57 e ss. O autor destaca não ser possível resumir o conteúdo dessa estrutura social em um parágrafo.

124 CASTELLS, 1999, p. 565 e ss.

125 *Ibidem*.

126 HAN, Byung-Chul. *Infocracia*: digitalização e a crise da democracia. Tradução de Gabriel S. Philipson. Petrópolis-RJ: Vozes, 2022, p. 7.

Jeremy Rifkin diagnostica alguns dos elementos dessa mudança de paradigma de uma economia de mercado para uma economia de rede, em que o patrimônio físico perde valor em relação ao patrimônio intangível, constituído por ideias e informações. As empresas se desfazem de seu patrimônio e formam redes de negócios, apoiados em vários parceiros e outras empresas, constituindo redes e compartilhando recursos. A troca é substituída pela cessão para uso limitado por terceiros. A concentração e o exercício de poder se dão pelo controle das condições em que se permite o acesso a tais ideias, conhecimento e informações. Rifkin também já identificava a tendência de cessão gratuita de produtos em prol da construção de um relacionamento a longo prazo com os consumidores a partir de serviços, revertendo o paradigma anterior. Se antes se falava em trocas e transmissão de propriedade, na Sociedade Informacional o conhecimento e a informação são comercializados, e o relacionamento entre empresas e indivíduos se torna muito mais próximo e com potencialidades altamente perniciosas.[127]

Benkler descreve o modelo atual como uma economia de informação em rede na qual a produção de informações e cultura ganham papel central, junto da manipulação de símbolos.[128] O fenômeno também está diretamente relacionado com a internet e o ciberespaço como um ambiente de comunicação baseado em processadores baratos e de alta capacidade computacional, formando uma rede interconectada. Nessa organização econômica, surge o potencial para uma ação altamente descentralizada, não proprietária e não baseada no mercado, inclusive de forma colaborativa, com relevância para a economia. A tecnologia permite também que a informação produzida por uma pessoa alcance milhões e que possa ser produzida a partir de esforços de cooperação de larga escala por meio de programas de código aberto.[129]

Essas são algumas potencialidades da tecnologia. Seu uso em prol da sociedade, no entanto, deve ser fruto de deliberações políticas nos Estados democráticos e liberais. Em momentos de grandes mudanças, como o atual, há certo espaço de maleabilidade para se trabalhar na

---

[127] RIFKIN, Jeremy. *The age of access*: the new culture of hypercapitalism, where all of life is a paid-for experience. New York: Penguin Putnam Inc., 2000, p. 3 e ss. O autor usa o termo "Era do Acesso", como no título da obra, no entanto não cita tal termo, visando unificar a terminologia, marco teórico e paradigma adotados por este estudo.

[128] BENKLER, Yochai. *Wealth of Networks*: how social production transforms markets and freedom. New Haven: Yale University Press, 2006, p. 3. O autor descreve a construção das marcas como forma de agregar valor a produtos substituindo o valor dos produtos em si.

[129] BENKLER, 2006, p. 3/5. Tradução livre de "open-source software".

organização econômica e social que deve ser utilizado para que negocie e se tome as decisões necessárias para potencializar a mudança em prol da sociedade. Para tanto, deve exatamente se reconhecer que a forma como o desenvolvimento tecnológico ocorre pode e deve ser "uma escolha sobre como ser seres humanos livres, iguais e produtivos sob uma série de novas condições tecnológicas e econômicas".[130] Benkler ainda indica que a competição econômica do futuro não pode ser ditada pelos vencedores do passado; e não se pode perder a oportunidade de utilizar o desenvolvimento tecnológico para buscar políticas sociais que melhorem as democracias, liberdades e justiça, sem prejuízo da produtividade.[131]

Carissa Véliz traz uma importante perspectiva a ser abordada neste estudo. Observe-se que, já que se fala de compartilhamento de dados e concorrência, a privacidade é elemento central. A autora compara tal conceito a uma chave mestra. A violação da privacidade, o acesso a essa chave mestra, concede ao detentor um enorme poder sobre o indivíduo. Os mais variados dados acumulados sobre cada um e, provavelmente, informações que apenas se compartilharia com entes amados, são concedidos a empresas. Vulnerabilidades, intimidades e dados que identificam e compõem a personalidade dos indivíduos passam a ser usados não para seu benefício, como se esperaria de uma pessoa amada, mas sim em benefício dos lucros de tais empresas e potencialmente sem qualquer interesse pelo seu bem-estar.[132] Como se verá, os dados pessoais podem ser obtidos de formas escusas e usados de formas enviesadas, causando danos e perpetuando injustiças sociais.

Definitivamente, em um mundo em que os indivíduos são deixados estupefatos pela sobrecarga de estímulos, o maior ativo a ser prospectado é a atenção. "Mercadores de atenção" é como WU descreve empresas como a *Google*, mas também tantas precursoras no ramo da publicidade e propaganda; dentre elas o *New York Sun* e os responsáveis pelos *posters* na Paris do fim da década de 1860: pioneiros da publicidade de seu tempo. A publicidade é fulcral para o presente estudo, na medida em que é a principal fonte de renda de tantos dos controladores de acesso. O objeto da publicidade é a atenção dos consumidores,

---

130 BENKLER, 2006, p. 26/28. Tradução livre de: "a choice about how to be free, equal, productive human beings under a new set of technological and economical conditions".

131 BENKLER, 2006, p. 28.

132 VÉLIZ, Carissa. *Privacidade é poder*: como e por que você deveria retomar o controle de seus dados. Tradução: Samuel Oliveira. São Paulo: Contracorrente, 2021, p. 77-79.

também chamada de foco. Já houve tempos em que os anúncios de produtos e serviços eram meramente informativos, assim sendo objeto do autêntico foco dos usuários. Atualmente, os anúncios surgem com abordagens cada vez mais persuasivas, buscando atuações que se tratará posteriormente neste estudo, envolvendo influência, manipulação e, por fim, a ideia de distração, afastando o usuário de seus objetivos para atraí-lo para os anúncios.[133]

No contexto da digitalização e do avanço da publicidade, as relações se tornam intensamente mediadas. A informação é transmitida por este meio, atualmente altamente tecnológico, que está longe de ser neutro; portanto, produz ruído nas relações políticas, econômicas e sociais. É inegável, nessa mesma linha, que as influências sofridas pelo indivíduo, assim como a forma cada um dedica a atenção ao longo da vida, compõem quem se é: a personalidade, autonomia e liberdade. Trata-se de um contexto em que os controladores de acesso dominam as principais dimensões de vida: o tempo e o espaço. Há potenciais monopólios de funções estruturantes do ciberespaço, e também do tempo dos usuários, que é engolfado por incontáveis e inconsequentes estímulos.[134]

Johann Hari descreve como tais estímulos apoderam-se de todas as possíveis formas de foco. E, se a atenção do indivíduo é dominada pelas grandes empresas de tecnologia, haverá significativa influência e modulação de comportamento e personalidade. O autor descreve três formas de foco, começando por uma focada em ações imediatas, que requerem um foco de curto prazo, como terminar um capítulo de livro. A segunda se refere a metas de longo prazo, como escrever um livro. Por fim, há o foco em suas razões para seguir determinadas metas de longo prazo, como a razão para que você escreva um livro. Saber a razão pela qual se faz as coisas indica muito das razões de viver do sujeito. A perda do foco do sujeito nos objetivos de longo prazo seria um sinal de que podem ser prejudicados sérios atributos da personalidade, senso de oportunidade e pretensões daquele indivíduo.[135]

---

133 WU, Tim. *Attention merchants*: the epic struggle to get inside our heads. London: Atlantic Books, 2017, p. 12-16.

134 WU, 2017, p. 268 e ss.

135 HARI, Johann. *Foco roubado*: os ladrões de atenção da vida moderna. Tradução: Luis Reyes Gil. São Paulo: Vestígio, 2023, p. 295-297. Parte da obra é composta por entrevistas, e o trecho citado envolve uma conversa com James Williams.

O autor explica como os usuários podem ficar perdidos em meio a cliques, curtidas e outras recompensas fáceis do ciberespaço, tendo obstado o tempo de reflexão e divagação profunda que nos leva a compreender as razões pelas quais se vive e se deseja cumprir uma ou outra meta de longo prazo. O excesso de estímulos leva os indivíduos, então, a tamanho estado de total dispersão e/ou de paralisia em que a capacidade de compreensão e reação ao mundo ao redor, mesmo a tais estímulos, ficam todos comprometidos, em uma situação que se equipara a um afogamento nas informações que inundam a esfera de atenção.[136]

É claro que as referidas discussões em muito se aproximam das que serão tratadas especificamente no âmbito da privacidade e de seu prisma coletivo. Assim como na privacidade, o foco pode ser visto numa dimensão coletiva, que seria o foco no outro. Este aspecto do foco envolveria as interações coletivas e a capacidade das pessoas de se unirem para formar consensos e buscarem metas coletivas.[137]

Observa-se, neste sentido, que os controladores de acesso em muito estimulam o individualismo: se todas as interações são mediadas e podem, cada vez mais, ser travadas com formas de inteligência artificial, as interações humanas e pessoais tornam-se obsoletas e desnecessárias. As formas de vigilância e controle da Sociedade Informacional tendem a um controle e modulação de comportamentos altamente negativos do ser humano, padronizando comportamentos individuais, agindo contra a formação de personalidades criativas e plurais, e desestimulando o contato coletivo e o agir comunitário e solidário.

As mudanças sociais enunciadas são estruturais e drásticas, afetando como informação, conhecimento e cultura são produzidos e circulam; quem decide sobre esses temas e como as sociedades processam e decidem o que pode e deve ser feito.[138] Como se poderia esperar que não gerassem efeitos igualmente drásticos nos campos das ciências humanas? São fulcrais as mudanças na organização da vida humana promovidas inclusive com o desapossamento do indivíduo, que passa a não ter controle sequer dos elementos de sua personalidade e de como ele é visto no mundo, já que os controladores de acesso aos mercados digitais e à economia digital detêm grandes volumes de dados pessoais,

---

136 HARI, 2023, p. 29-298.

137 HARI, 2023, p. 298.

138 BENKLER, 2006, p. 1-2.

que são comercializados a terceiros e procuram agir de forma a moldar comportamentos.

Os controladores de acesso são agentes políticos na Sociedade Informacional. Tais empresas prestam serviços essenciais que cada vez mais se confundem e interseccionam com os valores trazidos pelas sociedades, como a verdade, a liberdade e a democracia. Cristaliza-se a compreensão no sentido de que "quem domina a tecnologia mais avançada também domina o mundo", e tal tecnologia hoje está centrada em dados e inteligência artificial. O controle de tais ativos, portanto, não pode estar integralmente nas mãos de alguns controladores de acesso.[139]

Evgeny Morozov destaca que não foram as grandes empresas de tecnologia (*big tech*) que ditaram esse futuro, mas sim as diversas políticas econômicas, com afrouxamento de legislação trabalhista, do direito à moradia e demais direitos sociais, que deram espaço a empresas como *Uber* e *Airbnb*.[140] Assim como em outras situações históricas, é difícil dizer exatamente em que medida cada um dos fatores nos trouxe a este momento. O que se observa é que, de fato, alcançou-se um momento histórico em que tais empresas influenciam relevantemente o destino da sociedade, tudo isso somado a uma série complexa de eventos desde o fim da Guerra Fria e passando pela crise financeira de 2008.

Note-se que o autor bielorrusso dá pouco destaque ao poder financeiro de tais empresas, focando verdadeiramente em "dados – e os serviços de inteligência artificial que eles ajudam a estabelecer" como o centro da disputa geopolítica a ser travada na Sociedade Informacional.[141]

Tim Wu, professor de Columbia e pupilo de Lawrence Lessig, destaca que as diversas indústrias da informação – telefonia, rádio, televisão, filmes – são caracterizadas por ciclos semelhantes de abertura inicial, seguida de uma grande concentração. Para Wu, a internet é semelhante quanto ao referido ciclo inevitável, mas diferente em importância: ela realmente já é parte do tecido das vidas das sociedades e dos indivíduos. Por essa rede transitam as informações (dados), que já são centrais para a Sociedade Informacional e devem apenas ganhar mais e mais importância ao longo dos anos, assim influenciando as dinâmicas de trabalho e de vida como um todo.[142]

---

[139] MOROZOV, 2018, p. 11.

[140] MOROZOV, 2018, p. 8.

[141] MOROZOV, 2018, p. 9.

[142] WU, Tim. *The master switch*. Nova York: Random House (Vintage Books), 2010, p. 6-7.

A alienação do cidadão do processo decisório democrático vem como parte do projeto neoliberalista de cidadania sacrificial descrito por Wendy Brown. Trata-se do cidadão preso aos poderes como a empresa para a qual trabalha, bem como os bens consumidos, e também na posição de mercadoria, como ocorre quando seus dados se tornam lucro nas mãos das *big tech*. Ao mesmo tempo em que é responsabilizado por sua situação, o cidadão é alijado de decisões e autonomia que poderiam efetivamente lhe garantir melhores oportunidades, na medida em que os atores dominantes do capital são desregulados. Os cidadãos, então, ficam isolados e desprotegidos, vulneráveis ao poder do grande capital.[143]

O que é o virtual? Essa é a pergunta de Pierre Lévy ao procurar compreender, em toda a sua amplitude, essas mudanças tão rápidas e desestabilizantes trazidas pela virtualização. Essas mudanças que não são nem boas, nem más, nem neutras. O virtual que não é imaginário, e sim real em toda a sua potencialidade, fecundidade e sentido. Um virtual cheio de futuros, com aspectos terríveis e sombrios, mas não impossível de harmonização.[144] [145]

As tão relevantes funções de partilha de memória social, conexão e coordenação entre inteligências individuais encontram um poderoso meio no ciberespaço. A dinâmica da rede nos dá essa sensação ainda mais forte de se estar diante de uma mutação mais significativa, uma verdadeira virada, nas formas de inteligência coletiva. Lévy propunha, então, já em 1996, que diante desta nova cultura se deva "orientar deliberadamente a evolução em curso". É a sociedade que deve decidir sobre o futuro do ciberespaço buscando valorizar seu uso para recriação de vínculos sociais, qualificação da democracia, criação de novas formas de colaboração, dentre outras formas que utilizem para bem a infraestrutura do ciberespaço.[146]

---

143 BROWN, Wendy. *Cidadania sacrificial*: neoliberalismo, capital humano e políticas de austeridade. Tradução Juliane Bianchi Leão. Pequena Biblioteca de ensaios. Rio de Janeiro: Zazie Edições, 2018, p. 7-8.

144 LÉVY, Pierre. *O que é o virtual?* São Paulo: Editora 34, 1996, p. 2-3.

145 BRITO, Terezinha Alves; KLEIN, Érico Prado *et al*. Por que o Domínio da Internet pelas *big techs* é um Problema? *In*: *Anais do XVI Congresso de Direito de Autor e Interesse Público*, 2023, Curitiba, PR. Organizadores: Marcos Wachowicz *et al*. Curitiba, PR: GEDAI, 2023, p. 608-627. Disponível em: https://www.gedai.com.br/wp-content/uploads/2023/01/Anais-XVI-CODAIP_2023.pdf.

146 LÉVY, 1996, p. 79-81.

A Sociedade Informacional, com seu contexto social e econômico, traz vários elementos relevantes a serem analisados, como os aspectos da economia capitalista contemporânea destacando-se o individualismo exacerbado em um contexto de necessidade de pertencimento. Nesse paradigma são desenvolvidas tecnologias que agem sobre a informação, assim transformando a existência individual e coletiva das sociedades, alterando a realidade à imagem de seus códigos e algoritmos. A tecnologia se adapta rapidamente à sua própria complexidade, mas o que dizer dos indivíduos afetados por essa tecnologia? Como proteger esse indivíduo que tem sua realidade alterada e é arrebatado pela complexidade e dinâmica das novas tecnologias da informação?[147]

E o fluxo de tais informações é completamente contrário à dinâmica de uma democracia saudável. A comunicação e deliberação democráticas são lentas e potencialmente tediosas, enquanto a comunicação virtual tem se dado de forma rápida e viral, escapando até mesmo da contemplação e racionalidade do discurso em direção à impressão do *flash* das imagens. As manifestações políticas se dão por tuítes e *memes* virais, mas "Nem o discurso, nem a verdade são virais".[148] Assim corrompe-se o processo democrático, a esfera pública e a verdade. Assim elege-se alguém como Donald Trump, famoso por seus tuítes, difunde-se notícias falsas (*fake news*) e perde-se o controle e a legitimidade do próprio processo democrático.[149]

É um momento completamente inaugural da história da humanidade. Um momento de prevalência da cultura sobre a natureza. A interação e a organização social despontam acima de tudo, tendo a informação como principal ingrediente, a partir dos fluxos de dados e mensagens nas redes. É a formação de um mundo predominantemente social, em que a grande parte das relações de poder e dominação estará centrada na informação.[150]

Na Sociedade da Informação, a interdependência entre este fluxo de capitais global e a tecnologia vem ditando o andamento da sociedade: um não vive sem o outro. As grandes empresas de tecnologia não podem inovar e se desenvolver sem o capital, nem o contrário. Os detentores da tecnologia da informação e do capital se condicionam

---

[147] CASTELLS, Manuel. *A sociedade em rede.* São Paulo: Paz e Terra, 1999, p. 57 e ss.

[148] HAN, 2022, p. 44-46.

[149] *Ibidem.*

[150] CASTELLS, 1999, p. 573 e ss.

reciprocamente e tomam, entre si, as decisões mais relevantes para os caminhos da sociedade, como se verá adiante.[151]

Há um discurso atual sobre a datificação.[152] A veneração aos dados no contexto da Sociedade Informacional. Uma ideia de que a análise e filtragem de grandes massas de dados (*Big Data*) seriam a chave mestra para novas verdades sobre a sociedade. Há que se questionar essa noção de que tal tecnologia resolveria até mesmo problemas que nem se sabia ter, e isso tudo bastando que se deixe os dados falarem.[153]

A verdade é colocada em questão e é objeto de dominação na sociedade informacional a partir do aspecto da exposição do indivíduo. A datificação, então, é muito mais uma forma de exercício de poder do que um meio para se obter a verdade. O fenômeno, é claro, vem em detrimento dos usuários, que são expostos em todas as suas interações com os diversos aplicativos, deixando transparecer seus mais íntimos desejos e se tornando sujeitos mercantilizados: cada vez mais orientados pelos impactos do ciberespaço na vida contemporânea e menos conectados à vida política em sociedade.[154]

As ideias de Harcourt e Castells apresentadas interagem deixando claro que a Sociedade Informacional e a Sociedade de Exposição são apenas duas faces de uma mesma moeda. Uma sociedade baseada em dados obtidos pela exposição e vulnerabilização do sujeito, que é convertido em mercadoria. O capital, então, interage com a tecnologia. Um depende do outro, e ambos submetem os sujeitos, em sociedade, à sua lógica.

Essa lógica é única e reformata as relações de poder na sociedade por meio da exposição e vigilância. Chama-se a atenção para a tarefa que envolve atores políticos, acadêmicos e a sociedade em geral, de compreender a arquitetura das relações de poder formadas, compreender os seus efeitos na sociedade e entender como resistir e desobedecer. Isso porque não se pode simplesmente aceitar forças que fazem questionar o próprio senso de controle sobre o destino dos indivíduos, sua autoconfiança e senso de identidade.[155]

---

151 CASTELLS, Manuel, 1999, p. 568 e ss. No mesmo sentido, WU, 2011, p. 318/319.

152 Tradução livre. No original "datafication".

153 HARCOURT, Bernard E. The expository society. *In*: HARCOURT, Bernard E. *Exposed: desire and disobedience in the digital age.* Cambridge: Harvard University Press, 2015, p. 21.

154 HARCOURT, 2015, p. 22. Como se observa no título, o autor denomina tal sociedade de "Sociedade de Exposição".

155 HARCOURT, 2015, p. 26.

Esse modelo também pode ser chamado capitalismo de vigilância. Nesta teoria também se associa o fluxo de capitais com um modelo de dominação associado, de forma inseparável, com a tecnologia, a extração de dados e o uso de inteligência artificial. As grandes empresas montam uma arquitetura de extração voltada a um superávit comportamental, isto é, o incentivo bem-sucedido de um comportamento.[156]

A extração dos dados é feita num ciclo de captação e influência de comportamento. Todos os demais produtos dos ecossistemas das *big tech*, por mais diversos que possam parecer, envolvendo carros, relógios digitais, sistemas operacionais de celulares, óculos, diversos aplicativos de mensagens, *e-mails* e mapas, dentre outros, prestam-se prioritariamente à extração de dados. O capitalismo de vigilância procura acumular fontes de superávit comportamental visando aumentar seu poder preditivo das condutas humanas. Tem-se por objetivo a perfeição: a previsão exata de comportamentos na vida real, a partir de dados pessoais *on-line* e/ou da vida real, buscando, ao fim, gerar modificação de comportamento.[157]

Trata-se de uma aparente liberdade controlada a partir de sussurros, estímulos e influência. Em verdade, essa suposta liberdade está centrada em torno de protocolos orientados ao consumo, tornando a própria identidade uma mercadoria formada diretamente pelo consumo. Esse dataísmo, orientado de forma algorítmica, numérica, financeira e objetiva, deixa de lado as nuances da narrativa, distorcendo a vida, as identidades, as relações, a comunicação e a informação em meros números, vistos com a totalidade da realidade e orientados ao consumo e à produção.[158]

A opacidade construída pelas plataformas gera o conceito de sociedade de caixa-preta,[159] já que as principais decisões que influenciam os caminhos da sociedade e as decisões individuais são tomadas a partir de tecnologias construídas sob a premissa de evitar a transparência. Quando a transparência é evitada de forma eficaz, sequer é possível discutir sobre os algoritmos e as escolhas que estiveram por detrás deles. É este o objetivo das grandes empresas: manter o controle ao manter a sociedade no escuro. Frank Pasquale aproveita-se do sentido duplo

---

156 ZUBOFF, 2021, p. 13-16 e 153 e ss.

157 ZUBOFF, 2021, p. 153, 156 e ss.

158 HAN, 2022, p. 20 e ss.

159 Tradução livre de *Black Box Society*.

do termo, que muito bem ilustra os dois lados dessa sociedade. Se, por um lado, há a semelhança com a caixa-preta de um avião, que monitora e registra as informações do voo, assim representando as vidas e os dados pessoais dos indivíduos sendo monitorados pelas empresas de tecnologia e governos, de outro, há a caixa-preta como um sistema cujo funcionamento não é compreensível para o observador externo, o que representa a opacidade de empresas e governos quanto à forma como funcionam seus algoritmos e tecnologias.[160]

O paradoxo da Sociedade Informacional é que os dados são cada vez mais amplos e profundos. São o ativo mais relevante desta era, com enormes potencialidades ainda a serem exploradas; entretanto, todos esses elementos, e até mesmo informações de alto relevo para cada indivíduo, não estão disponíveis para eles, mas apenas para os controladores de acesso. "Que tipo de sociedade isso cria?"[161] A dominação, neste contexto, confunde-se e oculta-se no cotidiano, mas não se reduz ao se disfarçar; pelo contrário, cresce e se alastra.[162]

A diferença entre o que é prosaico e o que é paranoico é claramente importante quando se desenvolve estudos acadêmicos e se pensa um futuro melhor em sociedade, o que envolve o desenvolvimento das tecnologias da informação. Busca-se, portanto, a compreensão, tão precisa quanto possível, da realidade. E não se trata de um romance distópico, mas sim da realidade: os controladores de acesso já travam quedas de braço, por poder, com governos nacionais e transnacionais e influenciam o dia a dia de indivíduos e de democracias. Pasquale chama atenção para esse quadro que combina sigilo e poder, de forma que sequer se possa compreender a extensão da dominação a que se está sujeito. Há um cenário de busca de total consciência das informações pelas empresas em que não se sabe qual a extensão do poder que já é exercido, nem quais suas potencialidades, e tampouco as suas relações com governos, quanto às perspectivas de controle sobre os cidadãos.[163]

A compreensão da Sociedade Informacional passa pela visualização da arquitetura da rede, com seus elementos formadores, sua

---

160 PASQUALE, 2015, p. 1-5.

161 PASQUALE, 2015, p. 191. Tradução livre de "What kind of society does this create?".

162 HAN, 2022, p. 16. O autor também faz uso da metáfora da caixa-preta algorítmica mencionando que "o regime da informação torna o ser humano completamente transparente. A própria dominação nunca é transparente".

163 PASQUALE, 2015, p. 190.

estrutura e suas potencialidades. Nesse sentido, apresenta-se a seguir a visão de tal tema por um dos marcos teóricos do estudo, Lawrence Lessig.

2.2.2 A arquitetura da rede

A arquitetura da rede é arrimada em código-fonte. Não é por outra razão que Lawrence Lessig nomeou seu livro como "Código".[164] O código deve estar no centro das preocupações sobre a regulação do ciberespaço, pois a escrita do código não é neutra, nem aparece magicamente: ela é feita por seres humanos, que tomam decisões. O código, portanto, regula a internet por si, e as decisões tomadas pelas empresas e seus programadores acabam por arquitetar e construir o ciberespaço a que os indivíduos têm acesso e escolhem se submeter.[165]

Defende-se um ciberespaço de controle ao invés de um de anarquia e exercício arbitrário de poder. Tal controle deve ocorrer por meio da regulação do código que compõe o ambiente, pois é ele quem dita como as interações sociais ocorrerão. A regulação deve estar na origem do código, pois é ali que as decisões mais importantes são tomadas e que nascem os efeitos mais nefastos para o ciberespaço, tal como a concentração de mercado, que se discute neste estudo. É nessa origem que deve haver uma espécie de constituição do ciberespaço, formada por perguntas como "Que valores devem ser protegidos? Que valores devem ser agregados ao espaço? Para proteger que formas de vida?".[166]

Para Lessig, caminha-se para uma terceira fase da construção do ciberespaço. A primeira foi ditada por pesquisadores e *hackers* despreocupados com questões comerciais. A isso se seguiu uma fase iminentemente comercial. A terceira fase, para ele, seria produzida por governos.[167] Vê-se que, após a publicação da obra aqui citada, passaram-se exatamente 17 anos. É possível dizer que se está efetivamente nesta terceira fase, com a iniciativa de regulação do ciberespaço por governos nacionais e transnacionais, mas ela vem sendo lenta e pouco eficiente quando se fala de concentração de mercado, conforme dados citados no presente estudo, que demonstram alta concentração. Tal lentidão é ainda mais

---

164 Como se vê na bibliografia, o original é "*Code*".

165 LESSIG, Lawrence. *Code*: version 2.0. Nova Iorque: Basic Books, 2006, p. 5-6.

166 LESSIG, 2006, p. 6.

167 LESSIG, 2006, p. 7.

angustiante quando se pensa na dinâmica ágil do ciberespaço e nos efeitos tão relevantes na vida dos indivíduos.

Importante acabar também com o mito de uma suposta essência da internet. De que ela seria, de forma inata, impossível de regular; um espaço de natural anarquia. Ora, a internet é construída inteiramente com base em regras (o código), sendo passível de várias conformações e arquiteturas. Qualquer concepção contrária é fruto de mero desconhecimento, já que não há natureza de algo que é inteiramente construído. A tecnologia é plástica e pode ser moldada à imagem dos valores que se queira e se demande, cabendo aos programadores demonstrar a total impossibilidade de alguma demanda. Vê-se, inclusive, várias formas de internet trazidas por universidades em momentos iniciais da história da rede. Ali havia maior anonimato e muito menos controle. O ciberespaço já tendia, porém, a uma realidade de controle. E esse controle foi assumido pelas grandes empresas do setor, em detrimento dos governos.[168]

Com essa transição para a fase comercial do ciberespaço, envolvendo alterações drásticas na sua arquitetura, especialmente para viabilizar estruturas comerciais e gerar controle de identidades (dados pessoais) e conteúdo, surge a pergunta sobre a manutenção da neutralidade dessa estrutura. Seria possível? Para Lessig, esse tipo de neutralidade não seria possível nem desejável. As sociedades deveriam, portanto, assumir a responsabilidade pelas decisões tomadas levando em consideração os problemas que a eficiência pode levar às concepções de justiça no ciberespaço. Deverá, igualmente, haver espaço para consensos internacionais nessa regulação.[169]

Ainda pensando a arquitetura da rede, é relevante o pensamento de Yuk Hui, que traz considerações sobre a crise do Antropoceno[170] a partir das influências da tecnologia. A cosmopolítica e a cosmotécnica, neste contexto, possuem intrincadas relações, devendo, portanto, ser compreendidas e desenvolvidas em conjunto. Isto é, a forma como a tecnologia move conceitos como globalização, identidade, poder e justiça no contexto global é tão relevante, que não se pode abordar a perspectiva política sem compreendê-la. Nesse sentido é que se alerta para a existência de uma hegemonia tecnológica e que ela deva ser

168 LESSIG, 2006, 32/37.

169 LESSIG, 2006, 291/293.

170 A perspectiva do Antropoceno reflete sobre as mudanças causadas no planeta Terra pelo humano.

quebrada em prol de uma aceitação da diversidade e da multiplicidade da cosmotécnica a partir de diferentes epistemologias. Pretende-se a valorização da tecnodiversidade para o desenvolvimento de um futuro tecnológico de alternativas de acesso, abertura, colaboração e epistemologia, em contraposição a uma globalização hegemônica, singular e universalizante.[171]

Apresentadas tais características da arquitetura da rede, passa-se a apresentar com maior profundidade o contexto da Sociedade Informacional e da concorrência em seu bojo, procurando identificar particularidades e aspectos de sua regulação pelo direito.

2.2.3 Sociedade Informacional e concorrência

A atuação das *big tech* tem se mostrado objetivamente ruim para a privacidade dos usuários. Visando atender a interesses comerciais, e levando em consideração que o usuário não é seu cliente, as empresas atuam para obter acesso à maior quantidade de dados pessoais possível, inclusive evitando que concorrentes tenham acesso a esses dados e atuando especificamente com a finalidade de estabelecer barreiras de entrada e gerar concentrações financeiras e de dados nos mercados digitais.[172]

A proteção e autonomia do usuário não interessam às *big tech* nesta lógica de aliança inseparável entre capital e extração de dados: quanto mais invasivo o rastreamento dos dados pessoais do usuário, mais eficazes os métodos de predição e, consequentemente, mais receitas às empresas. E isso se dá num processo de *despossessão*, isto é, normalização da extração de dados pessoais e de superávit comportamental.[173]

O ciclo da despossessão ocorre com a (i) *incursão* em espaços não protegidos, como seus eletrônicos, aplicativos, ou mesmo sua rua, como feito pelo *Google Street View*; (ii) segue com a *habituação* dos usuários às frequentes e cada vez mais normalizadas incursões, que se tornam

---

[171] HUI, Yuk. *Tecnodiversidade*. Tradução de Humberto do Amaral. São Paulo: Ubu, 2020, p. 23-25; 45-46 e 211.

[172] EZRACHI, Ariel; STUCKE, Maurice E. *eDistorcions*: how data-opolies are dissipating the internet's potential. *In*: Digital Platforms and Concentration: Second Annual Antitrust and Competition Conference Stigler Center for the Study of the Economy and the State University of Chicago Booth School of Business. Chicago: ProMarket, 2018. Disponível em: https://www.promarket.org/wp-content/uploads/2018/04/Digital-Platforms-andConcentration.pdf. Acesso em: 28 jun. 2022, p. 5. STUCKE, Maurice E.; GRUNES, Allen P. *Big Data and Competition Policy*. Oxford: Oxford University Press, 2016, p. 42

[173] ZUBOFF, 2021, p. 165 e ss.

fatos institucionais, seja pela sua repetição, seja pela ausência de normas proibitivas expressas e pela ineficiência das medidas governamentais de resistência. Em seguida, caso necessário, podem ocorrer (iii) *adaptações* que visem atender estrategicamente, o mínimo possível, e da forma mais aparente possível, às exigências das autoridades. Por fim, (iv) se dá um *redirecionamento*, usando uma nova retórica para manter ao máximo as operações da empresa, de forma aparentemente legal, mas seguindo voltado ao máximo para a busca de superávit comportamental e no ritmo implacável da economia de escala.[174]

A importância dos dados pessoais em si nesta economia é inegável. Ainda que se busque estabelecer uma lógica meritocrática de que aqueles que desenvolverem melhor tecnologia ocuparão o mercado, fica claro que as grandes massas de dados acumuladas por ecossistemas como os de Microsoft, Google e Amazon geram múltiplas possibilidades de aprendizagem para seus algoritmos, complexificando infinitamente o código que embasa a inteligência artificial trabalhando sobre esses dados pessoais e representando barreiras de mercado para eventuais concorrentes. Impossível, então, dissociar a inovação e a competição da massa de dados acumulada em sua complexidade.[175]

Estratégias de desenvolvimento do metaverso inserem-se no âmbito da intenção maior das *big tech*, para dominar de forma ainda mais próxima, criando uma realidade paralela, associada ao uso de acessórios como óculos, relógios e fones, para extrair ainda mais dados dos usuários. Um quadro de vigilância total se projeta, reforçando a visão de que as empresas atuam com fins exclusivamente financeiros, direcionando seus investimentos não para arquiteturas de bem-estar, ou para o atendimento de valores e direitos humanos,[176] mas sim de dominação e atendimento do interesse dos investidores por trás das empresas.[177]

---

174 ZUBOFF, 2021, p. 165-167.

175 STUCKE; GRUNES, 2016, p. 45.

176 Nesta ocasião e em outras em que se utilize o termo direitos humanos, extrapola-se o contexto da União Europeia e os direitos fundamentais ali instituídos e refere-se de forma mais ampla aos direitos humanos estabelecidos pela Organização das Nações Unidas: ASSEMBLEIA GERAL DAS NAÇÕES UNIDAS. *Declaração Universal dos Direitos Humanos*. United Nations Information Centre, Portugal, adotada e proclamada pela Assembleia Geral das Nações Unidas (resolução 217 A III) em 10 de dezembro 1948. Disponível em: https://www.ohchr.org/en/human-rights/universal-declaration/translations/portuguese?LangID=por. Acesso em: 28 abr. 2024.

177 ACCESSNOW. *Virtual worlds, real people*: human rights in the metaverse. 2021. Disponível em: https://www.accessnow.org/cms/assets/uploads/2021/12/Virtual-Worlds-Real-People-1c-1082766984.pdf. Acesso em: 09 set. 2023.

Outro termo cunhado para destacar a importância dos dados nesta economia de rede é o dadopólio, isto é, monopólio centrado em dados. O dadopólio é um sinal da derrocada da utopia da internet: sonhou-se com uma rede sem controladores e com conexão e infraestrutura livres e disponíveis aos usuários, em um ambiente de competitividade, inovação e desenvolvimento. Ao invés disso, consolidou-se o ambiente atual de concentração de poder e dados, com a vulnerabilização do usuário e o controle nas mãos de poucas empresas com seus ecossistemas de serviços digitais de vigilância e extração de dados.[178]

Tais empresas, vistas como controladores de acesso (*gatekeepers*) valem-se de sua posição para agir de forma cada vez mais abusiva quanto aos dados do usuário, seja perante as demais empresas, absorvendo ou eliminando a concorrência; seja perante o próprio usuário, prestando serviços de qualidade mais baixa, visando maximizar seus lucros ou a extração ainda mais invasiva de dados do usuário.[179]

Neste contexto de dominação e baixa concorrência, as grandes empresas impõem diversas práticas aos usuários, com ênfase para altos custos, queda na qualidade do serviço e inovação negativa, que implica desenvolvimento de soluções que privilegiem os lucros da plataforma em detrimento da qualidade do serviço. Na faceta da privacidade, torna-se mais fácil a extração massiva de dados, envolvendo inclusive conteúdo sujeito a direitos autorais, que passa a circular e ser utilizado sem a adequada remuneração.[180]

Perante outras empresas, em diversos contextos e por estratégia, igualmente se observa aumento intenso de custos e a prática de condutas arbitrárias como o desfavorecimento de anúncios indesejados pelos controladores de acesso, a desindexação de termos e a exclusão em catálogos de lojas virtuais, isso tudo exatamente por se posicionar em situação na qual aqueles que não podem ser encontrados ali praticamente não existem para todos os fins.[181]

É parte do contexto de habituação do usuário, no contexto da despossessão, que ele tenha a impressão de estar decidindo, ainda que as plataformas efetivamente passem a cercá-lo de estímulos que o levem a determinadas escolhas. Nesse contexto de opacidade e de

---

178 EZRACHI, STUCKE, 2018. p. 5.

179 *Idem*, p. 5.

180 *Idem*, p. 6.

181 *Ibidem*.

uma aparente sútil dominação, torna-se, inclusive, inviável indicar cada uma das estratégias adotadas pelos controladores de acesso, visto que é intencional o exercício de um controle silencioso.[182]

A programação do código gera determinados algoritmos, que instruem a inteligência artificial para prever e determinar as escolhas do usuário em suas interações no ciberespaço, assim impactando decisões desde compras diárias até escolhas eleitorais. Ora, a pergunta que se deve fazer ao longo deste estudo é se realmente se está disposto a ter decisões tão intensamente influenciadas pelo que é ditado pelos controladores de acesso. Ao compreender o quanto as vidas de cada um têm sido impactadas, deve-se questionar sobre a própria autodeterminação do ser humano. Toda a tecnologia criada, como se tem dito, cria altos níveis de dependência e amarra aos mais diversos mecanismos de vigilância, que induzem comportamentos em conformidade com objetivos empresariais, mas nada emancipadores.[183]

Ao supostamente apenas facilitar a vida do usuário, as plataformas se propõem a atender qualquer necessidade humana, desde a profissão, passando pelo relacionamento amoroso; de compras às escolhas eleitorais. Assim, posicionam-se e influenciam em todas essas decisões. As tais plataformas influenciam os usuários e podem também impactar os fornecedores a partir de seus *rankings*, algoritmos e poder de inclusão/exclusão. Nesse contexto, frequentemente agem de forma opaca, tornando todo o processo praticamente incompreensível.[184]

Os controladores de acesso definem, assim, os mais importantes aspectos das vidas dos indivíduos, que têm se centrado cada vez mais no ciberespaço.[185] A assimetria informacional e a opacidade das plataformas garantem a confiança da maioria dos usuários. Os algoritmos são apresentados como se fossem mágicos e maravilhosos. A rede, como naturalmente livre e desregulada. O usuário, como grande soberano e destinatário de toda essa falsa utopia.[186]

---

182 ZUBOFF, 2021, p. 165-167.

183 DONEDA, Danilo Cesar Maganhoto *et al*. Considerações iniciais sobre inteligência artificial, ética e autonomia pessoal. *Pensar-Revista de Ciências Jurídicas*, v. 23, n. 4, p. 1-17, 2018. Disponível em: https://ojs.unifor.br/rpen/article/view/8257/pdf. Acesso em: 06 out. 2022, p. 4 e 12.

184 PASQUALE, 2015, p 59-61.

185 DYSON, George. *Turing's Cathedral*: the origins of the digital universe. New York: Pantheon Books, 2012. [livro digital], p. 370.

186 EPSTEIN, Robert. The unprecedented power of digital platforms to control opinions and votes. *In*: *Digital Platforms and Concentration*: Second Annual Antitrust and Competition

Toda a estrutura do capitalismo de vigilância, liderado pelos controladores de acesso, deixa de responder a tais perguntas essenciais sobre as decisões tomadas pelas empresas para alcançar determinados fins. É nesse contexto, e sabendo da significância do poder que têm, que as empresas mantêm a posse dos ditos "meios de modificação comportamental".[187]

Tal contexto de privatização da internet não é algo insuperável. O ciberespaço deve ser o campo político em que as disputas pela infraestrutura e pela superestrutura da rede devem ser travadas. É inconcebível que tamanho poder esteja nas mãos de tão poucos e comprometidos com valores tão vazios como a mera produção de lucro, custe o que custar. O controle do ciberespaço deve ser realizado pela sociedade e para a sociedade.[188]

A opacidade das plataformas e o desconhecimento do usuário chamam a atenção na medida em que se vê os efeitos exercidos pelas buscas do *Google*. É possível que tais efeitos possuam relação com o formato anterior da plataforma, bem como com a incompreensão de novos métodos de anúncio e otimização de conteúdo, mas o fato é que os usuários acreditam que as buscas tragam resultados imparciais, inclusive em comparação com outras fontes. Isso ocorre, inclusive, quando se trata da busca de candidatos a uma eleição, saindo beneficiados os primeiros a aparecer em tais buscas.[189]

Coloca-se em questão a intermediação que a inteligência artificial realiza ao transmitir informação à sociedade. Essa intermediação de que se tem falado neste estudo e que não é neutra. Uma intermediação que interfere nas decisões e se molda por interesses puramente financeiros e de dominação. Observe-se, por exemplo, que tal conformação pode favorecer a disseminação de notícias falsas (*fake news*) ou de conteúdo ilegal ou danoso aos usuários. Quem manda hoje são as *big tech*, que escolhem difundir aquilo que lhes dá lucro.[190]

Conference Stigler Center for the Study of the Economy and the State University of Chicago Booth School of Business. Chicago: ProMarket, 2018. Disponível em: https://www.promarket.org/wp-content/uploads/2018/04/Digital-Platforms-andConcentration.pdf. Acesso em: 01 out. 2022, p. 31.

[187] ZUBOFF, 2021, p. 450.

[188] TARNOFF, Ben. *Internet for the People*. 1. ed. Nova Iorque: Verso, 2022, p. 172 e ss.

[189] EPSTEIN, 2022, p. 31.

[190] MOROZOV, 2018, p. 169.

Em última análise, tal intermediação é danosa para a sociedade, para a democracia e as instituições. A mera regulação paliativa inclusive reforça a autoridade e confiança do usuário nas redes, na medida em que atribui a elas o poder de separar as notícias entre verdadeiras e falsas. Há poder maior que o de dizer o que é verdadeiro? Assim, reforça-se o modelo de negócios e os valores trazidos por tais empresas, despindo o usuário de qualquer autonomia e permitindo a intensificação do controle de comportamento, inclusive em nível coletivo.[191]

A revisão das teorias econômicas e concorrenciais é urgente nesse contexto, já que não bastam as análises financeiras e de eficiência. As concentrações de dados, além de impactar aspectos financeiros já apontados, e tudo isso com significativa opacidade, geram severas consequências nos destacados aspectos da privacidade, autonomia, vida em sociedade, instituições, valores e bem-estar, em uma perspectiva política e social.[192]

Postos esses aspectos da Sociedade Informacional e dos aspectos concorrenciais dos mercados digitais atuais, assim como do paradigma teórico vigente, apresenta-se um novo paradigma regulatório, que vem sendo preliminarmente enunciado neste estudo, contudo será pormenorizado na seção adiante.

2.3 Novo paradigma regulatório concorrencial

Fala-se de um novo paradigma, pois o contexto da Sociedade Informacional introduz os próprios mercados digitais e, com eles, dinâmicas completamente inéditas. Se antes se falava de mercados relevantes bem definidos e de aspectos financeiros e de consumo, agora não se pode ignorar aspectos do fluxo de dados pessoais. Mais que um mero insumo, os dados e seu fluxo movem indivíduos e sociedades, influenciando seus comportamentos. É sobre tais aspectos que se debruçará o presente estudo nas linhas adiante.

---

[191] MOROZOV, 2018, p. 169.

[192] EZRACHI; STUCKE, 2022, p. 5.

2.3.1 Contexto do paradigma de dados na regulação concorrencial

Os mercados digitais no ciberespaço são baseados em dados, no conhecido modelo de mercado de dois lados.[193] Como em qualquer mercado, as *big tech* necessitam de valor para entregar a seus clientes, e a matéria-prima de alto valor agregado comercializada são os dados pessoais dos usuários. O que se pretende argumentar e aprofundar em termos de compreensão é que os dados pessoais, seu fluxo de compartilhamento, tratamento e concentração, são centrais neste mercado.

Completando, portanto, o ciclo desse mercado de dois lados, os controladores de acesso submetem os dados pessoais à sua estrutura baseada em algoritmos e inteligência artificial e oferecem tal solução aos anunciantes, gerando lucros bilionários. Mas o modelo é mais complexo que isso: como os serviços são gratuitos, e um certo nível de qualidade é obtido por meio de pujantes investimentos, na já destacada aliança entre capital e tecnologia, os usuários seguem ativos, fornecendo dados atualizados e em abundância às plataformas.

As análises iniciais das autoridades antitruste, no entanto, são no sentido de que tais mercados são de difícil atuação para as empresas ali inseridas, especialmente em razão do desafio inicial de atrair consumidores a uma plataforma que ainda não conta com tantos fornecedores, e vice-versa. Assim, condutas que poderiam ser consideradas anticompetitivas seriam perdoadas nesse contexto.[194]

O produto de intenso e opaco tratamento dos referidos dados é tão relevante, que gera significativa assimetria informacional, assim como barreira de acesso ou permanência no referido mercado, a partir dos desníveis criados entre tais agentes econômicos. Argumenta-se que o mero acesso a dados crus de novos usuários, quando comparado com a alta concentração e especialidade dos controladores de acesso, seria completamente insuficiente para representar valor suficiente para os usuários e, portanto, uma possibilidade de concorrência saudável.[195]

---

[193] KHAN, 2017, p. 784. Lina KHAN oferece uma definição interessante de mercado de dois lados, como plataformas que têm grupos diferentes de usuários que oferecem, um ao outro, benefícios de rede. Os usuários finais recebem um serviço, por vezes até gratuito, e cedem seus dados. Tais dados são comercializados a usuários profissionais em um modelo de negócios de anúncios direcionados.

[194] KHAN, 2017, p. 784.

[195] BUENO, Neide; KLEIN, Érico Prado. *Big techs* e concentração de dados: análise quanto à necessidade e viabilidade de regulação. *In*: *Anais do XV Congresso de Direito de Autor e*

Mas o serviço [do *Google*, por exemplo] é gratuito. Como pode haver um problema concorrencial nesse caso? É esse tipo de abordagem que o presente estudo pretende desmistificar, focando nos dados. Responde-se, portanto, com outra pergunta: Se o serviço é gratuito, a empresa o prestaria mesmo sem colher dados pessoais dos usuários, para imediatamente tratar e comercializar? A resposta é "não".

Assim, o que se pretende dizer é que não se pode tratar de forma leviana a constatação de que os dados pessoais são efetivamente de um valor altíssimo, especialmente quando considerados em grandes concentrações, como no caso dos controladores de acesso.

É no contexto da Sociedade Informacional, em que as relações são significativamente pautadas pela tecnologia e pelos dados pessoais, que se procura compreender o papel do direito concorrencial para o aprimoramento da dinâmica dos mercados digitais. Nesse sentido, em artigo, ex-presidentes das autoridades antitruste francesa e alemã[196] apontam exatamente para a necessidade de que o cumprimento de regras de competição garanta que os usuários tenham acesso a todo o potencial dos seus dados em larga escala (*Big Data*).[197] [198] [199] A expansão da digitalização e a conectividade aumentaram radicalmente o tipo, o volume e as fontes de dados, assim aumentando também a significância

Interesse Público, 2022. Organizadores: Marcos Wachowicz *et al.* Curitiba, PR: GEDAI, 2022, p. 374-400. Disponível em: https://www.gedai.com.br/wp-content/uploads/2022/03/Anais-XV-Codaip_2022.pdf.

196 Bruno Lasserre e Andreas Mundt, respectivamente presidentes da autoridade concorrencial francesa (*Autorité de la Concurrence*) e alemã (*Bundeskartelamt*), à época da publicação (2017), conforme nota de rodapé ao fim do parágrafo.

197 Dados em larga escala, ou *big data*, serão vistos neste estudo em diversos pontos, sempre trazendo elementos do conceito de um conjunto de dados grande e complexo a ponto de não ser processável de forma eficiente por ferramentas tradicionais de processamento. Os controladores de acesso, por sua vez, processam tais dados em grande volume, continuamente e em tempo real, a partir da grande base de usuários e outros insumos coletados pelas plataformas. Tais dados são coletados, processados e disponibilizados em alta velocidade e contam também com uma grande variedade, envolvendo dados tradicionais e estruturados, mas também não estruturados, como imagem, áudio, vídeo e textos. Outras qualidades esperadas dos dados são a veracidade, trazendo confiabilidade, bem como o valor a ser extraído para a indicação das decisões e modificação de comportamento dos usuários. Para detalhes da conceituação: DE MAURO, Andrea; GRECO, Marco; GRIMALDI, Michele. A Formal definition of Big Data based on its essential Features. *Library Review*. 65: 122–135. doi:10.1108/LR-06-2015-0061, 2016, p. 8.

198 OCDE. *Supporting Investment in Knowledge Capital, Growth and Innovation*, (322), 2013. Disponível em: https://www.oecd-ilibrary.org/industry-and-services/supporting-investment-in-knowledge-capital-growth-and-innovation_9789264193307-en. Acesso em: 29 out. 2023

199 EXEC. OFFICE OF THE PRESIDENT. *Big Data*: Seizing Opportunities, Preserving Values 2, 2014. Disponível em: http://www.whitehouse.gov/sites/default/files/docs/big_data_privacy_report_may_1_2014.pdf. Acesso em: 29 out. 23.

econômica deles, o que deve ser levado em consideração pelas autoridades antitruste ao identificar posições e condutas de mercado. As autoridades devem, então, considerar os elementos do mercado e seguir refinando sua abordagem, inclusive por meio de interações com as demais autoridades concorrenciais e de proteção de dados no mundo.[200]

Já o presidente da autoridade antitruste italiana em 2017[201] pontuava que a interação entre informação e o mercado estava moldando as indústrias digitais e que a habilidade de coletar e processar grandes massas de dados era a fundação daquelas operações. Essas plataformas vêm influenciando não apenas a atividade econômica, mas também os fluxos de informação, a organização dos mercados, o processo político e mesmo a natureza das interações individuais. E, embora o antitruste seja uma das ferramentas necessárias e importantes nesta relação, ele não é a única. O autor pontua, então, que as políticas antitruste já estariam equipadas para atuar com problemas relacionados a dados, assim buscando proteger os direitos fundamentais da sociedade, o que se daria junto de políticas de proteção ao consumidor, proteção de dados e pluralismo na mídia.[202]

Pondera-se que o autor pretendia adotar postura de proatividade e atuação em favor dos usuários, mesmo em um contexto em que não havia mecanismos específicos para a consideração do fluxo de dados na concorrência nos mercados digitais. Ainda assim, importante pontuar que, segundo se identificou por meio dos achados deste estudo, a implementação do RMD constitui significativo avanço nas políticas de concorrência da União Europeia, dando instrumentos e permitindo abordagens mais eficientes para as autoridades antitruste. Nesse sentido, é seguro afirmar que qualquer medida adotada à época (2017) seria tomada com um ônus argumentativo muito grande e a partir de um quadro legislativo ainda bastante incipiente.

A necessidade de revisão dos conceitos de antitruste para uma visão que se adeque ao ciberespaço e, especialmente, aos mercados

---

200 LASSERRE, B. MUNDT, A. Competition Law and Big Data: The Enforcers' View, in *Italian Antitrust Review*, n. 1, 2017, pages 87-103. Disponível em: https://www.bundeskartellamt.de/SharedDocs/Publikation/EN/Fachartikel/Competition_Law_and_Big_Data_The_enforcers_view.pdf?__blob=publicationFile&v=2. Acesso em: 07 out. 2023.

201 Giovanni Pitruzzella, presidente da autoridade concorrencial italiana "*AGCM – Autorità Garante della Concorrenza e del Mercato*" à época.

202 G. PITRUZZELLA. Big Data and Antitrust Enforcement. *Italian Antitrust Review*, n. 1, 2017, pages 77-86, Disponível em: http://a-p-p-review.com/article/view/12609. Acesso em: 10 out. 2023.

digitais, começa por conceitos como o de mercado relevante, já que tal conceito não abarcaria a análise de concentrações de dados. O conceito, que é o primeiro a ser analisado pelas autoridades antitruste, envolve todos os produtos ou serviços que podem ser vistos como substitutos por consumidores, com base em suas características, nos preços e no uso pretendido. Deveria haver, então, uma lógica de oferta e demanda para aquele produto ou serviço. Considerando que não há transações econômicas envolvendo diretamente os dados naquela cadeia produtiva, os dados não poderiam ser considerados na análise.[203]

A proposta é que se defina um mercado hipotético de dados com base em diversos aspectos dos mercados analisados, dos dados em si coletados e das empresas envolvidas. Nesse contexto, há que se delimitar o potencial mercado com base em certas presunções envolvendo as informações disponíveis e tendo por foco a substitutibilidade daqueles tipos de dados e da concentração de dados formada. Alguns critérios analíticos devem envolver a verificação de que subsistam suficientes fornecedores de serviços de análise de grandes massas de dados, ou com acesso a tais massas de dados, mesmo após a operação empresarial. Ainda, a verificação de que tipos de dados estariam sendo reunidos e qual seria sua origem, extensão e variedade, dentre outros critérios que possibilitem a mensuração de tais dados e, portanto, definam um potencial mercado relevante.[204]

Assim, entende-se ter ficado comprovada a inadequação de alegações no sentido da ubiquidade e natureza não concorrencial dos dados pessoais, já que o contexto a ser explorado no presente estudo, envolvendo a natureza dos dados e seu papel na concorrência no ciberespaço, demonstram que a dominância de mercados está centrada em tais dados. Eles devem, portanto, ser considerados para fins de controle antitruste. Algumas circunstâncias a serem consideradas para analisar o poder de mercado, quando se fala de mercados definidos em torno dos dados, são o fator de os dados serem um insumo relevante para a operação, lembrando que tais dados são tidos como propriedade intelectual, não podendo ser acessados por competidores. Além disso, se naquele determinado mercado houver poucos substitutos, que possam fornecer os mesmos dados, em pé de igualdade, com o controlador de

---

[203] GRAEF, Inge. Market Definition and Market Power in Data: The Case of Online Platforms. *World Competition: Law and Economics Review*, Vol. 38, n. 4 (September, 2015), p. 473-506. Disponível em: https://ssrn.com/abstract=2657732. Acesso em: 07 out. 2023, p. 489-490.

[204] GRAEF, 2015, p. 495 e ss.

acesso, este seria um segundo critério preenchido. Por fim, normalmente em razão dos efeitos de rede, é impossível os potenciais competidores obterem uma massa de dados semelhante àquela detida pelo controlador de acesso. Havendo tais circunstâncias, seria razoável considerar que há um poder excessivo de mercado, que dê ensejo à intervenção antitruste.[205]

Assim, as circunstâncias analisadas são as de controladores de acesso que coletam e tratam dados, em abundância e em tempo real, de seus milhões de usuários ativos, assim constituindo uma barreira de entrada excessiva mesmo para eventuais concorrentes que criem ótimos algoritmos e aplicativos de excelente qualidade. Por essa razão é que os dados pessoais devem ser considerados como um ativo especializado, já que pode haver condutas anticompetitivas relacionadas à restrição de acesso dos entrantes a esses ativos. Os potenciais mercados deveriam ser definidos em torno dessas especialidades e com base na substitutibilidade dos dados. Importante, na mesma linha, atribuir um valor específico para os dados, na medida em que eles são efetivamente utilizados para a entrega de produtos ou serviços finais para terceiros. O lucro ali gerado pode ser considerado também para a análise de poder de mercado naquele setor. Vê-se a adequação de tal análise, pois as empresas nos mercados digitais não competem apenas pelos mercados finais relevantes, mas também pelo potencial mercado de dados pessoais, que lhes possibilita o desenvolvimento de seus produtos.[206]

Apresentados elementos significativos do contexto a ser regulado, avança-se no tema com a explicação necessária acerca do paradigma de dados pessoais para a regulação concorrencial nos mercados digitais. Qual a razão, afinal, para a adoção de tal paradigma?

2.3.2 Justificativa do paradigma

Tal abordagem a partir de dados vem sendo trazida e defendida por autoridades antitruste especialmente nos Estados Unidos e na União Europeia. As autoridades antitruste alemã e francesa emitiram documento sobre o tema, em 2016, chamando atenção para o conceito por eles identificado como "vantagem de dados", caracterizada como um conjunto de dados que, por sua extensão, gera dominância de mercado

---

[205] GRAEF, 2015, p. 503-504.

[206] GRAEF, 2015, p. 504-505.

e é inatingível pelos concorrentes. A análise de tal vantagem competitiva injusta deve ser realizada em conjunto com efeitos dos mercados digitais, como os efeitos de rede, os ecossistemas de serviços[207] e as dinâmicas de mercado.[208]

As autoridades têm se movido para atuar contra a dominância dos controladores de acesso, por exemplo ao impor multas por abuso de posição dominante, ou por medidas anticompetitivas.[209] O presente estudo, no entanto, direciona-se a compreender medidas que superem, em termos de suas consequências, uma mera análise de custo-benefício pelos controladores de acesso. O foco é dado a medidas que gerem impactos na estrutura dos mercados digitais e que possuam efeitos perenes, alterando drasticamente o controle dos caminhos a serem percorridos e da posição de vulnerabilidade do usuário.

Como se observará, a proposta do presente estudo é compreender a interação entre a abordagem antitruste, o funcionamento do ciberespaço e dos mercados digitais e os aspectos pertinentes aos dados pessoais. A compreensão do referido contexto na Sociedade Informacional tende a permitir uma regulação mais adequada, atendendo à complexidade do tema. É o que se espera observar ao analisar o Regulamento dos Mercados Digitais da União Europeia, verificando se os parâmetros ali trazidos se adequam à teoria mais avançada sobre a matéria, confirmando a hipótese de pesquisa.

Há, neste contexto, análises que avaliem o modelo do mercado de dois lados digital como positivo para todos os envolvidos, em uma análise que mistura pragmatismo, eficiência e determinismo. Os usuários têm acesso a um serviço gratuito e a eles são exibidos certos anúncios. Os anunciantes pagam às plataformas, que procuram direcionar a propaganda aos usuários em potencial mais interessados no tema, claro, a partir do amplo acesso aos dados daquele usuário. Assim, não só os anunciantes ganhariam, ao anunciar a um usuário interessado, mas

---

207 Observar que os ecossistemas de serviços fornecidos por apenas uma empresa geram um efeito contrário ao *multi-homing*, como destacado no estudo citado, especialmente nas p. 28/29. O usuário tende a utilizar vários serviços de uma mesma empresa, em razão dos efeitos de rede e da experiência proporcionada.

208 AUTORITÉ DE LA CONCURRENCE; BUNDESKARTELLAMT. *Competition Law and Data*, 2016, p. 53. Disponível em: http://www.bundeskartellamt.de/SharedDocs/Publikation/DE/Berichte/Big%20Data%20Papier.html. Acesso em: 09 out. 2023.

209 JOHNSON, Joseph. *Google*: search engine market share in selected countries 2021. Jul 8, 2021. Disponível em: https://www.statista.com/statistics/220534/googles-share-of-search-market-in-selected-countries/. Acesso em: 09 set. 2023.

também os usuários ganhariam, pois veriam um anúncio que poderia interessar a eles. Em uma comparação simples: é melhor ver isso do que um anúncio totalmente desinteressante. E é melhor esse sistema do que ter de pagar para usar o serviço. Esses seriam considerados efeitos de rede indiretos positivos aos usuários.[210]

Tal análise avança ao dizer que em geral tal modelo facilita pesquisas e usabilidade, assim como ostenta uma relação de custo-benefício positiva, pois o ganho que o usuário tem em qualidade de serviços e produtos é maior do que o valor de seus dados pessoais individuais. A conduta dos controladores de acesso, então, ao explorar os dados do usuário e assumir posição dominante de mercado não poderia ser considerada uma conduta violadora das leis de concorrência aplicáveis.[211]

Ao justificar o poder dos controladores de acesso, os seus defensores argumentam utilizando abstrações e brechas deixadas pela incapacidade da lei de acompanhar a agilidade da tecnologia. Procuram, então, estabelecer que não ficaria caracterizado um uso excessivo dos dados pessoais do usuário. Até porque, qual seria o critério para caracterizá-lo como excessivo? A assimetria informacional, por outro lado, não seria algo exclusivo daquele mercado ou da relação com os usuários, já que várias empresas estariam nessa situação, diante do rápido avanço da tecnologia digital. E mesmo a violação a normas de proteção de dados não seria uma exclusividade daquelas empresas, já que muitas outras, bastante menores, cometeriam delitos semelhantes.[212]

Interessante analisar que, caso houvesse critérios mais claros e uma legislação mais atenta a tais avanços, provavelmente não se teria de lidar com argumentos falaciosos, mas que trabalham exatamente com o vácuo legislativo. Observe-se que as demais comparações parecem desconsiderar os aspectos dos complexos mercados digitais, que envolvem efeitos como o de rede e demais impactos que só uma empresa com a dimensão de um controlador de acesso é capaz de causar ao manipular abusivamente os dados pessoais de seus usuários em favor da acumulação financeira. Importante, portanto, a criação de leis que deem conta de regular tais fenômenos proibindo condutas indesejáveis. Essencial também que se compreenda o potencial dano aos usuários

---

[210] HÖPPNER, Thomas. *Data exploiting as an abuse of dominance*: the German Facebook decision. (Fev. 2019). Disponível em: https://www.hausfeld.com/news-press/data-exploiting-as-an-abuse-of-dominance-the-german-facebook-decision. Acesso em: 09 set. 2023.

[211] *Ibidem.*

[212] *Ibidem.*

a partir da exploração dos dados em abuso de posição dominante de mercado pelos controladores de acesso que, como se verá, influenciam relevantemente indivíduos e sociedades.

A FTC (*Federal Trade Commission*), agência antitruste, e outros órgãos e instituições americanos que tratam do tema têm se posicionado trazendo visões relevantes sobre a matéria, até pela dominância de empresas estadunidenses no setor. Em posicionamento sobre monopólios, competição e condutas excludentes, a agência destacou que a competição e o desenvolvimento de serviços ou produtos mais eficientes deve ser valorizado. Até mesmo um monopólio, neste contexto, seria aceitável, desde que não fosse obtido a partir de condutas tendentes a excluir ou eliminar concorrentes. Caberia às cortes avaliar tal situação, e a análise deveria ser feita com base nas peculiaridades do referido mercado.[213]

O presente estudo procurará levar os dados ao centro do holofote, por compreender que este é seu lugar. Os monopólios da Sociedade Informacional são centrados neles, como é defendido por diversos dos estudiosos do tema. O poder financeiro é relevante, é claro, mas verifica-se que ele é massivamente voltado à manutenção e expansão das grandes concentrações de dados obtidas pelos controladores de acesso. A compreensão do funcionamento do mercado e do volume de dados gerados, assim como das relações entre as empresas inseridas no ciberespaço já avançaram suficientemente para que se compreenda a necessidade de regulação específica atenta a tais aspectos de dados pessoais especificamente.

Os ecossistemas digitais são elemento central dessa economia e vêm adotando estratégias ágeis e sempre em atualização, mas com uma constante: são centradas na obtenção e manipulação de dados. As *big tech* buscam o controle de grandes massas de dados pessoais; depreendem dali informações úteis para a compreensão e o controle de comportamentos e preferências dos usuários; e implementam estratégias para a utilização de tais dados e leituras em seus algoritmos, que movimentam as inteligências artificiais e são aplicados em várias das interfaces constituídas com os usuários.[214]

---

213 FEDERAL TRADE COMMISSION (FTC). *Monopolization Defined*. Disponível em: https://www.ftc.gov/tips-advice/competition-guidance/guide-antitrust-laws/single-firm-conduct/monopolization-defined. S.d. Acesso em: 13 jan. 2024.

214 PETIT, Nicolas. TEECE, David J. *Taking ecosystems competition seriously in the digital economy:* a (preliminary) dynamic competition/capabilities perspective (December 9, 2020). OCDE, 2020. Disponível em: https://ssrn.com/abstract=3745453. Acesso em: 09 set. 2023, p. 6-7.

Os controladores de acesso orquestram uma complexa estrutura de coleta e tratamento de dados. No plano do contato com o usuário, coloca-se uma série de formas de captação de seus dados pessoais, iniciando com os aparelhos celulares e suas interações com o mundo, por meio de fotos e deslocamento do usuário, passando pelos diversos aplicativos, como motores de busca e redes sociais, serviços de computação em nuvem e outros *softwares*, além das ferramentas de inteligência artificial oferecidas aos usuários. A criação de tamanho ecossistema de serviços pertencentes a uma mesma empresa tem por objetivo a multiplicação dos pontos de contato com o usuário, bem como a diversificação das fontes e dos tipos de dados pessoais obtidos.[215]

Com isso, no plano interno da empresa, são processadas e combinadas as várias espécies de dados pessoais obtidos a partir da leitura do comportamento do usuário em sua interação com os vários serviços daquele ecossistema. Os algoritmos são programados para orientar a inteligência artificial codificada pela equipe de desenvolvedores da empresa, assim realizando funções como a categorização e reestruturação dos dados pessoais, para, a partir das estruturas criadas para fluxo daquelas informações, realizar o armazenamento pertinente para tornar aqueles dados tão úteis quanto possível para sua comercialização aos anunciantes.[216]

Os elementos essenciais de tal processo são, é claro, os dados. É claro que sem a criação de toda a estrutura apontada, seu uso ficaria bastante comprometido. Há outros elementos, porém, que constituem fator de grande importância para a utilidade dos dados como forma de obtenção de *superávit comportamental*, como antes explicado. Neste ponto da pesquisa, identifica-se que são diversos os ingredientes da receita das *big tech* para a economia digital, ou economia de dados. Pode se dar claro destaque, quanto aos dados pessoais, para a sua (a) abundância; (b) diversidade; (c) especificidade e clareza; (d) combinação e (e) tratamento.

Os elementos acima aparecendo concomitantemente na estrutura dos controladores de acesso é que lhes garantem tanto poder e controle sobre o mercado e sobre os usuários. Vários desses elementos serão tratados especificamente nesta pesquisa. O importante é que se saiba que não é só pelo tratamento que as empresas se destacariam, numa

---

[215] PETIT; TEECE, 2020, p. 8.

[216] *Ibidem*, p. 9.

narrativa meritocrática de que bastaria o desenvolvimento de uma ótima tecnologia para competir com esses controladores de acesso. Por isso o argumento aqui trazido, de que os dados em si constituem barreira de acesso aos mercados digitais: não importa a qualidade do algoritmo ou da inteligência artificial, sem acesso aos outros elementos acima apontados, não se alcança a qualidade daqueles que possuem as enormes massas de dados.

Ainda que, de quando em quando, concorrentes surjam, eles pouco impactam a economia do ciberespaço. Mesmo em uma economia ágil, é necessário algum tempo para acumular um volume de dados e ocupar um espaço de destaque no mercado. É comum, nos casos em que efetivamente alguma empresa desponta como um possível risco à hegemonia das *big tech*, que elas adquiram o concorrente, como no caso da aquisição do *Instagram* pela atual *Meta*. O que era um aplicativo de fotos passou a compor o ecossistema de serviços da *Meta*, fornecendo uma variedade de dados pessoais dos usuários. O concorrente foi absorvido.[217]

As *big tech* têm utilizado, de várias formas, estratégias de aquisição, sendo responsáveis por mais de 800 aquisições, ao longo dos últimos trinta anos, até 2021. Além do *Instagram*, a *Meta*, detentora da rede social *Facebook*, adquiriu o *WhatsApp*, assim concentrando o mercado de redes sociais. A *Microsoft*, detentora do sistema operacional *Windows*, do *Office 365* e do *Azure* (armazenamento em nuvem), adquiriu o *LinkedIn*. A *Alphabet*, proprietária do *Google*, adquiriu a *DoubleClick*, para aprimorar seus serviços de busca, e o *YouTube*. Observa-se, ainda, a estratégia de verticalização da *Amazon*, que adquiriu a *Whole Foods*, dentre outras.[218]

A seguir, observe-se a linha do tempo que destaca apenas as aquisições superiores a um bilhão de dólares realizadas por alguns dos controladores de acesso até 2021. As cores indicam cada uma das empresas adquirentes:

---

217 PETIT; TEECE, 2020, p. 8-9.

218 CBInsights. *Visualizing Tech Giants' Billion-Dollar Acquisitions*. Research Briefs. February 24, 2021. Disponível em: https://www.cbinsights.com/research/tech-giants-billion-dollar-acquisitions-infographic/. Acesso em: 09 set. 2023.

FIGURA 8 – Linha do tempo de aquisições bilionárias dos gigantes de tecnologia[219]

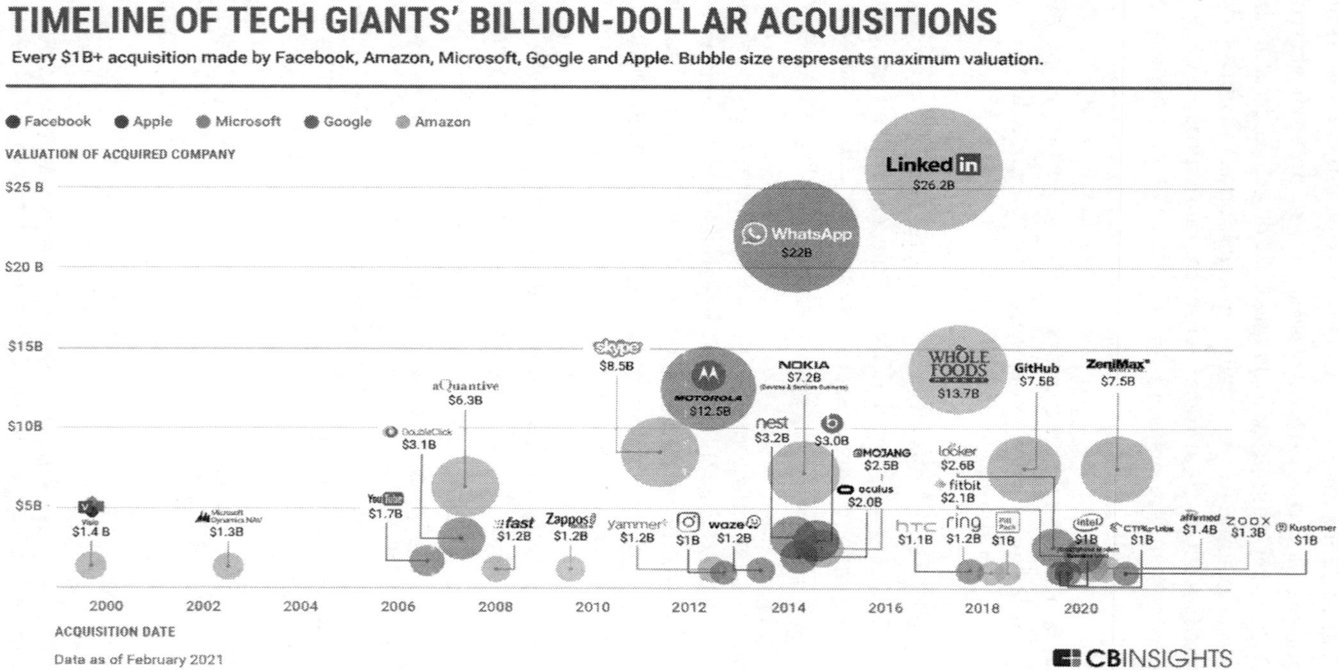

Fonte: CBINSIGHTS (2024)[220]

---

[219] Tradução livre de *Timeline of Tech Giant's Billion-dollar Acquisitions*.
[220] CBInsights, 2021.

Tais aquisições aparecem como práticas abertamente anticompetitivas, já que geram concentração em mercados de serviços essenciais e níveis perigosos de controle sobre o comportamento do usuário, na medida em que cada uma das empresas detém uma miríade incalculável de dados pessoais.

Não bastando isso, algumas aquisições têm por propósito a imediata extinção da empresa adquirida, em estratégia claramente estruturada e premeditada. Entre 2015 e 2017, por exemplo, mais de 60% das 175 empresas adquiridas por controladores de acesso foram desativadas no ano seguinte. Destaca-se que tais aquisições também ocorreram em mercados em que as grandes empresas já eram ativas. Os elementos das aquisições indicam que as principais finalidades delas foram obter maiores bancos de dados e tecnologia, bem como os talentos das empresas adquiridas. Não menos importante é o intuito de melhorar ainda mais a posição de controle, poder e concentração de mercado, inclusive ao excluir potenciais concorrentes. Percebe-se, nesse contexto, a necessidade de maior atenção às aquisições específicas, já que apenas o faturamento das adquiridas é critério insuficiente para a avaliação de sua relevância nos mercados digitais, com suas especificidades. A estratégia em si, por sua vez, deve ser considerada como um todo para a avaliação de potenciais condutas anticompetitivas.[221]

2.3.3 Análise crítica

É essencial que se compreenda as dinâmicas de concentração, exclusão e anticompetitividade nos mercados digitais. Serão analisadas, portanto, informações completas, extraídas de fontes acadêmicas relevantes sobre o tema, visando uma compreensão tão clara quanto possível do fenômeno analisado.

O que ocorre é que os efeitos de rede e o controle sobre dados pessoais de usuários geram um ciclo vicioso em torno dessas vantagens iniciais, que podem se tornar duradouras, assim excluindo os demais competidores do referido mercado.[222]

Quando prevalecem as referidas lógicas, os controladores de acesso se estabelecem e formam estruturas já caracterizadas como

---

[221] GAUTIER, Axel; LAMESCH, Joe. Mergers in the digital economy. *Cesifo Working Paper*, n. 8056, 2020. Disponível em: https://ssrn.com/abstract=3529012; Acesso em: 30 set. 2023, p. 27-28.

[222] KHAN, 2017, p. 785.

monopólios. Nessa posição, seguem engordando suas bases de dados pessoais e afirmam que, por isso, detêm os melhores serviços e agem de forma inovadora. O que se deve perceber, porém, é que sequer há parâmetro, e a persistirem as práticas aqui narradas, haverá cada vez menos, pois não há concorrência. Medidas antitruste devem, portanto, considerar tal aspecto, exigindo comprovação de efetiva inovação, bem como procurando promover a concorrência como única forma de efetiva verificação comparativa das condutas empresariais.[223]

Medidas que valorizem a autonomia e privacidade dos usuários, como a ideia de interoperabilidade e compartilhamento controlado de dados entre empresas, ganham peso nas regulações mais avançadas e vozes de relevância sobre o tema. A inegável relação entre autoridades de dados e antitruste nos referidos temas deve ser devidamente articulada, visando realizar a devida proteção dos dados e empoderamento dos usuários, para que possam controlar efetivamente o compartilhamento e a utilização de seus dados.[224] [225]

O quadro atual indica concentração de dados e amplo controle pelos controladores de acesso. O domínio por elas representa barreira de mercado, assim como a total vulnerabilização do usuário, que nada decide sobre seus dados e caminhos no ciberespaço. Não se advoga aqui o compartilhamento irresponsável de dados em prol da competição, mas sim a organização e estruturação de instrumentos que permitam o controle dos dados pelo usuário, assim facilitando seu trânsito entre plataformas, em prol da competição, inovação e qualidade dos serviços, mas também em favor da autonomia do usuário.

As peculiaridades desse mercado devem estar sempre em vista. A prevalência de serviços supostamente gratuitos inseridos em mercados de dois lados, em que a efetiva fonte de renda costuma estar em serviços de publicidade baseados em dados pessoais, afeta a análise dos mercados relevantes em que tais empresas atuam. O mesmo ocorre em razão da existência dos ecossistemas de serviços baseados em apenas uma empresa, o que traz a necessidade de regulações específicas.[226]

---

[223] GRUNES, STRUCKE, 2015, p. 12. No mesmo sentido WU, 2011, p. 318, explicando que são incalculáveis as perdas de uma inovação que não é implementada, ou uma teoria que não é disseminada.

[224] GRUNES, STRUCKE, 2015, p. 13-15.

[225] PARKER, Geoffrey; PETROPOULOS, Georgios; VAN ALSTYNE, Marshall W. Digital Platforms and Antitrust. *Concurrences*: Antitrust Writing Awards, 2021. Disponível em: https://ssrn.com/abstract=3608397, p. 20-22. Acesso em: 25 abr. 2024.

[226] PARKER; PETROPOULOS *et al.* 2021, p. 1-5.

A criação de legislação de suporte é uma recomendação constante na doutrina, que recomenda, ainda, a análise dos serviços de forma individual em sua inserção naquele mercado específico, quanto aos desdobramentos de eventuais aquisições ou práticas anticompetitivas. Assim se evitaria, por exemplo, alegações de que não há monopólios no ciberespaço, com base na suposta concorrência entre os enormes ecossistemas de serviços dos próprios controladores de acesso. O estabelecimento de condições futuras sobre aquisições também é medida relevante para que se possa observar o desenvolvimento do mercado, bem como as condutas posteriores praticadas e seu possível impacto anticompetitivo ou em detrimento do desenvolvimento daquele mercado como um todo.[227]

Deve-se pensar o antitruste como uma série de ferramentas para regulação da economia. Tais ferramentas estão guiadas por certos princípios. A lei estadunidense que traz tais princípios é o *Sherman Act*, que é disputado por diversas correntes quanto às suas prescrições. Para Lina Khan, a lei visava evitar a concentração de poder de mercado por meio de sua distribuição. É uma lei pela diversidade e acesso aos mercados e contra a concentração e abusos de poder, pois quando se é contra a concentração de um poder na forma de um governo autocrático, por que se poderia ser favorável a uma empresa autocrata no mercado? Qual a razão para optar por uma opção favorável a empresas que possam excluir a competição e fixar preços? Não há razão que justifique determinadas formas de poder de mercado que inibam a concorrência, a inovação e a diversidade.[228]

Nessa esteira é que são defendidos outros objetivos para o antitruste, tais como a preservação de mercados abertos, a proteção de consumidores e produtores do abuso monopolístico, além da dispersão do controle político e econômico exercido pelos mercados. Outro aspecto colocado em perigo pela concentração de mercado é a capacidade dos controladores de acesso de prejudicar fornecedores e produtores, colocando a estabilidade do mercado toda em perigo, já que são grandes demais para falhar sem consequências desastrosas e podem prejudicar também a diversidade da informação nas mídias. São escolhas sociais que devem passar pelo antitruste, colocando em

---

227 PARKER; PETROPOULOS *et al.* 2021, p. 18-19.

228 KHAN, Lina M. Amazon's antitrust paradox. *The Yale Law Journal*, v. 126, p. 710-805, 2017, p. 739-740.

seu centro a neutralidade do processo competitivo e a abertura das estruturas do mercado.[229]

A pluralidade no campo da mídia é essencial, especialmente em tempos de uma Sociedade Informacional organizada em rede. Se a informação é central em uma sociedade democrática, a mídia digital tem o controle de tais informações e deve se tomar em conta tal aspecto, visto que "soberano é quem dispõe das informações em rede".[230]

Essa análise crítica deixa clara a relação entre o controle do fluxo de dados e o poder na Sociedade Informacional. Aqueles que detêm a tecnologia capaz de coletar e tratar dados pessoais, tendo acumulado um número enorme de usuários ao redor do globo, possuem poder de mercado em setores de serviços essenciais digitais. O poder de tais controladores de acesso espraia-se muito adiante, por meio do uso de inteligência artificial e de técnicas preditivas e de influência de comportamento dos usuários, atingindo, inclusive, comportamentos coletivos com influência política.

Tais empresas revestem-se de um manto de opacidade, procurando evitar que se compreenda suas intenções e, frequentemente de forma desleal, buscam obter ilimitadas vantagens a seu favor, tendentes à maior concentração de mercado, seja por meio de aquisições de entrantes, matadoras ou não, seja por práticas como a autopreferência. A pouca transparência de tais empresas, além de ocultar o que frequentemente são práticas desleais e de exercício abusivo de poder sobre os usuários e as sociedades, gera o elemento do imponderável, isto é, passa-se a não poder sequer saber o que seria um quadro de maior competitividade nos mercados digitais.

A percepção crítica é de que é desejável a escolha por maior diversidade no mercado, seja com fins de diluição e distribuição de renda e poder, seja para que se tenha melhores chances de inovação e desenvolvimento de aspectos diferentes da qualidade, envolvendo inovação, atendimento, durabilidade, privacidade, entre outros.

Percebe-se, desde já, que mercados digitais mais diversos apresentariam maiores chances quanto à promoção de dinâmicas e interações que privilegiassem a autonomia do usuário, assim como o respeito às escolhas políticas e sociais.

---

[229] KHAN, 2017, p. 742-744.

[230] HAN, 2022, p. 24.

A intervenção estatal se mostra central para a limitação do poder dos controladores de acesso com duas funções primordiais, quais sejam a regulação imediata de tais empresas para que o exercício abusivo dos poderes por elas detidos não causem danos irreparáveis no tecido social e na vida dos indivíduos; a segunda função, estruturante, é a de procurar gerar abertura nos mercados digitais para o surgimento de entrantes que representem competição real aos incumbentes e opções aos usuários. Ambas as funções, na Sociedade Informacional, passam por significativas medidas envolvendo o fluxo de dados pessoais, como se observará no capítulo adiante.

2.4 Conclusões parciais

Apresentadas as bases do presente estudo quanto à concorrência nos mercados digitais, reputa-se importante apresentar as conclusões parciais alcançadas, que servirão como premissa para a continuidade do estudo e para que se chegue às conclusões finais da pesquisa.

Primeiramente, foram apresentadas as bases do direito concorrencial, ficando demonstrada sua importância para a estrutura do trabalho, assim como a insuficiência da teoria convencional para a análise dos mercados digitais, já que foi confirmada a existência de um mercado caracterizado por efeitos de rede, que propiciam conexões amplas e desejáveis entre os usuários finais e também com usuários profissionais, sendo ainda verificada a hipótese de concentração de mercado em diversos setores de serviços essenciais digitais, assim como a existência de barreiras de mercado a partir da concentração de dados e a possível formação de monopólios naturais.

Diante de tais constatações, concluiu-se pela necessidade de intervenção do Estado nos mercados digitais, visando proporcionar um mercado mais aberto e competitivo, que agregue valor aos usuários em termos de autonomia, qualidade, diversidade e inovação, passando, portanto, a atender de forma mais direta ao interesse público, em oposição à atual formatação do mercado, cada vez mais direcionada ao proveito dos controladores de acesso, que representam interesses privados bastante restritos.

Demonstrou-se a centralidade dos dados pessoais na Sociedade Informacional e na economia digital, na medida em que a capacidade de coletar e tratar grandes volumes de dados pessoais, a partir de uma base enorme de usuários, possibilita o exercício de relevante poder de mercado, assim como de poder sobre os indivíduos e as sociedades. Na mesma linha de raciocínio, restou confirmada a hipótese de que as medidas de direito concorrencial a serem tomadas devem passar por questões de fluxo de dados pessoais. O referido tema, portanto, será aprofundado no segundo capítulo, de forma a consolidar o reconhecimento da técnica aplicável ao tema estudado, de forma a pautar a análise de natureza mais prática a ser realizada no derradeiro capítulo.

Foi descrita objetivamente a arquitetura da rede, formada por código e alimentada por dados. Esse contexto também é composto por inteligência artificial e algoritmos, que movem o modelo de negócios dos controladores de acesso. Tal arquitetura é passível de regulação, e tais escolhas sociais são desejáveis em sociedades democráticas calcadas em modelos constitucionais e de direitos fundamentais. O referido modelo de negócios tem por base modelos preditivos, anúncios direcionados e influência de comportamento, podendo representar prejuízos em concreto à autonomia dos indivíduos e à autodeterminação das sociedades, o que reforça a necessidade de regulação.

Tais conclusões estabelecem a base sustentada por este estudo, na perspectiva concorrencial nos mercados digitais. Cabe à pesquisa, em seguida, justificar a abordagem amplamente focada no fluxo de dados pessoais, como escolha metodológica. O que se procurará demonstrar é que os dados pessoais, muito mais que apenas um insumo da atividade comercial, compõem diretamente o que se tem atualmente como a identidade de cada sujeito, podendo ser substrato para tecnologias que influenciam, de forma ampla, intencional e sub-reptícia, os comportamentos dos indivíduos, bem como os desígnios de sociedades democráticas. A plena compreensão do direito à privacidade, assim como da forma como a tecnologia e o referido contexto afetam tal direito, é passo necessário à conclusão desta pesquisa, visando à apresentação de resultados claros e coerentes sobre a concorrência nos mercados digitais e sua regulação, considerando o fluxo de dados, com ênfase ao marco legislativo do RMD, que será apresentado no último capítulo.

CAPÍTULO 3

FLUXO DE DADOS PESSOAIS NOS MERCADOS DIGITAIS

Eles sabem coisas sobre nós, mas nós frequentemente não sabemos o que eles sabem, porque eles sabem, ou com quem mais eles podem compartilhar aquele conhecimento. O que isso significa para nosso senso de identidade, nossas oportunidades de vida, nossos direitos humanos e nossa privacidade? Quais são as implicações para o poder político, controle social, liberdade e democracia? (David Lyon)[231]

Este capítulo cuida de estabelecer e detalhar as relações entre o fluxo dos dados pessoais, com foco nos atos de compartilhamento, tratamento e concentração e na concorrência entre empresas nos mercados digitais. A demonstração da importância dos dados pessoais na Sociedade Informacional passa pela verificação de sua relevância não apenas nas relações concorrenciais, mas também nos aspectos de privacidade, vigilância, identidade, relações sociais, controle e pelo poder exercido a partir de tais dados.

As principais perguntas a serem respondidas serão: Como ocorre o fluxo de dados pessoais no ciberespaço e o que isso representa em termos sociais e econômicos na Sociedade Informacional? Qual o tratamento adequado do fluxo dos dados pessoais na concorrência entre empresas, envolvendo publicidade comportamental e exploração de dados pessoais? Quais os problemas do tratamento atual? Em que medida deve-se considerar a importância de atribuir autonomia ao

231 LYON David. *The electronic eye*: the rise of surveillance society. Minneapolis: University of Minnesota Press, 1994, p. 4. Tradução livre de: "*'They' know things about us, but we often don't know what they know, why they know, or with whom else they might share their knowledge. What does this mean for our sense of identity, our life-chances, our human rights, our privacy? What are the implications for political power, social control, freedom and democracy?*"

usuário quanto a seus dados pessoais e respeitar ao máximo os direitos relacionados ao consentimento e à privacidade? E, por fim, qual o papel da inteligência artificial e dos algoritmos no tratamento dos dados pessoais e na concorrência nos mercados digitais, e como regular tais aspectos?

As hipóteses envolvem a perspectiva de uma concentração de dados pelos controladores de acesso, que detêm poder sobre o fluxo de dados pessoais no ciberespaço, assim influenciando fortemente as escolhas, oportunidades e identidades dos indivíduos, como também as relações e os desígnios sociais. O tratamento adequado, portanto, passaria pela regulação e descentralização do controle de tais dados, tornando o mercado mais aberto a entrantes e a escolhas dos usuários, assim como mais competitivo, visto que o tratamento atual redunda em excesso de poder a poucas empresas e pouco controle pelos usuários, que são os verdadeiros titulares de tais dados pessoais. A regulação, portanto, estaria focada no aumento da competitividade e pluralidade, bem como na ética do tratamento dos dados e respeito aos direitos fundamentais.

Por isto mesmo, a hipótese formulada é de que a solução passa por atribuir maior autonomia e controle aos usuários, procurando soluções técnicas que respeitem a escolha, o consentimento e os direitos associados à privacidade. Neste contexto, são de grande relevância a inteligência artificial e os algoritmos desenvolvidos para o tratamento de dados pessoais, de forma que é importante a sua regulação, para que sejam projetados, desde o início, de forma ética e transparente, voltados prioritariamente ao atendimento dos interesses dos usuários, seja quanto aos benefícios da tecnologia, desenvolvimento e inovação em mercados novos e atuais, seja quanto ao respeito de direitos dos usuários.

Visando examinar tais temas, as seções a seguir procurarão estabelecer as bases e os conceitos a serem abordados, em seguida aprofundando os raciocínios para verificar a adequação das hipóteses como resposta aos problemas.

3.1 Contexto do fluxo de dados pessoais na internet

Os dados pessoais, para os fins desta pesquisa, devem ser situados no contexto da Sociedade Informacional e da concorrência nos mercados digitais. Devem também ser abordados sob suas especificidades e com a compreensão da terminologia a eles associada. Frequentemente se usa o termo vigilância[232] para descrever as práticas de determinadas organizações que coletam, armazenam e processam detalhes precisos das vidas dos indivíduos (dados pessoais), formando grandes bancos de dados. Para tais organizações, os indivíduos são apenas um emaranhado, mais ou menos organizado, de sequências codificadas de números e letras.[233] Trata-se de uma das facetas mais complexas, detalhadas e contemporâneas do fenômeno da vigilância. Tal perspectiva é de alta relevância para este estudo, visto que indica a relação de poder a partir da qual se moldam os mercados digitais e a concorrência neste âmbito.

A preocupação com dados pessoais e sua proteção deriva do direito à privacidade. Esse direito tem origem em uma noção inicialmente bastante individualista e de *zero-relationship*, isto é, de isolamento entre o indivíduo e os demais.[234] A referida perspectiva ganhou novos contornos com os avanços tecnológicos e especialmente no contexto da Sociedade Informacional, ficando clara a sua relevância para a formação da personalidade e da realização da pessoa, além de um direito de base para o exercício de outras liberdades fundamentais e da formação de dimensões coletivas.[235]

É de grande importância para as relações que envolvem o direito de privacidade, bem como os aspectos de proteção de dados pessoais, a análise do fenômeno da vigilância e das relações de poder que circundam e movem tais elementos. Na seção seguinte, trata-se desses temas.

3.1.1 Privacidade, vigilância e poder

inseto infecto?
os drones o céu infestam
mosquito indiscreto.
Priscila Prado[236]

---

232 Destacam-se os seguintes autores como marcos teóricos da noção de vigilância, não necessariamente nesta ordem: ZUBOFF, 2021; LYON, 1994; FOUCAULT, Michel. *Vigiar e punir*: nascimento da prisão (1975). Tradução de Raquel Ramalhete. 36. ed. Petrópolis: Vozes, 2009, p. 131-134; RODOTÀ, Stefano. *Tecnologie e diritti*, Bologna: Il Mulino, 1995.

233 LYON, 1994, p. 3.

234 Tal direito também é conhecido como o direito de ser deixado sozinho (do inglês, *the right to be left alone*).

235 DONEDA, Danilo. *Da privacidade à proteção de dados pessoais*: fundamentos da Lei Geral de Proteção de Dados. 2. ed. rev. e atual. São Paulo: Thomson Reuter Brasil. Revista dos Tribunais, 2020, p. 31 e ss.

236 PRADO, Priscila. *Fósforo*. Curitiba: Donizela, 2024, p. 94.

A análise do fluxo de dados na internet passa pela delimitação e detalhamento das relações entre vigilância, privacidade e poder na medida em que se entende a privacidade como um direito relevante e complexo no contexto atual. Esse direito está em risco diante da vigilância exercida pelos controladores de acesso, no contexto dos modelos de negócios vigentes nos mercados digitais, voltados a abuso dos dados pessoais e uso em publicidade comportamental.

As relações de poder estabelecidas com bases concretas no fluxo de dados e envolvendo aspectos de privacidade e vigilância são cruciais para a compreensão da relevância dos dados pessoais na concorrência nos mercados digitais. Isso se dá especialmente quando se pensa sob a perspectiva integral e adequadamente complexa adotada pelo RMD para regular as relações nos mercados digitais, promovendo estímulos às empresas, disponibilizando instrumentos legais às autoridades e atribuindo direitos específicos aos usuários para que se possa chegar tão perto quanto possível de um mercado verdadeiramente aberto, disputável, equânime e inovador, voltado aos interesses dos usuários.

a) Privacidade e vigilância na Sociedade Informacional

Iniciando-se pela ideia de privacidade, embora se entenda que tal direito tenha tomado contornos iniciais como um direito de elites, visto que estas estavam mais sujeitas ao escrutínio público, com o aumento do fluxo de informações, especialmente a partir do desenvolvimento da técnica, a privacidade torna-se um direito de interesse de todos e em diversas situações e aspectos. As de maior destaque inicial seriam interações com o Estado, que, majoritariamente, por meio do Censo, passou a colher cada vez mais informações, tendo em vista a busca de controle e eficiência. O uso de informações pessoais será marcado frequentemente por esses dois elementos. Seu uso pelo Estado aumenta o poder deste sobre os indivíduos e pode ser visto em destaque em Estados autoritários.[237]

O uso por entes privados apenas se difunde com a redução de custos e o aumento das possibilidades de uso das informações ocorrido com a consolidação da Sociedade Informacional, com ênfase para o desenvolvimento do ciberespaço. As tecnologias desenvolvidas nesse contexto não apenas permitem a coleta de informações, mas também os meios para as tornar úteis. Assim, o vetor da técnica passa a ser

[237] DONEDA, 2020, p. 33 e ss.

central e molda a estrutura do poder na arquitetura informacional. A tecnologia possui características próprias e o potencial de "imprimir suas próprias características ao meio sobre a qual se projeta". Ela cria ou sustenta tendências e é uma variável cada vez mais relevante nas dinâmicas sociais, inclusive dando base para a vontade da técnica. Tal termo relaciona as vontades às possibilidades técnicas disponíveis, no sentido de que o poder que estiver disponível através da técnica será utilizado pelo seu detentor.[238]

É esse contexto que gera uma percepção utópica em relação à tecnologia, fazendo com que se veja apenas vantagens nela e a vinculando à eficiência, agilidade e até mesmo infalibilidade em contraposição ao que é humano. Assim como no caso do domínio dos controladores de acesso, as ameaças e violações à privacidade passaram a ser tratadas com certo fatalismo e conformismo, procurando gerar uma normalização do fenômeno. Estudos críticos, no entanto, procuram dar uma abordagem de uma relativa continuidade histórica, tratando a visão de privacidade de forma integrativa, mas reposicionando seu centro de gravidade para compreender a mudança "do eixo "pessoa-informação-segredo", no paradigma da *zero-relationship*, (...) [ao] eixo "pessoa-informação-circulação-controle".[239]

Nesse eixo é que se forma a versão do sujeito exposto na Sociedade Informacional. Trata-se da já indicada face da caixa-preta na metáfora de Frank Pasquale,[240] que grava e revela todas as informações do indivíduo, detendo, portanto, controle dessa face de sua personalidade: a pessoa gera informações, que circulam e são coletadas pelas empresas para exercício de controle. As informações sobre os indivíduos são reunidas, geram classificações ou categorizações e são expostas – ou o acesso a elas é comercializado –, e assim se forma a identidade no ciberespaço. "Não [se sabe] muito sobre o que as classificações significam ou sobre como são calculadas; só [se quer] ter as altas".[241]

Para Han, as avaliações entre os indivíduos são sintomas da comercialização total da experiência humana. Em um contexto em que

---

238 DONEDA, 2020, p. 34 e ss.

239 DONEDA, 2020, p. 37 e ss.

240 PASQUALE, 2015, p. 1-4.

241 PASQUALE, 2015, p. 190. O autor trata de uma distopia em que o uso de classificações é mais intenso e público, compondo, portanto, um elemento de interação social ainda mais relevante. Tradução livre de *"They don't worry much about what the scores signify or how they are calculated; they just want the high ones"*.

já não há mais razão para que os humanos permaneçam unidos, os únicos vetores são os econômicos, que capturam as dimensões sociais e culturais da vida humana, convertendo tudo em mercadoria, e "a mercadoria substitui a verdade".[242] Qualquer relação, manifestação ou identidade que pudesse se tornar genuína e significativa torna-se mero artefato do capitalismo.

O fenômeno da vigilância na Sociedade Informacional, especialmente a partir das tecnologias digitais e do processamento de dados pessoais por algoritmos com uso de inteligência artificial, é parte integrante da noção de comercialização da experiência humana. O estrito controle exercido pelas empresas a partir da predição e modulação de comportamentos nesse contexto favorece o isolamento do indivíduo em detrimento da formação de laços sociais e deteriora os próprios conceitos de autonomia, identidade e realidade.

O direito à privacidade passa a ser visto, então, num contexto de avanço dos direitos da personalidade na Sociedade da Informação, envolvendo não mais o isolamento, mas sim em favor da construção da esfera privada como parte do contexto da vida em relação e potencializando a comunicação e os relacionamentos do indivíduo em relações solidárias. A importância atribuída à privacidade para formação da personalidade valoriza a vida em relação com o outro e as escolhas pessoais. Valoriza, igualmente as relações privadas, a utilização das novas tecnologias e a vida política e pública, em uma perspectiva de autonomia do indivíduo.[243]

Nessa mesma dimensão se expressa a autenticidade, que depende de um "horizonte de significado social", que inclui o outro, a cidadania, a religião, a natureza, entre outros aspectos que compõem a expressão autêntica do indivíduo. Esse projeto de identidade só existe na medida em que extrapola a individualidade e envolve a comunidade. Diferente dessa perspectiva, a noção neoliberalista de autenticidade, liberdade e autorrealização vem na forma de uma coação da autenticidade como introspecção narcísica e isolamento da comunidade. Nesse contexto, a comunidade seria vista como prejudicial à autenticidade. Tal culto da autenticidade reforça a lógica da produção neoliberal, inserindo os indivíduos em uma perspectiva de exploração recíproca como

[242] HAN, 2022, p. 96-97.
[243] DONEDA, 2020, p. 39.

realização, da atomização da sociedade e da busca desenfreada pela eficiência acima de tudo.[244]

O ser humano necessita da dimensão coletiva para extrapolar a mera sobrevivência. A dimensão coletiva que traz encantamento e festividade por meio de rituais e cerimônias.[245] Han traz a noção de rituais e cerimônias no contexto da vida como um jogo. Enquanto o que o autor chama de jogo fraco seria apenas aquele que se presta à lógica da produção, o jogo forte é o da soberania do indivíduo, que não se coaduna com a lógica neoliberalista da exploração e da sobrevivência, mas sim que procura espaços de jogo e de fantasia lúdica para praticar a arte de viver, que dá brilho, soberania e intensidade à vida.[246]

Os rituais e os símbolos, como práticas e representações que levam o indivíduo a se sentir em casa em sua comunidade, e que constituem essa comunidade, mesmo sem a necessidade de comunicação, vêm sendo abolidos pelo modo de produção capitalista neoliberal, que se vale da instabilidade para gerar mais consumo e mais produção, ocupando os indivíduos apenas disso. Assim, os rituais são utilizados apenas na medida em que atendem e priorizam tais aspectos, gerando instabilidade e isolamento. A repetição e estabilidade dos rituais, que faz deles para "o tempo o que uma habitação é no espaço", vem sendo quebrada na medida em que ocorre o isolamento do indivíduo e a conversão do tempo em um fluxo volúvel, isto é, uma mera sucessão de eventos rápidos e fugazes, como a sequência de conteúdos midiáticos vazios em um telefone celular.[247]

As relações de poder em torno dos dados pessoais, a partir do fenômeno da vigilância, devem ser analisadas precisamente dessa perspectiva de privacidade e autonomia. O que se observa é que a forma como os dados pessoais são tratados na dinâmica concorrencial dos mercados digitais influencia diretamente a formação do senso de identidade dos indivíduos, assim como a forma como se relacionam com o mundo ao seu redor. As escolhas políticas acerca da regulação de tais aspectos tem influência direta na autonomia do indivíduo e em toda a conformação do tecido social.

---

[244] HAN, Byung-Chul. *O desaparecimento dos rituais*: uma topologia do presente. Tradução de Gabriel S. Philipson. Petrópolis-RJ: Vozes, 2021, p. 31 e ss.

[245] HAN, 2021, p. 45.

[246] HAN, 2021, p. 77 e ss.

[247] HAN, 2021, p. 9 e ss.

A autonomia do indivíduo, que será também abordada neste estudo no contexto do consentimento e das escolhas, certamente é um dos temas mais relevantes a ser analisado, senão o mais relevante. Isso se dá pois a presente análise, envolvendo a concorrência no ciberespaço, dominada pelos controladores de acesso e suas relações com as concentrações de dados, é realizada no intento de se alcançar uma regulação que favoreça precisamente a formação de indivíduos autônomos e engajados responsavelmente em um projeto de sociedade justa e fraterna. Tal projeto fica impedido de se desenvolver, a persistir a modulação de comportamento do indivíduo pelos controladores de acesso, em prol do lucro e de um desenvolvimento econômico direcionado à concentração e expansão das formas de controle.

É extremamente preocupante que tal modulação ocorra sem qualquer valorização, ou sequer consideração, da vida em sociedade e dos impactos psicológicos e democráticos da forma como os indivíduos se relacionam com as plataformas e com o conteúdo ali externalizado. A autenticidade, a autonomia e a forma como se dão as relações com o outro em sociedade possuem diversos matizes a serem considerados. Há elementos a serem propostos desde a origem, guiando a criação das plataformas; e também há elementos práticos que deverão ser controlados na medida em que ocorrem, para que a tecnologia produzida e conduzida pelos controladores de acesso atenda ao interesse público, dada a sua importância na Sociedade da Informação. Será analisada de forma mais detalhada a ideia de autonomia em sua relação com o direito à privacidade.

A decisão sobre seus valores e o agir de acordo com eles, responsabilizando-se por tais atos, compõem a noção de autonomia. Como aponta Carissa Véliz: "Autonomia é ter poder sobre a própria vida". É ter o respeito de seus pares e de seu governo sobre suas escolhas. A formação da personalidade e da autonomia dependem de privacidade: ter tempo e espaço livres para tomar decisões sem pressões externas. A autora chama atenção, ainda, para um ciclo vicioso de predição de comportamento e moldagem. As grandes empresas de tecnologia controlam o conteúdo acessado, fornecem opções e incentivam comportamentos, passando a conduzir-nos nesse ciclo controlado. A vigilância, a predição e a manipulação exercidas a partir das tecnologias da informação e comunicação podem ser significativamente prejudiciais à liberdade, à autonomia, à privacidade e à formação da personalidade do indivíduo, bem como para a coletividade.[248]

Ocorre que, se em algum momento histórico se pôde falar de vigilância física, psicológica e de dados pessoais, no ciberespaço ocorre uma convergência de tais fenômenos, que se reúnem apenas como vigilância de dados pessoais, em razão da mutação dos meios de circulação de informação e dos interesses econômicos, sociais e de poder ligados à privacidade, gerando um exercício altamente abusivo de poder pelas empresas detentoras de tais dados e tecnologias de vigilância.[249]

Chama atenção, neste contexto, a dificuldade para se definir as antes bastante separadas esferas do público e do privado. A vida privada, antes representada pela casa, passa a ser cada vez mais vigiada, e os dados pessoais decorrentes dos comportamentos ali adotados são, cada vez mais, objeto de coleta por entes públicos e privados. Ficam evidentes aí relações de poder para a definição entre o que é público e o que é privado; e se questiona a respeito da suficiência dos direitos e abordagens sociológicas relacionados à privacidade como forma de lidar com a vigilância eletrônica que assola as vidas dos indivíduos.[250]

A privacidade e a proteção de dados, então, assumem uma dimensão muito mais coletiva e apartada de noções individualistas ou patrimonialistas. Trata-se de uma perspectiva de autodeterminação, formação da personalidade do indivíduo e dignidade da pessoa humana. Compreende-se que tais valores estão em risco na Sociedade Informacional, em razão da manipulação dos dados pessoais para obter as mais diversas influências no comportamento de coletividades: trata-se de um massivo exercício de poder em detrimento da emancipação do sujeito e da formação de sua personalidade.[251]

A personalidade toca ainda aspectos como identidade, dignidade, liberdade e responsabilidade. Nesse contexto, a vigilância vem aparecendo nas sociedades humanas, mas não com as características do modelo atual, em que hábitos, compromissos e preferências são monitorados e classificados por organizações tendentes à onisciência. Essa forma de vigilância e controle tende a reforçar desigualdades e punir aqueles com comportamentos não conformes, assim reforçando

---

248 VÉLIZ, 2021, p. 107-111.

249 DONEDA, 2020, p. 40 e ss.

250 LYON, 1994, p. 16.

251 DONEDA, 2020, p. 41-43 e ss.

e normalizando o *status quo*, gerando moldes de personalidades e tendendo a reduzir o pluralismo.[252]

Tais direitos assumem importância central no futuro humano, não deixando abertura para serem relegados a posições secundárias em relação a políticas públicas de combate à pobreza, por exemplo. Isso se vê já que a dimensão coletiva da noção de privacidade vem se manifestando cada vez com maior ênfase na contemporaneidade: torna-se imprescindível o pensamento e a estruturação dos mais diversos instrumentos focados em informações – em dados – para que se tenha condições de proteger o indivíduo como membro de determinado grupo social e nas dimensões da personalidade e das liberdades individuais, em "um estatuto que englobe as relações da própria personalidade com o mundo exterior".[253]

Observa-se que tais relações se deterioram na medida em que a informação, na forma de dados pessoais, como comunicação do indivíduo com o mundo foge do controle deste indivíduo, e ele passa a se comunicar com a sociedade mais a partir de sua imagem formada por dados do que por sua comunicação pessoal. Isso se dá pois o usuário submetido à vigilância eletrônica já não mais tem controle sobre seus dados pessoais: quais ele pretende revelar; para quem; em que condições; para que outros meios tais informações podem ser compartilhados. E, considerando os meios eletrônicos e o ciberespaço, também não se sabe o que será feito com tais informações e se é possível confiar em tais empresas. A violação à privacidade, nesse contexto, representa deterioração da comunicação como elemento que constitui o ser humano, gerando assim sérios questionamentos sobre a justiça e a dignidade.[254]

Este estudo se insere no contexto de tais dados pessoais, procurando compreender seu fluxo, na dimensão que se materializa com a dominância dos controladores de acesso ao ciberespaço. A compreensão do significado, caminho e relevância dos dados pessoais é que nos dará condições de mensurar a importância estratégica de tal insumo na concorrência entre empresas no ciberespaço e também quanto aos efeitos de tal dominância na sociedade contemporânea.

Percebe-se que o controle de grandes concentrações de dados leva a uma concentração de poder no ciberespaço. A compreensão da

[252] LYON, 1994, p. 17 e ss.

[253] DONEDA, 2020, p. 41-43 e ss.

[254] LYON, 1994, p. 19 e ss.

relevância dos dados pessoais na Sociedade Informacional, em toda a sua grandeza, deve aportar também a percepção das consequências de tal dominância para o futuro humano. A profundidade das mudanças de comportamento promovidas pelos algoritmos e pela inteligência artificial nas vidas dos indivíduos pode representar um poder nunca antes visto, capaz de moldar drasticamente o futuro humano: escolha por escolha, o sujeito pode renunciar ao controle de seus dados, de sua privacidade, de sua personalidade e de suas liberdades, permitindo a gênesis de uma sociedade em que o comportamento é amplamente influenciado, ou mesmo dominado, por forças exteriores.

O futuro será humano, afinal as tecnologias são inerentemente humanas.[255] A autodeterminação, a pluralidade e a economia criativa, no entanto, dependem naturalmente de uma economia digital aberta, em que haja competição e regulação para a transparência e observância de direitos fundamentais. É nesse contexto que se deve observar os instrumentos e objetivos da política, criando regras para os mercados digitais e regulando a concorrência a partir de uma compreensão plena do papel dos dados pessoais.

O direito deve identificar, e vem identificando, ainda que tardiamente, seus pressupostos, isto é, que deve atuar perante a realidade da arquitetura social e do espaço em que as relações se desenvolvem. Todo esse contexto hoje é permeado e condicionado pelo desenvolvimento tecnológico, tornando imprescindível ao jurista que compreenda a tecnologia em si, sua forma de agir sobre a sociedade e as consequências de tal agir, considerando as novas variáveis ao pensar as abordagens jurídicas a serem estabelecidas e aplicadas a esta realidade.[256]

Entende-se necessária, para a compreensão plena das relações descritas nesta pesquisa, a análise das teorias de Michel Foucault, Gilles Deleuze e Félix Guattari, que tratam especialmente de aspectos da vigilância, disciplina, controle e modulação de comportamento,

---

255 LYON, 1994, p. 8-10. O autor trata da interação entre sociedade e tecnologia, explicando sua complexidade. Ele critica o determinismo tecnológico, segundo o qual o desenvolvimento social seria movido pela tecnologia, já que tal posição, seja do lado dos otimistas, ou dos pessimistas, subestima tanto os fatores sociais que dão forma à tecnologia quanto os contextos sociais que medeiam sua utilização e seus impactos. Ele destaca que a tecnologia pode ter impactos que não eram previsíveis e pode se mostrar capaz de tarefas não antes imagináveis e que podem ser vistas como úteis comercialmente. Há, portanto, certa independência das novas tecnologias, no sentido de terem capacidades não tão facilmente mensuráveis e imprevisíveis. Em suma, trata-se de uma inter-relação entre tecnologia e sociedade, com mútuas influências e imprevisibilidade dos resultados.

256 DONEDA, 2020, p. 44-45.

aprofundando alguns conceitos e tornando mais claras algumas relações de poder na sociedade contemporânea, inclusive a partir da análise de outros momentos históricos.

Vê-se também a influência do pensamento de tais autores em outros textos citados acima, de forma que a compreensão de tais teorias reforça o fundamento do presente estudo, como se observará adiante.

b) Vigilância e poder em Foucault, Deleuze e Guattari

Entende-se pertinente traçar uma linha teórica acerca do exercício do poder conforme delineado a partir dos escritos de Foucault e de Deleuze, assim procurando compreender a sistemática de estabelecimento das relações de poder na Sociedade Informacional, marco conceitual deste estudo.

Foucault analisa especialmente a perspectiva do poder sobre o corpo físico nos séculos XVII e XVIII com uso da disciplina e buscando a docilidade. Pensa-se no exemplo do soldado como um corpo que pode ser treinado para obedecer, responder e se aprimorar em prol do dominador, já que a intenção é que ele se torne manipulável, podendo ser diretamente utilizado. A relação envolve intensas limitações, proibições, obrigações e controle estrito dos movimentos e potencialidades, por meio de uma coerção ininterrupta, despindo o corpo de suas potencialidades e de seu poder e submetendo-o ao processo disciplinar voltado à docilidade-utilidade. Trata-se de uma anatomia política, no sentido da compreensão e utilização eficaz do corpo na mecânica do poder, em uma relação de sujeição estrita.[257]

A vigilância é essencial para o exercício do poder disciplinar. Ela ocorre muitas vezes a partir de uma arquitetura que torne forçadamente visíveis aqueles sujeitos ao poder e oculte os observadores. Uma arquitetura calculada para o controle interior, de forma que as aberturas, camadas, passagens e transparências facilitem uma vigilância silenciosa. "O aparelho disciplinar perfeito capacitaria um único olhar tudo ver permanentemente". A estrutura da vigilância, nesse contexto, seria hierarquizada e construída para ganhar escala e operar com funcionalidade para identificar e modificar ou influenciar comportamentos, sendo usado em prisões, mas também em escolas e na produção industrial. É uma mecânica de poder envolvendo fiscais hierarquicamente fiscalizados, em um funcionamento permanente e

[257] FOUCAULT, 2009, p. 131-134.

de máquina, em toda a parte e sempre ativo, de forma indiscreta, mas paradoxalmente discreto ao permanecer em silêncio. Esse poder relacional da disciplina impede a naturalidade das manifestações, gerando olhares calculados e o exercício físico do poder a partir da ótica e da mecânica, na arquitetura da vigilância, sem a necessidade de uso de força ou violência.[258]

Foucault explica como esse poder disciplinar é exercido a partir da contínua vigilância, focando-se em extrair dos corpos tempo e trabalho, em um contexto capitalista que busca controle do comportamento humano, com aumento das forças dominadas aliado ao aumento da eficácia do dominador. É importante destacar que se está falando de um poder disciplinar, que surge em termos diferentes da ideia de soberania associada ao direito e exercendo toda uma coerção particular com base na prática, na naturalidade e normalização de comportamentos. Contra tais práticas, o autor defende a aplicação de um novo direito antidisciplinar e baseado na democratização da soberania, que também se oponha ao direito da soberania, que é, este último, mecanismo de controle social.[259]

Desde já se percebe elementos da teoria descrita que se amoldam ao funcionamento dos mercados digitais e às estratégias dos controladores de acesso. A busca por concentração de poder e pela máxima vigilância da forma mais discreta possível, assim como a influência exercida sobre os sujeitos e seus comportamentos são visíveis. O exercício de tal poder de forma paralela ao poder estatal também é elemento a se manter atento, até para que se articule as melhores formas de deter o avanço de tal poder visando à promoção de melhores práticas e de um fluxo de dados baseado em relações de poder centradas no usuário, evitando sua sujeição ao controle dos vigilantes da vez. A teoria, no entanto, descreve relações muito mais físicas, concretas e explícitas, enquanto as relações digitais, mais fluidas e sutis, são descritas pela teoria de Deleuze e Guattari.

Deleuze alerta para a mudança das relações de poder características da sociedade disciplinar com o estabelecimento da sociedade de controle, que visou aplicar novas formas de controle mais adequadas ao momento histórico. A sociedade de controle é caracterizada pela

---

258 FOUCAULT, 2009, p. 165-171.

259 FOUCAULT, Michel. *Microfísica do poder* (1979). Tradução de Roberto Machado. Rio de Janeiro: Graal, 1998, p. 185-191.

passagem do analógico ao digital, ganhando complexidade. Diferente dos moldes anteriores, o controle exercido é de modulação, em que o molde se altera continuamente. Nas relações de trabalho somam-se elementos de rivalidade, competição e meritocracia ao extremo, colocando os indivíduos uns contra os outros. Dentre outros aspectos, a sociedade de controle envolve a linguagem por códigos e o uso de senhas que garantem acesso ou não a determinadas informações. Substituindo a dualidade entre indivíduo e massa, há, respectivamente, o "divíduo" e amostras, dados, mercados ou bancos. Caminha-se, nesse sentido, para a perda da individualidade, com um tratamento codificado da pessoa, que define seu acesso ou não a determinada informação ou oportunidade.[260]

As sociedades de controle têm um capitalismo focado em serviços, vendas e mercados ao invés da produção. Os mercados são conquistados pela tomada de controle e pelo estabelecimento de preços, e os anúncios são uma forma de controle social. Diferente da disciplina, o controle é de curto prazo, em constante modificação e, ainda assim, contínuo e sem limites. O autor destaca, então, mecanismos de vigilância eletrônica e modulação de comportamento, como o rastreamento eletrônico e mecanismos de admissão em determinados locais, como instrumentos da sociedade de controle. Questiona-se o próprio papel dos indivíduos e das coletividades e como eles se oporiam a essas formas de controle capitalistas.[261]

Repara-se que a sociedade de controle é bastante centrada na ideia de modulação de comportamento como forma de influência a partir de uma série de forças, dispositivos sociais, políticos e tecnológicos. Trata-se de uma forma de organização social que se utiliza de formas mais fluidas e descentralizadas de controle, somando às instituições físicas, como escolas e prisões, uma rede complexa de dispositivos de vigilância, tecnologias digitais, mídia e economia. Tais forças agem de forma sutil, sub-reptícia e adaptativa, ajustando-se dinamicamente às circunstâncias para modular escolhas, pensamento, comportamento e a relação com o mundo ao redor, mantendo e reproduzindo relações de poder na sociedade de controle.

---

[260] DELEUZE, Gilles. Postscript on Control Societies. *In*: *Negotiations* (1972-1990). Tradução para inglês de Martin Joughin. Nova Iorque: Columbia University Press, 1995a, p. 177-180. A ideia de "divíduo" no texto refere-se precisamente à perda da individualidade, passando a um contexto de desumanização e tratamento massificado do humano.

[261] *Ibid.*, p. 181-182.

Avançando quanto a tais relações de poder, Gilles Deleuze e Félix Guattari veem as máquinas da cibernética e da informática como responsáveis pela reconstituição de um regime de servidão generalizado, em que os homens são partes constituintes da máquina, em uma relação de comunicação mútua e interior. Tal situação se estende à sociedade inteira em uma relação de servidão maquínica, gerando a respectiva mais-valia maquínica a partir de "processos de normalização, de modulação, de modelização, de informação, que se apoiam na linguagem, na percepção, no desejo, no movimento", de forma que a sujeição e a servidão coexistem, tornando o indivíduo simultaneamente usuário e parte do mecanismo. Tal processo não pode ser caraterizado como voluntário, já que se impõe forçadamente à realidade do sujeito.[262]

Observa-se, com as ponderações de Foucault, Deleuze e Guattari, que privacidade, vigilância e poder são elementos indissociáveis na análise da sociedade atual. Enfatiza-se a preocupação, demonstrada por Deleuze e Guattari, com os mecanismos de controle e modulação de comportamento exercidos pelos anúncios sobre os indivíduos, assim como o tratamento codificado e desumanizado dado aos usuários, como meros objetos de controle desprovidos de uma subjetividade e de uma importância intrínseca, que é característica ao discurso dos direitos humanos e de projetos políticos e sociais que valorizam a autonomia e livre formação da personalidade em uma coletividade.

A privacidade surge, em sua dimensão coletiva, como elemento necessário para a formação de personalidades e laços sociais, em oposição a um ambiente de competição eficientista, unicamente baseado na meritocracia e na formação de rivalidades. Tal ambiente deixaria de lado preocupações com o bem-estar, com a autonomia dos indivíduos, assim como relacionadas à economia criativa e ao desenvolvimento sustentável em prol do interesse público.

É particular dessas relações de poder que a dinâmica da tecnologia permita o tratamento simultaneamente personalizado, mas massificado, normalizador e isolador do indivíduo. Os anúncios direcionados são altamente específicos, a partir da leitura algorítmica dos dados pessoais, no entanto não levam em consideração qualquer respeito ao senso de identidade do indivíduo ou à pluralidade de personalidades, tendendo

---

262 DELEUZE, Gilles; GUATTARI, Félix. *7.000 a.C – aparelho de captura*. Tradução: Janice Caiafa. *In*: *Mil Platôs*: Capitalismo e Esquizofrenia (1980). Rio de Janeiro: Editora 34, 1995b, p. 572-575.

à normalização de alguns poucos comportamentos, sempre em torno do consumo. A lógica comercial também é a razão para que a tecnologia não seja agregadora. Seu objetivo, afinal, é incentivar comportamentos de consumo e o consequente uso do tempo diante de anúncios e na busca por mais consumo, afastando o sujeito do convívio social.

Sérgio Amadeu da Silveira acrescenta que o neoliberalismo é a nova racionalidade do capitalismo e centra-se na concorrência. Atualmente a concorrência se dá em torno da "microeconomia da intrusão e interceptação de dados pessoais" para utilização em processos de modulação de comportamento. O autor chama atenção para o perfilamento dos usuários e uso de sistemas de algoritmos preditivos para vencer os concorrentes e fortalecer o capitalismo, gerando o "encurtamento do mundo, da condução da visão e na entrega de opções delimitadas".[263]

Precisamente compreendendo o papel de elementos como privacidade, vigilância, poder e controle na Sociedade Informacional e nos mercados digitais, assim como a relevância da concorrência para o modelo capitalista e para os mercados digitais, é que o presente estudo procura identificar as melhores formas de regulação, que promovam alterações significativas nos modelos de negócios atuais, aumentando as escolhas dos usuários; atribuindo-lhes maior controle de seus dados e autonomia; evitando o avanço descontrolado das grandes empresas sobre os dados pessoais e as agressivas técnicas de perfilamento e publicidade comportamental. Compreende-se que sem mudanças drásticas perpetua-se um modelo de exploração do sujeito, que é incompatível com os arcabouços contemporâneos de direitos fundamentais, não podendo ser permitido. Tal circunstância demanda atuação propositiva das entidades estatais, na linha da legislação que vem sendo produzida pela União Europeia.

c) Vigilância líquida para David Lyon e Zygumnd Bauman

A reflexões de Lyon e Bauman trazem diversos pontos de contato e aprofundamento das teorias acima expostas, assim entendendo-se pela pertinência temática de sua análise, como se delineará ao longo desta seção.

---

263 SILVEIRA, Sérgio Amadeu da. A noção de modulação e os sistemas algorítmicos (33-47) *In*: SOUZA, Joyce; AVELINO, Rodolfo; SILVEIRA, Sérgio Amadeu da. 2. ed. *A sociedade de controle*: manipulação e modulação nas redes digitais. São Paulo: Hedra, 2021, p. 45-46.

Em diálogo com Zygmunt Bauman, David Lyon introduz o conceito de vigilância líquida, considerando o fenômeno da vigilância no contexto da modernidade líquida, em que instituições, relações sociais e identidades são fluidas e voláteis. A liquidez do fenômeno gera instabilidade, incerteza e ansiedade no indivíduo. E a vigilância situa-se neste paradigma da pós-modernidade, adaptando-se às novas formas de vida e tecnologia, "infiltrando-se e espalhando-se em muitas áreas da vida sobre as quais sua influência era apenas marginal". Torna-se um mundo pós-panóptico em que o inspetor não tem mais contato ou responsabilidade pelo prisioneiro, e as formas de engajamento mútuo em geral deixam de existir em prol da mobilidade e do nomadismo. Nesta sociedade, disciplina e segurança se conectam por técnicas digitais de predição e raciocínio estatístico, que exercem a padronização dos indivíduos, naturalizando tais procedimentos e fornecendo recompensas aos normais e exclusão e estereotipia aos indesejados.[264]

Em paralelo, há uma separação entre poder e política, já que o poder é exercido no âmbito internacional, enquanto a política não tem alcançado tal órbita, mantendo-se local, tornando o poder outro grande fator de incerteza, já que exercido de forma dissociada da política. No âmbito dos relacionamentos devem ser considerados vários aspectos, já que sua fluidez não é entendida como responsabilidade exclusiva das novas mídias. Para Bauman, a fragmentação social e as necessidades de maior afastamento e individualismo características da modernidade líquida deram espaço às novas mídias, que, por sua vez, exacerbam tais aspectos.[265] Nessas relações de cada vez menos responsabilidade mútua e engajamento, os indivíduos confiam mais nas leituras dos dados pessoais que em seus pares, e os desenvolvedores e *designers* acreditam exercer um papel neutro e avaliações objetivas, desprovidas de vieses. Para Bauman, a melhor forma de resistência a tal tendência é o "encontro vivido com o Outro. Perceber nossa responsabilidade para com o ser humano diante de nós é o ponto de partida".[266]

---

264 BAUMAN, Zygmunt; LYON, David. *Vigilância* líquida. Tradução de Carlos Alberto Medeiros. Rio de Janeiro: Zahar, 2014 (2013), p. 9-13.

265 BAUMAN; LYON, 2014, p. 14. Destaca-se também a potencialidade de conexões por tais novas mídias, mas, ainda assim, Lyon tece considerações de advertência no sentido de que, ainda que por ali se possa construir movimentos de resistência, tais relações não tendem a ser duradouras e estão sujeitas à vigilância característica de tais plataformas.

266 BAUMAN; LYON, 2014, p. 14-15.

Percebe-se a proposta constante de fuga desta sociedade amplamente mediada, em que as relações ocorreriam cada vez mais por meio de plataformas e demais serviços fornecidos por controladores de acesso que procuram predizer, modular e conformar os comportamentos dos usuários, agindo de forma opaca e em flagrante conflito de interesses, já que são remunerados pelos anunciantes para obter certos comportamentos dos usuários. A superação de uma sociedade padronizada e mediada se daria pela regulação de tais meios em prol da construção de uma sociedade composta essencialmente por componentes como autonomia, responsabilidade mútua, justiça social, respeito à dignidade do indivíduo e solidariedade.

A modernidade líquida impõe às sociedades relações de incerteza, isolamento, vigilância e controle que tornam mais fácil a tarefa das grandes empresas, que aliam capital e tecnologia em busca do poder e controle total. As intervenções políticas para regular a tecnologia e a concorrência entre os controladores de acesso no contexto da Era dos Dados é essencial para que se caminhe em um sentido que coincida com as decisões da sociedade em conjunto, de forma a retomar o controle político sobre o poder que é exercido no contexto social. O ser humano necessita de estabilidade, laços sociais e de privacidade para compor sua personalidade e seus objetivos coletivos e individuais. Defende-se, portanto, que as medidas tomadas privilegiem tais escolhas e, é claro, a própria possibilidade, no âmbito privado e público, de se ter escolhas, compreendendo o que elas significam e quais os seus resultados. Entende-se que o conceito de vigilância líquida é o que melhor define o momento atual, tendo derivado dos anteriores aqui descritos.

Estabelecido tal contexto de privacidade, vigilância e poder centrado nos dados pessoais nos mercados digitais, além de percebida a importância da ideia de autonomia para o desenvolvimento de uma sociedade mais livre, justa e solidária, procura-se compreender de forma mais aprofundada o conjunto de conceitos relevantes aplicáveis a esta área do conhecimento, definindo mais plenamente tais variáveis e como elas se comportam no contexto da concorrência nos mercados digitais.

3.1.2 Conceitos relevantes

Esta seção apresentará conceitos relevantes para o estudo dos dados pessoais, visando a evitar futuras ambiguidades ou confusão conceitual, bem como aprimorando a compreensão dos fatores que compõem o complexo fenômeno do fluxo de dados. Para tanto, iniciar-se-á com os conceitos de dados e informação, seguindo para dados pessoais e bancos de dados, para então abordar aspectos tecnológicos que são responsáveis por parte do fluxo de dados, mais especificamente o tratamento, que ocorre por meio da tecnologia de inteligência artificial. Neste contexto, serão analisados, ainda, os conceitos de estimativa, algoritmos e aprendizado, tornando mais claro o caminho percorrido pelos dados pessoais e os elementos e forças presentes e influentes nesse processo de coleta, transformação e exploração dos dados.

d) Dados e informação

Quando se fala de informação e dados, há possíveis sobreposições conceituais. O uso intercambiável deles, de fato, não deve causar confusão, já que as semelhanças são muito mais relevantes que as distinções. Dados e informações são ambos termos que se referem a aspectos da realidade: do mundo dos fatos. Algumas diferenças a serem observadas ao longo deste estudo, quando necessário, são o caráter mais primitivo, fragmentado, em estado potencial e bruto dos dados: uma informação antes da interpretação e elaboração. Já a informação, por outro lado, ostenta traços mais definitivos, de um conteúdo mais depurado, instrumental e que reduz o estado de incerteza.[267]

Aspectos relevantes da definição de informação a serem apontados envolvem o fato de que ela vem sendo cada vez melhor coletada, tratada e comunicada, assim se tornando um bem cada vez mais útil, relevante nas relações e influente nas sociedades. É a tecnologia que possui papel central neste desenvolvimento, promovendo uma mudança paradigmática do direito em relação à informação. Se antes a informação era vista primordialmente por sua natureza fenomenológica, pelo viés da liberdade de expressão, liberdade de imprensa e proteção da propriedade intelectual, ela passa a ser vista sob um enfoque funcional na Sociedade Informacional, sob influência da tecnologia e no âmbito do ciberespaço. A informação é vista em seu enfoque relacional, como forma de se comunicar com alguém por um determinado meio, e mesmo como forma de se ajustar ao mundo e às suas contingências, constituindo parte essencial da forma de viver no ambiente.[268]

---

[267] DONEDA, 2020, p. 139 e ss.

[268] DONEDA, 2020, p. 141 e ss.

No contexto das relações de poder, a informação é vista como transparência. O "ser visto ininterrupto" em que a visibilidade é produzida pela conexão, e os sujeitos se desnudam e se põem em exibição como forma de exprimir sua liberdade, mas que os põem também sob vigilância. Em verdade, as informações são livres pelo imperativo da transparência que a coação sistêmica do regime impõe. Ao se comunicar e produzir informações, os indivíduos se submetem à dominação.[269]

Há ainda a perspectiva da informação em contraste com a verdade. A informação, ainda que mais substancial que os dados, não pressupõe a verdade. "A informação é aditiva e cumulativa. A verdade, por sua vez, é narrativa e exclusiva". A Sociedade Informacional traz uma superabundância de informação, mas não de verdade. Forma-se uma sociedade de desconfiança, insegurança e contingência, pois não se pode mais diferenciar a mentira e a verdade dentre tantas informações. A verdade, que é duradoura e estável, dando a sensação de uma parada, um lar, marcada pela sensação do ser, é substituída pela fugacidade da informação. A própria crença na facticidade é perdida e, com ela, a possibilidade de um referencial para a ação comunicativa na esfera pública, assim impossibilitando a sensação de comunidade e a coesão social. As falsificações profundas (*deep fakes*) tornam duvidosas até as imagens, que seriam uma das expressões mais puras da realidade. A verdade é essencial para a experiência humana; a informação, por sua vez, está sujeita à instrumentalização e à mercantilização do sistema econômico, potencialmente fazendo ruir tais relações de natureza humana.[270]

O domínio conjunto pelos controladores de acesso das tecnologias mais avançadas, dos dados pessoais e de mercados de informações, envolvendo publicidade, notícias e informações pessoais, dá-lhes um poder praticamente incomensurável e altamente imprevisível. É verdade que o controle de tais informações dá às empresas um enorme domínio atual da sociedade, no entanto toda a infraestrutura detida por elas representa também a capacidade de dominar mercados futuros, ditando os caminhos da humanidade e impondo certos modelos de negócios, escolhas tecnológicas, formas de convivência e até perspectivas éticas da vida. Os dados pessoais são elemento central dessa

---

[269] HAN, Byung-Chul. *Infocracia*: digitalização e a crise da democracia. Tradução de Gabriel S. Philipson. Petrópolis-RJ: Vozes, 2022, p. 12 e ss.

[270] HAN, 2022, p. 81-107.

engrenagem, explicando a forma como a tecnologia toca e modula o comportamento no tecido social.

e) Dados pessoais e bancos de dados

Prossegue-se com as conceituações tratando dos dados pessoais, que são informações relativas a uma pessoa e/ou seu patrimônio, revelando ou podendo revelar algum aspecto objetivo dela. Tais informações incluem dados formais como o nome civil e domicílio, mas também informações sobre consumo, opiniões e outras manifestações. As opiniões de terceiros sobre a pessoa; bem como sua produção intelectual, não seriam propriamente informações pessoais, ainda que a pessoa seja sempre a titular de tais elementos e a informação seja um atributo de sua personalidade naquele contexto. Um dado, por outro lado, pode ser anonimizado ou pseudoanonimizado como forma de reduzir os riscos de seu tratamento e ainda constituindo dado útil, na medida em que se refere a uma coletividade ou recorte social específico.[271] [272]

Os bancos de dados, que já foram mais centrais no desenvolvimento do tema, são "conjuntos de informações organizadas seguindo uma determinada lógica". Ao longo do tempo, percebeu-se, no entanto, a necessidade de se voltar aos dados em si e às técnicas de coleta, combinação, agregação e utilização de tais dados. Assim nasce a categoria dos dados sensíveis, como aqueles que representam maior risco aos sujeitos, por suas potencialidades lesivas a direitos. Entre eles estão dados sobre raça, religião, opção afetiva e dados médicos ou genéticos. Tais dados vêm sendo objeto de atenção especial pelos ordenamentos jurídicos, que ora proíbem seu uso, ora criam restrições, visando evitar danos aos sujeitos.[273]

Os diversos dados pessoais, inclusive sensíveis, são coletados e reunidos das mais diversas formas para que se atribua utilidade (normalmente comercial) a eles. Entre tais formas de tratamento de dados pessoais destaca-se o perfilhamento,[274] em que se confecciona um perfil de comportamento do indivíduo com base em suas informações. No

---

271 CATALA, Pierre. Ébauche d'une théorie juridique de l'information, *In*: *Le droit à l'épreuve du numérique*. Jus ex Machina, coll. "Droit, Éthique, Société", PUF, Paris, 1998, p. 224-244; p. 235 e ss. Disponível em: https://mafr.fr/fr/article/ebauche-dune-theorie-juridique-de-linformation/. Acesso em: 21 de out. 2023.

272 DONEDA, 2020, p. 142 e ss.

273 DONEDA, 2020, p. 144-145.

274 Tradução livre de *profiling*.

âmbito da coleta de dados, menciona-se a mineração de dados,[275] que consiste na utilização de massas amplamente volumosas de informações em estado bruto e não classificadas para extrair tendências e padrões que possam ser úteis a partir da análise estatística e matemática.[276]

É na mineração de dados que se formam os agrupamentos[277] de pessoas categorizadas com base em suas características e comportamentos, bem como gerando associações entre eventos e a previsão de eventos futuros, especialmente quanto a comportamentos de consumidores. Esse procedimento tem sido muito usado em estratégias de negócios e publicidade para compreender e direcionar estratégias aos consumidores. Trata-se de uma abordagem invasiva e imprecisa, à qual o consumidor não tem acesso nem direito de resposta. Surgem, assim, problemas, inclusive de consentimento do usuário.[278] São essas algumas características dos dados e formas nas quais eles aparecem a partir das técnicas a eles aplicadas.

Com o avançar do estudo nos conceitos envolvendo dados, é relevante conceituar os grandes volumes de dados (*big data*) e os aspectos que circundam o tema.

f) Grandes volumes de dados

Assim, "*Big Data* é o ativo de informação caracterizado por um volume, velocidade e variedade tão elevados que requerem tecnologia específica e métodos analíticos para sua transformação em valor".[279]

Tal ativo é formado a partir da coleta de informações, com destaque para (i) comportamentos dos usuários no ciberespaço; (ii) digitalização em geral de obras físicas, com ênfase para bibliotecas digitais; (iii) proliferação de dispositivos pessoais (celulares) conectados à internet e contendo sensores digitais (câmeras, captadores de

---

[275] Tradução livre de *data mining*.

[276] DONEDA, 2020, p. 152 e ss.

[277] Tradução livre de *cluster*. Ver também outras informações sobre análises de agrupamento (*cluster analysis*) entre outros métodos em DE MAURO; GRECO; GRIMALDI, 2016, p. 5.

[278] HUTTON, Luke; HENDERSON, Tristan. Beyond the EULA: Improving Consent for Data Mining *In*: T. Cerquitelli *et al.* (eds.). Transparent Data Mining for Big and Small Data. *Studies in Big Data* v. 11. Cham, Suíça: Springer Publishers, 2017, p. 147.

[279] DE MAURO; GRECO; GRIMALDI, 2016, p. 8. Tradução livre de: "*Big Data is the Information asset characterized by such a High Volume, Velocity and Variety to require specific Technology and Analytical Methods for its transformation into Value*". Os autores destacam que há na doutrina menções aos conceitos de veracidade, valor, complexidade e desestruturação como definidores do *big data*. Tais características, no entanto, não são necessariamente aplicáveis ao *big data* como um todo, já que pode haver dados não verdadeiros, ou não complexos. Tais dados também devem ser convertidos em valor.

áudio e localizadores geográficos – GPS). Também se apresenta como tendência para coleta massiva de dados a Internet das Coisas (IoT – *Internet of Things*), bem como a troca e combinação de dados entre empresas, especialmente com a formação de redes[280] e em ecossistemas de empresas de um mesmo controlador de acesso. Os dados pessoais também são múltiplos e coexistentes, apresentando, com isso, por um lado, benefícios da diversidade de fontes e uso, e por outro, desafios para que lhes seja atribuída utilidade.[281]

Há, ainda, as casas inteligentes, aplicativos inteligentes, aspiradores de pó, camas e outros diversos equipamentos (todos inteligentes) que disfarçam a vigilância como conveniência, enganando os usuários, que mal percebem, enquanto se submetem ao regime dominante e fornecem seus dados por meio de falsas percepções de comunicação, liberdade e participação em uma comunidade digital.[282]

Para lidar com grandes volumes de dados, os métodos estatísticos e a tecnologia a serem aplicados devem ser altamente sofisticados, visando cumprir adequadamente as funções de administrar, explorar, separar e cooperar com outras máquinas para obter determinados objetivos computacionais. Outros desafios tecnológicos são a transmissão e o armazenamento de tais informações. São muitos os métodos de processamento dessas massas de dados, envolvendo classificação, predições, análises, regressão e visualização, utilizando-se de algoritmos, inteligência artificial, modelos e redes sociais.[283]

Tais métodos tornaram os processos decisórios muito mais dinâmicos, passando por análises de relações entre os dados, como substituto do estabelecimento de conexões lógicas,[284] podendo representar uma mudança nas regras de tomada de decisão e até no método científico para universidades, empresas e demais instituições. São inegáveis,

---

280 SNIJDERS, C.; MATZAT, U.; REIPS, U.-D. '*Big Data*': Big gaps of knowledge in the field of Internet. *International Journal of Internet Science.* 7: 1–5, 2012, p. 4. No mesmo sentido, HUSTINX, 2014, p. 35; GRUNES; STUCKE, 2015, p. 1 e OCDE, 2013.

281 DE MAURO; GRECO; GRIMALDI, 2016, p. 4.

282 HAN, 2022, p. 16 e ss.

283 Os seguintes métodos são especificamente mencionados no texto (DE MAURO; GRECO; GRIMALDI, 2016, p. 5): Análise de Agrupamento, Algoritmos Genéticos, Processamento de Linguagem Natural, Aprendizado de Máquina, Redes Neurais, Modelagem Preditiva, Modelos de Regressão, Análise de Redes Sociais, Análise de Sentimentos, Processamento de Sinais e Visualização de Dados. Tradução livre de: "*Cluster analysis, Genetic algorithms, Natural Language Processing, Machine learning, Neural Networks, Predictive modelling, Regression Models, Social Network Analysis, Sentiment Analysis, Signal Processing and Data Visualization*".

284 Uso de correlações ao invés de causalidade na tomada de decisões.

por fim, como parte do fenômeno do *Big Data*, seus impactos sociais, com a necessidade de consideração de tais aspectos nos âmbitos tratados neste estudo, tais quais concorrência, direitos da personalidade e privacidade.[285] As pretensões de uso de tal tecnologia são bastante ambiciosas, com a sugestão de seu uso até mesmo para a previsão de crises sociais e econômicas.[286]

Postos esses conceitos, avança-se aos conceitos tecnológicos envolvidos no tratamento dos dados pessoais dos usuários, assim facilitando a visualização do fluxo de dados pessoais nos mercados digitais, com ênfase para o uso de tecnologias baseadas em algoritmos e inteligência artificial desenvolvidas pelos controladores de acesso no âmbito de suas estratégias voltadas especialmente à predição e modulação de comportamento dos usuários a partir da coleta e combinação massiva de dados.

g) Inteligência artificial

> "Primeira Lei: Um robô não pode ferir um ser humano ou, por inação, permitir que um ser humano sofra algum mal;
> Segunda Lei: Um robô deve obedecer às ordens dadas por seres humanos, exceto nos casos em que tais ordens entrem em conflito com a Primeira Lei;
> Terceira Lei: Um robô deve proteger sua própria existência, desde que tal proteção não entre em conflito com a Primeira ou a Segunda Lei;
> Lei Zero (adicionada posteriormente): Um robô não pode causar dano à humanidade, ou, por inação, permitir que a humanidade sofra algum mal".[287] [288]

Asimov estabeleceu as leis da robótica com foco na interação dos robôs com humanos. As referidas leis determinam que as máquinas não devem ferir humanos ou causar danos à humanidade, e devem, também, nos respeitar. Só depois é que devem proteger a própria existência. Será visto, porém, que por melhores que sejam, tais leis são excessivamente simples e sujeitas a sérios problemas.

---

285 DE MAURO; GRECO; GRIMALDI, 2016, p. 5-6.

286 SNIJDERS; MATZAT; REIPS, 2012, p. 4.

287 ASIMOV, Isaac. *Runaround*: Astounding Science Fiction. Nova Iorque: Street and Smith, 1942.

288 ASIMOV, Isaac. *Robots and Empire*. Nova Iorque: Doubleday, 1985, p. 291.

Mantendo a perspectiva humana deste estudo, Pasquale não direciona suas leis aos robôs, mas sim aos humanos responsáveis por eles, apontando princípios para a confecção de leis e para basear a atuação de reguladores com experiência nos campos técnicos relacionados. Nesse sentido, apresenta quatro novas leis, indicando primeiramente que a IA e a robótica deveriam apenas complementar profissionais, e não os substituir, assim usando a automação para fortalecer as *expertises* das comunidades e criar novas. Esta primeira lei indica que o aumento de produtividade gerado pela tecnologia deverá gerar um ganho de qualidade e complexidade, e não a mera simplificação de tarefas e substituição de pessoas. Pasquale introduz sua segunda lei perguntando: "Queremos viver em um mundo onde confundimos um humano com uma máquina?" Para o autor, a resposta é negativa, pois não é desejável que as máquinas mimetizem humanos, confundindo os demais e gerando um quadro injusto ao aparentar interesse e apoio ao interlocutor, quando, na verdade, nada ali seria real. Tal situação tenderia à própria abolição da humanidade.[289]

A terceira nova lei da robótica determina que "sistemas robóticos e IA não devem intensificar jogos de soma zero", isto é, competições entre partes, em que uma das partes leva todas as vantagens e não há benefícios líquidos para a comunidade. O desenvolvimento da tecnologia não deve apenas acirrar rivalidades e hostilidades, mas sim gerar segurança, cooperação e benefício mútuo. O descumprimento de tal lei permitiria um mundo de amplo controle social pela inteligência artificial, gerando comportamentos altamente controlados e previsíveis. O ser humano prospera em ambientes equilibrados entre previsibilidade e abertura; ordem e fluxo, assim usando as potencialidades da tecnologia em seu favor e evitando seu controle opressivo.[290]

Por fim, a tecnologia deve sempre indicar seu criador, controlador e proprietário, assim permitindo responsabilização. Deve-se evitar a identificação de certas tecnologias como totalmente autônomas e rastrear o criador inicial, assim estimulando comportamentos éticos e responsáveis e o desenvolvimento, desde a concepção, de código que registre as alterações e evite desenvolvimentos negativos. Trata-se de um caminho necessário para o desenvolvimento que considere

289 PASQUALE, Frank. *New Laws of Robotics*: Defending Human Expertise in the Age of AI. Cambridge e Londres: The Belknap Press of Harvard University Press, 2020, p. 1-8.

290 PASQUALE, 2020, p. 9-11. Foi realizada a tradução livre de: "*Robotic systems and AI should not intensify zero-sum arms races*".

a responsabilidade, além da ética, segurança e privacidade desde a concepção. Tais leis trazem, então, as noções de complementariedade, autenticidade, cooperação e atribuição.[291]

As leis estabelecidas por Frank Pasquale trazem preceitos bastante relevantes para o desenvolvimento tecnológico e econômico em geral, ainda que sejam pretendidas especificamente para a inteligência artificial. Como se observa, a tecnologia pode exercer um papel de controle social em favor de seus detentores e em detrimento da sociedade. Assim sendo, é necessário que se realize determinadas escolhas políticas que priorizem elementos destacados pelo referido autor, tais quais a complementariedade, autenticidade, cooperação e atribuição (responsabilidade). Trata-se de perspectivas que situam a tecnologia em seu devido lugar, como coisa criada pelo humano, acessória, que deve servir a ele, que é falível, portanto, devendo ser desenvolvida com responsabilidade.

O campo da inteligência artificial traz em si este elemento, tido como de alta relevância pelos seres humanos: a inteligência. Este elemento dá nome à espécie *homo sapiens* e tem sido objeto de pesquisas que procuram decifrar o pensamento humano em sua interação com o planeta e seus entornos. O campo da inteligência artificial, por sua vez, é um campo universal, relevante para qualquer tarefa intelectual, que, além de entender, procura "construir entidades inteligentes". As definições de inteligência artificial se baseiam em aspectos interativos de *performance* humana e racionalidade, sendo a primeira parcialmente empírica e relacionada a observações e hipóteses do comportamento humano. Já a segunda, foca em uma *performance* ideal, combinando aspectos de matemática e engenharia, em que, a partir do conhecimento acumulado pelo sistema, ele faça o que se entende ser a coisa certa.[292]

A contraposição entre um agir humano com o agir racional pode ser objeto de críticas, ainda que seja precisamente a proposta da inteligência artificial, tida como uma melhoria para certas funções. Assim, do ponto de vista humano, pensa-se em "máquinas com mentes", capazes de tomar decisões, resolver problemas e aprender. Além disso, as máquinas ainda praticariam atos que requerem inteligência, quando

[291] PASQUALE, 2020, p. 11-12. Paráfrase de trecho que no original constava como "*Regulators will need to require responsibility-by-design (to complement extant models of security-by-design and privacy-by-design)*".

[292] RUSSELL, Stuart J.; NORVIG, Peter. *Artificial intelligence*: a modern approach. 3. ed. Nova Jersey: Prentice Hall, 2010 (1995), p. 1-2.

praticados por humanos, e nos quais os humanos ainda são melhores. Já na perspectiva da racionalidade, propõe-se o uso de modelos computacionais para estudar faculdades mentais, tornando possível perceber, argumentar e agir. Ainda se fala no estudo e confecção de artefatos que são agentes inteligentes.[293]

Interessante trazer a contribuição de Allan Turing acerca do tema. O autor explica que provavelmente a melhor pergunta não seria "Máquinas conseguem pensar?", pois a resposta passaria pela definição das palavras máquina e pensar em usos comuns, o que dependeria de pesquisa estatística sobre tais significados, assim gerando a conclusão. Assim é que o autor propõe o que ele denomina jogo da imitação, em que cria um cenário entre duas pessoas examinadas e um examinador. O examinador recebe apenas respostas digitadas pelos examinados. Em seguida, ele substitui um dos examinados por uma máquina e então pergunta-se "O que vai acontecer quando a máquina assume o papel de um humano nesse jogo? O interrogador vai decidir errado com tanta frequência quanto no caso de o jogo ser jogado entre um homem e uma mulher?" Essas seriam as duas perguntas adequadas; assim, numa perspectiva humana da inteligência artificial, o autor procura verificar a capacidade de imitação delas. Turing escrevia, em 1950, sobre máquinas de computação e inteligência e já prenunciava a competição entre homens e máquinas nos campos puramente intelectuais.[294]

É relevante a derivação da discussão para a robótica, na medida em que aborda aspectos da humanidade e da inteligência artificial. Nesse sentido, fala-se dos robôs como sendo uma pioneira mistura entre informação e a capacidade de corporificação. Eles também são caracterizados pela emergência, isto é, surgimento de comportamentos úteis de forma inesperada e pela valência social, na medida em que podem parecer ao indivíduo como atores sociais. Aponta-se, por outro lado, o fenômeno da descorporificação, em que sistemas como *bots, chatbots, crawlerbot, spambot* e *socialbot*, dentre outros, aparecem no campo da robótica e não apresentam corpos. Assim, a robótica e a

293 RUSSEL; NORVIG, 2010, p. 2.

294 TURING, Alan M. *Computing machinery and intelligence*. Mind 49, p. 433-460. Acesso em: 19 nov. 2023. Disponível em: https://academic.oup.com/mind/article/LIX/236/433/986238, p. 1, 22.

inteligência artificial têm sido termos usados de forma intercambiável, representando tanto *hardware* como *software*.[295]

Wittgenstein agrega uma dimensão filosófica relevante trazendo a pergunta: "Uma máquina poderia pensar?", ao que ele apresenta a resposta: "Não. Apenas a respeito de seres humanos, e do que lhes é semelhante, dizemos que pensa. (...) Veja a palavra 'pensamento' como um instrumento!"[296] O autor situa o problema, então, no plano da linguagem e da gramática, já que ele está na palavra "pensamento" em si e no seu uso como instrumento das práticas cotidianas, e não apenas como um processo abstrato que se dá numa camada interior dos seres vivos.[297]

O pensamento envolve a justificação e, com o erro, o humano está sujeito a ensino, aprendizado, correção, censura e incentivos, enquanto a máquina pode apenas ser consertada. O pensamento humano envolve a valoração que mobiliza a humanidade de cada um e o pertencimento a essa civilização com uma linguagem em comum que permite a interação. Nesse contexto, o pensamento humano leva às escolhas sobre regras e seu cumprimento, enquanto às máquinas, por mais complexas que sejam suas regras e mais massivos os conjuntos de dados que lhes servem de base, resta apenas o cumprimento de tais regras. Por mais mágico e surreal que possa parecer determinado resultado, a máquina não pensa por si mesma. Importante destacar que qualquer termo utilizado nesse sentido, então, não passa de analogia.[298]

Toda a discussão em torno da inteligência artificial é central para o presente trabalho, já que se postula exatamente um futuro humano. A frieza das máquinas e sua incapacidade de se explicar não pode ser confundida com uma impossibilidade de explicação para a tecnologia: cabe às empresas proprietárias e a seus desenvolvedores se submeterem às decisões públicas, explicando suas criações e se adequando ao que a sociedade entender como o melhor caminho para o futuro da tecnologia

---

[295] LEMLEY, Mark A.; CASEY, Bryan. Remedies for Robots. *The University of Chicago Law Review*. Print Article 86.5, 2019, 1311/1396. Disponível em: https://lawreview.uchicago.edu/print-archive/remedies-robots. Acesso em: 19 nov. 2023, p. 1319.

[296] WITTGENSTEIN, Ludwig. *Investigações filosóficas*. Tradução, organização, apresentação e vocabulário crítico de Giovane Rodrigues e Tiago Tranjan. São Paulo: Fósforo, 2022, p. 368-369 [livro digital].

[297] WITTGENSTEIN, 2022, p. 713.

[298] RODRIGUES, Giovane; TRANJAN, Tiago. Os frutos que calculavam: O que Wittgenstein tem a dizer sobre a capacidade de pensar da inteligência artificial. *Revista Piauí*. Edição 207, Dezembro 2023, p. 56-57.

em prol da humanidade. As escolhas de regulação da inteligência artificial, nesse sentido, devem tender ao controle no desenvolvimento de tais técnicas, visando a promover sua explicabilidade e aplicação para o bem-estar do usuário. É importante o exercício do controle público da concepção e desenvolvimento de tais tecnologias, para que se evite um futuro obscuro baseado em tecnologias incompreensíveis e vistas como infalíveis, assim como para que o poder não seja exercido livremente pelos controladores de acesso.

Também deve-se observar a inteligência artificial como parte do mecanismo de modulação de comportamentos, ficando clara a razão pela qual só é possível uma normalização e exclusão de visões plurais, afinal os mecanismos utilizados tendem a agir de forma matemática e voltada à obtenção de lucro por meio dos anúncios direcionados, não valorizando comportamentos dissonantes ou a efetiva escolha e o pertencimento a certa comunidade plural.

Importante que se pense a inteligência artificial a partir de seu meio ou suporte técnico e simbólico, posicionando-a em realidades que considerem também o não racional, ampliando suas perspectivas. A inteligência artificial deve ser desenvolvida para a facilitação de uma diversidade de pensamentos e consciências, assim como para a tecnodiversidade. Ela deve estar inserida na perspectiva de decolonização e reconstrução das histórias da cosmotécnica, em oposição a uma história universal. Deve também se inserir em uma cultura e uma organização para a experimentação, crítica e ação.[299]

A inteligência artificial deve se desenvolver sob a cultura da invenção, desenhada e planejada para as comunidades e a emancipação do indivíduo, e não para o extrativismo de dados ou uma cultura que relega agência e inteligência à automação. Há aqui uma tecnopolítica que se inicia pelo agir político, que direciona a tecnologia para a valorização do pensamento crítico, em oposição a uma valorização de um conhecimento procedimental característico da inteligência de máquina, da automação de funções laborais e processos político-econômicos. Uma nova tecnologia depende de transformação política.[300]

Avança-se, portanto, à compreensão dos referidos mecanismos quanto aos conceitos de estatística, algoritmos e aprendizado,

---

299 HUI, 2020, p. 186-187.

300 PASQUINELLI, Matteo. *The eye of the master*: a social history of artificial intelligence. Londres: Verso, 2023, p. x (Conclusion: The Automation of General Intelligence).

procurando visualizar sua participação na concorrência entre empresas nos mercados digitais a partir do modelo de negócios baseado em dados pessoais aqui descrito.

h) Estatística, algoritmos e aprendizado

O trabalho de entender e traduzir a informação é dos estatísticos. A Sociedade Informacional e a criação dos computadores trouxeram uma miríade de problemas maiores e mais complexos para o ramo da estatística, revolucionando tal ciência. Os problemas relacionados ao aprendizado a partir dos dados foram inicialmente resolvidos por engenheiros e cientistas da computação e são voltados ao reconhecimento de padrões e tendências para a inferência a partir dos dados e predição de comportamentos.[301]

Alguns conceitos estatísticos aplicados à inteligência artificial e ao aprendizado em máquina são o de aprendizado supervisionado e não supervisionado. O primeiro é constituído pela medição e predefinição das entradas (*inputs*, preditores ou variáveis independentes) que terão influência em um ou mais resultados (*outputs*, respostas ou variáveis dependentes). Nesse modelo, o objetivo é usar as entradas para predizer o valor dos resultados, e isso se obtém por um processo de aprendizado guiado por resultados provisórios.[302]

Já no segundo, o aprendizado não supervisionado, o processo ocorre "sem um professor", isto é, o modelo procura inferir as propriedades da probabilidade sem a ajuda de um supervisor que dê as respostas corretas, ou explique o grau de erro de cada observação, como no modelo anterior, tornando bastante difícil delinear o grau de sucesso ou mesmo validade dos resultados. No segundo método, o objetivo é descrever as associações e padrões em um conjunto de medidas de entradas.[303]

Importante compreender também os métodos bayesianos. Derivados das teorias do matemático Thomas Bayes, tais métodos procuram ajustar a hipótese às novas evidências descobertas no processo estatístico. Ao considerar a probabilidade uma medida subjetiva de crença, o método se propõe a atualizar as crenças à medida que novos dados são coletados. Também são realizadas distribuições de probabilidade

301 HASTIE, T., TIBSHIRANI, R., FRIEDMAN, J.: *The elements of statistical learning*: data mining, inference, and prediction. 2. ed. Nova Iorque, Springer: 2003, p. 8 e ss.

302 HASTIE; TIBSHIRANI; FRIEDMAN, 2003, p. 8 e ss.; p. 21 e ss; p. 485 e ss.

303 HASTIE; TIBSHIRANI; FRIEDMAN, 2003, p. 8 e ss.; p. 21 e ss; p. 485 e ss.

para representar a incerteza associada a parâmetros desconhecidos. No mesmo sentido, a modelagem hierárquica, em camadas, permite a representação de incertezas ao longo do processo.[304]

Há também um poderoso método de aprendizagem que envolve estatística e inteligência artificial, cunhado de redes neurais. Não se trata de algo mágico ou misterioso, mas sim de "modelos estatísticos não lineares". Sua não linearidade refere-se ao uso de regressão e classificação de informações. Também podem ser vistos em três camadas: a de entrada, a de saída e as ocultas. Nestas últimas (as ocultas), ocorrem as transformações e cálculos. Trata-se de um sistema assemelhado a camadas de neurônios em que a comunicação, que se assemelha a sinapses, informa do eventual erro, assim ajustando um sistema de pesos das conexões, treinando a rede. O uso concomitante das redes neurais e métodos bayesianos pode ocorrer para combinar suas qualidades na predição de resultados.[305]

Observa-se toda uma problemática em torno da mineração de dados e seu uso estatístico para predições. Primeiramente, pois demandou uma mudança drástica na abordagem e no pensamento dos estatísticos, como demonstrado acima. Em segundo lugar, a mão de obra exigida aumentou significativamente, assim fazendo com que profissionais não qualificados atuassem no campo, bem como fosse demandada a formação rápida de uma massa de novos profissionais. Em terceiro lugar, analisando a parte material do tema, vê-se que os estatísticos passaram a lidar com novas formas de dados, de natureza altamente dinâmica, volumosa, detalhada e cheia de nuances subjetivas, sendo deles demandadas conclusões de natureza igualmente subjetiva, envolvendo a vontade humana, por exemplo.

Superando os problemas decorrentes da vigilância em si, vê-se que as conclusões tiradas de tais informações e as predições feitas sobre os indivíduos podem muito provavelmente padecer de erros graves, assim gerando consequências indesejáveis, especialmente ao envolver aspectos altamente subjetivos, como sentimentos, em um método pretensamente objetivo, como a estatística. É importante destacar que a compreensão de tais elementos reforça a hipótese de que a tecnologia pode causar severos problemas na formação do senso de identidade e pertencimento a partir da modulação de comportamento, ficando

[304] HASTIE; TIBSHIRANI; FRIEDMAN, 2003, p. 267 e ss.

[305] HASTIE; TIBSHIRANI; FRIEDMAN, 2003, p. 389 e ss; p. 409.

ainda mais claras as potenciais distorções comportamentais que podem ser causadas em decorrência da aplicação de métodos matemáticos ao comportamento humano.

Por fim, importante trazer a análise crítica de Max Fisher, que menciona a fala de um especialista em inteligência artificial do *Google*. Lembrando que tais sistemas operam de forma semiautônoma, o especialista confessou que não se sabia ao certo como operavam os algoritmos por detrás das redes sociais. Os desenvolvedores têm se empenhado em aumentar o tempo de tela dos usuários a partir de tais algoritmos e do aprendizado de máquina,[306] não se importando com o vício criado ou com a redução do bem-estar dos usuários. Além dos vídeos bobos que prendem a atenção dos usuários, os mais assistidos e impulsionados pelos algoritmos aos usuários são vídeos de violência e ódio, assim também estimulando criadores a produzirem mais conteúdo semelhante, em um círculo vicioso.[307]

Apresentados os conceitos básicos para dados pessoais e a tecnologia e técnica aplicadas no tratamento deles, o estudo segue aos aspectos do fluxo de dados em si nos mercados digitais, ingressando em reflexões mais diretas sobre a participação dos dados pessoais nos mercados digitais.

3.1.3 Fluxo de dados pessoais nos mercados digitais

Quando se pensa no fluxo de dados pessoais nos mercados digitais, deve-se pensar se tal fenômeno, tão complexo e relevante para a Sociedade Informacional, ocorre de uma forma que respeite e priorize o usuário, cujos dados estão sendo coletados. Para tanto, deve-se observar alguns momentos fulcrais desse fluxo, tais como a sua coleta ou seu uso e tratamento. Para dar conta desses aspectos, este estudo analisará a coleta de dados e a identificação dos usuários pelas empresas, bem como a influência de tal processo na formação da identidade dos sujeitos em si, seguindo com a análise das características desses dados e no que elas implicam para o usuário e para a sociedade. Encerra-se com a análise aprofundada de aspectos do consentimento do usuário, que traz elementos de escolha, que permeiam este trabalho, assim como a noção

---

306 Comumente usado em inglês o termo *machine learning*.

307 FISHER, Max. *A máquina do caos*: como as redes sociais reprogramaram nossa mente e nosso mundo. Tradução: Érico Assis. São Paulo: Todavia, 2023, [livro digital, s.p.], (Algoritimificação).

de autonomia. Aos últimos conceitos apontados, dá-se intensa atenção, tendo em vista sua abstração e a importância de sua compreensão no contexto atual para o atingimento dos objetivos de pesquisa.

i) Coleta de dados e identificação do usuário

No campo da coleta de dados, vê-se o fornecimento de dados pelos usuários, que preenchem perfis de si mesmos, listam amigos e colocam suas fotos *on-line*, além de preencher questionários sobre os mais diversos temas. Por outro lado, os controladores de acesso coletam dados a partir da análise e do registro de comportamentos dos usuários e pelos chamados *cookies*,[308] [309] que registram as preferências e escolhas dos usuários, acumulando informações sobre cada clique destes e, posteriormente, categorizando-os. Tem-se, assim, respectivamente, dados voluntariados e dados observados, sendo estes últimos também chamados de metadados (dados sobre dados).[310]

Castells chama a atenção também para a identificação do usuário a partir de procedimentos de autenticação frequentemente baseados

308 CASTELLS, Manuel. *A galáxia da Internet*: reflexões sobre a Internet, os negócios e a sociedade. São Paulo: Zahar, 2003, p. 191-195. Castells define: "Os '*cookies*' são marcadores digitais automaticamente inseridos por *websites* nos discos rígidos dos computadores que se conectam com eles. Uma vez que um '*cookie*' foi inserido num computador, este passa a ter todos os seus movimentos *on-line* automaticamente registrados pelo servidor do *website* que fez a inserção". O autor ainda destaca a empresa Double Click, cujo negócio envolvia a inserção de *cookies* em computadores a partir dos *sites* equipados com sua tecnologia. A referida empresa teria feito o possível para acumular dados dos usuários e seus padrões de compra, inclusive criando perfis com nomes e endereços dos usuários. A referida empresa foi adquirida pela *Google* em 2007, assim simultaneamente extinguindo um potencial concorrente e gerando concentração de dados imediata e potencial, a partir da tecnologia adquirida.

309 São também relevantes os *cookies* de terceiros, que são gerados por empresas não diretamente responsáveis pelos *sites* em que o usuário navega (terceiros) para rastrear suas atividades e fornecer anúncios personalizados, dentre outras finalidades. Tais terceiros são, majoritariamente, os controladores de acesso. Os *cookies* de terceiros serão descontinuados pelo *Google* a partir do início de 2025 (GOOGLE. *Descontinuação de cookies de terceiros*. Privacy Sandbox. S.d. Disponível em: https://developers.google.com/privacy-sandbox/3pcd?hl=pt-br. Acesso em: 30 abr. 2024; ver ainda COMPETITION AND MARKETS AUTHORITY. Investigation into Google's 'Privacy Sandbox' browser changes. *Competition and Markets Authority cases and projects*. Publicado em 08 jan. 2021. Atualizado em 26 abr. 2024. Disponível em: https://www.gov.uk/cma-cases/investigation-into-googles-privacy-sandbox-browser-changes. Acesso em: 30 abr. 2024). O recorte metodológico deste estudo não envolve aspectos relacionados a essa mudança em razão de três aspectos. Primeiramente, por se tratar de tema bastante recente, já que a mudança está atualmente em processamento. Em segundo lugar, por se tratar de um tema que merece aprofundamento em estudos dedicados especificamente a ele. Por fim, considera-se que as conclusões do presente estudo não sofrerão alterações significativas por ação de tal mudança.

310 GRAEF, 2015, p. 476-477.

em tecnologia criptográfica. Neste contexto se vê a camada de soquetes segura (*SSL – secure socket layer*), que procura trabalhar nas camadas que envolvem a relação usuário – servidor – rede. Destaca-se aqui que há uma ambiguidade visível em tal tecnologia, já que, ao se posicionar para o fim de identificação, ela compromete os aspectos de segurança e privacidade para o usuário, representando uma segurança apenas aos controladores, que detêm o conhecimento e a propriedade dos programas, códigos e da arquitetura da rede, assim aprisionando o usuário e controlando os acessos sob suas regras.[311]

A partir dessas e outras diversas estratégias, forma-se uma representação virtual da pessoa, sujeita às várias formas de avaliação: possibilidade de tomar crédito financeiro, aprovação de contratos de compra e venda ou locação, seleção para postos de trabalho. Aquela *persona* montada a partir dos dados pode não ser uma definição precisa do indivíduo, nem ter sido autorizada, mas o representa e o substitui para essas relações vinculadas a direitos essenciais da vida contemporânea, como alimentação, trabalho e moradia. Tal circunstância retira da pessoa o controle sobre sua própria imagem perante a sociedade, cerceando essa liberdade assim como prejudicando o exercício dos demais direitos mencionados.[312] [313]

Nesse contexto, Lyon vê a vigilância como uma forma de classificação e estratificação social ainda a ser estudada em maior profundidade para compreender aspectos como "corpos que desaparecem, codificação, categorização e mobilidades".[314] O autor destaca a contraposição entre a pessoa corporificada e sua versão formada por dados extraídos de seus comportamentos no ciberespaço e nos espaços físicos, destacando que essa versão virtual não é ficcional, já que circula pelas empresas e faz a diferença em aspectos éticos e políticos da vida do indivíduo. As relações, neste contexto, tornam-se cada vez mais remotas, e os envolvidos não se veem pessoalmente. O autor defende que a humanização do sujeito pode se dar por meio da relação face a face, como um chamado para que se supere a estratificação social pelos dados e se busque relações

---

311 CASTELLS, 2003, p. 191 e ss.

312 DONEDA, 2020, p. 152 e ss.

313 LYON David. Surveillance as social sorting: computer codes and mobile bodies. *In:* LYON, David. *Surveillance as social sorting*: privacy, risk and digital discrimination. Londres: Routledge, 2003, p. 27.

314 LYON, 2003, p. 26-27. Tradução livre de "*disappearing bodies, coding, categorization, and mobilities*".

de confiança e justiça. Uma perspectiva crítica e ética, portanto, viria a oferecer um contraponto a uma sociedade de vigilância baseada em decisões frias e algorítmicas que impossibilitam as reflexões e análises de nuances características do humano.[315]

Importante compreender a complexidade das camadas de dados e do quanto se pode perceber dos níveis da internet. Isso pois também há, no ciberespaço, a versão de si mesmo a que se tem acesso e outra versão, muito mais complexa e rica das mais diversas informações, a que nunca se terá acesso, e que é destinada aos anunciantes. É útil à própria influência que tais informações exercem a partir dos algoritmos, que não se tenha conhecimento de que elas compõem o perfil dos usuários. Essas informações, então, serão combinadas com as mais diversas informações globais detidas pelos controladores de acesso e submetidas aos algoritmos e estatísticas nos modelos preditivos para levar a resultados úteis aos anunciantes, mas que nunca serão conhecidos ou compreendidos pela maioria dos indivíduos.[316]

j) Características concorrenciais dos dados

Já em uma visão das características dos dados no contexto concorrencial, surge a noção de que os dados são um recurso chamado não rival, ou não excludente,[317] de forma que a detenção de dados pessoais por um determinado controlador de acesso não impediria um concorrente de obter exatamente a mesma informação. Avançando nesta análise das características econômicas dos dados, vê-se que o elemento significativo dos dados não são eles em si mesmos, mas o que se pode extrair a partir de diversos tipos combinados de dados. Este contexto permite, inclusive, que se chegue às mesmas conclusões a partir de informações diferentes.[318]

Deve-se considerar, no entanto, que a ampla disponibilidade de dados não é um elemento garantido no ciberespaço. Isso pois os controladores de acesso possuem formas específicas de coleta de dados e procuram restringir tanto o acesso a tais dados, ao proibir a extração de dados de suas plataformas por terceiros, como a portabilidade de campanhas de publicidade, assim dificultando o acesso por concorrentes. Também se lança argumentos no sentido da proteção das

---

315 LYON, 2003, p. 26-27.

316 LANIER, 2013, p. 118.

317 GRAEF, 2015, p. 479. No original é usado o termo "*non-rivalrous*".

318 GRAEF, 2015, p. 479.

bases de dados como ativos intangíveis, isto é, propriedade intelectual registrada ou segredo de negócio, o que acaba se aplicando mais aos dados pessoais de comportamento, que os dados de perfil de usuário, por sua natureza.[319]

Assim, é incorreto afirmar que os dados não seriam objeto de competição, nem um fator relevante na concorrência entre empresas, já que tal recurso pode ser considerado sob domínio dos controladores de acesso, que atuam para evitar acesso dos demais. Além disso, as circunstâncias e características da economia digital geram barreiras de mercado, já que a entrada se torna bastante difícil quando não se tem acesso às vantagens dos dados. Os novos entrantes não terão condições de prestar serviços de tanta qualidade quanto os incumbentes, assim praticamente impossibilitando a escolha dos usuários em uma análise de substitutibilidade.

Também é incorreto pensar que a ubiquidade dos dados os torna um elemento irrelevante para a concorrência, já que, embora alguns tipos de dados possam ser acessados e coletados, os mais relevantes não estão facilmente disponíveis. Seria, inclusive, bastante inverossímil alegar que toda a estratégia de coleta de dados dos controladores de acesso seria desnecessária, já que fica clara a abordagem estratégica e intensiva de tais plataformas, que trocam serviços muitas vezes supostamente gratuitos por dados pessoais, realizando investimentos iniciais bilionários, para só depois lucrar com os valiosos resultados produzidos a partir de tais dados pessoais. Quanto aos custos de armazenamento e tratamento, ainda que eventualmente não demandem alto investimento inicial, fica claro que a economia de escala, com os baixíssimos custos marginais[320] para agregar utilizadores finais ou profissionais, representa grande vantagem aos incumbentes.[321]

Analisadas as características dos dados no conceito concorrencial, passa-se à visualização dos conceitos de consentimento e autonomia, de forma ampla, por reconhecer a relevância deles para uma perspectiva de respeito aos usuários com ênfase ao direito à privacidade. Reforça-se que o presente estudo procura compreender as circunstâncias dos mercados digitais, assim como as análises científicas contemporâneas,

---

319 GRAEF, 2015, p. 480-482.

320 Custo marginal é um conceito corrente da microeconomia que se refere aos custos adicionais associados à produção adicional de um bem ou serviço, ou à realização de uma atividade adicional em uma empresa já estabelecida.

321 GRAEF, 2015, p. 480-483.

para aproximar o direito concorrencial, como aparente forma de direito aplicável apenas a grandes empresas, para compreendê-lo quanto à sua influência sobre o indivíduo em sua interação com a proteção de dados e do consumidor. Tendo em mente tais sinergias, passa-se a tratar das noções de consentimento e autonomia.

k) Consentimento e autonomia

Preliminarmente, é relevante destacar que a noção de consentimento deve ser vista de forma ampla no presente estudo. Consentir, inegavelmente, é uma forma de escolha e envolve aspectos da formação de personalidade e interação do indivíduo. Dessa forma, além da compreensão mais imediata de consentimento como o ato de aceitar determinadas formas de compartilhamento de dados, deve-se conceber tal palavra também em sua acepção de aceitação e escolha no contexto dos estímulos, interações e circunstâncias a que o indivíduo é conduzido no ciberespaço, em suas relações com buscadores, redes sociais e plataformas de compra, dentre outros. A análise conceitual do consentimento e da autonomia do indivíduo objetivamente contribuirá para o presente estudo, para a compreensão do papel dos dados na concorrência e dominância de mercado pelos controladores de acesso, em detrimento de direitos de escolha, consentimento e de elementos da autonomia.

Retomando a definição do conceito, aborda-se o consentimento. No direito, ele tem uma perspectiva bastante pragmática, que envolve o direito do indivíduo de consentir ou recusar sobre algo que lhe foi explicado, e foca-se na responsabilidade da contraparte, que deve informar e colher o consentimento, sujeitando-se à responsabilidade legal, em caso de descumprimento de tais deveres. Já na filosofia moral, aborda-se o tema sob a perspectiva do respeito à autonomia do indivíduo, que tem o direito de fazer uma escolha autônoma. Os princípios a serem destacados quanto ao tema são os de respeito à autonomia, bem-estar do indivíduo[322] e justiça. Segundo Beauchamp e King, esses são princípios que constituem o tecido social, definem os termos da cooperação social e devem ser considerados de forma objetiva no

322 BEAUCHAMP, Tom L.; KING, Nancy M. P. *A history and theory of informed consent*. Nova Iorque: Oxford University Press, 1986, p. 9. Tradução livre e adaptada do original, em que consta *"beneficience"*, em tradução direta "beneficência", que se trata de um princípio mais aplicado a tratamentos médicos, conforme destacado na própria obra. Assim, opta-se por "bem-estar" como perspectiva mais geral do tema, e por ser conceito já verificado ao longo desta pesquisa de forma coerente.

consentimento informado, para que não se restrinja, dificulte ou confunda o acesso à informação ou ao exercício de direitos do indivíduo relacionados ao tema.[323]

O consentimento informado depende da autonomia do indivíduo,[324] que se define especialmente nos conceitos de intencionalidade, entendimento e não controle. Isto é, o indivíduo, deliberadamente e com noção de autoria, ou de agência, pratica um ato que ele compreende, de forma independente de controle externo. A intencionalidade ficou suficientemente descrita acima, de forma que se passa ao conceito de entendimento ou compreensão. A definição bastante prática da plena compreensão seria a de que ela ocorre se há uma apreensão plenamente adequada das proposições relevantes para descrever a natureza da ação e as consequências e resultados possíveis e previsíveis de sua prática ou abstenção.[325]

De forma correlacionada à compreensão, com visão focada no ambiente do ciberespaço, está a ideia de revelação, já que a definição acima só é alcançada se tais elementos são revelados de forma clara e adequada para o interlocutor, evitando excesso de informações evidentemente desnecessárias e detalhes técnicos. Nesse sentido, pensando no contexto da coleta de informações, é importante que fique claro: "(a) que informações serão coletadas; (b) quem terá acesso às informações; (c) por quanto tempo as informações serão arquivadas; (d) para que as informações serão utilizadas; e (e) como a identidade do indivíduo será protegida". Para aprofundar as possibilidades da compreensão propriamente dita, os autores ainda recomendam que se leve em consideração não se tratar de uma comunicação face a face, de forma que o diálogo fica prejudicado, o que indicaria a necessidade de outras estratégias,

[323] BEAUCHAMP; KING, 1986, p. 4-14. Observe-se que a referida obra trata, por vezes, de relações entre médico e paciente, que estavam sob maior escrutínio à época da publicação. A leitura realizada, por sua vez, aproveita o texto em sua aplicação ao tema do presente estudo, levando em consideração as diferenças nas relações abordadas.

[324] Não foi vista como pertinente a discussão acerca da capacidade civil do indivíduo para decidir no âmbito deste estudo. Trata-se de discussão específica e que representaria uma quebra na continuidade do estudo com pouca contribuição à consecução dos objetivos de pesquisa.

[325] BEAUCHAMP; KING, 1986, p. 241-252.

como a disponibilização de *chats*, *e-mail*[326] ou uma seção de Perguntas Frequentes (FAQ).[327]

O não controle, por sua vez, merece toda uma análise particular, já que envolve elementos externos que exerçam alguns tipos de influência. A influência nem sempre envolve o controle, podendo ser benéfica ou até neutra, sendo caracterizada por diferentes níveis de persuasão. A influência controladora é aquela que passa por matizes de manipulação ou coerção. Na coerção, ocorre a influência com intenção de apresentar uma severa e crível ameaça irresistível ao indivíduo. Na persuasão, ocorre o processo bem-sucedido de levar uma pessoa, por meio da apresentação de razões, a livremente aceitar como seus as razões e os valores daquele que buscava persuadir. Destaca-se, nesse conceito, a autonomia do sujeito e a apresentação e futura adesão às razões de forma legítima.[328]

O conceito mais diretamente aplicável ao ciberespaço, no entanto, é o da manipulação, que se situa em alguns matizes entre a persuasão e a coerção, ora aproximando-se mais de uma, ora de outra. Alguns casos a se destacar são os de manipulação de opções, em que se modifica as opções disponíveis ao indivíduo para modificar seu comportamento ou sua compreensão da realidade. Tal técnica se aproxima da coerção ao oferecer punições ou recompensas para determinados comportamentos, assim prejudicando o consentimento informado.[329] Trata-se da situação que ocorre quando um controlador de acesso se torna extremamente relevante para uma série de interações sociais e exige o consentimento para acesso a diversos dados como condição para o uso de seus serviços.

Outra possibilidade relevante para o presente estudo é a manipulação da informação. Essa noção, que pode ter diversos graus, chegando à enganação[330] do sujeito, é o fornecimento de informações que

---

[326] FRIEDMAN, Batya, FELTEN, Edward, and MILLETT, Lynette I. *Informed consent online*: A Conceptual Model and Design Principles. CSE Technical Report, Seattle: University of Washington, 2000. Tradução livre de: "*(a) what information will be collected; (b) who will have access to the information; (c) how long the information will be archived; (d) what the information will be used for; and (e) how the identity of the individual will be protected*".

[327] Em inglês, "perguntas frequentes" é traduzido como *Frequently Asked Questions* (FAQ).

[328] BEAUCHAMP; KING, 1986, p. 256-262; p. 339; p. 347.

[329] BEAUCHAMP; KING, 1986, p. 355 e ss.

[330] BEAUCHAMP; KING, 1986, p. 355 e ss. Os autores explicam que a enganação (*deception*) é uma das piores e mais comuns formas de manipulação da informação. "A enganação utiliza estratégias intencionais como mentir, reter informações, realizar uma afirmação verdadeira que omite uma informação vital e o exagero enganoso, para fazer com que as pessoas acreditem no que é falso". Tradução livre de: "*Deception uses such intentional*

levem o usuário a crer ter menos opções. Nesses casos, o entendimento pode ficar altamente prejudicado, assim prejudicando o consentimento informado. Em analogia aos exemplos fornecidos no texto, aplicando-se ao ciberespaço, pode-se ter casos como: (a) fazer com que o usuário entenda que o fornecimento de dados sensíveis não teria qualquer consequência, quando em verdade pode afetar suas possibilidades de obter um financiamento residencial, por exemplo; (b) intencionalmente fornecer informações excessivas ou de difícil compreensão, dificultando a compreensão sobre o que se está permitindo em termos de coleta e tratamento de dados; (c) apresentar informações parciais de uma forma que leve a certas conclusões, como em casos nos quais se solicita permissão para o uso de *cookies* e se afirma que eles vão apenas melhorar a experiência.[331]

Chomsky chama atenção para as relações entre conceitos como manipulação de informação e autonomia na democracia. Isso porque a democracia pode ser vista como a forma de governo que valoriza a autonomia do sujeito para participar significativamente dos desígnios sociais e dispõe de canais de informação acessíveis e livres. Ele aponta, por outro lado, que vigia um conceito de democracia segundo o qual os canais de comunicação deveriam ser controlados, e o cidadão não deve ter grande participação no governo.[332] É vista como uma democracia de espectadores, essa que afasta o cidadão do poder, desmantela as organizações sociais, como escolas, sindicatos e igrejas, isolando os cidadãos e controlando as opiniões a partir dos canais de informação, a mídia. Assim, a classe política se dispõe a servir os interesses do capital e controla a população, que é vista como um rebanho desorientado de estúpidos.[333]

O isolamento do sujeito e a manipulação dos canais de informação dificultam sobremaneira a mobilização social em prol de ideais políticos, pois fica construída uma opinião alinhada às informações mais propagadas, ainda que falsas. O fluxo intenso de informações falsas soterra as informações verdadeiras e faz daquela representação falsa

---

strategies as lying, withholding of information, true assertion that omits a vital qualification, and misleading exaggeration in order to cause persons to believe what is false".

331 BEAUCHAMP; KING, 1986, p. 362 e ss.

332 Obra publicada em inglês originalmente em 2002, contexto no qual o autor externou a visão acima.

333 CHOMSKY, Noam. *Mídia*: propaganda política e manipulação. São Paulo: WMF Martins Fontes, 2013, p. 9,10,18, 19, 24,25.

uma realidade vivida pelos usuários. O amortecimento e alienação do sujeito se consolidam a partir desse *modus operandi*, tornando relevante também esse viés da relação entre informação, consentimento, escolhas e autonomia.[334]

No contexto das redes sociais, vê-se fontes pouco confiáveis ganhando alcance com base em um compartilhamento massivo baseado em medo, ódio e frenesi. Tal alcance que gera ódio, sectarismo e polarização deriva do aproveitamento malicioso dos mecanismos algorítmicos.[335]

Os efeitos da revolução digital vêm contaminando os diversos campos da vida em sociedade, como se tem visto neste estudo, influenciando a comunicação, as relações interpessoais e o próprio exercício do poder democrático. Vê-se que potenciais efeitos esperados da facilidade e agilidade das comunicações digitais para a democracia não vêm se materializando. Os enxames digitais são gerados a partir de uma comercialização da comunicação e da falsa ideia de comunidade, não formando, portanto, uma verdadeira comunidade, nem ação política engajada e responsável. A circulação eminentemente privada das informações impede a formação de uma esfera pública e da ação comunicativa em que há discurso e racionalidade. Pelo contrário, a ausência do outro e da estabilidade e clareza da comunicação cria isolamento, crise da identidade e da democracia.[336]

Formam-se tribos digitais a partir das bolhas geradas pelos filtros criados pelos controladores de acesso (*filter bubbles*); na qualidade de opiniões, tais informações não são mais questionáveis, até por formarem a própria identidade daquele indivíduo, na medida em que lhe aportam a sensação de pertencimento à tribo. Há, neste contexto, o controle das identidades e, com isso, dos próprios limites da democracia, na medida em que uma racionalidade comunicativa sequer pode se instalar em tal contexto altamente polarizado. A visão da dimensão do outro, também chamada alteridade – ouvir o outro atentamente e com consideração, formando com ele comunidade – é indispensável para uma sociedade democrática avançada.[337]

Assim vai-se dando contornos cada vez mais claros à dimensão do poder dos controladores de acesso. Embora nesta pesquisa não se

---

334 CHOMSKY, 2013, 31-38.

335 FISHER, 2023, s.p. (A magia do meme).

336 HAN, 2022, p. 47-49.

337 HAN, 2022, p. 61-62.

discuta diretamente questões relacionadas à democracia, mídia e notícias falsas (*fake news*), é relevante que se destaque esse matiz do poder de tais empresas de influenciar a vida das sociedades e dos indivíduos, manipulando o seu consentimento para obtenção de dados que alimentarão seu modelo de negócios, para, em seguida, manipular e/ou alterar suas opiniões e escolhas, inclusive políticas, ao controlar os canais de informação.[338] O poder dos controladores de acesso se alastra por todas as esferas da vida contemporânea, das mais simples às mais complexas, afetando fortemente a conformação da sociedade e de cada indivíduo. As dimensões de consentimento, identidade e autonomia do indivíduo são fortemente afetadas, como se demostra neste estudo.

Tal poder é, inegavelmente, também poder de mercado. O que se defende é que não é possível ignorar os impactos do controle de dados como barreira de entrada em toda a sua complexidade. Afinal, o controle dos dados garante, em última análise, controle de identidades e mesmo influência significativa em escolhas democráticas. Tais questões devem, portanto, ser consideradas para que se possa compreender a magnitude das barreiras de entrada estabelecida, bem como da dominância de mercado e dos amplos efeitos sociais atuais e potenciais dessa posição de mercado. É papel do direito concorrencial, em diálogo com as demais áreas do direito e do conhecimento humano, procurar compreender e endereçar tais preocupações do ponto de vista legislativo e prático.

3.2 Perspectivas para o futuro do fluxo de dados

O fluxo de dados pessoais promovido pelos controladores de acesso não tem priorizado os usuários. O enorme poder de tais empresas lhes permite tomar as decisões que movem a Sociedade Informacional, e tais decisões são tomadas com foco em seu próprio lucro, tendo o usuário final apenas como um elemento necessário ao modelo de negócios, seja para os efeitos de rede, seja para a coleta de dados em prol dos usuários profissionais.

---

[338] Trecho redigido com base em reflexões do pesquisador e que encontram ressonância em FISHER, 2023, s.p. (Ciberdemocracia). O autor acrescenta que as redes sociais passaram a se aliar a elites dominantes e exercer um papel de controladores de acesso (*Gatekeepers*) da informação, em substituição à mídia tradicional. Diferencia, ainda, engajamento de popularidade, explicando que as redes sociais, com seus algoritmos, favoreceram o engajamento, assim dando visibilidade a candidatos menores em eleições em todo o mundo.

Como já estabelecido, a interferência do Estado para regular tal ambiente é imprescindível para que se reestabeleça os postulados dos Estados Democráticos de Direito envolvidos e solapados pela agilidade e agressividade da tecnologia aliada ao capital. Analisa-se, portanto, perspectivas para o futuro do fluxo de dados com foco para seus impactos concorrenciais, sem esquecer da manutenção da privacidade e demais direitos do usuário.

3.2.1 Diálogo entre concorrência, proteção de dados e do consumidor

Se os dados no ciberespaço refletem tão diretamente na imagem e nos direitos da personalidade, não é demais dizer que o futuro da humanidade será significativamente impactado pela forma como os dados são compartilhados neste âmbito. As medidas regulatórias das formas de compartilhamento de dados pessoais e as medidas de direito concorrencial devem ser pensadas de forma coordenada ao se formar políticas públicas para o setor, já que possuem relevantes áreas de intersecção, isto é: por vezes as mesmas imposições legais terão efeitos para a proteção de dados, concorrência e direito do consumidor, assim devendo ser planejadas para todas essas perspectivas, com uma visão que leve em conta os resultados políticos e sociais esperados.

Se o uso das grandes massas de dados e o funcionamento dos algoritmos parece mágica, algo deve estar errado. Jaron Lanier exemplifica com a crise financeira de 2008, em que poucos operadores financeiros foram considerados culpados, em parte por se entender que um quantitativo considerável das operações era altamente automatizado. Ao fim, a tecnologia não era infalível ou mágica e, junto a seus operadores – como sempre deve se compreender qualquer efeito da tecnologia –, errou. Ainda assim, os grandes operadores da economia de dados seguem atuando fortemente baseados nesses algoritmos de destruição em massa,[339] ainda que haja tantas falhas. Isso, é claro, porque essas operações trazem acúmulo rápido de riqueza e influência.[340]

Um melhor futuro depende, então, de uma melhor compreensão dos dados pessoais e demais informações geradas nas interações do ciberespaço. Muitas vezes há referências aos dados como se fossem

339 Termo extraído de O'NEIL, 2020.

340 LANIER, 2013, p. 118-119.

estáticos e aguardassem procedimentos como a mineração (*data mining*). Na verdade, os dados pessoais são dinâmicos e estão constantemente se adaptando ao ambiente do ciberespaço com seus estímulos. São, então, como peças num tabuleiro de xadrez jogando contra o analista de dados. Muito da informação na internet é, portanto, como uma ilusão de ótica. O observador vê uma imagem distorcida da realidade: "os dados pessoais são melhor compreendidos como pessoas disfarçadas, e normalmente elas estão armando algo".[341]

O parecer emitido pelo supervisor de proteção de dados da EU ilustra bem essa intersecção, em que no centro se tem preocupações com a escolha, o bem-estar, a confiança e o mercado interno e também envolve aspectos como compatibilidade, substitutibilidade e portabilidade de dados,[342] além de preocupações com a exploração, transparência e a precisão e inteligibilidade da informação. Fica claro que é impossível pensar em aspectos competitivos na Sociedade Informacional sem que se pense em proteção de dados e ao consumidor. O compartilhamento de dados deve ser pensado, portanto, neste contexto de busca de crescimento e inovação com o bem-estar dos consumidores, inclusive por meio da melhora dos aspectos de privacidade, sendo essa vista como respeito à autonomia e personalidade do cidadão.[343]

A proteção de dados na União Europeia é um direito fundamental. Para Hustinx, no contexto do compartilhamento de dados, o seu processamento deve ser realizado de forma justa e conforme a lei, para propósitos previamente especificados. Todo o processo deve ser transparente para o titular do direito, que deve poder acessar e corrigi-los, sendo que tais direitos poderão ser controlados por uma autoridade independente.[344]

---

[341] LANIER, 2013, p. 123-125.

[342] A portabilidade será objeto de análises mais aprofundadas adiante. Desde já, cita-se a seguir autor que defende tal perspectiva como de alta relevância para a competitividade nos mercados, bem como para se evitar o aprisionamento dos usuários em certos ecossistemas digitais, como o autor reconhece acontecer à época do texto. ZIMMER, Daniel. Digital Markets: New Rules for Competition Law. *Journal of European Competition Law & Practice*, volume 6, issue 9, november 2015, pages 627–628, https://doi.org/10.1093/jeclap/lpv049.

[343] HUSTINX, Peter. *Privacy and competitiveness in the age of big data*: The interplay between data protection, competition law and consumer protection in the Digital Economy, March 2014. Bruxelas. Preliminary Opinion of the European Data Protection Supervisor. Disponível em: https://edps.europa.eu/data-protection/our-work/publications/opinions/privacy-and-competitiveness-age-big-data_en. Acesso em: 08 de out. 2023, p. 2-3. No mesmo sentido, GRUNES, STUCKE, 2015, p. 13.

[344] HUSTINX, 2014, p. 12.

Consentimento (*opt in*) é um conceito chave no compartilhamento de dados. Ele deve ocorrer antes do processamento de dados e mediante o fornecimento de informações claras sobre como tais dados serão tratados. O consentimento pode também ser retirado e, neste caso, os dados devem ser apagados (*opt out*).[345] O usuário também tem o direito de ser informado sobre "a identidade do controlador, os propósitos do processamento, os destinatários dos dados e os seus direitos como sujeitos de dados".[346]

Para o adequado tratamento de dados, nesta concepção, os usuários ainda poderiam solicitar uma cópia de seus dados, envolvendo perfis em redes sociais e histórico de compras e buscas, devendo poder transferir tais dados para outros sistemas. Trata-se da portabilidade de dados, que permitiria uma abordagem do usuário como decisor acerca dos seus dados, podendo utilizá-los como um ativo a ser oferecido a competidores ou outros terceiros, que oferecessem melhores serviços e tratassem de forma adequada os dados. Tal perspectiva atribui ao usuário o exercício dos direitos de proteção de dados.[347]

A União Europeia pensa em sua política de concorrência de forma que o mercado interno atenda às necessidades dos consumidores quanto à eficiência, bem-estar e escolhas. Assim, busca-se promover a competição com seus benefícios para preços, mas também para atender o desejo do consumidor por "variedade, inovação, qualidade e outros benefícios para além dos preços, inclusive proteção da privacidade".[348] Importante, portanto, compreender as interfaces entre o direito concorrencial e a proteção de dados e do consumidor, para que se considere concentrações de dados no contexto do poder de mercado, visando evitar que os controladores de acesso se recusem a conceder acesso a dados, ou ostentem políticas de privacidade opacas ou enganosas. O que se deve buscar é o uso de regras de competição como forma de

---

345 O direito a retirar o consentimento (*opt out*), isto é, mudar de ideia quanto ao compartilhamento de dados com aquela determinada empresa ou instituição, é um direito altamente relevante na perspectiva de controle dos dados pelo usuário e de sua autonomia no ciberespaço. Neste caso, a entidade deve apagar os dados daquele usuário de suas bases.

346 HUSTINX, 2014, p. 14/15. Tradução livre de "*the identity of the controller, the purpose(s) of the processing, the recipients of the data, as well as their rights as data subjects*". Referência à Diretiva 95/46/EC, Artigo 10.

347 HUSTINX, 2014, p. 15.

348 HUSTINX, 2014, p. 17. Tradução livre de "*variety, innovation, quality and other non-price benefits, including privacy protection*".

aumentar o controle dos consumidores sobre seus dados e a melhoria das políticas de privacidade.[349]

O desenvolvimento de um ciberespaço melhor regulado passa, então, pela contribuição entre as autoridades que lidam com concorrência, proteção de dados e do consumidor, inclusive para a verificação de poder de mercado com base em volume de concentração de dados. A troca de informações para a compreensão de eventuais práticas anticompetitivas, injustas ou de opacidade ou pouca clareza contribuem para que se consiga efetivamente alcançar os controladores de acesso em seu domínio do mercado, que ocorre com base nos dados pessoais dos consumidores.[350]

A abordagem concorrencial e de dados deve levar em conta a perspectiva do consentimento informado do usuário. Uma análise crítica aponta a mineração de dados que ocorre frequentemente sem consentimento dos usuários ou por meio de mecanismos excessivamente complexos ou inapropriados. As medidas propostas passam por termos de consentimento compreensíveis e que permitam o consentimento específico para determinadas atividades, assim como a negociabilidade desses termos, permitindo a revisão ou revogação (*opt out*) pelo usuário. Também são recomendados a negociação dinâmica e detalhada do consentimento[351] e o debate democrático de tais regras, evitando a imposição pelos controladores de acesso.[352]

Não devem ser ignorados os danos, aos consumidores, que ocorrem por meio da violação de seus direitos de privacidade. O olhar das autoridades de concorrência deve estar atento a esta faceta do bem-estar do consumidor, inclusive na medida em que se faz parecer que os serviços digitais são praticamente todos gratuitos, quando, em verdade, os custos pagos em dados pessoais são altamente relevantes e prejudicam concomitantemente os consumidores e a competição como um todo.[353]

---

349 HUSTINX, 2014, p. 26.

350 HUSTINX, 2014, p. 28.

351 HUTTON; HENDERSON, 2017, p. 159. Os autores defendem uma dinâmica em que os usuários dão consentimento para determinadas formas de tratamento de seus dados na medida em que tomam conhecimento da plataforma utilizada. Trata-se de uma abordagem contínua. Assim, a intenção é reduzir a inconveniência do consentimento a múltiplas atividades de uma só vez, mas manter os benefícios do consentimento detalhado (granular) e da informação tão plena quanto possível ao usuário.

352 HUTTON, HENDERSON, 2017, p. 163.

353 HUSTINX, 2014, p. 31. No mesmo sentido, GRAEF, 2015, p. 474.

São centrais também para este estudo os conceitos de escolha, consentimento e transparência, que aparecerão em diferentes contextos. Fato é que "a escolha depende da disponibilidade de serviços competidores e da habilidade do consumidor de entender a informação concedida sobre esses serviços".[354] No entanto, as condições práticas identificadas mostram que tal conceito é completamente inviável com os aplicativos utilizados atualmente, que apresentam políticas de privacidade de grande extensão e repletas de letras pequenas e termos vagos ou enganosos. A análise de substitutibilidade concorrencial também deve considerar tais aspectos, procurando verificar se os consumidores escolhem de forma genuína e se verdadeiramente consentem conscientemente com o processamento de seus dados pelos controladores de acesso.[355]

Será possível verificar, ao longo de toda essa pesquisa, os pontos de interface entre tais ramos do direito. A presente seção se presta especificamente a deixar expressa tal situação, já que, de fato, medidas concorrenciais afetarão diretamente os demais ramos. Da mesma forma, são necessárias medidas aparentemente mais relacionadas à proteção de dados ou do consumidor, para que se obtenha os efeitos concorrenciais desejados, bem como a conformação dos mercados digitais e dos modelos de negócios adotados à política pública. Ainda se observa que as medidas destacadas, para todos os referidos ramos do direito, procuram privilegiar autonomia, escolha, privacidade, liberdade e solidariedade como elementos centrais do desenvolvimento social, especialmente nos termos delineados pelo arcabouço legal europeu no qual se situa o presente estudo.

3.2.2 Perspectivas do compartilhamento de dados

Neste subcapítulo procura-se reforçar elementos relacionados à relevância dos dados e sua centralidade na relação concorrencial, assim como indicar alguns aspectos relevantes para o fluxo e compartilhamento de dados. Metodologicamente, a seção se presta a concluir os objetivos de pesquisa sobre dados e estabelecer pressupostos que são a conexão necessária para a análise crítica da relação entre proteção de dados e concorrência.

---

354 HUSTINX, 2014, p. 34. Tradução livre de "*Choice depends on the availability of competing services and the consumer's ability to understand the information provided about those services*".

355 HUSTINX, 2014, p. 34-35.

Pode-se falar até mesmo da sublime efetividade dos dados. Eles podem não ser simples como uma equação matemática, mas, em sua complexidade, podem ser a chave para "modelar o comportamento humano", segundo os pesquisadores do *Google*, autores da obra citada. Eles explicam que o *Google* formou seu banco de dados a partir das mais diversas fontes que capturaram os aspectos do comportamento humano, além de um corpo de trilhões de palavras. Havia, então, que se extrair o modelo daqueles dados.[356]

São usados modelos estatísticos de linguagem procurando estabelecer regras acerca das probabilidades de uso das palavras em modelos de tradução ou reconhecimento de fala. Os modelos se valem de bilhões de informações, em diferentes formatos, lidos e memorizados para formar padrões e modelos. Os melhores resultados, então, são obtidos a partir da combinação e exposição à maior quantidade e variedade possível de dados. Também é valioso o uso de inteligência artificial não supervisionada e de dados não rotulados, que permitem melhores resultados a partir da leitura, com melhores possibilidades de parametrização, categorização de atributos e compreensão mais plena da linguagem envolvida.[357]

Os dados pessoais devem, então, ser constantemente atualizados e combinados, entre dados de personalidade, pesquisas *on-line* e análises de comportamento, para manter e aumentar seu valor nos mercados digitais. Assim, não são propriamente os dados estáticos e eventualmente desatualizados que geram uma vantagem competitiva, mas sim o acesso a tais dados, em constante atualização, de forma exclusiva, somado aos efeitos de rede e à economia de escala, que geram a referida vantagem. E mesmo que os algoritmos e demais aspectos tecnológicos desenvolvidos pelos controladores de acesso sejam relevantes, a quantidade e variedade (tipo) de dados pessoais detidos também é central, de forma que os bancos de dados podem representar barreiras de entrada.[358]

Para Robert Lande, o direito antitruste deveria se preocupar com as escolhas do consumidor, mais que com preços; e a privacidade está entre essas escolhas, que envolvem variedade, inovação e qualidade, entre outras. O autor, então, discute mercados em que o preço não é

---

[356] HALEVY, Alon; NORVIG, Peter; PEREIRA, Fernando. The Unreasonable Effectiveness of Data. *IEEE Computer Society*, 1541-1672, 2009, p. 8-12.

[357] HALEVY; NORVIG; PEREIRA 2009, p. 8-12.

[358] GRAEF, 2015, p. 483, 487-488.

central, mas sim a inovação, a criatividade ou o atendimento. Nos mercados digitais, a privacidade ganha grande importância pelo modelo de negócio ostentado pelos controladores de acesso, que demandam dados pessoais que os usuários nem sempre estariam dispostos a ceder, mas tais usuários não entendem exatamente as ramificações daquelas escolhas feitas no ambiente do ciberespaço.[359]

A privacidade é assunto que surge com mais ou menos impacto em diferentes setores, estando na berlinda em setores como o financeiro, o médico e o jurídico. Em um mercado competitivo é muito mais fácil que os consumidores punam empresas que desrespeitem direitos de privacidade, mas em um mercado monopolizado, os efeitos são reduzidos, o que torna necessária a análise de todas as dimensões da competição, com foco para os aspectos da privacidade, especialmente em um mercado baseado em informações.[360]

Em uma posição que procura gerar coerência na consideração da privacidade como um assunto do direito antitruste, Swire argumenta que tal aspecto deve ser considerado no contexto do bem-estar do consumidor e da qualidade do serviço. Também devem ser considerados outros critérios tradicionais, como a definição de mercado e eficiências, contudo, não se pode deixar de considerar a proteção dos dados do consumidor em um mercado baseado em dados pessoais e com efeitos relevantes sobre o usuário. Nesta perspectiva, os dados pessoais não dominariam a análise, mas seriam um aspecto a ser considerado.[361]

Para várias perspectivas do desenvolvimento da tecnologia, percebe-se que muito de sua essência está em como ela foi originalmente concebida: deve-se observar certos princípios de desenvolvimento técnico, direitos humanos, dignidade, ética, segurança, confiança, bem-estar e respeito à propriedade intelectual desde o início, para se alcançar resultados socialmente desejáveis. O fluxo de dados envolve diretamente preocupações com a privacidade e demanda o cumprimento de deveres pelos controladores de acesso, que passam pelo consentimento e tocam diretamente o desenvolvimento responsável das aplicações.

---

359 LANDE, Robert H. The Microsoft-Yahoo Merger: Yes, Privacy is an Antitrust Concern. FTC: Watch, No. 714, 2008, *University of Baltimore School of Law Legal Studies Research Paper*, n. 2008-06, Available at SSRN: https://ssrn.com/abstract=1121934. Acesso em: 28 out. 2023.

360 LANDE, 2008, p. 3.

361 SWIRE, P. 'Protecting Consumers: Privacy matters in antitrust analysis', *CCTr. for American Progress*, 19.10.2007. Disponível em: https://www.americanprogress.org/article/protecting-consumers-privacy-matters-in-antitrust-analysis/. Acesso em: 28 out. 2023, p. 1-6.

O consentimento informado também deve ser pensado desde a concepção. Trata-se, além disso, de mais do que meramente o *design* e a tecnologia resultante, mas também a política e a prática empresarial. É a abordagem de um *design* sensível a valores,[362] que considera os valores humanos de forma fundamentada e abrangente ao longo do processo, assim valorizando também a usabilidade, a criação de convenções que padronizem protocolos técnicos e facilite a adaptação a preferências pessoais, como cores usadas pelo usuário na interface.[363]

Nessa perspectiva, destacam-se os seguintes aspectos de um *design* pautado pelo consentimento informado. Primeiramente, deve-se compreender quais interações não dependem do consentimento do usuário, assim evitando a interrupção da atividade principal com constantes solicitações de consentimento. Isso não significa que não se solicitará consentimento nos momentos adequados. Pelo contrário, para se compreender quando se pode prosseguir isento de consentimento, deve-se verificar: (1) se a participação do usuário não o coloca em qualquer risco, de qualquer natureza (do risco físico ao de privacidade); (2) se o usuário compreende o propósito da interação; (3) se não há coerção. Em segundo lugar, raramente deve-se presumir o consentimento. Também se deve compreender as relações do consentimento com outros valores, como privacidade, confiança e segurança, assim identificando que atividades precisam de determinada forma de consentimento.[364]

Outros fatores relevantes são o de colocar o usuário em controle do "fator de inconveniência"[365] do consentimento, fornecendo uma certa gama de mecanismos e níveis de controle. Além disso, os *designers* devem estabelecer uma configuração padrão[366] que respeite o consentimento informado; devem evitar o jargão técnico; usar modelos interativos focados em clareza; realizar testes práticos do sistema e fazer o *design* proativamente para o consentimento informado, isto é, evitar correções posteriores, que podem chegar a ser impossíveis quando o sistema não foi concebido pensando em sua interação com o usuário baseada no

---

[362] FRIEDMAN, B., LIN, P., MILLER, J.K.: Informed consent by design. *In*: CRANOR, L.F., GARFINKEL, S. (eds.) *Security and usability*, Cap. 24, p. 495–521, Sebastopol: O'Reilly Media, 2005 [livro digital sem paginação]. Tradução livre de "*value sensitive design*".

[363] FRIEDMAN; LIN; MILLER, 2005 [livro digital sem paginação].

[364] FRIEDMAN; LIN; MILLER, 2005.

[365] FRIEDMAN; LIN; MILLER, 2005. Tradução livre de "*nuisance factor*".

[366] Tradução livre de *default*.

consentimento informado, e sim para forçar o consentimento em prol da extração abusiva de dados.[367]

A portabilidade de dados é elemento central nas políticas que entrelaçam competição, dados e consumo. Ressalta-se dois aspectos positivos de tal medida. Primeiramente, por evitar condutas de exclusão ou exploração abusiva de mercado, ao permitir a saída do consumidor daquela plataforma levando seus dados para administração de um terceiro. O segundo aspecto é que ao optar por competidores, em um quadro de portabilidade garantida, os consumidores teriam acesso a serviços de maior valor agregado, assim facilitando acesso aos entrantes.[368]

Ao pensar no avanço tecnológico e nos próximos passos no desenvolvimento humano, deve-se ter em vista os impactos desse avanço na competitividade nos mercados, assim como para aspectos de bem-estar do consumidor, escolhas, inovação e proteção de dados. Além de tais aspectos deverem estar em vista para consumidores, provedores de serviço e reguladores, tais serviços precisam ser regulados em benefício dos usuários, a partir de uma visão gerada pela cooperação entre autoridades de concorrência, proteção de dados e do consumidor, visando identificar o poder de mercado na economia digital. Também vem a calhar a nova regulação gerada pelo RMD, que considera a concorrência no ciberespaço e suas peculiaridades.[369]

A complexidade do tema dos dados pessoais no contexto do ciberespaço e na Sociedade informacional demanda o aprofundamento de seus conceitos e a exploração dos aspectos do seu fluxo e compartilhamento. Tais dimensões devem ser analisadas visando compreender as alternativas e soluções propostas para regulação da concorrência entre empresas neste âmbito sem que se descuide dos aspectos relacionados aos dados em si, os usuários e os direitos da privacidade, da personalidade e da coletividade envolvidos.

Isto é, trata-se de um contexto complexo aqui detalhado, que envolve características do ciberespaço, da Sociedade Informacional e do modelo de negócios digitais de dois lados, bem como as peculiaridades e complexidades técnicas dos dados pessoais, que, percebidos no contexto das diversas condutas dos controladores de acesso, leva à

367 FRIEDMAN; LIN; MILLER, 2005.

368 HUSTINX, 2014, p. 36.

369 HUSTINX, 2014, p. 37-38. O referido autor propõe uma revisão na legislação de concorrência para os mercados digitais.

caracterização de uma dominância de mercado com severas barreiras a entrantes a partir de aspectos diretamente relacionados aos dados. As características do poder detido por tais empresas igualmente não podem ser ignoradas, já que envolvem a predição e influência no comportamento dos usuários, assim causando uma cascata de efeitos nos diversos campos da sociedade. Tudo isso ocorre enquanto os controladores de acesso procuram permanecer o mais opacos e insubmissos a qualquer forma de controle.

3.3 Análise crítica: compartilhamento de dados, concorrência e privacidade

> Talvez o mundo não seja pequeno
> Nem seja a vida um fato consumado
> Quero inventar o meu próprio pecado
> Quero morrer do meu próprio veneno.
> (Chico Buarque e Milton Nascimento)[370]

O avanço impensado da tecnologia, que renuncie a valores e a uma abordagem voltada ao usuário pode comprometer o futuro humano. A tecnologia influencia sub-repticiamente as decisões de cada um e despe a todos da humanidade em vários níveis, prejudicando a identidade e o exercício de direitos fundamentais, até mesmo com perspectivas de substituição em atividades. Os controladores de acesso fazem uso de tais tecnologias e expandem seu domínio de mercado, tornando impossível um futuro humano hipotético, de escolhas livres, economia aberta e criativa, de relações comunitárias e solidárias e da privacidade necessária a se formar uma personalidade autêntica. O sufocante controle das grandes plataformas tende apenas a se expandir e lembra posturas de governos autoritários, que cerceiam liberdades e controlam comportamentos. Ao fim e ao cabo, o ser humano só quer compreender seu entorno e suas oportunidades, ter acesso e escolha e compreender o que está escolhendo: "inventar o seu próprio pecado; morrer do seu próprio veneno".

O que devo fazer amanhã? Que emprego devo exercer? É o que os executivos do *Google* gostariam que lhes fosse perguntado. Submeta-se

---

[370] BUARQUE, Chico; NASCIMENTO, Milton. *Cálice*. Álbum: Chico Buarque. Rio de Janeiro: Polygram, 1978.

todos os dados pessoais dos usuários aos algoritmos dos controladores de acesso, e eles vão planejar a vida perfeita para cada um, e tudo isso gratuitamente. Os verdadeiros clientes das grandes plataformas são os anunciantes – buscando lucro. O interesse das plataformas estará direcionado, portanto, ao lucro igualmente, e não à saúde e ao bem-estar do usuário final. O uso dos dados pessoais pode redundar da mais simples recomendação de compra baseada em informações simples às mais diversas recomendações de escolhas diversas nos mercados digitais; decisões de terceiros sobre os usuários ou permissões para acesso aos mais variados dados, coletados de fontes diversas. Se não se sabe com base no que se está sendo julgado ou influenciado, não se pode sequer agir a esse respeito, ou fazer suas próprias escolhas.[371]

É sobre isso que se fala quando se trata de privacidade e proteção de dados. Fala-se de perguntas como sobre o que se deve comer, comprar, onde morar, se é possível ter um financiamento e como será o futuro de cada indivíduo. Tais perguntas se inserem no âmbito da concorrência, seja pelas diversas implicações apontadas em análises monopolísticas e de ecossistemas de serviços digitais, seja pelos efeitos de tais concentrações de mercados no acesso, oportunidades, escolhas e respeito aos direitos fundamentais dos usuários, seja, por fim, mas não menos importante, pelos aspectos de dados envolvidos na análise de barreiras de entrada nos mercados digitais. O futuro da humanidade, portanto, será drasticamente influenciado pelas decisões que forem tomadas quanto a dados pessoais e concorrência no ciberespaço.

Passa-se, portanto, à análise crítica dos aspectos de compartilhamento de dados que influenciam na formação da personalidade dos indivíduos, procurando visualizar o uso abusivo de poder dos controladores de acesso, bem como a relevância de tal fenômeno para a concorrência e para a Sociedade Informacional.

3.3.1 Fluxo de dados, concorrência e personalidade

A economia da Sociedade Informacional é orientada por dados,[372] e as empresas que obtêm melhores resultados, estatisticamente, são as que tomam suas decisões com base neles, inclusive usando dados pessoais como seu principal recurso, buscando obter uma vantagem

---

371 PASQUALE, 2015, p. 19-20.

372 No original, citado a seguir, usou-se o termo *data-driven*.

a partir de grandes volumes deles e realizar aquisições de empresas com este foco. Tais dados aparecem em destaque nas várias fases de organização da produção, assim devendo ser considerados também pelos vários campos do direito e de políticas públicas. Isso também em razão dos diversos possíveis desdobramentos de tais circunstâncias e condutas dos controladores de acesso.[373]

Há que se perceber tais dados também no contexto em que se ignora o indivíduo, a identidade e a ação autônoma. Os dados pessoais tratados pelos processos tecnológicos são vistos de forma coletiva e genérica, em grupos que possam ser alvos de anúncios, serviços e produtos: enfim, como mercadoria. Essa visão compõe o que se pode ver como um controle, coletivização e descaracterização da personalidade e do humano a partir da sacralização da tecnologia e dos mecanismos capitalistas ali aplicados. Entra em jogo a racionalidade digital, em que as grandes massas de dados e a inteligência artificial teriam a capacidade de tudo ver e mapear de forma a otimizar e prever as melhores soluções para o futuro humano. Trata-se de uma perspectiva que atropela com dados qualquer aspecto humano. Torna-se impossível qualquer visão de autonomia e liberdade em prol de uma ditadura opaca dos dados e sob controle das grandes empresas de tecnologia.[374]

Não é tarefa fácil implementar medidas que contestem o poder privado sobre a tecnologia de dados e, portanto, sobre os caminhos a serem trilhados pela sociedade. No entanto, é necessário buscar a compreensão e a propositura de medidas concretas que desafiem tal domínio e também as compreensões tradicionais do Direito Concorrencial, debruçando-se sobre a complexidade da dinâmica do fluxo de dados pessoais e buscando o maior controle democrático sobre tais questões, visando atender o interesse público.

Nesse sentido, por um lado, há a resistência das empresas em ceder à portabilidade de dados, adotando também outras condutas tendentes a concentrar dados e excluir competidores. Por outro, alega-se ganhos de eficiência pela concentração de dados, inclusive em aquisições de empresas, como na aquisição do *Yahoo* pela *Microsoft*, com a alegação de que tal operação poderia impactar positivamente a concorrência com o *Google*. Por isso a importância de se compreender os efeitos dos

---

373 GRUNES, A.P.; STUCKE, M.E. No mistake about it: the important role of antitrust in the era of big data, 14, *The Antitrust Source* 1-14 (2015), p. 2-3.

374 HAN, 2022, p. 63 e ss.

dados pessoais para a concorrência, seja como elemento de eficiência ou barreira de entrada, a depender das consequências esperadas.[375]

Na outra ponta, a privacidade aparece como preocupação relevante para aspectos referentes à concentração de mercado. Entre os aspectos da análise antitruste que se destacam está a qualidade dos produtos e serviços, que tem como um de seus aspectos a privacidade. Seja pela formação de monopólios ou em aquisições, as autoridades devem observar se não há danos competitivos decorrentes de prejuízo à privacidade, por exemplo com a combinação de dados que permitam um controle comportamental ainda mais rígido do usuário pelos controladores de acesso com a modulação intensa do senso de identidade dos usuários. Stucke e Grunes recomendam, então, a análise da privacidade como elemento de negociação dos consumidores com as empresas, e não como um custo social.[376] Os referidos autores trazem, assim como em outros temas, reflexão bastante relevante e completa para esta pesquisa, de forma que se entende pertinente a análise contínua do raciocínio por eles trazido.

Além do preço, em um contexto negocial os controladores de acesso agem de forma cada vez mais invasiva perante os dados dos usuários. Quanto mais domínio há sobre o mercado, mais as empresas podem extrair e agir sobre os dados dos usuários e ainda mantê-los em suas bases. Naturalmente, portanto, uma empresa monopolista respeita menos a privacidade do usuário que uma empresa em um mercado competitivo.[377]

Isso vale para a qualidade dos produtos e serviços, que ficam em risco, podendo ser até prejudicados, ainda que a grande empresa esteja em crescimento. Trata-se de um quadro em que o avanço do incumbente, com acesso a cada vez maiores e melhores volumes de dados, não reflete em ganho de eficiência ao usuário, mas sim na imposição gradual de aspectos que pioram os serviços para o usuário gratuito, como no caso dos anúncios cada vez mais invasivos promovidos pelo *Google*, com base na suposta negociação com os consumidores, em que se aposta na permanência deles, por todas as razões já destacadas, inerentes à economia digital de plataformas, mesmo com a piora do serviço. A ausência de escolhas e a imposição do modelo de negócios

---

375 GRUNES; STUCKE, 2015, p. 4.

376 GRUNES; STUCKE, 2015, p. 5-6.

377 GRUNES; STUCKE, 2015, p. 8-9.

de publicidade comportamental, então, prejudicam significativamente a autonomia e o senso de identidade do usuário, que é obrigado a se conformar com as circunstâncias que lhe são impostas.

Fusões e aquisições também devem ser analisadas neste prisma de privacidade, concorrência e direito do consumidor em que se recomenda a análise de casos anteriores que tiveram maus resultados para a elaboração de futuras regulamentações e implementação de práticas. Nesse sentido, as análises devem passar pelos efeitos da operação para o poder de mercado da grande empresa, além das eventuais barreiras criadas para entrantes, formas de combinação de dados que possam prejudicar a privacidade e avaliação de avanço da inovação, assim verificando a adequação das ferramentas empregadas.[378]

A abordagem crítica, e que traz uma visão integrada do tema, deixa claro que os direitos dos usuários, especialmente quando voltados para seus dados pessoais, têm sérias implicações concorrenciais; isso se dá já que aumentar o controle dos dados pelos consumidores, implementando a portabilidade de dados, por exemplo, pode reduzir barreiras de entrada. O mesmo pode ocorrer em modelos em que o usuário participa ativamente do processo de venda de seus dados, fazendo opções e até mesmo edições, e recebendo parte dos lucros, o que aumentaria a transparência sobre o fluxo e a venda de dados. No mesmo sentido, defende-se a habilitação do usuário para facilmente selecionar suas preferências de privacidade e prestadores de serviço, assim reduzindo custos de busca, transação e mudança, de forma que incentive a entrada de novos competidores. Assim se vê o quanto a proteção de dados e a concorrência na Sociedade Informacional estão conectadas.[379]

Deve-se compreender, portanto, que proteção de dados e concorrência são inseparáveis na economia de dados e se influenciam reciprocamente, de forma muito intensa, simplesmente não podendo ser vistas individualmente. É assim que a compreensão do fluxo de dados e da perspectiva do usuário são essenciais para a avaliação das medidas necessárias nas várias frentes do antitruste, passando por condutas, estruturas e operações de fusão ou aquisição de empresas e visando incentivar a entrada de novas empresas, a redução dos custos de troca e a facilitação das escolhas com a preservação dos direitos dos usuários.

---

[378] GRUNES; STUCKE, 2015, p. 10.

[379] GRUNES; STUCKE, 2015, p. 13.

Os objetivos das autoridades e políticas públicas devem ser, então, principalmente de compreender danos causados, inclusive pela falta de competição; atualizar as ferramentas de antitruste para compreender potenciais danos; compreender os incentivos para competição e inovação e "desenvolver um modelo estruturado que fomente uma variedade de modelos de negócios, para que consumidores informados tenham uma gama competitiva de opções que se alinhem melhor com os compromissos de privacidade envolvidos".[380]

Fica estabelecida a situação em que a autonomia e a personalidade são fortemente influenciadas, e parte da solução para tal questão passa pela construção de um ambiente concorrencial nos mercados digitais que valorize a competitividade e o direito à escolha. Observe-se que a escolha é um elemento intimamente conectado com as noções de personalidade e autonomia. Sem competitividade e diversidade não há alternativas. Sem alternativas não há escolha nem autonomia. Nesse quadro, os controladores de acesso seguem com sua dominação, aplacando a plena capacidade de formação autônoma da personalidade do indivíduo.

Vista essa íntima relação entre os temas, a partir do quanto estão conectados, procura-se demonstrar algumas propostas, apresentadas pela doutrina contemporânea, envolvendo proteção de dados e concorrência com mais ênfase à primeira e em preparação para o início do capítulo derradeiro deste estudo, em que se tratará do RMD com maior centralidade.

3.3.2 Propostas concretas entre proteção de dados e concorrência

I) A experiência finlandesa *MyData*

Destaca-se que o compartilhamento de dados deve se encaminhar numa perspectiva mais centrada no usuário, visando dar maior sustentabilidade à economia de dados a partir do maior controle dos indivíduos sobre seus dados pessoais. As discussões práticas acerca do tema, ocorridas a partir da experiência finlandesa *MyData*, giram em torno da suficiência da criação de uma infraestrutura de dados para

---

380 GRUNES; STUCKE, 2015, p. 14. Tradução livre de: "*Develop a framework that fosters a range of business models, so that informed consumers have a competitive array of choices that better match the privacy trade-offs involved*".

viabilizar tal controle. A intenção é a fusão de imaginários tecnológicos e sociocríticos para que se alcance formulações de ética e futuro dos dados.[381] Opta-se, metodologicamente, pela apresentação linear da referida experiência, visando preservar sua clareza e descrever plenamente os fatores que a compõem, bem como as críticas tecidas pelos autores.

Se hoje a administração dos dados está toda nas mãos de organizações, ela deve passar à administração dos usuários.[382] O modelo atual é combatido exatamente em razão de que os dados podem ser usados para propósitos diversos daqueles inicialmente previstos, ou combinados e usados para causar danos às pessoas. A escolha sobre o uso dos dados, portanto, ainda que envolvendo atuação dos prestadores de serviço, deveria caber aos respectivos sujeitos, que poderiam, além de extrair valor de seus dados, acessar, usar e compartilhar ou deletá-los livremente, assim passando de alvos passivos a atores empoderados na administração de suas vidas.[383]

No referido experimento, os esforços foram focados em construir uma infraestrutura que permitisse o acesso, controle, benefício e aprendizado do usuário. Trata-se de uma perspectiva que considera o avanço tecnológico inexorável, assim procurando direcioná-lo a servir à sociedade. Tal perspectiva é criticada como insuficiente por possivelmente não atingir os objetivos desejados e ensejar uma adaptação (adaptação reversa) dos controladores de acesso às novas práticas, bem como o fortalecimento de todo o sistema e da datificação. Ainda é criticada a monetização de dados e toda a lógica patrimonialista e pouco dotada de ideologia clara, uma vez que a comercialização/monetização de dados pode gerar ou perpetuar desigualdades e a falta de ideologia pode implicar em não se alcançar objetivos como o empoderamento do usuário, uma vez que não se falou dos usos desejados para os dados, ou dos aspectos relacionais e políticos dos dados, visando a superar um paradigma meramente de propriedade individual.[384]

---

[381] LEHTINIEMI, Tuukka; RUCKENSTEIN, Minna. The social imaginaries of data activism. *Big Data & Society*, January–June 2019: 1–12. Sage Publishing: Los Angeles. Disponível em: https://journals.sagepub.com/doi/10.1177/2053951718821146. Acesso em: 22 de out de 2023, p. 1-2.

[382] LEHTINIEMI; RUCKSTEIN, 2019, p. 5, explicam que não se fala de propriedade de dados pessoais, tendo em vista as controvérsias em torno da questão. Assim, o experimento tratou unicamente da administração dos dados.

[383] LEHTINIEMI; RUCKSTEIN, 2019, p. 4 e ss.

[384] LEHTINIEMI; RUCKSTEIN, 2019, p. 2 e ss., p. 7.

Desejável, nesse sentido, uma perspectiva que envolva o ativismo de dados nesta relação entre a perspectiva tecnológica e a sociocrítica, permitindo o uso aberto e coletivo de dados direcionado a pleitos ou projetos populares. No mesmo sentido, pode ser promovida a governança coletiva de dados visando a se tomar iniciativas de resistência à dominância dos controladores de acesso. Por fim, são relevantes as iniciativas de recusa de compartilhamento de dados como atos políticos. Tais iniciativas, portanto, poderiam ser facilitadas pela infraestrutura, assim colaborando para o bem comum e a autonomia dos usuários.[385]

m) Outras perspectivas centradas no usuário e críticas aos algoritmos

São trazidos alguns efeitos de rede como forma de destacar a importância da arquitetura da internet e seu funcionamento que conecta pessoas e pode gerar colaboração entre a comunidade ali organizada. Por outro lado, é feito o alerta no sentido de que há uma oposição entre redes e indivíduos, tendo em vista que as redes, e seus operadores, tomam os indivíduos e seus dados como objetos, desumanizando-os ao despi-los da noção de pessoalidade e singularidade.[386]

Como forma de combate a esses efeitos, Silvio Meira destaca o poder da identidade, isto é, em suma, um tratamento digno do usuário, empoderando-o e habilitando-o aos desafios deste tempo e espaço chamado pelo autor de figitais.[387]

Destaca, nesse contexto, comunidades de código aberto e economia colaborativa por meio da internet servindo como bons exemplos do poder dos indivíduos em rede. O ideal do autor envolve o novo paradigma em que os fluxos de informação e poder ocorrem em rede, substituindo as relações de produção. Nesse contexto, as pessoas podem ser os agentes de transformação de mercados, e não meros espectadores, podendo participar por meio da colaboração e cocriação em rede.[388]

De forma complementar, Cathy O'Neil destaca a importância da transparência algorítmica, explicando que os algoritmos têm pontos cegos relevantes, pois certamente deixam de considerar fatores relevantes (*inputs*) para certos cálculos, assim gerando decisões (*outputs*) com resultados indesejados e danosos para as pessoas. As reflexões de O'Neil

---

385 LEHTINIEMI; RUCKSTEIN, 2019, p. 8-9.

386 MEIRA, Silvio. *Efeitos de rede e ecossistemas figitais [VI]*. 2023. Disponível em: https://silvio.meira.com/efeitos-de-rede-e-ecossistemas-figitais-vi/. Acesso em: 6 ago. 2023.

387 MEIRA, 2023.

388 MEIRA, 2023.

levantam questionamentos como: Pode-se confiar nos algoritmos para decidir questões relevantes? Quais são os fatores e pesos considerados por esses algoritmos? E, já que certamente os algoritmos são criados por pessoas, eles não podem ser considerados objetivos ou infalíveis, então quais são os vieses trazidos por cada um deles?[389]

A ideia da frieza desses algoritmos não pode ser afastada: são estatísticas e conclusões sobre certos números, sem que se considere outros fatores, que por vezes não podem ser medidos. Então, outro questionamento trazido é: a intenção é que a sociedade seja guiada apenas por esses parâmetros quantitativos?[390]

A opacidade de tais algoritmos também é um fator de extrema importância, já que para sequer cogitar as perguntas mencionadas, é essencial que se tenha acesso a tais parâmetros e se compreenda toda a lógica por detrás deles.[391]

Os preconceitos trazidos pelos algoritmos também são bastante marcantes, claramente embarcando em si as visões de seus programadores e/ou contratantes. Trata-se de parâmetros, geralmente indiretos, que geram efeitos conclusivos acerca de decisões como contratar ou não um funcionário, ou conceder um empréstimo, a depender do local onde a pessoa mora ou de seu *score* de crédito, assim perpetuando situações sociais de desfavorecimento.[392]

Nessa linha, um aspecto importante é que se acredita que a tecnologia, como alguma espécie de bálsamo, poderia eliminar os vieses humanos; no entanto, é muito mais provável que apenas camufle esses vieses sob camadas de códigos, que se pretendem matemáticos, objetivos e inequívocos.[393]

Esta seção faz um reforço da defesa da autonomia do usuário, trazendo propostas concretas para tanto. Entende-se que a autonomia do usuário depende, ainda, da compreensão das críticas acima traçadas quanto aos algoritmos, especialmente em sua pouca transparência. Os algoritmos são parte central dos mercados digitais, e se eles não podem ser compreendidos, é impossível exercer escolhas, consentir com o tratamento de dados e exercer alguma espécie de cidadania digital. Dando

---

389 O'NEIL, Cathy. *Algoritmos de destruição em massa*. São Paulo: Ed. Rua do Sabão, 2020, p. 25-33.

390 O'NEIL, 2020, p. 34-37.

391 O'NEIL, 2020, p. 37-44.

392 O'NEIL, 2020, p. 44-51.

393 *Ibidem*.

sequência a tal raciocínio, e procurando estabelecer aspectos concretos das propostas de alterações quanto ao fluxo de dados, passa-se a tratar de críticas feitas à publicidade direcionada e à tecnologia em geral, sempre procurando promover alterações que considerem e beneficiem os usuários.

n) Publicidade e tecnologia para os usuários

Ao abordar a indústria da publicidade, uma das principais da economia digital, Tim Wu entende que a regulação sequer toca tanto o "como", mas sim o "onde" e o "quando". A invasão da publicidade em todos os espaços, o tempo todo, criou um desafio enorme à noção de privacidade: tem-se acesso a um excesso de informações e se acaba sendo cada vez menos "si mesmo"; pode-se conectar com pessoas por todo o mundo, mas se é cada vez mais individualista. Fala-se aqui da dimensão da privacidade que envolve a autonomia, a formação da personalidade e a relação coletiva. Há diversos empreendimentos sociais, individuais e coletivos que requerem atenção para serem desenvolvidos, de forma que se torna necessário recuperar esse recurso em prol de tais empreendimentos. Para tanto, a publicidade deve ser regulada, e a tecnologia deve ser desenvolvida para atender às necessidades dos indivíduos, sendo concebidos sob esta ética.[394]

Os mercadores de atenção, como cunhados por Wu, acabam por gerar vidas sem foco nem concentração, mas com "consciências fragmentadas e sujeitas a constante interrupção", o que para o autor é um problema não só no nível individual, mas também de macroeconomia, já que isso pode representar uma perda significativa de produtividade para todos os outros setores da economia. As escolhas individuais e coletivas sobre como lidar com a atenção que se dispende ao longo da vida são de extrema importância: a vida dos indivíduos é formada dos momentos de atenção, e muitas vezes se renuncia a ela até mesmo de forma impensada. Recuperar a atenção é "recuperar a titularidade da própria experiência de viver.[395]

Pior que os vieses humanos, as grandes empresas de tecnologia propositadamente escondem os vieses de seus algoritmos, normalmente com a desculpa de segredo industrial ou de negócio, assim

[394] WU, Tim. *Attention merchants*: The epic struggle to get inside our heads. London: Atlantic Books, 2017, p. 368 e ss.

[395] WU, 2017, p. 372 e ss. Traduções livres de *"fragmentary awareness and subject to constant interruption"* e *"reclaim ownership of the very experience of living"*.

impossibilitando o próprio questionamento a tais fatores decisórios.[396] Embora se tenha inicialmente argumentado que a tecnologia e os algoritmos estariam sujeitos exatamente a uma legitimação via transparência, o argumento convenientemente mudou para a proteção via sigilo prático e legal. O que foi criado para evitar os ditos vieses humanos passou a estar sob sigilo e submetido a fatores tão complexos quanto os anteriores, com tal sigilo justificado sob uma argumentação de que isso representaria proteção contra *hackers*, eventuais manipulações e, claro, os competidores. É criado um poder incomensurável e invisível.[397]

Uma visão crítica indica a necessidade de se repensar a tecnologia desde sua criação. O desenho de soluções, aplicativos, algoritmos, entre outros, deve ser pensado para as pessoas como fim em si, e não como um componente para testes de eficiência e eficácia. A análise econômica também deve acompanhar a tecnologia, direcionando-se a compreender e regular "o desenho das máquinas que mediam o comportamento humano social". Um dos grandes desafios desta era será também simplificar a complexidade, o que pode se dar a partir do bom uso dos dados e de boas interfaces para o usuário, assim tornando possíveis diversas atividades que contribuem para o bem-estar social, desde as mais simples do cotidiano, até práticas profissionais, como as dos médicos, bem como para usos com pacientes portadores de dificuldades de aprendizagem.[398]

Lanier demonstra que o uso da tecnologia vem se dando com base em sedução, vício e respostas constantes semialeatórias, associadas ao prazer do indivíduo, em que os resultados são aproximadamente previsíveis. Tais interações mimetizam um jogo, sempre procurando deixar o usuário em um estado de excitação. Em verdade, o objetivo da tecnologia deveria ser corresponder mais aos estímulos que se espera na sociedade, com a gratificação sendo entregue de forma gradual e associada à competência e com interfaces focadas na usabilidade, clareza e realidade.[399]

Um estudo demonstra que as pessoas são bastante resistentes a desativar suas redes sociais, no entanto sentem-se mais felizes e menos ansiosas quando as desativam, passando a utilizar menos após um mês

[396] O'NEIL, 2020, p. 49-51.
[397] PASQUALE, 2015, p. 193.
[398] LANIER, 2013, p. 323-325.
[399] LANIER, 2013, p. 325.

de abstinência. O estudo demonstrou a formação de vício, bem como que as redes sociais deixavam as pessoas infelizes e traziam opções de consumo insatisfatórias. Por meio das redes sociais, os usuários são "adestrados para agir contra seus próprios interesses".[400]

Demonstra-se, assim, que a publicidade e a tecnologia aplicadas nos processos ora descritos não atendem às necessidades dos usuários finais. O desenvolvimento e os modelos de negócios são voltados ao lucro dos controladores de acesso e ao aprimoramento dos mecanismos de extração e utilização abusiva de dados pessoais em prol dos usuários profissionais, que contratam anúncios direcionados, por exemplo. Parte da solução passa, portanto, pela alteração de diversos elementos desses modelos de negócio, repensando-os em favor do usuário, nos termos aqui descritos.

A proposta do presente capítulo é trazer reflexões que levem a repensar os dados pessoais, o tratamento desses dados, o desenvolvimento tecnológico, os modelos de negócio dos controladores de acesso e a concorrência nos mercados digitais. Trata-se, claro, de objetivos ambiciosos. Ainda assim, a pesquisa apresenta resultados consideráveis, que permitem a reflexão e construção de determinadas conclusões que colaborarão para a formação do estudo da concorrência com base no fluxo de dados pessoais. Segue-se com algumas conclusões parciais.

3.4 Conclusões parciais

Apresenta-se, com fins didáticos e metodológicos, a série de conclusões parciais alcançadas pela pesquisa ao longo deste capítulo. O objetivo principal estabelecido é a compreensão das intrincadas relações entre o fluxo de dados pessoais e a concorrência nos mercados digitais, sendo foco específico deste capítulo o aprofundamento da compreensão dos elementos relacionados aos dados pessoais.

A compreensão do fluxo de dados nos mercados digitais passa pela identificação plena dos elementos que compõem o fenômeno da vigilância na Sociedade Informacional. Nesse sentido, a pesquisa deu conta de analisar o desenvolvimento histórico e doutrinário do tema, concluindo pela adequação do conceito de vigilância líquida para descrever o momento vivido na contemporaneidade. Destaca-se aspectos

[400] FISHER, 2023, s.p. (O efeito Cassino).

como a onipresença dos dispositivos físicos, eletrônicos e digitais de vigilância, a mediação das relações por grandes empresas de plataformas digitais, a modulação de comportamento, a ausência de responsabilidade mútua na sociedade e o isolamento em uma sociedade voltada ao consumo. Aponta-se a necessidade de combater tais elementos buscando autonomia do sujeito, justiça social, respeito à dignidade do indivíduo e solidariedade.

Foi possível observar a grande relevância dos dados na Sociedade Informacional, seja na qualidade de informação, ou na forma de dados pessoais, influenciando nos caminhos percorridos pelas sociedades em geral e com seu papel na autonomia e formação do senso de identidade dos indivíduos, na percepção social tida sobre eles e no poder político manifestado por meio das informações controladas e difundidas.

Também se pôde reforçar aspectos da concentração de dados dos controladores de acesso, por meio de seus bancos de dados formados a partir de largas bases de usuários finais. Nesta senda, foram consolidados aspectos técnicos envolvidos no fluxo dos dados, passando por sua coleta, tratamento e uso pelos controladores de acesso, com ênfase às tecnologias estimativas e preditivas envolvendo inteligência artificial e algoritmos. Ficaram demonstradas as características e a relevância de tais tecnologias, assim como os potenciais efeitos negativos para indivíduos e sociedades, enfatizando o papel do desenvolvimento realizado por humanos.

Foram destacadas as relações entre consentimento, autonomia e escolhas, deixando clara a relevância de tais temas, que perpassam a presente pesquisa. A autonomia está no centro de toda a análise, visto que deve pautar as relações humanas, seja nos mercados digitais em geral, nas escolhas de prestadores de serviço, ou quanto ao consentimento para o tratamento dos dados de determinada maneira. O referido tema, portanto, deverá ser sempre observado nesta pesquisa com a máxima atenção e em suas diversas facetas.

Observou-se, ainda, que o consentimento é um conceito complexo e envolve uma série de aspectos técnicos e relacionais para que ele ocorra de forma adequada, especialmente nos mercados digitais, objeto deste estudo. O consentimento nada mais é que uma escolha, e chegou-se efetivamente à conclusão de que ele deve ser exercido de maneira mais informada, clara e com os seus matizes em concreto, não como algo binário (consentir ou não). Também se destacou a importância da escolha do usuário em relação ao prestador de serviços essenciais digitais, seja para favorecer a dinamicidade e pluralidade do mercado, seja para favorecer a inovação em prol do usuário, ou mesmo pela possibilidade da escolha em si como forma de exercício da sua autonomia.

Avançando para aspectos concorrenciais dos dados, ficou demonstrada a impertinência da tese da ubiquidade dos dados e a pretensão de afastar os efeitos competitivos deles. Foram apresentadas as características dos dados pessoais e sua centralidade no modelo de negócios dos controladores de acesso, bem como seu papel como barreira de acesso concorrencial, no que se pode denominar vantagem de dados. Assim, foi apresentado e validado o argumento de que a abordagem da regulação concorrencial dos mercados digitais, com suas peculiaridades, deve levar em consideração também elementos de proteção de dados e do consumidor, visto que uma visão que dissociasse tais temas invariavelmente traria potencialidade de violações a direitos fundamentais e seria ineficiente para obter resultados concorrenciais relevantes.

Concluiu-se, a partir da análise de propostas concretas, que o fluxo de dados deve ocorrer em prol dos usuários, respeitando sua privacidade, personalidade, escolhas e demais direitos fundamentais, a partir de uma perspectiva de autonomia e ética desde a concepção da tecnologia. Observa-se que o desenvolvimento tecnológico não deve se focar exclusivamente em critérios econômicos e de eficiência, devendo ser fomentado um ambiente competitivo que incentive a inovação e criação de soluções práticas focadas na privacidade, autonomia e no proveito do usuário, ou que ao menos não o prejudiquem.

Dadas as conclusões acima, entende-se consolidada a relação íntima entre o fluxo de dados pessoais nos mercados digitais e o ambiente concorrencial ali estabelecido. A dominância dos controladores de acesso e os efeitos da atuação deles para os usuários decorre diretamente da forma como administram os dados e os consideram em seus modelos de negócios. A alteração de tal quadro passa, portanto, por medidas que promovam mudanças significativas na forma como tais dados são considerados e no direcionamento dos benefícios dos mercados digitais prioritariamente aos usuários que o movimentam. Postas essas premissas, passa-se à análise do marco legislativo.

CAPÍTULO 4

O REGULAMENTO DOS MERCADOS DIGITAIS (RMD/EU) E REGULAÇÃO CONCORRENCIAL COM BASE NO FLUXO DE DADOS PESSOAIS

> Um índio descerá de uma estrela colorida, brilhante
> De uma estrela que virá numa velocidade estonteante
> E pousará no coração do Hemisfério Sul, na América, num claro instante
> Depois de exterminada a última nação indígena
> E o espírito dos pássaros das fontes de água límpida
> Mais avançado que a mais avançada das mais avançadas das tecnologias (...) [401] (Caetano Veloso)

O terceiro capítulo desta obra tem por foco o Regulamento dos Mercados Digitais da União Europeia. Visando compreender o objeto deste excerto da pesquisa, estabelece-se as seguintes perguntas: Qual a abrangência e as características do tratamento dado pelo RMD aos dados pessoais na concorrência nos mercados digitais? Quais efeitos se espera da vigência e aplicação dos dispositivos da lei que tocam dados pessoais sobre a concorrência neste âmbito? Quais têm sido as propostas paralelas e perspectivas críticas ao RMD e sua abordagem no que toca à análise concorrencial com base em dados nos mercados digitais?

Trabalha-se com a hipótese de que o RMD tem como elemento central a virada do paradigma regulatório concorrencial, focando-se nos aspectos que envolvem dados pessoais, seja quanto ao seu fluxo em

401 VELOSO, Caetano. Um índio. 1977. No Álbum: *Bicho*. Formato: LP. Rio de Janeiro: PolyGram.

geral, ou condutas que geram tendência de concentração promovidas pelos controladores de acesso. O RMD caracteriza-se por seu foco nos dados pessoais, assim como pela promoção da regulação *ex ante*, com base na criação e regulação do conceito de controladores de acesso, bem como na ampliação dos poderes investigatórios das autoridades antitruste e na sua colaboração entre si e com autoridades de dados e de proteção ao consumidor.

Espera-se que a referida regulação promova os elementos trazidos em suas razões preliminares, quais sejam, especialmente, a autonomia e o poder de escolha ao usuário, assim como mercados digitais competitivos, dinâmicos e inovadores. Também são efeitos esperados a maior transparência dos controladores de acesso bem como restrições a suas condutas abusivas no âmbito competitivo e quanto ao tratamento dos dados pessoais dos usuários.

Por fim, tem-se, como críticas hipotéticas à lei, aspectos acerca do seu cumprimento e de como se portarão as autoridades regulatórias diante das dificuldades técnicas, financeiras e de assimetria de poder e informação. Observa-se, igualmente, críticas a aspectos práticos como a privacidade dos usuários diante de práticas de compartilhamento de informações, bem como potenciais danos aos benefícios tecnológicos atualmente oferecidos pelos controladores de acesso aos usuários em geral. Todas as críticas identificadas serão analisadas, para a verificação de sua pertinência e do quanto podem agregar ao estado da arte. Por fim, pretende-se abordar a hipótese de críticas quanto à extensão da eficácia técnica e concorrencial de medidas propostas pelo regulamento, especialmente em comparação com suas alternativas.

Inicia-se o percurso deste capítulo da pesquisa com a visualização bastante introdutória da legislação europeia de regulação dos mercados digitais (o RMD). A seguir, aprofunda-se a análise enfatizando aspectos concorrenciais bem como aqueles que tocam a proteção de dados pessoais e alguns aspectos de direito do consumidor e de direitos fundamentais da União Europeia, de forma coerente com os objetivos propostos pelo estudo.

4.1 Regulação concorrencial dos mercados digitais (no RMD)

Regular é escolher. Criar normas de convivência é tornar claras e cogentes as opções que uma comunidade faz para sua vida em comum.

Ao analisar a legislação em tela, a pretensão é consolidar muito do que já se apontou ao analisar aspectos concorrenciais e de dados relacionados aos controladores de acesso e suas estratégias de dominação do ciberespaço: pretende-se um futuro humano em que a tecnologia potencialize capacidades humanas, e não um futuro em que a tecnologia, cada vez mais opaca e incompreensível, limite as decisões tomadas em sociedade e gere benefícios desproporcionais a pequenos grupos. O futuro desejado se parece muito mais com um índio que procura recuperar sua comunidade e a natureza do que com um robô, isolado em sua casca de metal e com seus algoritmos pretensamente perfeitos. Como diz a citação em epígrafe, esse índio é muito mais avançado que o humanoide.

Esta breve seção do estudo apenas introduz algumas peças legislativas europeias que demonstram a conformação que vem se pretendendo dar aos mercados digitais na União Europeia, em direção a um futuro mais humano, sustentável, dinâmico, inovador e colaborativo. Metodologicamente a intenção é apenas apresentar tais legislações e suas pretensões básicas visando fornecer uma perspectiva prática para a análise da normatividade nos mercados digitais.

O Regulamento dos Mercados Digitais da União Europeia (RMD/UE),[402] mais comumente tratado por seu nome e sigla em inglês, *Digital Markets Act* (DMA), vem integrar a ordem normativa do ciberespaço: o conjunto de normas relacionadas ao ambiente digital, especificamente tratando do mercado e da concorrência. No contexto europeu, tal ordem normativa é composta essencialmente pelas seguintes normas, a serem tratadas brevemente a seguir.[403]

Primeiramente, tem-se a Carta dos Direitos Fundamentais da União Europeia,[404] com caráter constitucional, estabelecendo direitos fundamentais e outras balizas para a aplicação do direito no bloco. No campo de planejamento, importante considerar a comunicação da

---

[402] UNIÃO EUROPEIA. Regulamento (UE) 2022/1925 relativo à disputabilidade e equidade dos mercados no setor digital e que altera as Diretivas (UE) 2019/1937 e (UE) 2020/1828 (Regulamento dos Mercados Digitais). *Jornal Oficial da União Europeia*, Bruxelas, Bélgica, v. L 265/1, p. 2, 14 set. 2022a. Disponível em: https://data.consilium.europa.eu/doc/document/PE-17-2022-INIT/pt/pdf. Acesso em: 29 ago. 2023.

[403] Oportunamente serão abordadas outras legislações mais específicas e com disposições práticas relevantes para a análise dos instrumentos disponibilizados pela política legislativa europeia para a regulação dos temas deste estudo. Neste momento, no entanto, elas não agregariam à função introdutória desta seção.

[404] UNIÃO EUROPEIA, 2000.

Comissão Europeia intitulada "Estratégia para o Mercado Único Digital na Europa" (mais conhecido como DSM ou *Digital Single Market*),[405] que procura unificar os mercados digitais europeus e estabelecer certos objetivos para a comunidade europeia.

Dentre os regulamentos, destacam-se o Regulamento dos Mercados Digitais, objeto principal deste estudo, além do Regulamento dos Serviços digitais (em inglês DSA ou *Digital Services Act*),[406] promulgado e discutido em paralelo com o anterior e focado na regulação dos aspectos da prestação dos serviços digitais. Importante destacar também o Regulamento Geral sobre a Proteção de dados (RGPD, ou em inglês GDPR – *General Data Protection Regulation*),[407] voltado à proteção das pessoas quanto ao tratamento e circulação de seus dados pessoais. De forma complementar ao anterior há a diretiva relativa à privacidade e às comunicações eletrônicas (chamado comumente diretiva *e-Privacy*),[408] que foca nas comunicações eletrônicas e no uso de rastreadores *on-line*, como os *cookies*. O Regulamento com intenção de atualizar a referida diretiva foi elaborado e se pretendia colocá-lo em vigência a partir de 2018, no entanto, ainda não foi objeto do consenso político suficiente para sua aprovação.[409]

Encerram a lista o Regulamento dos serviços de intermediação *on-line* (também chamado "*P2B Regulation*" ou *Plataform-to-Business Regulation*),[410] que procura regular plataformas de comércio *on-line* (*mar-*

---

[405] UNIÃO EUROPEIA. Comunicação da Comissão ao Parlamento Europeu, ao Conselho, ao Comité Económico e Social Europeu e ao Comité das Regiões. Estratégia para o Mercado Único Digital na Europa {SWD(2015) 100 final}. *Jornal Oficial da União Europeia*, Bruxelas, Bélgica, 6.5.2015. COM(2015) 192 final. Disponível em: https://eur-lex.europa.eu/legal-content/PT/TXT/PDF/?uri=CELEX:52015DC0192. Acesso em: 10 dez. 2023.

[406] UNIÃO EUROPEIA, 2022b.

[407] UNIÃO EUROPEIA, 2016.

[408] UNIÃO EUROPEIA. DIRETIVA 2002/58/CE DO PARLAMENTO EUROPEU E DO CONSELHO de 12 de Julho de 2002 relativa ao tratamento de dados pessoais e à proteção da privacidade no sector das comunicações electrónicas (Diretiva relativa à privacidade e às comunicações electrónicas) (JO L 201 de 31.7.2002, p. 37). *Jornal Oficial da União Europeia*, Bruxelas, Bélgica. Disponível em: https://eur-lex.europa.eu/legal-content/PT/TXT/PDF/?uri=CELEX:02002L0058-20091219. Acesso em: 20 jan. 2024.

[409] UNIÃO EUROPEIA. Regulamento do Parlamento Europeu e do Conselho relativo ao respeito pela vida privada e à proteção dos dados pessoais nas comunicações eletrônicas e que revoga a Diretiva 2002/58/CE (Regulamento relativo à privacidade e às comunicações eletrônicas). *Jornal Oficial da União Europeia*, Bruxelas, Bélgica, 10.1.2017 COM(2017) 10 final 2017/0003 (COD). Disponível em: https://eur-lex.europa.eu/legal-content/PT/TXT/PDF/?uri=CELEX:52017PC0010. Acesso em: 10 dez. 2023.

[410] UNIÃO EUROPEIA. Regulamento (UE) 2019/1150 do Parlamento Europeu e do Conselho de 20 de junho de 2019 relativo à promoção da equidade e da transparência para os utilizadores profissionais de serviços de intermediação em linha. *Jornal Oficial da União*

ketplaces), como a Amazon, promovendo equidade e transparência para utilizadores profissionais. E, por fim, o Regulamento de Inteligência Artificial,[411] recém-aprovado e que pretende incentivar a inovação bem como segurança jurídica e dos usuários, tornando clara a forma como tais sistemas devem respeitar direitos fundamentais e formar um mercado único, legítimo e de confiança.

Além de tais leis supranacionais, que serão posteriormente abordadas com maior atenção, no que tocam ao objeto de pesquisa, é importante destacar a relevância de outras fontes normativas do ciberespaço, tratando das peculiaridades de tal ambiente, considerando a relevância dos controladores de acesso e outros atores privados que atuam fortemente neste ambiente, conforme amplamente debatido neste estudo. Será analisada adiante, portanto, tal ordem normativa visando compreender quais são as forças, os poderes e as formas de controle empregados nos vetores de conformação e desenvolvimento do ciberespaço e dos mercados digitais.

4.1.1 Ordem normativa do ciberespaço

Não pode ser simplista a abordagem normativa do tema. O direito não é a panaceia para todos os problemas concorrenciais no ciberespaço, o que não significa que ele não seja parte da solução. A compreensão dos papéis do direito e das ferramentas que podem ser disponibilizadas e que efetivamente são trazidas pelo RMD são alguns dos aspectos tratados pelo presente estudo. O direito compõe o quadro de forças sociais que, somando-se a aspectos políticos, culturais, antropológicos, morais, econômicos, práticos e sociais, moldam o agir individual e compõem o que se tem como vida em sociedade.

A concepção aqui defendida se alinha, em suas bases normativas, à noção de Bobbio de que o direito é composto a partir de certos valores, em uma estrutura teleológica estudada pelos filósofos do direito e

---

Europeia, Bruxelas, Bélgica, 11 jul. 2019 L 186/57. Disponível em: https://eur-lex.europa.eu/legal-content/PT/TXT/PDF/?uri=CELEX:32019R1150. Acesso em: 10 dez. 2023.

411 UNIÃO EUROPEIA. Resolução legislativa do Parlamento Europeu, de 13 de março de 2024, sobre a proposta de regulamento do Parlamento Europeu e do Conselho que estabelece regras harmonizadas em matéria de inteligência artificial (Regulamento Inteligência Artificial) e altera determinados atos legislativos da união. *Jornal Oficial da União Europeia*, Bruxelas, Bélgica, 13.03.2024 COM(2021)0206 – C9-0146/2021 – 2021/0106(COD)). Disponível em: https://www.europarl.europa.eu/doceo/document/TA-9-2024-0138_PT.pdf01aa75ed71a1.0004.02/DOC_1&format=PDF. Acesso em: 06 abr. 2024.

que se contrapõe ao método juspositivista,[412] já que este último busca conhecer apenas a realidade do direito. Pensa-se o direito como um ordenamento que se presta a alcançar certos valores. A visão ideológica, valorativa ou deontológica busca identificar fundamentos e justificações do direito, avaliando o direito aplicado em comunidades históricas e influenciar o direito vigente.[413]

Diferenciando várias matizes e aspectos do positivismo, Bobbio deixa clara sua aceitação do positivismo moderado, ou fraco, alinhando-se, também, às concepções do direito como coativo, legislativo e imperativo, indicando a importância do direito escrito como elemento do convívio social e influência para a conformação de suas estruturas. O que se pretende é deixar clara a importância de se promulgar uma norma como o RMD, visto que o direito se presta como técnica de organização social que é meio para a realização de certo bem, que é a ordem da sociedade. O valor instrumental[414] do direito posto é característico das escolhas realizadas e das atividades valorativas que vêm da ideologia impressa na norma.[415]

Tais escolhas são características de processos democráticos como o que deu origem ao RMD e aproximam sociedade e Estado na complexidade do sistema social. As articulações de tal sistema, em que Estado e sociedade situam-se de forma contígua e interdependente, mas distinta, levam a aparentes contradições que, no entanto, são coerentes nessa complexidade. O cidadão, nesse sentido, pretende, com a participação política cada vez mais ativa, assenhorar-se do Estado, contudo, pede a proteção de um Estado social, assim entregando o poder a ser exercido por este ente.[416] A legitimação do sistema e, portanto, do exercício do poder está no procedimento utilizado para produzir tais regras. A

---

412 BOBBIO, Norberto. *O positivismo jurídico*: lições de filosofia do direito. Tradução e notas: Márcio Pugliesi, Edson Bini, Carlos E. Rodrigues. São Paulo: Ícone, 1995, p. 233 e ss. O autor reconhece a relevância do método positivista para a ciência jurídica ou teoria do direito. Destaca, por outro lado, a importância da ideologia ou filosofia do direito, no sentido acima mencionado. Ele também aponta as falhas da versão forte do positivismo ético, que procura defender uma visão do direito como uma teoria completamente livre de ideologia. O autor conclui que o positivismo também envolve um certo modo de querer o direito, sendo, portanto, uma ideologia (*vide* p. 223-224).

413 BOBBIO, 1995, p. 138 e ss.

414 A visão acima defendida vem em contraposição à do positivismo forte, que afirma o valor do direito em si, independente do seu conteúdo, sendo, por si mesmo, justo, por ser válido. BOBBIO, 1995, p. 229 e ss.

415 BOBBIO, 1995, p. 228 e ss.

416 BOBBIO, Norberto. *Estado, governo, sociedade*: para uma teoria geral da política. Tradução: Marco Aurélio Nogueira. 14. ed. São Paulo: Paz e Terra, 2007, p. 51-52.

participação dos envolvidos no procedimento, nos termos das regras estabelecidas, confere legitimidade ao direito.[417]

É neste sentido que se defende o RMD como forma relevante de exercício de poder para ocupação de um espaço já tomado, de forma ilegítima, pelas forças privadas dos controladores de acesso. A lacuna deixada pelo regulador estatal, que estaria legitimado pelo processo democrático e por demais regras e instituições às quais as sociedades atribuíram a função de exercer o poder em seu favor, deixa aberto o caminho para o exercício do poder baseado na tecnologia e no poder financeiro de tais empresas, o que não pode ser aceito.

A filosofia de Wittgenstein dá contornos relevantes às regras e sua aplicação, trazendo à tona seu aspecto como linguagem e como exercício da liberdade, na medida em que se opta por criar e aplicar uma regra. A regra, como ato linguístico, é também ressignificada e novamente valorada a cada vez que é aplicada, como forma de decisão de pertencimento a uma certa comunidade.[418]

Avançando à perspectiva da normatividade na Sociedade informacional, vê-se que são vários os desafios para compreender a ordem normativa do ciberespaço,[419] quanto à sua legitimidade, origem e implicações, especialmente por se tratar de um conceito tão relevante nas vidas dos indivíduos e na estrutura das sociedades. Trata-se do já discutido fenômeno da digitalização, que teve efeitos marcantes, gerando uma convergência dos atos comunicativos ao meio digital, fazendo com que mídias antes pautadas por leis e meios específicos, como música, livros, artes, jornais e publicidade, convergissem a um só meio, complexificando sobremaneira as relações ali travadas.[420]

A referida convergência digital extrapola o aspecto comunicativo e toca praticamente todos os aspectos da vida contemporânea, envolvendo vários aspectos de campanhas eleitorais, exercício de direitos, como a

---

417 BOBBIO, 2007, p. 93.

418 WITTGENSTEIN, 2022, p. 301 e ss., [livro digital] trata sobre a origem das regras e da linguagem. Em seguida, trata das dimensões privada e relacional da linguagem. Cita-se também RODRIGUES, TRANJAN, 2023, p. 57.

419 KETTEMANN, Mathias C. *The Normative order of the internet*: a theory of rule and regulation online. Oxford: Oxford University Press, 2020, p. vii e ss. O autor refere-se também à internet e adota o termo no mesmo sentido adotado neste estudo (KETTEMAN, 2020, p. 1). Destaca-se, ainda, a relevância do autor como marco teórico da discussão da ordem normativa da internet, entendendo-se pela pertinência metodológica de se tratar amplamente de suas análises neste capítulo.

420 KETTEMANN, 2020, p. vii/ix e ss.

liberdade de expressão, e a potencial prática de diversos tipos de crimes. Também são extrapoladas as fronteiras nacionais, gerando complexidades sobre a regulação internacional do tema.[421] A tarefa de estabelecer a ordem normativa da internet como uma ordem legal e holística é buscar assumir a soberania epistêmica deste campo. Estabelece-se um contraponto com a ideia da tecnologia como uma força ou um agente, na medida em que se procura compreender as normas que surgem e são legitimadas no ciberespaço, o que demonstra a ação humana com verdadeira força intrínseca aos desenvolvimentos tecnológicos.[422]

A partir de decisões empresariais, as plataformas exercem uma função reguladora, aproveitando-se de seu papel de mediadoras em um mercado de dois lados. Gerando vários dos problemas dos mercados digitais, as empresas regulam a concorrência entre vendedores, os preços e formas de pagamento, a qualidade dos produtos e o fornecimento de informações entre as partes, assim estabelecendo a normatividade entre usuários finais e profissionais e detendo forte controle sobre as possibilidades de ambos no âmbito das plataformas.[423] [424]

Kettemann estabelece, então, algumas das principais teses de seu estudo sobre a ordem normativa da internet. Destaca-se aqui a caracterização dessa ordem como uma ordem legal, interligada por relações de legitimação com as ordens legais nacionais e internacionais, composta de leis e formas análogas. O controle das normas é realizado pelas narrativas justificatórias e propósitos da ordem, verificando a sua consistência técnica e a consonância legal e cultural. É especialmente relevante a constatação acerca de uma "terceira ordem normativa" (*normative tertium*) transcendendo as normas nacionais e internacionais (normativa binária) para atender ao contexto transnacional do ciberespaço. Trata-se de padrões técnicos e normas de direito não vinculante

---

[421] O presente estudo não tratará dos aspectos internacionais da regulação do ciberespaço, restringindo-se ao objeto e ao recorte inicialmente fixados, para permitir o aprofundamento do tema e por entender que a discussão acerca dos aspectos internacionais da regulação mereceria estudo próprio e igualmente extenso.

[422] KETTEMANN, 2020, p. vii e ss.

[423] TIROLE, Jean. *Economia do bem comum*. Tradução de André Telles. Rio de Janeiro: Zahar, 2020, p. 407/408.

[424] No mesmo sentido, destaca-se as considerações de Max Fisher (FISHER, 2023, s.p. *Mestres do Universo*) indicando a própria pretensão dos capitalistas por detrás de grandes empresas e controladores de acesso de regular a economia e as relações sociais, entendendo pela ineficiência da democracia e do estado.

(*soft law*) que surgem no espaço entre as necessidades técnicas e os valores sócio-legais.[425]

Ainda sobre tais normas de direito não vinculante, Marsden desctaca o seu caráter empírico, visto que são normas formadas pela experiência de usuários, empresas e plataformas a partir das interações no ciberespaço, buscando a auto-organização em um ambiente não regulado. Observa-se, nesse sentido, a consolidação de tais normas como uma parte relevante da regulação do ciberespaço, assim como os casos de concentração deste poder de regulação nos mercados digitais, inclusive levando em conta as experiências do Estado na regulação, que muitas vezes mostraram sua impotência.[426]

Provavelmente em sua consideração mais relevante e consolidando um argumento deste estudo, Kettemann destaca que não se deve "aceitar argumentos por necessidades técnicas", explicando que as "normas técnicas estão adequadamente situadas dentro do quadro comum orientado por valores da ordem normativa da internet".[427] Nesse contexto, fica clara a necessidade de se estabelecer enquadramentos normativos e intervenções regulatórias que alterem a base tecnológica posta pela normatividade não legal da internet e caminhem em direção a uma normatividade baseada em valores. Assim, a concepção e o desenvolvimento da tecnologia e de suas configurações-padrão devem ser conduzidos pelos valores sociais e pelas legislações nacionais e internacionais para definir a própria finalidade da internet e demais tecnologias ali embarcadas.[428]

Lévy aponta que a técnica deve ser novamente inserida no campo do devir coletivo para que seja reconhecido o potencial de uma dimensão instituinte, isto é, a partir da compreensão da essência da técnica, buscar uma tecnodemocracia a partir da crítica e da intervenção. As sociedades democráticas devem reconhecer nos processos sociotécnicos fatos políticos relevantes, trazendo-os à arena das decisões democráticas. Trata-se da perspectiva de fazer da atual tecnopolítica uma tecnodemocracia, sem a intenção de dominar o progresso técnico, mas sim

---

425 KETTEMANN, 2020, p. xvii.

426 MARSDEN, Christopher. *Internet Co-Regulation*. European Law, Regulatory Governance and Legitimacy in Cyberspace. Cambridge: Cambridge University Press, 2011, p. 43-44.

427 KETTEMANN, 2020, p. xvii. Tradução livre de: "*Rather than accepting arguments out of technical necessity, this study hypothesizes that technical norms are properly placed within the value-oriented common frame of the normative order of the internet*".

428 KETTEMANN, 2020, p. xvii.

de assumir a responsabilidade de uma construção conjunta a partir de uma série de escolhas.[429]

Na medida em que se observa alguns conflitos, fricções, redundâncias e problemas estruturais, verifica-se que há desordem normativa na internet, mas ela pode ser identificada e combatida. Isso deve ser feito a partir da consolidação de certas características técnicas constantes da internet a serem trazidas nesta ordem normativa, assim exercendo o papel de desfragmentar os aspectos políticos, comerciais e tecnológicos da internet, contribuindo para uma arquitetura mais transparente e regulável.[430]

A atual conformação da ordem normativa da internet permite a compreensão de como se faz e se legitima a criação de novas normas internas, a partir de um processo de autoaprendizado normativo em que novas normas são testadas quanto à coerência interna e com a finalidade do sistema. Trata-se de uma nova perspectiva da normatividade com a auto-organização a partir das normas como princípio que constitui a normatividade. Assim, forma-se uma ordem normativa que se legitima a partir de si mesma e também pelas legislações internacional e nacional. No âmbito internacional, há uma composição mais ampla, com a participação legitimadora de diversos atores no processo normativo, enquanto a legislação nacional age para reconhecer determinados mandamentos da "terceira ordem normativa".[431]

É nos termos acima que se delineia a ordem normativa da internet. Sua compreensão é essencial para a estruturação das forças políticas exercidas e para que se possa refletir acerca dos caminhos que as sociedades pretendem tomar em relação à tecnologia. A concepção defendida desmistifica a ação da tecnologia como mágica, misteriosa, neutra, irreversível ou totalmente autônoma. A tecnologia é, acima de tudo, humana: concebida, supervisionada e desenvolvida por humanos. Como tal, ela está sujeita aos desígnios humanos, e seus desenvolvedores deverão seguir as normas e os valores sociais que se decida, pelas vias institucionais e democráticas, impor a tal tecnologia. São pressupostos desse desenvolvimento, que a tecnologia seja transparente, explicável, regulável e ética. Sua concepção deverá ser guiada por valores e focada

---

[429] LÉVY, Pierre. *As tecnologias da inteligência*: o futuro do pensamento na era da informática. Tradução de Carlos Irineu da Costa. São Paulo: Editora 34, 1993, p. 196-198.

[430] KETTEMANN, 2020, p. xviii. "Características técnicas constantes da internet" é tradução livre de "*technical invariants of the internet*".

[431] KETTEMANN, 2020, p. xviii.

no usuário, e isso não significará um atraso, mas sim um avanço no sentido correto: aquele decidido pela sociedade.

Ao tratar do constitucionalismo digital na Europa, Giovanni De Gregorio descreve o que foi tratado anteriormente, neste estudo, como uma "terceira ordem normativa" como normas produzidas por outros subsistemas, que geram nuances e competem com a lei, figurando esta última como expressão de autoridade pública. Trata-se de sistemas globais e locais dinâmicos que exercem mútua influência: plataformas (inclusive controladores de acesso) que tomam diversas decisões sobre conteúdo e dados pessoais, tornando-se infraestruturas sociais, de um lado; enquanto, de outro, aparecem organizações internacionais e estados nacionais, procurando, respectivamente, focar em desenvolver padrões para o ciberespaço e exercer o poder de polícia.[432]

O constitucionalismo digital na Europa insere-se em um movimento de constitucionalização de sistemas globais. A primeira reação europeia à tecnologia foi de efetivamente abdicar de regular a bem de um pretenso desenvolvimento livre e ágil da economia digital, com a geração de inovações e oportunidades no que foi uma revolução social. Em seguida, no entanto, foi identificada a necessidade de se proteger direitos fundamentais no ciberespaço, seja por decisões judiciais, seja por meio da criação de leis que limitassem os poderes das plataformas, incentivando a transparência e a postura de responsabilidade, a prestação de contas e a proteção de alguns valores vitais para esses países, assim agindo contra a interferência dos controladores de acesso na esfera pública e contra o exercício excessivo de seu poder.[433]

Mesmo a situação atual deixa funções públicas, como a efetiva proteção dos dados pessoais e a moderação de conteúdo, diretamente relacionada à liberdade de expressão, nas mãos dos entes privados, que são controladores de dados e de acesso. Não só pela delegação de poderes, mas também pela imposição vertical de regras e por mecanismos automatizados de tomada de decisão, as plataformas digitais acumulam poderes e funções públicas sem qualquer salvaguarda constitucional. Isso é consequência do novo contexto político, legal e tecnológico, em que tais empresas utilizam-se da coleta e extração de valor a partir

---

432 DE GREGORIO, Giovanni. *Digital constitucionalism in Europe*: reframing rights and powers in the algorithmic society. Cambridge: Cambridge University Press, 2022, p. 311. O autor traz uma visão relevante da perspectiva normativa e constitucional europeia, somando à análise de Kettemann.

433 DE GREGORIO, 2022, p. 312-313.

dos dados pessoais e do uso de inteligência artificial e tecnologias de tomada de decisão automatizada para violar liberdades individuais e dominar relações no âmbito coletivo.[434]

Nota-se a passagem dos intermediários, no ciberespaço, de uma posição passiva para uma posição ativa de extração de valor da informação, com ênfase para dados pessoais, gerando uma área cinzenta nas fronteiras entre, de um lado, liberdade de expressão e produção de conteúdo, e do outro, controle de dados especialmente para redes sociais e motores de busca, que atuam em ambos os campos, no que pode ser visto como um conflito de interesses. O constitucionalismo deve atuar para gerar mais prestação de contas e respeito aos valores democráticos a longo prazo nesse âmbito. A abordagem adotada, nesse sentido, foi híbrida, da chamada corregulação, ou autorregulação regulada,[435] em que as normas limitam a discricionariedade e decisões autônomas das plataformas sobre valores públicos, estabelecendo parâmetros procedimentais na moderação de conteúdo, por exemplo, em uma atuação moderada e focada em promover inovação e potencialidades da tecnologia, sem deixar de lado direitos fundamentais e valores democráticos, no que pode ser visto como um desenvolvimento sustentável da inteligência artificial. Em uma palavra, o ser humano e sua identidade não podem ser sujeitos à lógica do capitalismo digital. O constitucionalismo europeu deve proteger a dignidade humana frente ao desafio da desumanização imposta pela economia algorítmica.[436]

No mesmo sentido, Marsden defende que eventuais perdas de dinamismo ou custos gerados pela corregulação não devem ser sobrevalorizados, afinal a intervenção estatal para gerar prestação de contas e legitimidade no quadro regulatório do ciberespaço é necessária. É apontado, ainda, que tal modelo é o mais adequado para tratar de setores movidos pela tecnologia. Assim, trar-se-ia à discussão regulatória acadêmicos legisladores e demais atores políticos, pesquisadores e empresas, aperfeiçoando a intervenção estatal e o tratamento de temas como legitimidade, governança e direitos humanos no ciberespaço.[437]

---

[434] DE GREGORIO, 2022, p. 313-314.

[435] Entende-se que uma abordagem mais aprofundada do tema, envolvendo moderação de conteúdo, entre outros temas correlatos, bem como a própria noção de autorregulação, encontra-se fora do escopo desta pesquisa, merecendo uma discussão própria.

[436] DE GREGORIO, 2022, p. 314-317.

[437] MARSDEN, 2011, p. 241-242.

A abordagem deve ser feita com cuidados quanto aos efeitos da lei e tendo aplicabilidade no território local, ou sendo levadas a espaços multilaterais para discussões mais abrangentes. As legislações devem, ainda, buscar legitimação no empoderamento da sociedade civil por meio de processos multisetoriais bem estruturados e criteriosos, filtrando a participação com base no comprometimento e conhecimento dos atores políticos sobre o tema. É recomendado o aprofundamento do multilateralismo, inclusive para evitar a fragmentação da internet, possivelmente contando com mecanismos de supervisão ou consultoria para apoiar a criação de legislação. A soberania digital é relevante, nesse contexto, visando combater de forma proporcional e cuidadosa as formas de dominação exercidas a partir da internet.[438]

Também se pode ler, sob a perspectiva da normatividade, o texto de Sérgio Amadeu da Silveira, tratando do colonialismo de dados. O autor alerta para a utilização dos dispositivos de coleta de dados, que geram fluxos unilaterais de dados, conhecimento e poder em favor das plataformas. Defende, então, a necessidade de compreensão das redes de subordinação da colonialidade na busca pela criação de novos usos e finalidades para a tecnologia, que sirvam as localidades e a inteligência coletiva, procurando eliminar as assimetrias e desigualdades. É certo que o autor trate tal tema sob uma perspectiva dos países periféricos e seu empobrecimento pela ação das plataformas.[439] Por outro lado, percebe-se aspectos que identificam tal ideário à perspectiva de uma normatividade pública pela União Europeia para combater a normatividade privada imposta pelos controladores de acesso.

Stefano Rodotà entende que tal projeto de normatividade e constitucionalismo europeu, assim como a perspectiva de uma sociedade global, devem ser regidos pela solidariedade, como princípio fundante da referida ordem normativa. A solidariedade envolve a superação do individualismo e a busca do fortalecimento das relações sociais. Ela tem em si o pertencimento à comunidade local e nacional, com a perspectiva

---

438 WACHOWICZ, Marcos; LANA, Pedro de Perdigão. Entendendo a fragmentação da Internet a partir de aspectos fundamentais sobre regulação, soberania digital e a experiência da União Europeia. *In*: PINTO, Eduardo Vera-Cruz; MARQUES DA SILVA, Marco Antônio. (coord.) *Direito e ciberespaço*: coletânea de artigos da Revista Digital CyberLaw by CIJIC. São Paulo: Quartier Latin, 2023, p. 17-19.

439 SILVEIRA, Sérgio Amadeu da. A hipótese do colonialismo de dados e o neoliberalismo (32-50) *In*: SOUZA, Joyce; CASSINO, João Francisco; SILVEIRA, Sérgio Amadeu da. *Colonialismo de dados*: como opera a trincheira algorítmica na guerra neoliberal. 2. ed. São Paulo: Autonomia Literária, 2021, p. 50.

de alcançar determinados objetivos, mas sem ignorar a esfera global, nem envolvendo qualquer perspectiva excludente ou preconceituosa, nacionalista ou de superioridade de determinado grupo sobre outro.[440]

A solidariedade faz parte de uma utopia necessária, já que compõe as noções de humanidade em comum com o outro e de dignidade humana, trazendo diversos aspectos objetivos do que comporia esses conceitos, tais como responsabilidades sociais mútuas, construção de instituições adequadas e a participação contínua e ativa na construção do projeto social da comunidade global. A solidariedade, como princípio, supera a mera compaixão, benevolência, generosidade e outras perspectivas passivas ou assistenciais da compreensão da coletividade, sendo uma dimensão ativa, estruturada e objetiva necessária para a construção de uma sociedade em que igualdade e liberdade são aplicadas de forma justa, coerente e ampla.[441]

O estreitamento de laços entre os indivíduos, buscando maior comunhão entre eles a respeito da realização de certos fins e dos meios para tal, consubstancia a fraternidade. Trata-se do sentimento de pertencimento em um processo de desenvolvimento que é conquistado por meio da participação nas decisões e redução das desigualdades, trazendo legitimação às decisões públicas. A atuação do Estado deve contribuir para interações de responsabilidade e generosidade mútua e para a construção de vida digna a todos.[442]

Abrange-se as perspectivas da justiça, como equidade, e da cooperação social buscando uma cooperação equitativa, de modo que, dentro da razoabilidade, imponham-se, a todos, ônus e vantagens comuns. Tal concepção de sociedade traz como valor e fim principal, a ser objeto de reflexão individual, os laços com outrem e o comprometimento para os fins coletivos e sociais, que devem ser atingidos precisamente por meio da cooperação social.[443]

---

440 RODOTÁ, Stefano. *Solidarietà*: un'utopia necessaria. Roma: Editori Laterza, 2014, p. 91 e ss. O autor explica também que a solidariedade já foi invocada para unir grupos específicos contra outros grupos, com base em preconceito, exclusão e supremacia. Rodotá entende que tal noção estaria equivocada na medida em que a solidariedade tem raízes na humanidade comum entre as pessoas, bem como nas concepções de dignidade e "direito a ter direitos".

441 RODOTÁ, 2014, p. 37 e ss.

442 MYRDAL, Gunnar. *Solidaridad o desintegración*. Tradução para espanhol de Salvador Echevarría e Enrique González Pedrero. México D.F.: Fondo de Cultura Económica, 1956, p. 44-46.

443 RAWLS, John. *Justiça e democracia*. Tradução de Irene A. Paternot. São Paulo: Martins Fontes, 2000, p. 155-159 e 216-217.

É também nesse contexto que o princípio da solidariedade se contrapõe aos ciclos econômicos capitalistas de rápido desenvolvimento, seguidos de crises e austeridade. Tais ciclos, como se viu, reforçam a liquidez da pós-modernidade e o individualismo, favorecendo os detentores do capital e das grandes empresas. O projeto social solidário "nega uma subordinação absoluta à pura lógica econômica" e alinha-se com um Estado democrático de bem-estar social, que busque estabilidade e a construção de instituições que favoreçam a participação democrática e o exercício do poder pelas instâncias públicas, em prol do interesse público e de forma transparente. Por fim, destaca-se o relevante papel legal e constitucional do referido princípio estruturante, como um conceito dinâmico, o que deve refletir em medidas concretas de política pública e legislativa, bem como abranger os desafios contemporâneos, tais como a proteção ambiental, a imigração e a influência da tecnologia na vida humana.[444]

A solidariedade digital concreta também é trazida como perspectiva necessária para a tecnodiversidade. E não se fala de um mero uso exacerbado de redes sociais, pelo contrário, a solidariedade se encontra como base para a produção da tecnologia e das formas de vida e habitação, bem como para o surgimento e valorização da divergência e da diferença em oposição à "competição perversa da cultura monotecnológica".[445]

Jean Tirole, por fim, chama atenção ao uso da tecnologia para individualizar sobremaneira as avaliações de risco, especialmente para temas de saúde, assim anulando a perspectiva solidária de divisão de riscos. Como mencionado pelo autor, convém antecipar as evoluções da tecnologia para não ser surpreendido por elas.[446] O perfilamento, isolamento e noção de superdesempenho trazidos pelo uso atual da tecnologia tendem à corrosão das noções básicas de solidariedade e comunidade. Cabe à sociedade tomar as decisões políticas necessárias e projetar um futuro em que a tecnologia contribua para a construção de uma sociedade justa e solidária.

A reivindicação de políticas que promovam uma sociedade justa e solidária é coerente com a presente pesquisa, uma vez que a regulação aqui proposta tem como principais perspectivas a retomada do

[444] RODOTÁ, 2014, p. 25 e ss.
[445] HUI, 2020, p. 211-212.
[446] TIROLE, 2020, p. 425-430.

controle pelo poder público e democrático dos desígnios sociais. Trata-se igualmente de uma busca pela autonomia do indivíduo, ao atribuir-lhe escolhas e controle sobre sua personalidade e a forma como é visto por seus pares, mas também sobre sua dimensão coletiva, que envolve suas interações sociais e políticas, que devem ocorrer de forma livre, consciente e responsável com a coletividade.

Defende-se, portanto, uma perspectiva humana em todas as suas fronteiras, sejam elas com o capital, na competição, com a tecnologia, com o Estado ou entre os próprios indivíduos. Enquanto o capital e a tecnologia devem servir ao humano, o Estado deve ser conduzido de forma democrática, ativa, responsável e participativa. O indivíduo, por fim, não pode ser desapossado de sua dimensão coletiva em prol do individualismo. A vida em sociedade deve preservar a pluralidade e a privacidade necessárias à formação da personalidade individual e ser orientada às responsabilidades mútuas dos indivíduos. A regulação concorrencial como forma de controle do poder privado exercido pelos controladores de acesso é elemento de grande importância na construção de tal projeto de sociedade, especialmente considerando o óbice que tais agentes têm representado para um projeto social dessa natureza, conforme observado neste estudo. Por fim, mesmo os modelos de negócios e as dinâmicas competitivas devem ser orientadas no sentido da abertura, colaboração, diversidade e solidariedade, abandonando-se modelos que comprovadamente prejudicam usuários e concentram poder nas mãos de agentes privados.[447]

Entende-se cumpridos os objetivos específicos de pesquisa atribuídos a esta seção, tendo em vista sua função introdutória quanto à perspectiva normativa do ciberespaço adotada, bem como da perspectiva constitucional europeia e da noção de solidariedade como princípio fundante da ordem normativa, como elemento necessário para os desafios contemporâneos, dado o contexto social de individualismo, exclusão, normalização de comportamentos e busca da eficiência a qualquer

---

[447] Trata-se de excerto redigido majoritariamente a partir de reflexões do pesquisador. Apresenta suporte a diversos elementos aqui apresentados do autor adiante citado: CRARY, Jonathan. *Terra arrasada*: além da era digital, rumo a um mundo pós-capitalista. Tradução de Humberto do Amaral. São Paulo: Ubu, 2023, 13-15 e 179-182. Embora o autor traga uma perspectiva de resistência e superação do capitalismo, que não são abordadas neste estudo, entende-se pertinentes suas considerações acerca da necessidade de valorização da solidariedade e colaboração em um quadro atual de isolamento do indivíduo e dominância pelas grandes empresas de tecnologia.

custo, dentre outros problemas sociais causados ou exacerbados pelo desenvolvimento atual da Sociedade Informacional.

Serão abordados, então, aspectos da legislação europeia pertinente, especialmente no que toca à proteção de dados e do consumidor, assim como outros aspectos concorrenciais e gerais da legislação europeia, assim esclarecendo o quadro normativo do bloco e como ele se insere na ordem normativa do ciberespaço e de seus mercados digitais, procurando estabelecer o papel do Estado, na forma do bloco supranacional da União Europeia, como um poder capaz de sedimentar determinadas escolhas políticas daquela comunidade em uma legislação que contribua para dar forma à arquitetura da rede e à dinâmica dos mercados digitais.

4.1.2 Legislação europeia pertinente

A leitura que se fará da legislação europeia tem em vista tornar claro o quadro normativo que cerca o RMD. É certo que há diversas disposições relevantes nos diplomas aqui explorados e até mesmo em outros regulamentos e documentos europeus emitidos em outras localidades. O recorte aqui feito, no entanto, é voltado ao cumprimento do objeto de pesquisa, de forma que visa unicamente contextualizar o RMD e deixar claros quais são os efeitos e desdobramentos de tal regulamentação nos aspectos relacionados à concorrência nos mercados digitais, envolvendo regras que incidam sobre dados pessoais ou aspectos correlatos. Viu-se que tal recorte envolve especialmente direito concorrencial, proteção de dados e do consumidor. É diante de tal recorte que se faz a leitura da legislação abaixo.

a) Carta dos Direitos Fundamentais e outras leis gerais

Como antes introduzido, a legislação de caráter mais geral e constitucional é a Carta dos Direitos Fundamentais da União Europeia de 2000. O documento traz, já em seu artigo 8º, a proteção dos dados pessoais, assim demonstrando a preocupação europeia com o tema. Tal proteção abarca o tratamento para fins específicos, o consentimento, acesso e direito à retificação. Também é protegida a liberdade de expressão e de informação, com a garantia de pluralismo dos meios de comunicação social, direito que deve ser objeto de atenção em casos de concentração de mercado no ciberespaço. Ressalta-se, ainda, que é dedicado um capítulo à solidariedade, abarcando relevantes garantias trabalhistas, bem como a proteção à família, segurança e assistência social, saúde, meio ambiente, defesa do consumidor e acesso a serviços de interesse econômico.[448]

As escolhas legislativas realizadas neste âmbito demonstram a preocupação dos cidadãos europeus como uma sociedade coesa, solidária, justa, de oportunidades a todos e que valoriza a dignidade de cada indivíduo acima de um modelo de desenvolvimento econômico que seja obtido com concentração de renda e de mercado. A Carta, como um documento que reflete escolhas políticas e normativas, indica a pretensão europeia de ter controle sobre o desenvolvimento social e simboliza uma concepção de desenvolvimento que envolve o amparo, bem como o reconhecimento e a atribuição de autonomia aos cidadãos europeus.[449]

Também a serem considerados, o Tratado da União Europeia – TUE (inicialmente chamado Tratado de Maastrich),[450] que estabelece os princípios e objetivos gerais da UE, incluindo a definição dos seus valores fundamentais, estrutura institucional e procedimentos decisórios. Ele fornece as bases jurídicas para a cooperação entre os Estados-Membros em áreas como política externa, segurança e justiça. Por outro lado, o Tratado sobre o Funcionamento da União Europeia – TFUE (anteriormente chamado de Tratado de Roma) estabelece as regras específicas e competências da UE em áreas como o mercado interno, concorrência, agricultura, política ambiental, política de coesão e política monetária. Ele detalha as funções das instituições da UE e os procedimentos para a tomada de decisões em suas áreas de atuação.[451]

b) Estratégia para o Mercado Único Digital na Europa

A "Estratégia para o Mercado Único Digital na Europa", por sua vez, não se resume a uma ideia de unificação das perspectivas dos Estados-Membros, propondo, a partir de 2015, medidas ambiciosas no âmbito do bloco, visando normatizar os mercados digitais. O documento, assinado por Jean-Claude Juncker, presidente da Comissão Europeia à época, é como uma carta de intenções, no formato de comunicação, contendo a estratégia para a formação desse Mercado Único Digital

---

[448] UNIÃO EUROPEIA, 2000.

[449] *Ibidem.*

[450] UNIÃO EUROPEIA. Tratado da União Europeia (Versão Consolidada). Publicado em 7.6.2016, Bruxelas: *Jornal Oficial da União Europeia.* Disponível em: https://eur-lex.europa.eu/resource.html?uri=cellar:9e8d52e1-2c70-11e6-b497-01aa75ed71a1.0019.01/DOC_2&format=PDF. Acesso em: 28 abr. 2024.

[451] UNIÃO EUROPEIA, 2012.

e mapeando os aspectos que devem ser objeto de legislação nos anos seguintes. É nesse sentido que idealizava a necessidade de condições de concorrência equitativas, assim como o estabelecimento de regras para proteção de dados e do consumidor, bem como para telecomunicações e direitos do autor.[452]

A estratégia tem por objetivo uma concorrência legal e equitativa em meio a uma regulamentação que promova inovação e investimento. Percebe-se ali a necessidade de que essa concorrência tenha um viés de igualdade nas regras de proteção de dados e dos consumidores e também já se verifica a centralidade dos dados para este setor da economia. A percepção da necessidade de aplicação do direito concorrencial também se volta bastante à infraestrutura e às telecomunicações, visando garantir segurança, preços baixos, alta qualidade e fomento às empresas europeias em nível global. Reconhece-se, ainda, a preocupação em torno de determinadas plataformas poderosas, cujo poder de mercado poderia gerar dificuldades e/ou dependência para intervenientes no mercado, assim defendendo-se um mercado dinâmico e competitivo como objetivo em si. Para atingir tais objetivos, a interoperabilidade e a regulamentação são vistas como instrumentos principais.[453]

O intuito do documento demonstra a disposição para tomar as rédeas do caminho a ser trilhado pela sociedade no futuro digital: "transformar a sociedade europeia e assegurar que ela esteja em condições de enfrentar o futuro com confiança". Para tanto, são delineadas as primeiras medidas no âmbito da proteção de dados, visando dar segurança aos europeus e confiabilidade nos serviços, já anunciando o RGPD. A intenção é que empresas e cidadãos se beneficiem dos serviços e da internet como um todo, o que é enfatizado indicando esforços voltados a administração pública digital, educação, políticas de empregos e direitos do consumidor. Tais direitos do usuário e as condições de uso dos serviços já eram vistos com apreensão devido a problemas de escolha, transparência, preços e aspectos de dados.[454]

---

452 UNIÃO EUROPEIA. Comunicação da Comissão ao Parlamento Europeu, ao Conselho, ao Comité Económico e Social Europeu e ao Comité das Regiões. *Estratégia para o Mercado Único Digital na Europa*, {SWD(2015) 100 final}. Jornal Oficial da União Europeia, Bruxelas, Bélgica, 6.5.2015. COM(2015) 192 final. Disponível em: https://eur-lex.europa.eu/legal-content/PT/TXT/PDF/?uri=CELEX:52015DC0192. Acesso em: 10 dez. 2023.

453 *Ibidem*.

454 UNIÃO EUROPEIA, 2015.

c) Regulamento Geral sobre a Proteção de Dados e outros pertinentes a dados

Passando para os aspectos específicos da proteção de dados pessoais dos europeus, chega-se ao Regulamento Geral sobre a Proteção de Dados (RGPD). A referida legislação endereça especialmente o ciberespaço, projetando "um espaço de liberdade, segurança e justiça"; reconhece a dimensão coletiva de tais dados, visando promover "progresso econômico e social" além do "bem-estar das pessoas singulares", deixando claro que "o tratamento dos dados pessoais deverá ser concebido para servir às pessoas". O regulamento, então, identifica o fenômeno da circulação rápida e volumosa de dados e determina que tal circulação deve ocorrer em prol da sociedade, com foco na transparência, equidade e com base em suas escolhas e seu consentimento expresso. Também se reconhece que o uso dos dados pelas empresas pode prejudicar os consumidores, no âmbito do exercício do consentimento, além de dificultar o exercício da atividade econômica e "distorcer a concorrência", de forma que as informações necessárias deveriam ser prestadas às autoridades de concorrência, para que possam exercer controle por meio de intercâmbio internacional de dados.[455]

No RGPD o consentimento é levado bastante a sério, com critérios rígidos e específicos para que seja considerado válido. Um exemplo é o item 4 do art. 7º, que prevê que o consentimento pode não ser considerado livre se os dados pessoais fornecidos não eram necessários para a execução de determinado contrato. Diversos outros direitos relevantes também já eram previstos na lei, tais quais a possibilidade de retirar o consentimento; o direito à transparência das finalidades pelas quais os dados estão sendo tratados; o acesso, a retificação e o apagamento dos dados; a limitação do tratamento de tais dados, dentre outros.[456]

Também já era previsto o direito de portabilidade de dados (art. 20º), inclusive com a previsão de determinados requisitos técnicos, visando permitir a escolha do usuário por outro responsável de dados, sem prejuízo à sua experiência e à viabilidade de tal substituição da empresa prestadora do serviço. A portabilidade já vem associada à interoperabilidade (item 68 dos considerandos), sendo mencionado que os prestadores de serviços deverão "ser encorajados a desenvolver formatos interoperáveis que permitam a portabilidade dos dados".

---

[455] UNIÃO EUROPEIA, 2016.

[456] *Ibidem.*

Tais aspectos serão devidamente aprofundados oportunamente ao se analisar os impactos do RMD na concorrência, sendo importante que se observe seu embrião já na RGPD.[457]

A Diretiva relativa à privacidade e às comunicações eletrônicas (diretiva *e-privacy*) complementa a RGPD, mesmo que a atualização recentemente buscada ainda não tenha sido aprovada, conforme acima destacado. A referida diretiva procura manter privacidade e confidencialidade nas comunicações e no processamento e tráfego de dados na internet. A legislação vigente, de 2002, destaca-se por prever obrigações concretas de confidencialidade e privacidade, limitando o armazenamento de dados desnecessários para as atividades fim realizadas pela empresa responsável, assim como estabelecendo obrigações de eliminação de informação e anonimização, estabelecendo um recorte temporal da utilização das informações, assim impedindo abusos dos controladores. Consentimento e transparência quanto aos usos das informações são igualmente trazidos na diretiva, que também veda comunicações não solicitadas (*spam*), que sejam enviadas sem consentimento.[458]

Também devem ser vistos como pertinentes para complementar a RGPD o Regulamento dos Dados[459] e o Regulamento de Governança de Dados.[460] O Regulamento de Dados, também chamado *Data Act*, foi aprovado em dezembro de 2023 e será aplicável apenas em setembro de 2025. Ainda que seus efeitos devam ser sentidos apenas no futuro, trata-se de um prenúncio positivo e da regulação a partir de uma pergunta de alta relevância identificada pela União Europeia, qual seja: quem pode gerar valor a partir dos dados e em que condições? Ainda

---

457 UNIÃO EUROPEIA, 2016.

458 UNIÃO EUROPEIA. Diretiva 2002/58/CE do Parlamento Europeu e do Conselho de 12 de Julho de 2002 relativa ao tratamento de dados pessoais e à proteção da privacidade no sector das comunicações electrónicas (*Diretiva relativa à privacidade e às comunicações electrónicas*) (JO L 201 de 31.7.2002, p. 37). Bruxelas, Bélgica. Disponível em: https://eur-lex.europa.eu/legal-content/PT/TXT/PDF/?uri=CELEX:02002L0058-20091219. Acesso em: 20 jan. 2024.

459 UNIÃO EUROPEIA. Regulamento (UE) 2023/2854 do Parlamento Europeu e do Conselho de 13 de dezembro de 2023 relativo a regras harmonizadas sobre o acesso equitativo aos dados e a sua utilização e que altera o Regulamento (UE) 2017/2394 e a Diretiva (UE) 2020/1828 (Regulamento dos Dados). *Jornal Oficial da União Europeia*, Bruxelas, Bélgica, 22 de dezembro de 2023 Disponível em: http://data.europa.eu/eli/reg/2023/2854/oj. Acesso em: 16 abr. 2024.

460 UNIÃO EUROPEIA. Regulamento (UE) 2022/868 do Parlamento Europeu e do Conselho de 30 de maio de 2022 relativo à governação europeia de dados e que altera o Regulamento (UE) 2018/1724 (Regulamento Governação de Dados), *Jornal Oficial da União Europeia*, Bruxelas, Bélgica, 3 de junho de 2022c L 152/2. Disponível em: https://eur-lex.europa.eu/legal-content/PT/TXT/PDF/?uri=CELEX:32022R0868. Acesso em: 16 abr. 2024.

que não caiba a este estudo a análise aprofundada da legislação, vê-se que ela pode oportunizar caminhos relevantes para o compartilhamento de dados sob controle do usuário, gerando mais benefícios, evitando obstáculos e procurando garantir a privacidade. A legislação procura entregar o valor dos dados aos usuários, a uma pluralidade maior de empresas, bem como à sociedade europeia como um todo, a partir de inovação e de uma economia mais dinâmica. A tônica, como já visto em outras legislações, é tomar o controle da dinâmica das interações nos mercados digitais das mãos dos controladores de acesso, procurando diluir e distribuir poder e dinamizar as relações neste ambiente a partir do acesso aos dados por medidas de interoperabilidade, portabilidade entre outras a serem definidas na prática, inclusive, potencialmente, a garantia ao direito aos dados no local, como se definirá adiante neste estudo.[461]

Já o Regulamento de Governança de Dados – RGD (em inglês, *Data Governance Act* – DGA) está em vigor desde setembro de 2023 e tem por foco a forma de administração de diversos tipos de dados em diferentes situações. Como em outras iniciativas de dados europeias, a intenção tem sido balancear preocupações legítimas com a privacidade dos usuários e o avanço tecnológico da forma mais aberta possível. Procura-se, assim, criar um ambiente seguro e confiável para compartilhamento de dados entre diversos setores e membros da União Europeia, visando entregar benefícios à sociedade e à economia do bloco. Entre as iniciativas relevantes constantes da lei, há a caracterização de entidades de altruísmo de dados, para regular e facilitar a atuação de tais grupos, que procuram gerar benefícios sociais a partir dos dados. Além disso, a facilitação de fluxo e compartilhamento seguro de dados para diversas iniciativas sociais e em prol da inovação e dinamização da economia europeia, bem como a criação de um Conselho Europeu de Inovação em Dados, desenhado para desenvolver espaços comuns de compartilhamento de dados, bem como identificar padrões de interoperabilidade entre setores.[462]

---

[461] COMISSÃO EUROPEIA. European Data Act enters into force, putting in place new rules for a fair and innovative data economy. *Press Release*. Disponível em: https://digital-strategy.ec.europa.eu/en/news/european-strategy-data-data-governance-act-becomes-applicable#:~:text=The%20Data%20Governance%20Act%20entered,increasing%20trust%20in%20data%20sharing. Acesso em: 17 abr. 2024.

[462] COMISSÃO EUROPEIA. European strategy for data: Data Governance Act becomes applicable. *Press Release*. Publicação 25.09.23. Disponível em: https://digital-strategy.

d) Regulamento dos serviços de intermediação *on-line*

O Regulamento dos serviços de intermediação *on-line* também apresenta disposições bastante relevantes, na medida em que regula os chamados *marketplaces*, que representam uma fatia considerável da economia digital e ostentam posição estratégica importante no mercado. A legislação foca, então, no bem-estar dos consumidores, representado por uma concorrência saudável que leve a mais possibilidades de escolha e preços competitivos. Também dá atenção às empresas que utilizam esses serviços para alcançar os consumidores, que devem poder se relacionar com tais plataformas com confiança e equidade, para que todos possam obter vantagens da chamada economia de plataformas no ciberespaço.[463]

Procura promover medidas que contribuam para uma concorrência justa no âmbito de tais *marketplaces*, envolvendo empresas controladas ou não pelo próprio intermediador e outros utilizadores profissionais. A transparência e a equidade são obrigações impostas, para garantir que tratamentos diferenciados sejam acessíveis a todos os utilizadores, desde que cumpridos determinados requisitos objetivos. Nesse sentido, a Comissão, inclusive, investigaria eventuais situações de concorrência desleal envolvendo autopreferência e informações privilegiadas. Focando em evitar tratamento prejudicial aos utilizadores profissionais, a legislação estabelece que, se forem impostas restrições à oferta de condições diferentes em outros meios, os intermediadores deverão ser transparentes quanto a tais condições em seus contratos e perante o público, expondo motivos de forma concreta e clara. Quanto ao tratamento de dados, as principais obrigações estabelecidas são de transparência quanto às formas de acesso, tratamento e uso deles para os utilizadores profissionais e os consumidores.[464]

O Parlamento Europeu indica ter compreendido a relevância e complexidade dos dados pessoais na Sociedade Informacional e se apressa a dar respostas a essa questão premente. É nesse sentido que

---

ec.europa.eu/en/news/european-data-act-enters-force-putting-place-new-rules-fair-and-innovative-data-economy. Acesso em: 17 abr. 2024.

463 UNIÃO EUROPEIA. Regulamento (UE) 2019/1150 do Parlamento Europeu e do Conselho de 20 de junho de 2019 relativo à promoção da equidade e da transparência para os utilizadores profissionais de serviços de intermediação em linha. *Jornal Oficial da União Europeia*, Bruxelas, Bélgica, 11.7.2019 L 186/57. Disponível em: https://eur-lex.europa.eu/legal-content/PT/TXT/PDF/?uri=CELEX:32019R1150. Acesso em: 10 dez. 2023.

464 UNIÃO EUROPEIA, 2019.

surgem as diversas peças legislativas europeias que procuram regular os direitos relativos a dados, comunicações, compartilhamento e governança. Trata-se de tema de alta complexidade técnica e de difícil regulação e implementação, dependendo também da colaboração dos agentes políticos e do mercado. O desafio posto, portanto, está em avançar na aplicação da lei buscando efetividade e coerência.

As relações entre essa parte do arcabouço legal europeu e o RMD são inegáveis. Os instrumentos previstos na legislação concorrencial e que tocam dados pessoais devem obrigatoriamente respeitar a legislação de dados e também podem se utilizar de seus instrumentos, de forma que, como se verá, os diálogos são imprescindíveis, assim como o ajuste das medidas a serem tomadas a partir da integralidade da legislação aplicável.

e) Regulamento dos Serviços Digitais

Aprovado em 2022, em paralelo ao RMD, há o Regulamento dos Serviços digitais (RSD), que possui disposições sobre todos os serviços intermediários (*vide* item 40 dos considerandos), mas tem como alvo principal as ditas plataformas e motores de pesquisa *on-line* de muito grande dimensão (item 41 dos considerandos e art. 33º). Fica clara a premissa de que o ciberespaço tem potencialidades enormes, mas os controladores de acesso estão em uma posição de mercado que lhes atribui ainda mais poder e influência social do que um intermediário ordinário. Repara-se, ainda, no considerável foco atribuído à proteção de dados e do consumidor, bem como em aspectos concorrenciais, pelo incentivo à inovação e criação de pluralidade de opções aos consumidores, com ênfase para a interoperabilidade.[465]

O documento é coerente com a ênfase dada pela União à equidade e promoção da concorrência em si mesma. Também enfatiza a importância e relação entre concorrência e proteção de dados pessoais, recomendando a realização de códigos de conduta sobre tais temas (art. 45º). É estabelecida a realização de relatório da Comissão que dê especial atenção à posição de novos concorrentes (art. 91º, item 6), bem como diversas responsabilidades aos intermediadores em geral, envolvendo transparência quanto ao uso e armazenagem dos dados e sobre os sistemas de recomendação, bem como o suporte que deve ser dado aos usuários, inclusive com obrigações de prestação de informações sobre conteúdos e punições a utilizadores que reincidam em condutas

[465] UNIÃO EUROPEIA, 2022b.

ilegais. São amplamente tratados também os aspectos de moderação de conteúdo, que não são objeto do presente estudo.[466]

O regulamento dedica boa parte de seu texto aos serviços *on-line*, estabelecendo diversas obrigações aparentemente mais óbvias para serviços prestados de forma pessoal e que comumente vêm sendo evitadas pelos serviços digitais, como forma de reduzir os custos necessários para a consecução de tais tarefas. Assim, são estabelecidos termos em que deve funcionar um sistema interno de gestão de reclamações; a resolução extrajudicial de litígios; medidas contra utilização abusiva; relatórios de transparência; vedação de práticas enganosas ou manipuladoras das decisões do usuário; obrigações de transparência nos anúncios entre outras obrigações voltadas à proteção do consumidor. Destaca-se, quanto a plataformas de intermediação de contratos à distância, a obrigação de conformidade desde a concepção, isto é, a obrigação de que as plataformas exijam, desde o início, o cumprimento de uma série de requisitos de segurança, visando aprimorar a experiência do consumidor.[467]

É também dedicada uma seção inteira a plataformas e motores de pesquisa *on-line* de muito grande dimensão, em conceito que possui semelhanças com o de controladores de acesso no RMD. O conceito é estabelecido com foco no número de usuários e envolve obrigações mais rígidas, tomando-se como exemplo as obrigações de apresentar avaliações de risco envolvendo diversos aspectos dos seus serviços, com ênfase para "efeitos negativos reais ou previsíveis no exercício dos direitos fundamentais"; também efeitos negativos para minorias ou "consequências negativas graves para o bem-estar físico e mental da pessoa". As referidas avaliações deverão levar em conta sistemas de recomendação e outros sistemas algorítmicos, termos e condições, assim como práticas de dados e sistemas de anúncios.[468]

São previstas, ainda, diversas medidas de atenuação, focadas na mudança de práticas inadequadas e reforço de práticas positivas que ainda não obtiveram resultados positivos, necessitando de mais tempo para surtir efeito. Merece destaque a indicação da adaptação da concepção de elementos e interfaces dos referidos, para que atendam aos direitos fundamentais. Bastante importante em tal política normativa também o papel do Comitê e da Comissão na elaboração de relatórios

466 *Idem.*

467 UNIÃO EUROPEIA, 2022b.

468 *Idem.*

abrangentes que identifiquem e avaliem risco, propondo boas práticas de atenuação.[469]

O regulamento cria alguns custos a tais empresas, deixando clara a mensagem de que os riscos criados por elas devem igualmente ser administrados financeiramente. Tais custos envolvem a realização anual de auditoria independente para verificar o cumprimento da lei, bem como os custos da supervisão. Ressalta-se, por fim, as obrigações de fornecimento de todos os dados necessários para a fiscalização da atividade de tais empresas, em mais uma indicação da importância da transparência para que a sociedade possa controlar as atividades desenvolvidas pelos controladores de acesso, tratados de forma semelhante nesta legislação, como plataformas e motores de pesquisa *on-line* de muito grande dimensão.[470]

Observa-se fortes elementos de conexão entre o RSD e o RMD, na medida em que são regulados diversos elementos que contribuem para a dinamização dos mercados digitais e aprimoramento dos serviços, inclusive quanto ao tratamento de dados pessoais e aumento das escolhas. Trata-se da já destacada relação entre concorrência e proteção de dados e dos consumidores. No caso da legislação do bloco europeu, o RSD é responsável mais diretamente por essa perspectiva de proteção ao consumidor, mas verifica-se que há um diálogo aberto entre as legislações, assim como deve haver entre as autoridades responsáveis, dessa forma contribuindo para o avanço do projeto social europeu para os mercados digitais.

f) Regulamento de Inteligência Artificial

Deixa-se de abordar o Regulamento de Inteligência Artificial,[471] tendo em vista que ele foi aprovado apenas em 13 de março de 2024, de forma que objetivamente não houve tempo hábil para sua análise para fins do presente trabalho. Além disso, no momento, suas disposições não influenciam o quadro normativo aplicável na União Europeia, visto que serão aplicáveis apenas em vinte e quatro meses, como regra geral e, no mínimo, em seis meses quanto a algumas disposições. Futuras disposições sobre inteligência artificial terão impacto significativo em aspectos de fluxo e proteção de dados e na concorrência entre empresas nos mercados digitais, potencialmente restringindo o domínio dos controladores de acesso, assim como projetando o que a sociedade

---

469 *Idem.*

470 UNIÃO EUROPEIA, 2022b.

471 UNIÃO EUROPEIA, 2024.

pretende para o futuro do ciberespaço e o desenvolvimento econômico e social desejável.

A despeito da impossibilidade de avançar nos comentários quanto à referida legislação, entende-se importante destacar que se trata de esforço normativo relevante, na medida em que demonstra novamente a intenção europeia de tomar medidas para que a tecnologia atenda ao interesse público. Assim, são estabelecidas diversas proibições, como a de categorização biométrica baseada em características sensíveis; a de criação de bases de dados de reconhecimento facial; policiamento preditivo e manipulação de comportamento humano e exploração de vulnerabilidades das pessoas pela inteligência artificial. No campo das obrigações de transparência, as empresas devem publicar informação detalhada acerca dos conteúdos usados para treino, visando respeitar os direitos autorais, além de haver requisitos adicionais para modelos mais poderosos, visando atenuar riscos sistêmicos por meio de avaliações prévias e comunicação de incidentes. Por fim, conteúdo de falsificações profundas (*deep fakes*) deve ser claramente rotulado.[472]

Tendo ficado claro o quadro legislativo da União Europeia atual entendido como pertinente para a presente pesquisa, com ênfase na legislação de proteção de dados e no consumidor, compreende-se qual será a base, assim como as disposições acessórias à lei principal, no tratamento da concorrência nos mercados digitais. Assim, passa-se a tratar do RMD especificamente, abordando seu contexto justificatório e suas principais disposições, visando tratá-lo de forma coerente com os objetivos de pesquisa estabelecidos.

4.1.3 O Regulamento dos Mercados Digitais da União Europeia (RMD/UE)

Texto que normatiza os mercados digitais da União Europeia, o Regulamento dos Mercados Digitais (RMD/UE) está inserido neste contexto. É uma escolha normativa realizada pelos representantes dos cidadãos dessa organização supranacional, estabelecendo certos objetivos para a economia digital e para a competição no ciberespaço; classificando determinadas empresas e fenômenos e criando regras;

---

[472] UNIÃO EUROPEIA. Regulamento Inteligência Artificial: Parlamento aprova legislação histórica. *Comunicado de Imprensa do Parlamento Europeu*. Disponível em: https://www.europarl.europa.eu/news/pt/press-room/20240308IPR19015/regulamento-inteligencia-artificial-parlamento-aprova-legislacao-historica. Acesso em: 06 abr. 2024.

designando procedimentos e punições; mas, muito mais que isso, dando um importante passo para tomar controle do ciberespaço.

O efeito simbólico de um marco legal como o RMD é bastante relevante e passa uma mensagem aos controladores de acesso e a demais países fora do bloco regional: alguns serviços dos mercados digitais são essenciais para usuários finais e profissionais, de forma que certas regras concorrenciais terão de ser seguidas para atender a fins públicos. A lei se torna, assim, um instrumento significativo para a concorrência na União Europeia e como referência para os legisladores do mundo todo. Fomenta-se um espaço para reflexão e movimentação política para o estabelecimento de uma normatividade que favoreça o humano frente à máquina, o usuário em face da grande empresa, o bem-estar, a escolha, a inovação e competitividade em contraposição a uma visão deturpada, restrita a conceitos de eficiência e preço.

g) A fundamentação do RMD

A análise visual do texto legislativo revela sua preocupação com o processo deliberativo e argumentativo do ponto de vista democrático, público e transparente, ao se estender por vinte e seis páginas, em cento e nove considerações que fundamentam a adoção do regulamento. Um sobrevoo do documento indica suas principais partes e onde esteve a ênfase do legislador. Após o estabelecimento de objeto e âmbito, assim como de importantes definições, que dão o panorama dos mercados digitais e dos objetos de interesse da lei, volta-se a atenção a um dos principais conceitos: o do controlador de acesso. O texto dedica vários dispositivos às características e obrigações dos controladores de acesso e às especificidades de alguns serviços. Dentre outras disposições, destaca-se a obrigação de fornecer relatórios para comprovação do cumprimento das obrigações, relatórios anuais, além de normas antievasão, obrigação de comunicar concentrações, auditorias e investigações de mercado para os fins da lei. Por fim, a lei procura definir poderes da Comissão, formas de cooperação com outros órgãos, situações de descumprimento e punições.[473]

O RMD traz já em seu título a "disputabilidade e equidade dos mercados no setor digital", assim assumindo algumas premissas, quais sejam: a de que a disputabilidade e a equidade são desejáveis neste

---

[473] UNIÃO EUROPEIA, 2022a. A função deste parágrafo foi dar uma visão do texto legal como um todo, para então aprofundar trechos específicos em seguida. A ordem em que os itens foram colocados privilegiou a ordem em que aparecem no texto legal, no entanto, para o fim de aproximar itens materialmente semelhantes, em alguns casos, a ordem foi alterada.

mercado, e de que a há certos mercados digitais, e não apenas um, o que será abordado ao longo de toda a lei. Outras premissas centrais da lei são a de que certas empresas devem ser consideradas controladores de acesso, pelo poder econômico que têm.[474] Além disso, os serviços prestados por tais empresas ficaram caracterizados como serviços essenciais,[475] seja por suas características econômicas, seja pela sua importância na economia.[476]

---

474 UNIÃO EUROPEIA, 2022a, p 1-2. Quanto aos controladores de acesso: "3) Surgiu um número limitado de grandes empresas que prestam serviços essenciais de plataforma e que dispõem de um considerável poder económico que pode torná-las elegíveis para serem designadas como controladores de acesso nos termos do presente regulamento. Habitualmente, possuem a capacidade de estabelecer uma ligação entre muitos utilizadores profissionais e muitos utilizadores finais por meio dos seus serviços, o que, por sua vez, lhes permite potencializar as suas vantagens, como o acesso a um grande volume de dados, de um domínio de atividade para outro. Algumas dessas empresas exercem controlo sobre inteiros ecossistemas de plataformas no âmbito da economia digital, sendo estruturalmente muito difícil para os participantes no mercado, sejam eles existentes ou novos, desafiar ou disputar a posição daqueles, independentemente do nível de inovação ou eficiência que esses participantes no mercado possam ter. A disputabilidade é reduzida, em especial pela existência de barreiras muito significativas à entrada ou saída, nomeadamente custos de investimento elevados, que não podem ser recuperados, ou, pelo menos, não facilmente, em caso de saída e a ausência de insumos fundamentais na economia digital, ou um acesso reduzido aos mesmos, como os dados. Por conseguinte, aumenta a probabilidade de os mercados subjacentes não funcionarem corretamente, ou deixarem de funcionar corretamente a breve trecho. 4) Em muitos casos, a combinação destas características dos controladores de acesso é suscetível de conduzir a desequilíbrios graves do poder de negociação e, por conseguinte, a práticas e condições não equitativas para os utilizadores profissionais e para os utilizadores finais dos serviços essenciais de plataforma prestados por controladores de acesso, em detrimento dos preços, da qualidade, da lealdade na concorrência, da escolha e da inovação no sector digital".

475 UNIÃO EUROPEIA, 2022a, p. 1-2. Acerca dos serviços essenciais: "2) (...) São exemplos dessas características dos serviços essenciais de plataforma as enormes economias de escala, que muitas vezes implicam custos marginais quase nulos para adicionar utilizadores profissionais ou utilizadores finais. Outras dessas características dos serviços essenciais de plataforma são os consideráveis efeitos de rede, a capacidade de estabelecer uma ligação entre muitos utilizadores profissionais e muitos utilizadores finais graças à natureza multilateral destes serviços, um nível significativo de dependência tanto dos utilizadores profissionais como dos utilizadores finais, os efeitos bloqueadores, o facto de os utilizadores não poderem recorrer aos serviços de diferentes fornecedores para os mesmos fins, a integração vertical e as vantagens decorrentes dos dados. Todas estas características, combinadas com práticas não equitativas das empresas que prestam os serviços essenciais de plataforma, podem ter o efeito de prejudicar substancialmente a disputabilidade dos serviços essenciais de plataforma, bem como de afetar a equidade da relação comercial entre as empresas que prestam esses serviços e os seus utilizadores profissionais e utilizadores finais. Tal conduz, na prática, a uma rápida e potencialmente profunda redução das possibilidades de escolha ao dispor de utilizadores profissionais e utilizadores finais, podendo, assim, conferir ao prestador desses serviços a denominada posição de controlador de acesso. Ao mesmo tempo, importa reconhecer que os serviços que não visam fins comerciais, como os projetos colaborativos, não deverão ser considerados serviços essenciais de plataforma para efeitos do presente regulamento".

476 UNIÃO EUROPEIA, 2022a, p. 1-2.

Este estudo como um todo tem por foco a regulação concorrencial com base no fluxo de dados pessoais (com ênfase para concentração e compartilhamento), de forma que se dedicou o capítulo 4.2 a abordar específica e aprofundadamente as propostas apresentadas pelo RMD para regulação com base em dados. O presente subcapítulo se propõe a analisar a lei de forma mais geral, tocando seus principais aspectos, assim como consolidando as bases para as demais análises pertinentes, sejam aquelas envolvendo dados, legislação correlata e de propostas doutrinárias.

h) Serviços essenciais digitais e controladores de acesso

Os serviços essenciais destacados no RMD são os serviços de intermediação (*marketplaces*, como a *Amazon*), motores de pesquisa (*Google, Yahoo*), redes sociais (*Facebook, Instagram, LinkedIn*), plataformas de vídeo (*Netflix, Youtube*), serviços de comunicação interpessoal (*WhatsApp, Telegram*), sistemas operacionais (*iOS, Android, Windows*), navegadores (*Chrome, Firefox, Edge*), computação em nuvem (*Azzure, AWS*) e serviços de publicidade (serviços associados ao *Google, Facebook* entre outros), inclusive os outros serviços prestados por uma empresa que presta qualquer dos anteriores.[477]

A definição de controlador de acesso, por sua vez, é realizada com base em critérios subjetivos, seguidos de alguns parâmetros objetivos, que geram uma presunção de enquadramento no conceito. Os critérios subjetivos envolvem o impacto significativo da empresa no mercado interno da União Europeia, assim como a prestação de serviço essencial e porta de acesso entre utilizadores profissionais[478] e utilizadores finais.[479] O terceiro e último requisito é que a empresa esteja em posição sólida e duradoura das operações, ou que possa vir a se beneficiar de uma posição assim no futuro, trazendo, dessa forma, maior flexibilidade em comparação aos critérios clássicos do antitruste, como a posição monopolista.[480]

---

[477] UNIÃO EUROPEIA, 2022a, p. 26. Os serviços indicados não são obrigatoriamente controladores de acesso, ou pertencentes a tais grupos empresariais, tratando-se apenas de exemplos dos referidos serviços digitais.

[478] UNIÃO EUROPEIA, 2022a, p. 26. "21) 'Utilizador profissional': qualquer pessoa singular ou coletiva que, no âmbito das suas atividades comerciais ou profissionais, utiliza serviços essenciais de plataforma para fins de fornecimento de bens ou serviços a utilizadores finais ou no âmbito desse fornecimento;"

[479] UNIÃO EUROPEIA, 2022a, p. 26. "20) Utilizador final: qualquer pessoa singular ou coletiva que utiliza serviços essenciais de plataforma e não seja um utilizador profissional;"

[480] UNIÃO EUROPEIA, 2022a, p. 30.

Também são estabelecidos critérios objetivos para que se presuma o preenchimento dos requisitos anteriores. São, por exemplo, um volume de negócios anual igual ou superior a 7,5 bilhões de euros em cada um dos últimos três exercícios e a prestação do mesmo serviço essencial em pelo menos três Estados-Membros. Quanto a usuários, os critérios são de 45 milhões de usuários finais ativos mensalmente e 10 mil utilizadores profissionais. É estabelecido todo um procedimento, envolvendo inclusive a potencial contestação pela empresa. Nesse caso, para que se tome a decisão final, serão usados critérios como volume de negócios, número de utilizadores finais e profissionais, efeitos de rede e vantagens de dados, efeitos de escala, inclusive, quanto a dados, estrutura de conglomerado ou integração vertical, combinações de dados, características estruturais empresariais ou do serviço e as dificuldades criadas para que utilizadores profissionais ou finais mudem de fornecedor ou se beneficiem da possibilidade de recorrer a diferentes serviços.[481]

O RMD procura, assim, ser bastante abrangente e sofisticado, considerando aspectos de dados, mas também aspectos estruturais do mercado, efeitos próprios dos mercados digitais e da arquitetura do ciberespaço, além de considerar as hipóteses contemporâneas formuladas pela doutrina especializada e já reconhecida pelos demais estudiosos do tema.

i) Publicidade comportamental, dados pessoais e consentimento

O regulamento possui diversas interfaces com o restante da legislação do bloco. A peça legislativa analisada, no entanto, ostenta, em seu corpo, dispositivos aparentemente pouco ortodoxos para a regulação da concorrência nos mercados digitais, o que reflete precisamente sua adequação a estes novos e peculiares mercados digitais. Dentre tais dispositivos, em um capítulo que se propõe a regular "práticas dos controladores de acesso que limitam a disputabilidade ou não são equitativas", vê-se a regulação da publicidade, dispondo que ela não poderá ser feita por tratamento de dados pessoais de utilizadores finais que usam serviços de terceiros. Também não poderão ser combinados dados do serviço essencial com dados de serviços de terceiros, nem se utilizar de forma cruzada em outro serviço, essencial ou não. Por fim,

481 UNIÃO EUROPEIA, 2022a, p. 31-32.

também não poderão conectar os utilizadores finais a outros serviços para combinar dados pessoais.[482]

Observe-se aqui as restrições impostas ao modelo de negócios de anúncios direcionados, proibindo o uso abusivo de dados, que tende a concentrar mercados, gerar efeitos negativos quanto à normalização de comportamentos a partir do perfilamento de usuários, bem como promover a ampla violação do usuário a partir de sua exposição e controle pelas referidas empresas.

São regulados aspectos de consentimento, permitindo, além de sua recusa, a retirada (*opt out*) e proibindo a repetição do pedido para o mesmo fim por um ano.[483] Também é exigido consentimento para compartilhamento de dados de usuários finais com usuários profissionais no contexto da portabilidade,[484] exigindo que a obtenção de consentimento não seja tornada mais onerosa para usuários profissionais do que para o controlador de acesso.[485] O consentimento é tratado com detalhes no RMD, impedindo que a aceitação do utilizador final seja condição para o uso da plataforma. A qualidade do serviço também não pode ser reduzida, nem deve ser estabelecida dificuldade para negar consentimento. A interface deve ser explícita, clara e simples, permitindo a concessão, alteração e retirada do consentimento. Retirar o consentimento deve ser tão fácil quanto dá-lo, e as interfaces não podem enganar, manipular, distorcer ou prejudicar a capacidade de livre manifestação de consentimento.[486]

O consentimento foi abordado em termos bastante semelhantes neste estudo, ficando clara a importância de tal elemento na concorrência entre empresas. O tratamento detalhado dado pelo RMD favorece uma perspectiva de autonomia e liberdade do usuário, facilitando o exercício da escolha seja quanto aos aspectos de tratamento de seus dados pessoais, seja para a escolha de outro prestador. Tais disposições, portanto, atacam a concentração e o abuso de dados exercidos pelos controladores de acesso como vantagem concorrencial e igualmente procuram favorecer comportamentos mais autônomos e dinâmicos dos usuários.

---

[482] *Ibid.*, p. 33.

[483] *Ibid.*

[484] UNIÃO EUROPEIA, 2022a, p. 36.

[485] UNIÃO EUROPEIA, 2022a, p. 42.

[486] UNIÃO EUROPEIA, 2022a, p. 9

j) Transparência, aquisições e disputabilidade dos mercados digitais

No tocante às aquisições, o regulamento procura trazer transparência e controle. A intenção é evitar concentrações e fomentar a disputabilidade no setor em geral, o que pode ocorrer por investigações de mercado. O controlador de acesso deve informar previamente sobre as aquisições que ele realizar de empresas prestadoras de serviços essenciais, ou empresas do setor digital, ou ainda de empresas que coletem dados. São estabelecidas, ainda, obrigações comissivas aos controladores de acesso, no sentido de formular relatório acerca da concentração pretendida, com natureza, justificação, volume de negócios e valor da operação, entre outros. Tais dados se prestam a aumentar o ônus a ser enfrentado por um controlador de acesso em uma operação de concentração de mercado, ao obrigar o fornecimento de informações úteis e transparentes à Comissão. A colaboração entre os Estados-Membros no procedimento e a preocupação constante com as formas de coleta e acúmulo de grandes volumes de dados pessoais também são destacados.[487]

Ainda que não haja, com as medidas acima, uma inversão formal do ônus probatório em aquisições realizadas por controladores de acesso, entende-se que o sistema implementado pode se apresentar de forma semelhante. Ao obrigar o controlador de acesso à apresentação de um relatório acerca da concentração, o RMD pode dar às autoridades antitruste argumentos fortes para negar aquisições que impliquem concentração de dados, ou ao menos solicitar informações adicionais às empresas, assim aperfeiçoando o processo. Quanto a esse particular, acredita-se ser bastante recomendável que haja rígido escrutínio de tais operações, visando evitar, ao máximo, novas concentrações.

Procurando estabelecer para a Comissão um papel ativo nos mercados digitais europeus, a lei estabelece a investigação de mercado com as finalidades de identificar controladores de acesso, punir práticas reiteradas de descumprimento da lei e para identificar novos serviços e práticas. No âmbito das investigações para identificar controladores de acesso, a lei atribui amplos poderes ao regulador, permitindo que se verifique uma situação tendente a causar uma posição "enraizada e duradoura" a uma empresa, que possa ser irreversível. Nesse caso, a intervenção deve se dar até mesmo antes da oscilação do mercado em favor do potencial controlador de acesso. Tal intervenção, no entanto,

[487] UNIÃO EUROPEIA, 2022a, p. 19, 42-43.

deve ser pontual e proporcional, visando evitar prejuízos à qualidade do serviço para o utilizador final.[488] Considerando as tendências de constante avanço tecnológico, as investigações podem se prestar, especialmente no que toca à identificação de novos serviços e práticas, a atualizar e revisar o regulamento em si.[489]

A Comissão, nesse procedimento, terá amplos poderes investigativos, tendo o regulamento o cuidado de atribuir permissões de inspeções às empresas e inquirição de testemunhas. Ela também pode impor a condição de controlador de acesso ao investigado, com todas as obrigações daí decorrentes, além de poder impor medidas provisórias, que vigoram no ínterim da investigação e podem ser renovadas, conforme necessário, assim permitindo o seu avanço, que pode perdurar por algum tempo, aplicando imediatamente algumas penalidades à empresa investigada, no âmbito de processos de investigação por descumprimentos.[490]

São essas, portanto, as principais medidas previstas no RMD, de forma razoavelmente objetiva e a ser explorada em mais detalhes quanto aos principais instrumentos concorrenciais e de dados pessoais estabelecidos. Há também um contexto relevante e contemporâneo de propostas acerca da concorrência com base em dados elaboradas em paralelo ao marco legislativo aqui analisado. É sobre tais propostas e a relevância delas para este estudo que se trata na seção vindoura. Ainda em seguida se abordará algumas críticas à regulação concorrencial como um todo, visando confirmar a hipótese da pertinência da regulação.

4.1.4 Propostas contemporâneas ao RMD

Propostas concretas para a regulação concorrencial coerentes com a teoria aqui traçada serão compostas por elementos de proteção de dados, do consumidor e regulação concorrencial. A intenção, nesse sentido, é compor uma política pública com medidas coerentes, que promovam um ambiente concorrencial que favoreça o efetivo bem-estar do consumidor. Nesta seção, serão analisadas algumas propostas contemporâneas ao RMD, assim como algumas críticas coerentes com a perspectiva adotada pela referida peça legislativa. Tem-se como objetivo de pesquisa o esclarecimento dos panoramas teórico e prático mais

---

[488] UNIÃO EUROPEIA, 2022a, p. 7.

[489] UNIÃO EUROPEIA, 2022a, p. 22.

[490] UNIÃO EUROPEIA, 2022a, p. 22.

aprofundados sobre temas relevantes para a regulação na perspectiva aqui apresentada.

k) Proteção de dados, consentimento e controle

Inicia-se, portanto, com medidas bastante focadas na proteção de dados pessoais e na crítica ao mecanismo de "aviso e consentimento"[491] relacionado com o compartilhamento de dados pessoais de usuários e aceitação forçada das políticas de privacidade das empresas.

Dados do estudo citado demonstram que os usuários não leem tais políticas; os que leem, na maioria, não entendem; e que os usuários também não teriam condições de negociar tais termos. Além disso, a combinação e fusão de dados e o aprendizado de máquina (*machine learning*) fazem com que algumas empresas sequer saibam como exatamente os dados estão sendo usados. Tal contexto leva à necessidade de revisão desses mecanismos em direção a uma competitividade quanto à privacidade garantida aos usuários como elemento de qualidade do serviço.[492]

Entre as medidas propostas estão, primeiramente, o estabelecimento de mecanismos mais flexíveis, que permitam escolhas quanto ao compartilhamento de determinados tipos de dados, ou até a recusa a compartilhar dados, que não seja punida com a impossibilidade de acessar o serviço.[493] Tais opções se alinham com a ideia de um *design* sensível a valores, em que o serviço é efetivamente orientado em prol do usuário, conforme citado neste estudo.[494] Em segundo lugar, propõe-se que as autoridades procurem identificar e promover formas alternativas de faturamento aos controladores de acesso, visto que um mercado totalmente dependente de renda de anunciantes tende a priorizar tal lado do mercado, além de se envolver em uma batalha pelos dados pessoais do usuário, buscando acumular mais. Além de tudo, a predominância do referido modelo ainda pode oferecer resistência

---

491 STUCKE, Maurice E.; GRUNES Allen P. *Big Data and competition policy*. Oxford: Oxford University Press, 2016, p. 326. Tradução livre de "*notice-and-consent*". Observa-se que os autores Maurice Stucke, Ariel Ezrachi e Allen Grunes têm vasta produção acadêmica sobre o tema, sendo marco teórico relevante para esta pesquisa, o que dá ensejo à citação de diversas de suas obras nesta seção, precisamente por trazerem uma série de propostas práticas bastante coerentes com todo o contexto do RMD.

492 STUCKE; GRUNES, 2016, p. 326-329.

493 STUCKE; GRUNES, 2016, p. 329-330.

494 FRIEDMAN; LIN; MILLER, 2005, capítulo 3.2.2 desta pesquisa.

à entrada de outros modelos que sejam mais inovadores, favoráveis à privacidade e baseados em pagamentos de assinaturas dos usuários.[495]

Para Stucke e Grunes, um elemento central para a privacidade é o controle dos dados pelos usuários e o direcionamento do funcionamento do ciberespaço para um modelo em que haja propriedade[496] efetiva por eles, o que ainda não ocorre. O primeiro passo nesse sentido é a portabilidade de dados, assim evitando o aprisionamento (*lock-in*) do usuário em determinado aplicativo, o que também reduziria barreiras de entrada de mercado, além de aumentar a autonomia dos usuários. Na mesma linha, como segundo e terceiro passos, há propostas de criação de um *alter ego* digital e de uma carteira ou armário de dados (*data locker*) voltados a garantir a propriedade e possibilidade de negociação de tais dados com os fornecedores de serviços. Um quarto elemento seria aumentar a transparência quanto ao valor dos dados, assim permitindo uma negociação mais justa e o tratamento mais adequado. Em quinto lugar fala-se da participação das autoridades de dados na atuação de concorrência por dados, visando contribuir com a análise dos aspectos de privacidade, analisando "pequenas, mas significativas, perdas de qualidade não transitórias". Por fim, as autoridades devem garantir que os perpetradores de condutas ilegais em seus campos respondam por elas, assim reduzindo os malefícios e detendo violações futuras.[497]

A pesquisa demonstra, portanto, a adequação de mecanismos de consentimento e proteção de dados em geral que valorizem a concepção e o desenvolvimento ético e transparente da tecnologia e a escolha, autonomia e respeito ao usuário. Do ponto de vista concorrencial, deve-se focar na competitividade em torno da privacidade, assim como no incentivo a modelos de negócios não baseados na exploração abusiva de dados pessoais. Precisamente qual modelo será adotado para se obter tais resultados, não é possível afirmar, mas alguns dos aqui indicados certamente serão bons modelos para testes práticos e verificação de resultados.

---

[495] STUCKE; GRUNES, 2016, p. 329-333.

[496] A discussão sobre propriedade em si dos dados não será travada neste estudo, em razão do recorte metodológico realizado. Tal recorte foi feito em razão da grande extensão da discussão sobre propriedade de dados pessoais e seus desdobramentos, que merecem estudos próprios. Ademais, entende-se que a discussão em torno do RMD se dê de forma adequada, sem a necessidade de ingresso neste particular, abordando aspectos de fluxo e controle de tais dados pessoais. A menção ao termo propriedade, portanto, é mera citação do texto adiante mencionado.

[497] STUCKE; GRUNES, 2016, p. 333-334.

I) Regulação concorrencial *Ex ante*

Com considerações e reflexões mais voltadas diretamente à regulação da concorrência, Ezrachi e Stucke chamam a atenção para o que eles definem como "mão digitalizada", em paralelo à ideia da mão invisível. Para os autores, o risco dos monopólios digitais envolve até mesmo o controle de preços, isto é, entende-se que o comportamento dos controladores de acesso tende a não responder às ditas forças de mercado, mas sim controlá-las a partir da aplicação de algoritmos e inteligência artificial às grandes massas de dados somadas ao grande poder de mercado detido por tais empresas.[498]

A atuação que se espera do governo e das autoridades antitruste é de compreensão de seu papel na construção de um ambiente saudável para a competição virtual. A competição é normativa, isto é, "reflete, em parte, as restrições e incentivos legais, assim como normas morais, sociais e éticas informais". Entende-se, então, pela necessidade de uma atuação *ex ante*, isto é, que se proponha a moldar incentivos e a estrutura do mercado, evitando condutas e estruturas inadequadas, como monopólios, ao estabelecer regras de fusões e aquisições mais rígidas e reduzindo as barreiras de entrada, em vez de atuar posteriormente punindo comportamentos e regulando monopólios já consolidados (o que seria regulação *ex post*).[499]

Soluções que sejam pensadas desde a concepção das empresas e programas são coerentes com a proposição. Assim, a privacidade e o empoderamento do consumidor devem estar na raiz dos modelos de negócio propostos. Para tanto, é defendido um modelo de clareza e ostensividade das informações relevantes para a privacidade, assim como a mínima coleta de dados e ampla possibilidade de escolha do usuário, inclusive com o direito de retirar seu consentimento e excluir suas informações da base de determinada empresa. Essas medidas, por exemplo, gerariam incentivos à inovação nos modelos de negócio e limitariam a capacidade de discriminação das empresas. O governo poderia, ainda, oferecer incentivos a empresas baseadas em algoritmos que apresentem medidas de contraposição às colusões tácitas entre empresas e discriminação comportamental; ou cooperativas de

---

498 EZRACHI, Ariel; STUCKE, Maurice. *Virtual competition*: the promise and perils of the algorithm-driven economy. Cambridge: Harvard university Press, 2016, p. 205-217.

499 EZRACHI, STUCKE, 2016, p. 225.

consumidores que buscassem efeitos de economia de escala por meio de compras sociais em grupo.[500]

Um dos principais problemas de qualquer medida contra os controladores de acesso é seu grande poder de vigilância: quase qualquer medida tomada contra eles pode ser identificada, assim sendo objeto de medidas defensivas. Uma das formas de evitar a "visão divina"[501] de tais empresas é procurando, em situações específicas e voltadas a esse propósito competitivo, reduzir a transparência dos preços no mercado, por exemplo, por meio de vendas e lances secretos em que, sem coletar dados dos usuários, os vendedores poderiam praticar leilões reversos. O governo também poderia impor limites de tempo para mudanças de preço, assim facilitando a entrada de novos competidores.[502]

Por fim, propõe-se que se audite os algoritmos, visando tomar medidas corretivas a condutas ilegais previstas em tais códigos. Referida auditoria ocorreria de forma totalmente confidencial na agência regulatória e, embora encontre dificuldades, especialmente diante da sofisticação da tecnologia em contraposição com o baixo nível de preparação das autoridades para o tema, trata-se de uma via relevante para que se agregue conhecimento e se busque medidas futuras a serem tomadas pelos fiscalizadores. Em suma, a abordagem esperada é uma ativa e cuidadosa, que busque novas soluções e instrumentos e preserve determinados aspectos positivos do mercado e da competição.[503]

A abordagem da regulação concorrencial *ex ante* surge em resposta à compreensão das características dos mercados digitais já destacadas nesta pesquisa, com ênfase para a tendência a concentração de mercado e aquisição de posições em que determinadas empresas detêm muito poder e o verdadeiro *status* de controladores de acesso a mercados de serviços essenciais. Regras que moldem esses mercados tornam-se necessárias visando dar maior dinamicidade, disputabilidade, transparência, potencialidade de entrada de novos competidores e para criar barreiras à concentração. É essa também a abordagem do RMD, ainda que não adotando exatamente as mesmas medidas, mas possivelmente dando abertura à tomada de algumas delas pelas autoridades concorrenciais, caso verificadas certas condições após investigações de mercado.

---

500 EZRACHI, STUCKE, 2016, p. 235-237.

501 EZRACHI; STUCKE. 2016, p. 238. Tradução livre de "*god view*".

502 EZRACHI; STUCKE. 2016, p. 238-239.

503 EZRACHI; STUCKE. 2016, p. 240-241.

m) Competição e inovação

A inovação carrega consigo outras palavras: diversidade, heterogeneidade, pluralidade, abertura. A inovação não pode ser considerada garantida ou inevitável, ela deve ser promovida, e as circunstâncias que a inibem devem ser vistas com preocupação. A inovação também deve ser vista pelo valor por ela agregado e quem são seus destinatários. Na economia digital se avança rápido em direção questionável. Para Ezrachi e Stucke, é melhor avançar mais lentamente e com a possibilidade de mudar o curso, caso necessário. Os autores apontam a necessidade de se guiar a inovação pelos princípios de valor, incentivos e diversidade. Nesse sentido, deve-se compreender se a inovação efetivamente cria valor e para quem. Além disso, deve-se entender quais são os incentivos para aqueles que inovam e se eles estão alinhados com o interesse público. Por fim, é importante saber se os atores em que se aposta para a promoção de tecnologias disruptivas são pensados com base na construção de um mercado aberto, competitivo e diverso.[504]

Uma virada de paradigma muito dificilmente virá dos controladores de acesso (chamados barões da tecnologia na obra citada). Todos os acessórios e cidades ditos inteligentes, entre outras funcionalidades de redes sociais e buscadores, são bons exemplos de inovação que podem causar prejuízos ao usuário, isso em razão de simplesmente não terem sido criados pensando no bem-estar do indivíduo, mas sim na vigilância e exploração de seus dados pessoais e do indivíduo, por conseguinte. Os danos de tais tecnologias refletem-se primeiro e com mais intensidade exatamente sobre as populações mais marginalizadas. O caminho atual tem mantido ou intensificado desigualdades sociais e reduzido autonomia e bem-estar, além de desestabilizar democracias. Por essas razões se propõem significativas mudanças em prol de um processo de inovação positivo e plural, que efetivamente beneficie os usuários.[505]

O pluralismo toca o processo de inovação exatamente por estar relacionado com a difusão de conhecimento e de informação. A preocupação com o pluralismo toca também a liberdade de expressão e a composição da esfera pública digital como um aspecto relevante da vida em sociedade contemporânea, devendo ser um dos objetivos da legislação proteger o discurso e também seus ouvintes, já que as

---

[504] EZRACHI, Ariel; STUCKE, Maurice. *How big tech barons smash innovation*: and how to strike back. Nova Iorque: Harper Collins, 2022, livro digital, sem paginação: capítulo 11.

[505] EZRACHI; STUCKE, 2022, capítulo 11.

plataformas, em suas diversas atividades, envolvendo mídia social, vídeos, busca e lojas de aplicativos, dão forma aos ambientes comunicativos e à infraestrutura pela qual o conhecimento chega até o usuário. As escolhas de arquitetura dos controladores de acesso e as decisões de moderação de conteúdo podem prejudicar o pluralismo de tais ambientes, especialmente em um ambiente monopolístico. É desejável que os poderes econômico, político e cultural estejam distribuídos, gerando uma variedade de espaços comunicativos e acessos descentralizados à esfera pública digital.[506]

Guggenberger defende que os efeitos das práticas das empresas de tecnologia podem ser diluídos com a desconcentração de mercado. O autor argumenta que escolhas relacionadas à arquitetura social dos ambientes e ferramentas algorítmicas, assim como a moderação do conteúdo, são extremamente relevantes e também difíceis, de forma que o pluralismo pode ser a melhor forma de lidar com os potenciais erros, tornando-os menos relevantes do ponto de vista sistêmico. O pluralismo digital e um mercado competitivo de plataformas não garante qualidade, nem mesmo diversidade, já que as plataformas podem reagir de forma muito similar a certas situações. Necessária, nesse sentido, a moldura institucional, por meio de normas e regulações que privilegiem a confiança e o interesse públicos. Assim, ainda que um ambiente competitivo não gere apenas resultados positivos, podendo gerar condutas semelhantes, ou até algumas mais prejudiciais ao usuário em termos de violações de dados e danos à atenção, criando vícios e danos à saúde mental dos usuários, esse ambiente será muito melhor que um ambiente de monopólio. Defende-se, portanto, o incentivo à competição e inovação em concomitância com uma regulação que promova transparência e práticas éticas e favoráveis aos usuários e proíba condutas indesejadas.[507]

Fica clara, portanto, a dinâmica competitiva desejada para promoção de diversidade e inovação: trata-se de uma dinâmica estruturada a partir de valores e direcionada aos usuários, bem como transparente, atenta à privacidade e com a diluição do poder de mercado entre os seus atores, em um mercado aberto e diverso. Novamente observa-se que o RMD e o arcabouço legal europeus se encontram em certa consonância com as observações aqui realizadas e possuem certa abertura para

---

[506] GUGGENBERGER, 2023, p. 156-157.

[507] GUGGENBERGER, 2023, p. 157-158.

a adoção de tais práticas, a depender da forma como se desenvolva a dinâmica entre controladores de acesso e autoridades na vigência da lei.

n) Dados como recurso essencial

Em sua tese de doutorado, Inge Graef procura defender a tese de que os dados seriam um recurso essencial nos mercados digitais. Seriam, portanto, a matéria-prima utilizada pelas empresas do setor para oferecer e qualificar serviços, novos ou já existentes, tanto a utilizadores profissionais quanto a utilizadores finais. A posição atual dos incumbentes gera seu entrincheiramento, tanto em seus mercados quanto para diversos novos e potenciais produtos e serviços digitais, já que eles detêm os dados pessoais em sua forma mais valiosa, conforme definido neste estudo.[508]

A teoria elaborada por Inge Graef é uma análise precisa dos mercados digitais e dá suporte para a elaboração de obrigações estabelecidas no RMD, como a interoperabilidade e portabilidade, também dando respaldo a medidas que combatam as negativas a negociar por parte de controladores de acesso que tenham vistas a manter ou fortalecer sua posição de mercado.

Os dados pessoais coletados pelos controladores de acesso são, portanto, insumos imprescindíveis para uma dinâmica minimamente competitiva por concorrentes ou entrantes em determinados mercados.[509] Para Graef, mesmo antes do RMD haveria argumento, com base na legislação de concorrência, e não no RGPD, para que potenciais competidores solicitassem acesso aos dados pessoais para procurar implementar serviços competidores ou complementares nos mercados digitais. Defende-se, nesse sentido, a aplicabilidade da doutrina dos recursos essenciais,[510] já que os dados são vistos como um recurso imprescindível para a atuação no referido mercado, devendo ser cedido pelos incumbentes, sob pena de que se considere uma negativa de negociar sujeita a responsabilização. É inegável que, ao impedir que

---

[508] GRAEF, Inge. *Data as essential facility*: competition and innovation on online platforms. Tese (Doutorado em Direito) – Katholieke Universiteit Leuven, Faculty of Law, 2016. Supervisor: Prof. Dr. Peggy Valcke. Co-supervisor: Prof. Dr. Wouter Devroe, p. 137 e ss. Disponível em: https://lirias.kuleuven.be/bitstream/123456789/539854/1/Final+draft+PhD+-+Inge+Graef+-+Data+as+Essential+Facility+-+30+May+2016.pdf. Acesso em: 26 abr. 2024.

[509] No mesmo sentido, GERADIN, Damien; KUSCHEWSKY, Monika. *Competition law and personal data*: Preliminary Thoughts on a Complex Issue, 2013. Disponível em: https://ssrn.com/abstract=2216088, Acesso em: 31 mar. 2024, p. 2-5.

[510] GRAEF, 2016, p. 155. Tradução livre de "*essencial facilities doctrine*".

concorrentes acessassem tais dados, os controladores de acesso tornariam a concorrência quase completamente impossível. Interessante, por fim, pontuar as preocupações da autora com a autonomia do usuário e controle sobre seus dados, assim como as relações já tecidas entre a proteção de dados e a concorrência, deixando clara a complexidade da situação, mas, ainda assim, a necessidade de que o tema seja resolvido.[511]

Como apontado, Inge Graef procurava lidar com o tema em 2016, invocando a doutrina dos recursos essenciais. Ainda que o RMD tenha trazido instrumentos concretos, procurando tratar da questão dos dados na competitividade entre empresas nos mercados digitais, é relevante compreender o fundamento de tais medidas, tornando-o claro, bem como demonstrando que a discussão científica contemporânea se dava em torno de tais temas, assim oferecendo também bases para a discussão política dessas medidas na formação e aprovação do texto legal.

No contexto da regulação concorrencial, em seguida, analisa-se as críticas à regulação em si, bem como outras críticas a medidas ou perspectivas específicas, procurando enfrentar relevantes argumentos apresentados em contrariedade às bases da legislação que é objeto desta pesquisa, assim abordando a literatura pertinente e confirmando as hipóteses de pesquisa.

4.1.5 Análise de críticas à regulação

Tratar das críticas frontais à perspectiva do estudo, bem como contrárias às hipóteses propostas é altamente relevante, na medida em que põe à prova determinadas premissas e permite, ainda, o aprofundamento de discussões relevantes para o avanço do estudo do tema e fortalecimento das bases. É igualmente viável, a partir do estudo de tais críticas, que se necessite rever alguma premissa, ou mesmo se chegue a conclusões diversas ao fim do estudo. Imbuída desse espírito, a pesquisa passa à análise das críticas.

o) Críticas à regulação concorrencial

David Evans, relevante marco teórico sobre as plataformas de múltiplos lados, escreveu em 2003 sobre o tema, destacando o quanto aquele modelo de negócios vinha crescendo e se expandiria na medida em que a revolução da tecnologia da informação continuasse. Trata-se

---

511 GRAEF, 2016, p. 154-156.

de negócios que se posicionam como intermediários e têm de trazer diferentes grupos de negócios e consumidores para suas plataformas, atendendo às suas demandas, de forma totalmente peculiar em relação a negócios que possuam só uma face para o mercado.[512] Evans levanta preocupações no sentido de que essas plataformas trariam grandes benefícios aos consumidores, especialmente por seus efeitos de rede e exatamente por se expandirem por outras linhas de negócios e gerarem inovações. Eventuais intervenções antitruste, para o autor, deveriam se preocupar muito em discernir ações anticompetitivas das pró-competitivas, o que poderia ser bastante difícil diante da complexidade daqueles negócios de múltiplos lados.[513]

Evans também abordou mercados em que produtos são oferecidos aos consumidores sem custos. Analisando as dinâmicas de mercado, explicou que tal fenômeno ocorre quando se pretende oferecer algum produto em conjunto, assim apresentando um produto *premium*, que é cobrado, ou cobrando do outro lado de um mercado de dois lados. Nesses casos a análise antitruste, inclusive para definição de mercado relevante e bem-estar do consumidor, deveria considerar ambos os produtos, já que estão conectados diretamente.[514]

Em estudos mais recentes, Evans destacou a necessidade de consideração de cada um desses lados da plataforma e dos grupos de consumidores ali conectados, para que se possa compreender o assunto em sua complexidade, evitando prejudicar o mercado. Há, nesse sentido, efeitos indiretos de rede que conectam tais grupos e geram efeitos entre eles. A análise de Evans se dirige a aspectos de preço e eficiência como uma visão de bem-estar do consumidor, restringindo-se a tais aspectos e procurando categorizar produtos gratuitos e relações de demanda interconectada como simples situações que abarcam tais conceitos.[515]

---

512 Observa-se que, via de regra, aborda-se tais plataformas como tendo dois lados: usuários finais e usuários profissionais. Evans, no entanto, aborda o tema sob essa visão de que haveria vários lados, na medida em que a aproximação promovida por uma plataforma pode se dar entre vários negócios e sob diferentes óticas (parcerias e consumo, por exemplo).

513 EVANS, David S. The antitrust economics of multi-sided platform markets. *Yale Journal on Regulation*, vol. 20, p 325-381, 2003, p. 379 e ss.

514 EVANS, David S. Antitrust Economics of Free, April 17, 2011. *Competition Policy International*, Spring 2011, Disponível em: https://ssrn.com/abstract=1813193. Acesso em: 08 out. 2023.

515 EVANS, David S.; SCHMALENSEE, Richard. The Antitrust Analysis of Multi-Sided Platform Businesses. *NBER Working Paper Series*, n. 18783, feb. 2013. Disponível em: http://www.nber.org/papers/w18783, Acesso em: 08 out. 2023.

Respondendo a tal crítica, observa-se que Direito Concorrencial tem passado pelo que Calixto Salomão Filho diria ser uma penúria e uma paralisia. Isso porque se vê que a densidade da matéria vem, propositalmente, sendo esvaziada por sua pouca atuação nas últimas décadas, ficando adstrita a assuntos marginais ou meramente relacionados às ideias de eficiência e livre concorrência, assim deixando de lado aspectos relevantes de desenvolvimento social e econômico.[516]

Alinhando-se à visão de Calixto e contrapondo-se à de Evans, Lina Khan, particularmente quanto à concorrência nos mercados digitais, aponta que o controle dos dados gera uma posição entrincheirada para o controlador de acesso, que pode formatar melhores serviços e compreender a demanda. A formação de ecossistemas de produtos e serviços também permite que a empresa use os dados de forma cruzada, assim beneficiando todas as suas linhas de atuação e reunindo uma massa incomparável de dados para expandir ainda mais seus negócios, ameaçando empresas em diversos setores. O controle dos dados, por si só, age como barreira de entrada. Na medida em que os controladores de acesso passam a dominar mercados relevantes como o de comunicação e comércio em geral, é essencial compreender as lógicas ali aplicadas para evitar ciclos já verificados. Um dos destaques fica para empresas como *Uber* e *Amazon*, que utilizam estratégias de preços predatórios para estabelecer dominância total de mercado. Nesses mercados, essa já se tornou a estratégia racional a ser adotada, sendo apoiada pelos investidores, pois verifica-se que a intenção é estabelecer a integração vertical de serviços, controle concentrado de dados e acesso a diversos mercados com o uso de condutas anticompetitivas.[517]

Ora, a presente pesquisa vem demonstrando que o direito concorrencial deve retomar seu vigor deixando de acreditar em um mercado que beneficia a poucos e concentra riquezas, passando a agir e conduzir a concorrência nos mercados digitais em prol do interesse público. Assim, se determinada estratégia se mostrou claramente anticompetitiva, medidas preventivas devem ser tomadas visando evitar a reiterada adoção de modelos tendentes a gerar dominância total de mercado, que minam qualquer possibilidade do estabelecimento, a longo prazo, de um mercado dinâmico, inovador e aberto, em benefício de

---

516 SALOMÃO FILHO, 2021, p. 8 e 21-22.

517 KHAN, 2017, p. 785-790.

competidores, consumidores e de um desenvolvimento social a partir de decisões democráticas.

Em uma outra ponderação de Evans, observa-se que se deve considerar as variáveis aplicáveis aos mercados digitais procurando compreender seu funcionamento, bem como pensando na regulação a partir desse novo paradigma econômico. As peculiaridades do ciberespaço podem até levar ao pensamento de que se trata de uma competição pela atenção do usuário, no sentido de que várias empresas, ainda que com consumidores primários diferentes, poderiam verdadeiramente competir pela atenção dos consumidores. Tal competição poderia, em tese, até mesmo gerar efeitos de restrição positiva a grandes empresas do mesmo mercado, evitando o aumento exagerado de preços, a perda de qualidade e a exclusão de competidores.[518]

O que se pretende trazer no presente estudo, portanto, é uma leitura atenta às especificidades dos mercados digitais. Nesse sentido, são vários os fatores a levar em conta, com todas as suas complexidades e consequências que não se restringem a uma competição generalizada por atenção,[519] sendo necessário analisar, sim, os serviços específicos prestados por cada um dos controladores de acesso, que podem ser considerados serviços essenciais no âmbito digital, bem como aspectos relacionados à competitividade, inovação, bem-estar e privacidade dos usuários.[520]

---

518 EVANS, David S. *Attention to rivalry among online platforms and its implications for antitrust analysis*. Coase-Sandor Institute for Law & Economics Working Paper No. 627, 2013, p. 42. Disponível em: https://chicagounbound.uchicago.edu/law_and_economics/68/. Acesso em: 27 set. 2023.

519 Argumento bastante relacionado ao utilizado pelo *Google* em recente caso ajuizado pelo Departamento de Justiça dos Estados Unidos da América. Em suma, a empresa alega que não detém qualquer monopólio, já que atua no "setor altamente competitivo de tecnologia para publicidade". TAYLOR, Dan. DOJ's lawsuit ignores the enormous competition in the online advertising industry. Public Policy. *Google*. The Keyword. Publicado em 24.01.23. Disponível em: https://blog.google/outreach-initiatives/public-policy/doj-ad-tech-lawsuit-response/. Acesso em: 30 abr. 2024.

520 Em caso com tratamento adequadamente multifacetado do assunto, já referido na nota de rodapé anterior, o Departamento de Justiça dos Estados Unidos processa o *Google* por monopolizar tecnologias de publicidade digital. As principais condutas anticompetitivas alegadas são as de aquisição de competidores; obrigação aos usuários na adoção de ferramentas *Google*; distorção na competição e manipulação em leilões da *Google*. U.S. DEPARTMENT OF JUSTICE, OFFICE OF PUBLIC AFFAIRS. Justice Department Sues Google for Monopolizing Digital Advertising Technologies. *Press Release*. Publicado em 24.01.23. Disponível em: https://www.justice.gov/opa/pr/justice-department-sues-google-monopolizing-digital-advertising-technologies. Acesso em: 30 abr. 2024.

A observação de Evans se comunica com questões como a formação dos ecossistemas de serviços pelos controladores de acesso, o que leva à concentração e abusos de dados e de poder, inclusive por meio de combinações de dados pessoais dos usuários entre empresas dos ecossistemas digitais de empresas. Tais circunstâncias geram preocupações que vêm sendo endereçadas pela legislação que visa evitar abusos de dados e concentração de poder. Há diversos vetores da dinâmica que se manifestam a partir de uma certa competição generalizada por atenção e dados dos usuários, o que não torna irrelevante a competição em mercados específicos de serviços essenciais e seus efeitos para a qualidade da prestação de tais serviços, como se observou ao longo desta pesquisa.

O RMD, na percepção abarcada por esta pesquisa, procura lidar com ambas as dinâmicas, a generalizada por atenção e a específica por serviço. Não se deixando de lado todas as complexidades já trazidas por este estudo, e procurando resumir tal argumento, a competição por atenção e dados dos usuários é tratada com regulação que procura preservar a privacidade e evitar abusos da atenção e comportamento dos usuários por meio de anúncios direcionados, entre outras práticas. Já a dinâmica competitiva em um mercado digital de um serviço específico é tratada especialmente procurando gerar abertura, competitividade e um ambiente equânime, bem como o aprimoramento geral de tal serviço. Por fim, e por um outro viés, lembra-se que a competição, quando se fala de anúncios, é direcionada a um suposto aprimoramento de tais anúncios, o que seria voltado a usuários profissionais e não finais.

Outros argumentos procuram comprovar a existência de competição suficiente,[521] mas acabam trazendo exceções que confirmam a regra. A regra é a concentração de dados constituindo uma barreira de mercado. Os casos de *Spotify* e *Chrome*, vencendo a concorrência contra *Itunes* e *Internet Explorer* respectivamente, são as exceções a essa regra. Pode-se alegar que a inovação e a tecnologia mais avançadas teriam sido as razões para o triunfo de tais empresas, mas se sabe que o assunto é mais complexo que isso, já que, apenas para começar, o *Spotify* ofereceu um serviço gratuito em um mercado em que o *Itunes* cobrava, e o *Chrome* é uma empresa do ecossistema de serviços *Google*, tendo acesso, portanto, a essa larga base de dados. Demais peculiaridades das referidas

---

[521] YUN, John M. *The Role of Big Data in Antitrust*. 2020. Disponível em: https://ssrn.com/abstract=3733677. Acesso em: 30.09.23., p. 12-13.

situações, como a atuação inicialmente ilegal do *Spotify*, demonstram que se trata de situações com pequenas características de exceção e que, no geral, confirmam as dinâmicas de mercado aqui expostas.

A argumentação conservadora aproveita-se da novidade do mercado como um todo e de sua complexidade para advogar por uma completa inércia. Algo na linha de: se não se compreende, melhor não interferir, para evitar prejuízos. Uma visão a médio prazo é capaz de desfazer tal argumento, já que deve ser consensual que não se possa permitir o avanço irrefreado dos controladores de acesso, bem como as violações já observadas das noções mais básicas de competitividade e respeito aos direitos do usuário, tendo a privacidade e a personalidade como centro de tais análises. Ademais, certamente não se defende uma intervenção irresponsável e ignorante, mas sim a partir do maior conhecimento técnico e de mercado, a ser obtido a partir de qualificação das autoridades antitruste e investigações de mercado pautadas pela lei.[522]

Assim, a compreensão da extensão dos efeitos das concentrações de dados como barreiras de mercado, bem como os melhores instrumentos para sanar tais problemas, virão apenas a partir da ação. Por mais óbvio que possa parecer, é importante ressaltar que da inação não sobrevém qualquer experiência, e dela só deriva mais inação. Importante, nessa linha, a criação de legislação pertinente, como o RMD, assim trazendo mais clareza e segurança jurídica, bem como agregando uma visão formada a partir de anos de experiência com os impactos do ciberespaço nos usuários, buscando contribuir para um ambiente mais competitivo, de inovação de desenvolvimento em favor do usuário e seus direitos. As práticas a serem adotadas, bem como as investigações e obrigações de transparência e conformidade impostas aos controladores de acesso trarão ainda mais resultados e informações a serem compreendidas, para que se realize ajustes e se caminhe na direção correta.[523]

Entre os argumentos contrários à regulação, encontram-se, ainda, perspectivas bastante alarmistas. Algo que retoma a ideia da utopia digital, trazendo preocupações quanto ao desastre do que seria uma lenta e atabalhoada intervenção estatal sobre os benefícios gerados pela

[522] YUN, 2020, p. 23-24. Observa-se que o autor sempre argumenta de forma contrária à regulação.

[523] YUN, 2020, p. 22-24.

internet, prejudicando assim sua agilidade e sua ideia libertadora.[524] Ora, as perguntas a serem feitas se direcionam no sentido de compreender se existem apenas aspectos positivos na internet e se as medidas antitruste podem efetivamente redundar em aspectos objetivamente negativos. Ao fim, o que se pretende é uma regulação equilibrada, objetiva, técnica e voltada ao atendimento do interesse público. As principais preocupações devem ser, portanto, que as autoridades procurem agir da forma mais ágil possível, observando o ritmo desses mercados, buscando igualmente, e a depender do caso, aprimorar, manter ou restaurar, aspectos de competição, inovação e privacidade dos usuários, tudo mediante uma compreensão tão precisa quanto possível das complexas dinâmicas da economia no ciberespaço.

Lerner, em outra perspectiva, entende que a coleta de dados por provedores de serviços no ciberespaço não leva a uma dominância de mercado. Ele aborda o ciclo de compartilhamento de dados, tratando dos *cookies* e *cookies* de terceiros, entre outras tecnologias que estão em diversos aplicativos e se utilizam de dispositivos, especialmente os móveis, como celulares, para reunir e combinar uma série de dados, segundo o autor, focados em melhorar seus serviços e prestá-los a baixo custo, ou até mesmo de forma gratuita, em benefício dos consumidores. O autor sustenta não haver evidências no mundo real de que haveria efeitos negativos desse fenômeno para o ambiente competitivo. Para ele, a intervenção antitruste é que geraria diminuição da inovação e dos efeitos positivos do mercado. Em uma linha argumentativa característica da escola de Chicago, o autor defende que, mesmo se houvesse um monopólio, ele teria sido atingido de forma legítima.[525]

Por fim, aponta que mesmo a portabilidade de dados poderia ser desnecessária e até mais prejudicial às pequenas empresas do que às grandes. No mesmo sentido, defende que restrições na coleta de dados, ou outras medidas contra empresas grandes, seriam inadequadas, pois não beneficiariam os consumidores e a competição em si, ainda que beneficiassem empresas pequenas. Essas restrições ainda gerariam efeitos negativos no mercado como um todo e incentivos negativos a práticas consideradas positivas pelo autor, tais quais a formação de

---

[524] SOKOL, Daniel; COMERFORD, Roisin. *Antitrust and regulating big data*. UF Law Faculty Publications, Rev. 1129, 2016. Disponível em: /https://scholarship.law.ufl.edu/cgi/viewcontent.cgi?article=1817&context=facultypub. Acesso em: 30.09.2023, p. 34. Acesso em: 30 set. 2023.

[525] A.V. LERNER, The Role of "Big Data" in Online Platform Competition, *SSRN Working Paper*, 2014, available at http://papers.ssrn.com/sol3/papers.cfm? abstract_id=2482780, p. 62-63.

plataformas capazes de prestar serviços gratuitos de alta qualidade ou por preços baixos.[526]

O autor se vincula a uma escola do direito concorrencial bastante focada em preços e eficiência, deixando de considerar aspectos contemporâneos relevantes e característicos dos mercados digitais. A resposta à referida crítica se dá com ênfase à possibilidade de escolha aos usuários, que se considera bastante relevante, assim como à ampla crítica aqui realizada à concentração de poder pelos controladores de acesso, que os torna entidades excessivamente poderosas, que passam a influenciar excessivamente no comportamento dos indivíduos e nos caminhos percorridos pelas sociedades.

Igualmente demonstra-se que o avanço tecnológico vem sendo direcionado a aprimorar as estratégias de publicidade comportamental pelos controladores de acesso, o que não se dá em favor dos usuários, mas sim, em primeiro lugar, em favor dos próprios lucros de tais empresas, e em segundo lugar, para atender os anunciantes, chamados usuários profissionais. Ademais, verifica-se que ajustes nas medidas, tais quais seu direcionamento aos controladores de acesso e a adoção de medidas que preservem benefícios e implementem competição, podem suprir problemas apontados pela crítica.

Quanto às questões de concentração e relevância dos dados pessoais apontadas por Lerner, observa-se que nem sempre se consegue acesso a informações privadas envolvidas em negociações, mas quando se pode obter, nos mercados digitais, verifica-se que a base de dados é trazida imediatamente como aspecto central das negociações em aquisições, pois efetivamente constitui diferencial competitivo enorme, e até mesmo barreira de entrada em determinados mercados. Diferente do que se imaginava inicialmente, o histórico dos mercados digitais também já deixou claros aspectos como o de que as primeiras grandes empresas, em certos setores, podem adquirir vantagens competitivas intransponíveis. Tal aspecto pode ser combinado com uma tendência de prevalência da lógica de dominação total do mercado por uma só empresa,[527] em que a dominância de mercado com o efeito de um

---

526 LERNER, 2014, p. 62-63.

527 GRUNES, Allen P.; STRUCKE, Maurice E. *No mistake about it:* the important role of antitrust in the era of big data. The Antitrust Source, April 2015. Disponível em: https://ssrn.com/abstract=2600051. Acesso em: 30 set. 2023, p. 8-9. Comumente tratado em inglês pelo termo *winner takes all*.

desequilíbrio definitivo em favor de uma empresa[528] não só tende a acontecer, mas é buscada pelos competidores envolvidos.[529]

Ainda abordando as críticas, dá-se destaque a duas delas, quais sejam a dos chamados "moligopólios", descritos por Nicolas Petit,[530] e dos "amigos-inimigos", por Ariel Ezrachi e Maurice Stucke.[531]

p) Moligopólio

O autor traça um cenário que ele denomina moligopólio. Trata-se uma combinação das palavras oligopólio e monopólio, em que se pode ter a impressão de um monopólio, mas, em verdade, tratar-se-ia de um oligopólio. A hipótese é de que os controladores de acesso seriam monopolistas, mas, ainda assim, empresas competitivas. A competição seria externa aos seus mercados de serviços e produtos, bem como representada por pressão de outros mercados, indústrias e fatores. Essa situação passaria desapercebida dos reguladores devido à sua análise, que parte de critérios de antitruste tradicionais, assim deixando de considerar tais fatores.[532]

Nicolas Petit realiza análises dos comportamentos das referidas empresas, bem como dos mercados em que elas atuam, e entende haver evidências de um comportamento competitivo, ainda que haja uma tendência de concentração naqueles mercados. Para o referido autor, trata-se de um comportamento específico dos mercados digitais em que a competição não é gerada a partir de serviços que substituem aqueles dos incumbentes.[533] Nessa perspectiva, os controladores de acesso podem ostentar tal comportamento competitivo entre eles ou com outras empresas, até mesmo desconhecidas. O quadro como um todo envolve o que o autor denomina oligopólio cognitivo ou percepção subjetiva de dinâmica competitiva, também cunhada de competição

---

528 Efeito que se costuma chamar de *tipping (the market)*.

529 GRUNES; STRUCKE, 2015, p. 8-9. Trata-se do caso Bazaarvoice v. Power-Reviews.

530 PETIT, 2020. Tradução livre de *moligopoly*, mistura entre *oligopoly* e *monopoly*. Conceito aprofundado no corpo do texto, por sua relevância.

531 EZRACHI, STUCKE, 2016, p. 147 e seguintes. Tradução livre de *frenemies*, expressão cunhada pelos autores para designar um comportamento que varia entre o de um amigo e de um inimigo. Conceito aprofundado no corpo do texto, por sua relevância.

532 PETIT, 2020, p. 29-36.

533 PETIT, 2020, p. 62-63.

multimercados,[534] que ostenta características da dinâmica antes descrita por Evans.[535]

Há uma teoria que descreve uma suposta mútua tolerância entre os controladores de acesso, segundo a qual tais empresas atuariam em vários mercados, mas aceitando a dominância um do outro em seus respectivos setores. Tal teoria, para Petit, não é lógica, uma vez que as empresas teriam comprovados altos gastos em pesquisa e desenvolvimento, demonstrando uma verdadeira intenção de competir, inovar e vencer seus competidores.[536]

Petit deixa claro, então, que o quadro de moligopólio por ele defendido tem implicações bastante restritas em mercados já dominados,[537] visto que esses mercados não costumam receber novos entrantes, ficando sujeitos ao monopólio das grandes empresas. A competição se dá na disputa por mercados ainda não dominados, por meio de uma entrada indireta dos controladores de acesso em tais mercados, ou por sua entrada direta em mercados novos, assim gerando uma competição entre si em oligopólios. Petit defende tal dinâmica de competição, afirmando que não necessariamente se trata de menos competição, mas apenas uma nova forma, apresentando os exemplos do mercado de transmissão de vídeos, que conta com *Netflix*, *Prime*, *Disney*, *Apple*, entre outras, assim demonstrando uma situação em que os controladores de acesso reconfiguraram o referido mercado dando dinamismo a ele e trazendo novos competidores, como a *Disney*. Outros exemplos seriam mercados como o de armazenamento em nuvens, pagamentos, assistentes virtuais e realidade virtual, em que os controladores de acesso ingressam indireta ou diretamente, gerando inovação e competição.[538]

Observa-se, desde já, que o autor deixa de tecer comentários relevantes sobre os mercados de serviços corretamente considerados essenciais pelo RMD e que seguiriam sendo confortavelmente dominados pelos controladores de acesso, o que implicaria todos os pontos negativos aqui já apontados. Ademais, independentemente de alguns comportamentos

---

[534] PETIT, 2020, p. 153-154.

[535] EVANS, 2013, p. 42.

[536] PETIT, 2020, p. 156 e ss.

[537] Trata-se de mercados já sujeitos ao que em inglês se denomina *tipping effects*, isto é, o efeito sofrido pelo mercado, quando suas características indicam a conquista de alto número de usuários por uma só empresa, entre as demais características já apontadas no estudo, com ênfase ao efeito de rede, assim desequilibrando o mercado de forma definitiva em favor de uma empresa e tendendo a um monopólio.

[538] PETIT, 2020, p. 167-168.

competitivos, objetivamente, não haveria competidores nos referidos mercados, tampouco parâmetros de comparação para a inovação e qualidade, nem escolha para os consumidores. Como aqui defendido e demonstrado, tal quadro favorece uma série de condutas abusivas e opacas, especialmente quanto ao tratamento de dados dos usuários.

Quanto aos argumentos para mercados novos e mercados potenciais, as principais considerações a serem tecidas a partir do presente estudo são de que a formação de enormes ecossistemas de serviços pelos controladores de acesso não é especialmente favorável aos usuários, por favorecer condutas de abusos de dados e abuso de poder. O próprio espraiamento dessas grandes empresas por diversos mercados, inclusive novos e potenciais, apenas gera mais concentração de poder e não favorece um ambiente diverso, perpetuando visões já ostentadas por tais empresas em outros mercados e não dando abertura a perspectivas mais orientadas em favor dos usuários. No mesmo sentido, há as tendências já observadas nessas empresas de busca pela dominância do mercado a partir dos modelos e formas de atuação estabelecidos. Todos esses elementos atraem a necessidade de uma regulação nos moldes aqui observados, inclusive impondo restrições para a expansão dos controladores de acessos a novos e potenciais mercados.

q) Amigos-inimigos

A dinâmica competitiva vista entre os controladores de acesso nos mercados digitais pode ser cunhada como uma relação de amigos-inimigos, na forma descrita por Ariel Ezrachi e Maurice Stucke e que se caracteriza mais como uma reflexão e complemento ao excerto anterior do que como uma crítica direta à regulação. Os autores dão destaque a essa dinâmica específica, identificando se tratar de algo presente neste momento único vivido pela Sociedade Informacional. Tal comportamento passaria à margem das análises das autoridades antitruste, exatamente por suas características peculiares, que não se amoldam às condutas típicas de colusão tácita, competição horizontal, discriminação de preço, colaboração horizontal ou contribuição / entrada vertical, que seriam efeitos coordenados ou unilaterais, a depender da conduta acima descrita. As peculiaridades do mercado levam os controladores de acesso a um comportamento variado, envolvendo as várias condutas mencionadas, ora se comportando como aliados, ora como rivais.[539]

---

[539] EZRACHI, STUCKE, 2016, p. 147-148.

As plataformas se amoldam a essa peculiar dinâmica competitiva, inclusive cooperando na extração e análise de dados, ou fornecendo uma possibilidade de entrada vertical em determinado mercado, mas não com reais pretensões competitivas ou mesmo colaborativas em favor do usuário. As decisões são tomadas tendo em vista o melhor interesse dos controladores de acesso, o que destaca um elemento importante: a interdependência de tais empresas. Exemplos que ilustram a situação são a adaptação do sistema operacional *Android* da *Google* para dar suporte a APIs da *Apple* com a intenção de favorecer a passagem de usuários do *iOS* para o *Android* e centrar o desenvolvimento de APIs nesses dois sistemas operacionais, assim excluindo potenciais competidores, inclusive o *Kindle*. Outro exemplo é a relação de competição entre o *Amazon Kindle* e o *Apple iPad*, em que o primeiro desenvolveu um leitor para *iPads*, assim permitindo que leitores utilizassem também esse sistema, o que foi aprovado pela *Apple*, a despeito de sua política de rejeitar aplicações que competem com seus produtos e serviços.[540]

Delineia-se, ainda, o quadro de expansão do acesso aos mercados digitais pelos usuários a partir de celulares, com o grande poder de empresas como *Google* e *Apple*, que detêm os sistemas operacionais da enorme maioria dos celulares. Observa-se que esse poder é enorme, especialmente pensando-se em novos mercados e aplicativos independentes. Os autores utilizam como exemplo a *Uber*, pensando no mercado de aluguel de veículos autônomos e explicando que os controladores de acesso possuem investimentos em tal setor e teriam interesse em dominá-lo, assim como muitos outros, utilizando-se de suas múltiplas tecnologias e ativos, como sistemas de mapas e os variados dados pessoais dos usuários. O quadro caracterizado, portanto, é de interdependência entre as plataformas em diferente nível, a depender da plataforma e de seu ecossistema de serviços, além de uma grande assimetria de poder entre os controladores de acesso e quaisquer entrantes, inclusive em novos mercados tecnológicos, bem como para aplicativos, independentes ou não.[541]

As ponderações acerca da relação de amigos-inimigos são importantes para dar mais clareza e elucidar particularidades trazidas na seção anterior, em que se falou da perspectiva de moligopólios. O que se procura consolidar é que a dinâmica concorrencial dos mercados

---

540 EZRACHI, STUCKE, 2016, p. 148 e ss.

541 EZRACHI, STUCKE, 2016, p. 155-158 e ss.

digitais é, de fato, bastante peculiar, com equilíbrios de poder e controle que devem ser vistos em seus detalhes, para que se compreenda efetivamente as medidas a serem tomadas e se aprimore o mercado como um todo, no sentido proposto pelo RMD.

Observa-se, nesse sentido, o domínio pelos controladores de acesso de determinados mercados de serviços essenciais digitais. Em paralelo a tal fenômeno, as empresas exploram outros mercados digitais novos ou já existentes, por vezes competindo, mais ou menos intensamente, entre si. Tais empresas estão em uma relação de certa interdependência, assim, por vezes, agindo de forma colaborativa, quando é de seu interesse. Na maioria dos setores de serviços digitais essenciais, observa-se monopólios ou ao menos concentrações intensas de poder em detrimento dos interesses dos usuários.

Por fim, pondera-se, ainda, que a dominância dos controladores de acesso gera grandes assimetrias de poder em relação a eventuais entrantes nos diversos setores, e a competitividade entre eles não gera efeitos positivos nos mercados como um todo, inclusive dificultando a entrada de outros competidores, em um quadro semelhante ao de colusão. O poder excessivo de tais empresas representa, ainda, a já apontada perspectiva negativa de dominância de novos e potenciais mercados.

Postas as referidas nuances, e entendido o contexto normativo do RMD, bem como outras propostas contemporâneas e críticas, na seção seguinte realiza-se aprofundamento da análise técnica e doutrinária das medidas específicas propostas pelo RMD para regulação da concorrência com base em dados nos mercados digitais.

4.2 As propostas de regulação com base em concentração de dados (no RMD)

"A competição é normativa."[542]
(Ariel Ezrachi e Maurice Stucke)

Como se tem visto, o Regulamento dos Mercados Digitais da União Europeia (RMD/EU) assume necessidade de regulação com base em aspectos da concentração de dados promovida pelos controladores de acesso. A regulação concorrencial que leva em consideração os dados está longe de ser uma abordagem simples do tema; pelo contrário,

[542] EZRACHI; STUCKE, 2016, p. 225.

assume a complexidade dos referidos mercados digitais e enfrenta o tema ao superar a mera abordagem econômica para analisar o fluxo de dados pessoais e suas significativas implicações no empreendimento humano. Uma das perspectivas mais claras e relevantes do RMD é passar a considerar os dados pessoais no contexto da proteção de dados e em suas relações com a concorrência e com a proteção do consumidor.

Este estudo fia-se na abordagem do painel de especialistas em economia da União Europeia sobre o RMD, categorizando as principais mudanças de forma semelhante àquela utilizada no relatório citado.[543] Tal relatório será abordado neste e no próximo capítulo, visando mapear os aspectos do RMD com foco em medidas concorrenciais relacionadas ao compartilhamento de dados pessoais, bem como nas consequências esperadas e demais considerações acerca do futuro do tema.

Assim, seguindo a categorização do referido relatório e realizando adaptações de ordem e temática para este estudo, serão abordados aspectos de compartilhamento de dados, com ênfase na interoperabilidade e portabilidade. Em seguida, serão tratadas as obrigações estabelecidas aos controladores de acesso no âmbito concorrencial, passando por aspectos de vinculação e agrupamento dos usuários, assim como comportamentos de autopreferência, além de aspectos relacionados a anúncios e lojas virtuais de aplicativos. Por fim, abordar-se-á aspectos de fusões e aquisições, assim como demais considerações sobre cumprimento e justiça que tocam o RMD.

4.2.1 Compartilhamento de dados: interoperabilidade e portabilidade

Portabilidade e interoperabilidade, bem como os detalhes práticos de como tais medidas devem ser implementadas, representam avanços pró-competitivos relevantes para o ambiente do ciberespaço. Essas medidas são encartadas no RMD, bem como no RGPD, que regulamentam diferentes aspectos e extensões de tais direitos. Outras perspectivas de compartilhamento de dados relacionadas serão trazidas neste capítulo, visando abordar o tema de forma tão ampla quanto possível.

---

543 CABRAL, L., HAUCAP, J., PARKER, G., PETROPOULOS, G., VALLETTI, T. and VAN ALSTYNE, M. The EU Digital Markets Act: A Report from a Panel of Economic Experts. *Publications Office of the European Union*, Luxembourg, 2021, ISBN 978-92-76-29788-8, doi:10.2760/139337, JRC122910. Disponível em: https://papers.ssrn.com/sol3/papers.cfm?abstract_id=3871419. Acesso em: 20 nov. 2023.

A portabilidade dos dados é a habilidade ou o direito de uma pessoa natural ou legal solicitar que um detentor dos dados os transfira para si ou a um terceiro específico. Para que esse direito seja adequadamente atendido, os dados devem estar de forma estruturada e num formato comumente utilizado e legível por máquinas. Tal direito está focado nos usuários, ao permitir que eles obtenham uma cópia de seus dados e potencialmente os utilizem para seus próprios fins, ou para uso com algum concorrente.[544]

A interoperabilidade, por sua vez, é a "habilidade de diferentes serviços digitais operarem em conjunto e comunicarem-se entre si".[545] Pela interoperabilidade, os usuários podem utilizar diversos serviços com funcionalidades complementares em conjunto. Em sua dimensão vertical, a interoperabilidade permite que uma empresa acesse dados, conteúdo ou funções de um provedor anterior na cadeia de consumo, o que, se adequadamente aplicado, permite a conectividade múltipla (*multi-homing*),[546] isto é, que os usuários possam escolher dentre as diversas plataformas de cada serviço, não ficando presos ao ecossistema de serviços de apenas uma delas. Já na dimensão horizontal, as empresas gerariam a possibilidade de os usuários se comunicarem com outros usuários em serviços competidores, o que também é bastante importante para reduzir os custos de troca em situações envolvendo aplicativos como serviços de mensagens e redes sociais.[547]

O bom funcionamento da portabilidade, sua popularização e uso de forma contínua dependem da interoperabilidade, demonstrando que os conceitos podem ter uma intersecção considerável, especialmente no campo da concorrência entre empresas, atribuindo autonomia aos usuários sobre seus dados pessoais ao fornecer maiores opções para sua administração de tais informações, além de gerar competitividade ao reduzir para os usuários os custos de troca entre aplicativos, preservando os dados pessoais da forma mais íntegra possível e, simultaneamente,

---

[544] OCDE. Data portability, interoperability and digital platform competition, *OECD Competition Committee Discussion Paper*, 2021. Acesso em: 06 dez. 2023. Disponível em: http://oe.cd/dpic, p. 10.

[545] OCDE, 2021, p. 12. Tradução livre de: *"ability of different digital services to work together and communicate with one another"*.

[546] Para mais detalhes sobre conectividade múltipla e suas nuances, ler LASSERRE; MUNDT, 2017 e AUTORITÉ DE LA CONCURRENCE; BUNDESKARTELLAMT, 2016, p. 28-29.

[547] OECD, 2021, p. 12.

viabilizando a comunicação entre usuários de diferentes plataformas, tendo em mente a segurança dos seus dados pessoais.[548]

Guggenberger dá contornos significativos à interoperabilidade explicando que ela "figurativamente, elimina as paredes ao redor de ecossistemas *online*". Vê-se tal medida como central para o aproveitamento dos efeitos de rede em favor do mercado e da sociedade, em oposição ao atual uso pelos controladores de acesso exclusivamente em seu favor. A exigência de interoperabilidade acaba com tal exclusividade, distribuindo o controle dos mercados digitais e impedindo que tal interoperabilidade ocorra apenas em benefício dos controladores de acesso, como é o caso quando realizada com outros aplicativos apenas para a coleta de dados de outra natureza a partir do aplicativo do terceiro. A interoperabilidade, então, deve ser supervisionada pelo regulador quanto a seus padrões e condições de acesso, podendo ser relevante para experimentação bem como para a desestabilização de monopólios, potencialmente gerando melhor qualidade (inclusive no tratamento de dados e privacidade), condições de preço e inovação.[549]

Ao se pensar a interoperabilidade horizontal, pode-se considerar um aspecto ativo aquele provocado pela legislação, e passivo, o gerado por outras estratégias a serem apontadas. Iniciando com a perspectiva ativa, verifica-se que tal medida promove a criação de estruturas abertas, tendentes a valorizar o pluralismo e uma economia criativa e de competitividade, com mais alternativas aos consumidores. Em relação à produção de conteúdo, como vídeos, verifica-se a potencial criação de bens públicos nessas estruturas abertas, inclusive beneficiando artistas ao dificultar o exercício de poder monopolístico por plataformas de compartilhamento de música e vídeos. A interoperabilidade também ameniza os prejuízos da moderação de conteúdo e reduz a capacidade dos controladores de acesso de exercerem poder econômico, político e cultural a partir da dominância do mercado.[550]

Há pertinentes preocupações com a proteção dos dados e as possíveis violações à privacidade decorrentes das práticas de portabilidade e interoperabilidade. No entanto, verifica-se que a atual circunstância, que permite o controle centrado em apenas uma empresa, já tem representado riscos significativos nesse âmbito. Entende-se como necessário,

548 OECD, 2021, p. 12.

549 GUGGENBERGER, 2023, p. 161 e ss.

550 GUGGENBERGER, 2023, p. 162-164.

portanto, que se dê um enfoque específico à proteção de dados, a partir da legislação e regulação que estabeleça limites e regras claras, bem como deveres e punições, visando endereçar o assunto da privacidade especificamente, sem prejudicar medidas que tendem a gerar diversos benefícios, conforme apontado.[551]

A interoperabilidade passiva aparece como outra ferramenta para o enfraquecimento de concentrações econômicas. É chamada passiva, e até adversarial, por não depender diretamente de medidas dos incumbentes naquele setor de mercado. São medidas adotadas pelos competidores, envolvendo engenharia reversa, para viabilizar a interoperabilidade entre sistemas. Tal ferramenta pode encontrar dificuldades em transpor limites legais de propriedade intelectual, além de regras de termos de uso.[552]

Cabe ao Estado estabelecer as regras que permitam o uso de interoperabilidade passiva, tendo em vista seus potenciais benefícios a própria estrutura desejada para o ciberespaço, de abertura e ganhos ao público em geral, em oposição a poucos entes privados. Assim, seria recomendável o estabelecimento de normas que impossibilitassem o estabelecimento de termos de uso abusivos nesse aspecto, bem como reduzindo a proteção de direito da propriedade intelectual dos API (Interface de Programação de Aplicações) das plataformas e mudando o modelo de regulação da privacidade, para estabelecer mais restrições gerais de acesso aos dados pessoais, assim dependendo menos de um potencial consentimento viciado e excessivamente amplo pelo usuário, como ocorre no modelo atual.[553]

A complexidade e relevância do ambiente da internet atrai a necessidade de uma série de adaptações legislativas ágeis, visando a construção de um ambiente altamente regulado em favor dos usuários. Por se tratar efetivamente de uma esfera pública digital e de um ambiente repleto de estímulos com influência direta e indireta no comportamento humano, a regulação deve ser especialmente atenta, multissetorial e articulada, visando, minimamente, cobrir algumas das mais relevantes facetas desse caminho no desenvolvimento do indivíduo e das sociedades. Novas e ágeis abordagens práticas também são exigidas diante do rápido desenvolvimento e dos efeitos drásticos já aparentes

---

[551] GUGGENBERGER, 2023, p. 165.
[552] GUGGENBERGER, 2023, p. 166.
[553] GUGGENBERGER, 2023, p. 167.

nas sociedades, bem como das inescapáveis conclusões no sentido de que o digital é real; o digital está em quase todo lugar, e seus potenciais e mesmo características atuais não são plenamente conhecidos.

Tratando de tal complexidade, Guggenberger defende a adoção de diversas medidas concomitantes, voltadas à obtenção de efeitos de rede em favor dos usuários; à publicização da esfera pública digital; à abertura e melhoria na estrutura do referido mercado e à amenização dos efeitos da concentração de poder das plataformas no discurso digital e na moderação de conteúdo. Entre essas medidas, ele identifica a interoperabilidade e mudanças na doutrina antitruste para envolver questões estruturais e responsabilização independente de culpa. Além disso, quanto à infraestrutura da internet, defende que seja pública, de acesso aberto e com obrigações de transporte comum.[554]

Por ora, é importante observar que o RMD não adota completamente as teorias de Guggenberger. No entanto, tais teorias são bastante alinhadas com a perspectiva da lei e, no que toca aos aspectos concorrenciais e de proteção de dados, levanta possibilidades que poderiam ser impostas pelas autoridades em processos de investigação e implementação da lei, a depender da avaliação feita das circunstâncias.

O aprofundamento dos mecanismos de portabilidade e interoperabilidade depende também de especificidades técnicas que tornem o direito pleno e de fácil acesso ao usuário, como ocorre com o chamado "direito aos dados no local".[555] Tratando de tal direito, identifica-se os avanços da portabilidade de dados como mecanismo de concorrência e para a atribuição de autonomia aos usuários, permitindo que eles levem seus dados aos portais que lhes deem mais benefícios em troca.

A percepção do direito aos dados no local visa suprir falhas da portabilidade, em especial quanto ao seu contexto, já que em redes sociais os dados não têm o mesmo valor se tirados de seu contexto, envolvendo as interações e os comentários de terceiros em uma foto, por exemplo. Além disso, para a efetiva portabilidade, é essencial que haja a potência de tais dados em alguma plataforma conectada com terceiros e a atualização desses dados a partir da interação. Deve-se observar, ainda, a atual redução de inovação em tais mercados, inclusive diante do poder monopolista dos incumbentes, com a redução

---

[554] GUGGENBERGER, 2023, p. 171. Tradução livre de: "*Access rights, common carriage obligations, and public infrastructure*".

[555] Tradução livre de *in situ data rights*.

de entrantes, pela falta de contexto de dados portáveis para que esses potenciais concorrentes estabeleçam análises e comparações. Por fim, com a portabilidade, há a possibilidade de adulteração dos dados pelos usuários finais e profissionais, por exemplo, escondendo classificações ruins de seus produtos ao migrar de plataforma, o que não é a intenção do legislador ao garantir o direito de privacidade.[556]

A perspectiva do direito aos dados no local é de que, ao invés de os dados irem até os operadores e seus algoritmos, são esses terceiros que devem ir até os dados. Os usuários teriam o direito de utilizar seus dados exatamente no local em que estão, determinando quando e sob que condições as empresas operariam seus dados, diante dos benefícios que elas pudessem oferecer em troca. Tal formato elimina todos os problemas antes indicados, garantindo contexto, potência e atualização aos dados. Igualmente facilita as análises e comparações, favorecendo a competitividade nos mercados, bem como impede edições maliciosas dos dados. Acima de tudo, referido formato garante mais privacidade, já que os dados não são transferidos, assim não ficando sujeitos a troca de custódia de empresa e facilitando a manutenção da anonimização e encriptação, bem como reforçando a autonomia e titularidade dos usuários para participar da dinamicidade da competição a partir das infraestruturas em que eles já se relacionam. A intenção é que diversas empresas que operam diversos serviços digitais, essenciais ou não, possam competir a partir das infraestruturas previamente existentes, nos termos dos usuários.[557]

Tais direitos possuem relação com o modelo intitulado *Open Banking*,[558] que é visto como eficiente, tendo gerado inovação no setor financeiro, assim como maior competição, inovação e redução de taxas. A premissa adotada, no que seria uma perspectiva de dados abertos, é de que a infraestrutura em que os dados dos usuários estão não deve ser controlada por empresas como os controladores de acesso. Uma infraestrutura digital aberta para serviços permitiria que a inovação ocorresse em favor dos usuários e sem restrições dos controladores de acesso. Facilitaria, ainda, a supervisão aos controladores de acesso, reduziria seu poder sobre os dados pessoais dos usuários e o poder

---

[556] PARKER, Geoffrey; PETROPOULOS, Georgios; Marshall, VAN ALSTYNE. 'In situ" data rights *In*: *Communications Of The Acm*, December 2021, Vol. 64, n. 12. Disponível em: ttps://www.researchgate.net/publication/356687486. Acesso em: 10 out. 2023, p. 34.

[557] PARKER, PETROPOULOS, VAN ALSTYNE, 2021, p. 35.

[558] Termo não traduzido no Brasil. Em tradução livre, poderia ser chamado de conta aberta.

político por eles exercido a partir de dados e informação. Essa iniciativa poderia, inclusive, submeter todo o mercado a um escrutínio maior, dando transparência às ações de tais empresas e seus algoritmos, que poderiam ser verificados por meio de programas de terceiros.[559]

Avançando nessa interessante proposta, alternativa à portabilidade de dados estabelecida no RMD, observa-se que, mesmo com a portabilidade, os controladores de acesso seguem sendo os portadores dos dados pessoais e beneficiários do valor social gerado a partir deles nas relações entre usuários profissionais e finais nos mercados digitais. A ideia do direito aos dados no local é uma noção plena de direitos aos dados pessoais, que colocaria os bancos de dados dos controladores de acesso como que em um domínio público, sujeitos ao controle dos usuários,[560] assim se aproximando da noção acima trazida por Guggenberger.

Do ponto de vista prático, o entrante no mercado operaria seus algoritmos no servidor do controlador de acesso, mas sem acesso direito aos dados pessoais dos usuários. A competição promovida geraria benefícios por meio da atuação de competidores, mas também ao incentivar os controladores de acesso a igualmente inovarem e oferecerem benefícios aos usuários a partir de seus dados pessoais. Seria necessária, nesse caso, uma interoperabilidade algorítmica, e não mais interoperabilidade de dados, visando permitir o funcionamento de tal sistema, assim reduzindo a assimetria informacional com usuários e na dinâmica competitiva.[561] Essa operação deveria ocorrer a partir de regras e especificações técnicas, assim gerando acesso contínuo e em tempo real, com compartilhamento transparente de informações.[562]

Pondera-se, ainda, que tal medida geraria um mercado maior em torno da análise de dados, já que tornaria os dados pessoais mais disponíveis para os usuários, assim oportunizando uma série de mercados, ficando a título de exemplo o próprio suporte tecnológico a empresas entrantes para operar seus algoritmos no local onde os dados estão posicionados. Entende-se, também, que os próprios controladores de

---

559 PARKER, PETROPOULOS, VAN ALSTYNE, 2021, p. 35.

560 CABRAL; HAUCAP *et al*, 2021, p 5.

561 MARTENS, Bertin; PARKER, Geoffrey; PETROPOULOS, Georgios; VAN ALSTYNE, Marshall. Towards Efficient Information Sharing in Network Markets *In*: *TILEC Discussion Paper*. Tilburg University, DP 2021-014, November, 2021, p. 31/32. Disponível em: https://ssrn.com/abstract=3956256. Acesso em: 16 abr. 2024.

562 CABRAL; HAUCAP *et al*, 2021, p. 24-25.

acesso teriam facilidade para operar os dados pessoais nos mercados digitais como um todo e seguiriam tendo negócios sustentáveis e que contribuiriam para o bem-estar dos usuários a partir dos efeitos de rede.[563]

Inge Graef, em artigo escrito com Thomas Tombal, procura retomar a importância de garantir o acesso aos dados com fins competitivos por meio do direito aos dados no local, o que deveria ser feito com clareza quanto ao procedimento, bem como eliminando obstáculos, restrições e espaço para negociações abusivas a partir dos controladores de acesso. Em outra relevante interação no arcabouço legal europeu, destaca-se o Regulamento dos Dados, que prevê direitos de acesso aos dados sem deixar claro se trata da portabilidade ou do direito aos dados no local, inclusive havendo razões para crer que esses modelos podem conviver, a depender das condições técnicas e das perspectivas práticas dos reguladores. O texto da lei prevê o acesso aos dados em sua forma mais completa, fácil, prática, sem empecilhos e sem riscos para a segurança, como o risco representado pela realização de cópias desnecessárias. Isso indica, por tudo o que se observou nesta pesquisa, a preferência à observância ao direito de acesso aos dados no local; no entanto, é a aplicação das leis no tempo que demonstrará os seus efeitos práticos.[564]

Por fim, quanto ao tema, informa-se que a proposta de garantir e regulamentar o direito aos dados no local chegou a constar na emenda 17 ao RMD,[565] visando regular a atuação dos controladores de acesso nesse sentido; no entanto a emenda não foi aprovada.

Trata-se de uma proposição que evidentemente atribui centralidade, poder e autonomia ao usuário, procurando remover todos os possíveis obstáculos para o exercício de seus direitos ao impor às empresas o ônus de respeitar os dados dos usuários e também tornando o mais equânime possível a competição nos mercados digitais. São inegáveis os desafios técnicos, políticos e de privacidade a partir de tal perspectiva, mas também são tentadoras as suas promessas. A partir desta leitura,

---

563 MARTENS; PARKER; PETROPOULOS; VAN ALSTYNE, 2021, p. 31-32.

564 GRAEF, Inge; TOMBAL, Thomas. The regulation of access to personal and non-personal data in the EU: from bits and pieces to a system? *In*: *TILEC Discussion Paper*. Tilburg University, DP 2022-019, November, 2022, p. 14. Disponível em: https://ssrn.com/abstract=4304148. Acesso em: 16 abr. 2024.

565 SCHWAB, Andreas. *Draft report on the proposal for a regulation of the European Parliament and of the Council Contestable and fair markets in the digital sector (Digital Markets Act)*. European Parliament. IMCO_PR(2021)692792. (COM(2020)0842 - C9-0419/2020 - 2020/0374(COD)) Committee on the Internal Market and Consumer Protection, 2021. Disponível em: https://www.europarl.europa.eu/doceo/document/IMCO-PR-692792_EN.html. Acesso em: 16 abr. 2024.

entende-se que esses direitos exigiriam sofisticação tecnológica e um alto grau de interoperabilidade, já que diversas empresas operariam sob uma mesma infraestrutura, procurando atender aos usuários, o que demandaria um suporte legal, obrigando os controladores de acesso a viabilizarem tal sistemática.

É esse, portanto, o quadro legislativo aplicável aos instrumentos da portabilidade e da interoperabilidade. Trata-se de ferramentas bastante relevantes e que podem ser superadas pela perspectiva do direito aos dados no local, visando dar mais pleno controle e aproveitamento desses dados em favor da competição e dos usuários. Como em muitos temas aqui tratados, os detalhes da execução da lei dependerão das decisões das autoridades e sua relação com os controladores de acesso.

4.2.2 Obrigações dos controladores de acesso

A definição de cada uma dessas plataformas, que são controladores de acesso, assim como a visão acerca de sua inserção no mercado relevante são essenciais para que se compreenda as obrigações impostas pelo RMD aos controladores de acesso. A definição toca em aspectos como a intermediação de atividades de terceiros, muitas vezes controlando uma rede, instalação ou insumo imprescindível para eles. Elas têm papel de infraestrutura do mercado, estruturando o acesso e facilitando as transações. Outro aspecto a destacar é a posição amplamente favorável que os controladores de acesso assumem em negociações, por seu papel estratégico no mercado. Na prática, eles funcionam como reguladores do mercado, que devem, dentro de seus poderes, garantir uma competição justa, e cujo resultado não seja definido por eles.[566]

A compreensão da inserção dessas plataformas no mercado deve envolver a mensuração de seu poder de mercado sobre os usuários; sua essencialidade para a infraestrutura; o nível de dependência que as empresas têm nelas para chegar aos usuários, e quais os custos de usar canais alternativos (custos de troca). Importante enfatizar essa perspectiva da possibilidade de substituir alguns desses controladores de acesso e custos envolvidos, o que, por vezes, é excessivamente oneroso e praticamente impossível. A compreensão dos exatos efeitos de rede é igualmente central e um dos principais objetivos, inclusive visando evitar que haja conflitos de interesse entre a plataforma e as empresas

[566] KHAN, 2019, p. 1080-1081.

que são seus usuários. As medidas, portanto, devem ser pensadas para evitar a entrada do controlador de acesso em mercados nos quais ele possa discriminar competidores e exercer dominância ou utilizar dados coletados de empresas enquanto consumidoras para disputar com elas na qualidade de competidoras.[567]

Trata-se de um simples reconhecimento da superioridade de recursos do monopolista, que deve ser contrabalanceada por mecanismos que reforcem o dinamismo do mercado. O usuário deve ser verdadeiramente empoderado para suas decisões, e a sociedade não deve ceder o controle às grandes empresas do setor, em troca da conveniência trazida por eles, ou de um vício por esse rápido fluxo de informações (dados). Os mercados digitais são moldados por comportamentos e também os moldam. Dessa forma, trata-se de todo um conjunto de pequenas escolhas que são cedidas aos controladores de acesso. Essas escolhas entregam nas mãos deles o que o autor cunhou como a "chave-mestra" do ciberespaço. A Sociedade da Informação abastece os indivíduos com uma gama enorme de escolhas, mas cabe apenas a cada um a escolha maior de assegurar a soberania do ciberespaço.[568]

Atenta a essa conformação do poder dos controladores de acesso, a regulação europeia promovida pelo RMD considerou que o papel exercido por tais empresas merecia uma regulação preventiva, independente da prática posterior de condutas específicas.

A abordagem de regulação é chamada *ex ante*, isto é, de regular independentemente de verificação de condutas ou de agir culposo de determinada empresa. Parte-se da premissa de que há falhas nas teorias da escola de Chicago, havendo a necessidade de reformulações e melhor compreensão dos mercados digitais. No centro da crítica está a doutrina do bem-estar do consumidor e da necessidade de caracterização concomitante de monopólio e condutas anticompetitivas. Uma análise estrutural do mercado permitiria o agir do Estado, como dito, independente de culpa do agente econômico, mas em razão da concentração do mercado, que pode ser entendida como negativa do ponto de vista socioeconômico.[569]

Nesse sentido, Guggenberger propõe a consideração de critérios como o percentual de usuários atingidos ou o tempo em que a empresa

---

[567] KHAN, 2019, p. 1081-1082.

[568] WU, 2011, p. 320-321.

[569] GUGGENBERGER, 2023, p. 169.

ocupe um papel de domínio de mercado, visando defender uma nova doutrina antitruste voltada para certos valores, como o pluralismo, abertura de mercado e competitividade, assim substituindo, ou ao menos complementando, a abordagem de bem-estar do consumidor. O controle de aquisições matadoras ou aquisições nascentes, em conjunto com as demais medidas, criaria um ambiente de estímulos diferentes para empresas em fase inicial (*startups*), que poderiam procurar competir com os controladores de acesso em vez de se encaixarem em uma estrutura em que seu propósito é serem posteriormente adquiridas por um dos gigantes do mercado.[570] Trata-se precisamente da abordagem do RMD ao adotar a regulamentação dos controladores de acesso.

O painel de especialistas em economia da UE faz uma interessante leitura acerca da abordagem do RMD quanto à designação dos controladores de acesso como substitutivo dos três passos da política de competição, que envolviam a definição de mercado relevante, a verificação do poder de mercado da empresa e a indicação dos remédios pertinentes. A simples definição dos controladores de acesso por meio de critérios de tamanho evita as dificuldades deste processo de três passos, pressupondo a relevância da posição dessas empresas e impondo a elas obrigações. Outras dificuldades técnicas também são, em grande medida, superadas pelo RMD, já que alguns critérios abertos permitem que os reguladores tenham flexibilidade ao definir determinada empresa como controlador de acesso.[571]

A regulação traz, então, diversas vedações e obrigações aos controladores de acesso, no que é visto como as ditas medidas *ex ante*. Mencionadas medidas devem ser bastante eficazes e contornam a dificuldade do modelo anterior, no sentido de que os reguladores tinham de verificar determinado comportamento específico para, então, impor alguma sanção, o que era demorado, incerto e potencialmente intempestivo.[572]

Dentre tais medidas, destaca-se a vedação à combinação de dados com sua regulamentação detalhada. As preocupações da intrincada análise envolvendo esses aspectos iniciam-se já ao se verificar que, com as combinações de dados e o aumento de seu volume e variedade, torna-se cada vez mais difícil obter a efetiva anonimização dos dados, já

---

570 GUGGENBERGER, 2023, p. 170.

571 CABRAL; HAUCAP *et al*, 2021, p. 10.

572 *Idem.*

que eles podem ser novamente identificados com os indivíduos e seus nomes, prejudicando aspectos sensíveis da privacidade. Retoma-se, nesse sentido, as relações entre concorrência, proteção de dados e do consumidor, ponderando que, a despeito de não se tratar de extensões um do outro, os referidos campos possuem intersecções relevantes e podem se informar reciprocamente. Explica-se, por exemplo, que regras de proteção aos consumidores podem reduzir custos de troca de fornecedor, enquanto regras de privacidade podem reduzir poder de mercado e favorecer uma competição por privacidade, e, por fim, regras de concorrência podem ser implementadas, em coerência com as anteriores e facilitando o ingresso e competição em mercados, aumentando a qualidade, a autonomia e a proteção dos dados dos usuários.[573]

É nesse sentido que são estabelecidas uma série de regras aos controladores de acesso. Considerando a relevância de tais regras e sua centralidade no RMD, reserva-se seção adiante para tratar em mais detalhes sobre seus desdobramentos práticos para uma amostragem relevante dos controladores de acesso, assim dando conta também do aspecto prático do objeto de pesquisa.

4.2.3 Fusões, aquisições e outros aspectos do RMD

A principal provisão do RMD quanto a fusões e aquisições é no sentido de obrigar a notificação em caso de pretensão de concentração de mercado. O RMD não é muito ousado nesta seção, deixando em aberto aspectos de concentração de dados, assim como elementos de ônus da prova em caso de aquisições, o que obrigaria as empresas a provarem que não há concentração e, especialmente, que não haveria danos ao mercado.[574]

O RMD, por outro lado, faz propostas relevantes quanto à redução da diferença de informação entre as plataformas e os reguladores, estabelecendo diversas responsabilidades de transparência dos controladores de acesso, assim como a possibilidade de auditorias e investigações, o que deve melhorar as condições para que os reguladores possam, efetivamente, fazer cumprir as diretivas da União Europeia concernentes à concorrência.[575]

---

[573] STUCKE; GRUNES, 2016, p. 325-326.

[574] CABRAL; HAUCAP *et al*, 2021, p. 24 e ss.

[575] *Ibidem*, p. 30 e ss.

Como vem sendo apontado neste estudo, a opacidade das plataformas é um dos grandes problemas para a regulação e para os mercados digitais em si. Usuários profissionais e finais são prejudicados, pois não há informação clara sobre o tratamento de seus dados pessoais, nem sobre diversos aspectos do funcionamento do mercado, desde os mecanismos de anúncio impulsionados pelos algoritmos, até aspectos diretos de vendas de produtos nas plataformas, assim gerando grande insegurança e desconfiança. Direitos de transparência, tais quais os inseridos pelo RMD, que permitem análises e estudos aprofundados sobre as dinâmicas impostas pelos controladores de acesso, são um passo essencial para sua compreensão e questionamento de suas estratégias, tanto na concentração de mercados, quanto no prejuízo aos usuários de todos os gêneros, como apontado acima. Para tanto, é necessário o esforço concentrado de uma autoridade estatal, como a Comissão Europeia e demais órgãos correlatos nacionais que possam investigar e processar as empresas por suas condutas ilícitas.[576]

Essencial, nesse sentido, o papel do RMD, ao proporcionar instrumentos que forçam a transparência dos controladores de acesso, assim habilitando as investigações de condutas desleais desde o âmbito concorrencial, passando também pela proteção de dados e do consumidor. As colaborações institucionais estruturadas pela lei igualmente favorecem o avanço das investigações, a identificação das condutas e a efetivação de medidas que busquem o aprimoramento dos mercados digitais.

Quanto a fusões e aquisições, como mecanismo de concentração adotado pelos controladores de acesso, aponta-se que as *aquisições nascentes* se inserem entre tais estratégias. Visando evitar a fiscalização das autoridades antitruste, empresas adquirem *startups* em fase inicial, ainda procurando coletar dados a partir de uma base crescente de dados, para desenvolver seus métodos de análise e utilização dos dados. Já nessa fase acabam sendo adquiridas, de forma que sequer é possível que se compreenda qual poderia ter sido seu desenvolvimento e as inovações supervenientes. Nessas aquisições observa-se uma prática que é parte de uma estratégia anticompetitiva de eliminação da concorrência

---

576 GIBLIN, Rebecca; DOCTROW, Cory. *Chokepoint capitalism*: how big tech and big content captured creative labor markets and how we'll win them back. Boston: Beacon Press, 2022, p. 154-167.

somada a uma grande concentração de dados, obtida de tais empresas exatamente em fase de formação de seus bancos de dados.[577]

Destaca-se, por outro lado, os efeitos dessas aquisições, que invariavelmente impactam em aspectos de preço, qualidade e inovação das adquiridas, vez que passam a compor o ecossistema de serviços de um controlador de acesso, com toda uma orientação de mercado a partir do acúmulo de dados variados em que aquela nova empresa é só mais uma peça na engrenagem de geração de *superávit comportamental*. Saem prejudicados, é claro, os diversos elementos aqui destacados, como a competitividade, a inovação e o desenvolvimento de tecnologias e, por tudo isso, os usuários.[578]

Neste estudo se destaca a influência das aquisições para a geração de concentração de dados. Exatamente nesse sentido, prudente a recomendação de novas políticas, dentre as quais se insere o Regulamento dos Mercados Digitais, na medida em que procura trazer novas regras específicas para a complexidade dos mercados digitais, acrescentando ferramentas para as autoridades antitruste, assim como elementos essenciais para a consideração das concentrações de dados na análise das condutas dos controladores de acesso.[579]

Entre as medidas recomendadas está a notificação mais abrangente das operações realizadas, exatamente com a finalidade de analisar-se uma amostragem maior de operações, para aprofundar-se a compreensão da dinâmica de tais estratégias e seus impactos no ciberespaço. Assim, igualmente, seria evitada a realização de aquisições anticompetitivas que não se pudesse compreender de plano como tal, mas apenas após investigação. A atuação das autoridades antitruste, assim, dar-se-ia efetivamente em favor dos usuários e visando a uma compreensão gradual do mercado e das condutas dos controladores de acesso, em uma ação que evite atos açodados tanto quanto uma inércia paralisante.[580]

Em um contexto de constantes mudanças, bem como de massas de dados complexos, igualmente recomendável que se estabeleça a inversão do ônus probatório em investigações antitruste, cabendo

---

[577] OCDE (2020). *Start-ups, killer acquisitions and merger control*. Disponível em www.oecd.org/daf/competition/start-ups-killer-acquisitions-and-merger-control-2020.pdf. Acesso em: 09 set. 2023, p. 15-18.

[578] OCDE, 2020, p. 18, 51.

[579] OCDE, 2020, p. 51 e ss.

[580] OCDE, 2020, p. 18 e 51 e ss.

ao adquirente comprovar elementos como os mercados envolvidos, a efetiva concentração de dados gerada, em seus detalhes e especificidades, e demonstrar não haver efeitos anticompetitivos. Destaca-se tais aspectos, pois as dinâmicas dos mercados digitais demonstram que as grandes concentrações de dados são perseguidas pelos controladores de acesso em astutas estratégias que visam evitar a atuação de autoridades antitruste, mas que possivelmente não passariam despercebidas em análises de concentração de dados, bem como de práticas anticompetitivas, especialmente quando analisadas de forma global.[581]

Observa-se que o relatório da OCDE é bastante relevante, pois traz à tona questões de dados pessoais em situações de fusões e aquisições envolvendo especialmente os controladores de acesso e demonstrando a ocorrência de eventos de concentração de mercado, além de aquisições de concorrentes, gerando redução da competitividade e inovação nos mercados digitais e concentrando poder em geral. O RMD traz uma perspectiva de investigações da conduta dos controladores de acesso, assim indicando um caminho de redução de assimetria informacional e de compreensão das condutas, inclusive com uma análise a partir das concentrações de dados e da redução da competitividade no mercado. Tal perspectiva indica a possibilidade de que a estratégia de aquisição generalizada de empresas pelos controladores de acesso seja escrutinada pela Comissão Europeia, e medidas mais drásticas sejam tomadas a esse respeito, até potencialmente a proibição de tais aquisições. A recomendada inversão no ônus probatório, no entanto, não foi trazida pela lei, de forma que não poderá ser aplicada expressamente em casos concretos. Resta, como antes pontuado, o rígido escrutínio pela autoridade europeia, com a utilização dos instrumentos e processos criados pela lei e atenta análise, para que se evite, na prática, novas concentrações.

Feitas as análises das medidas específicas propostas pelo RMD, dedica-se a seção a seguir a uma análise mais integrada e crítica da referida legislação, procurando compreender os primeiros efeitos da sua vigência e aplicação e projetando os próximos passos da regulação e das dinâmicas dos mercados digitais.

---

581 OCDE, 2020, p. 30 e 40.

4.3 Influência do RMD para a regulação dos mercados digitais

> "A explicação da garotinha se tornou meu lema para o que podemos imaginar do nosso mundo recém-conectado: estamos procurando o *mouse*. Procuramos todos os lugares em que um leitor, um telespectador, um paciente ou um cidadão tenha sido privado de criar e compartilhar, ou tenha vivido uma experiência de dependência passiva ou prisão, e perguntamos: 'Se conseguíssemos um pouco do excedente cognitivo e o implantássemos aqui, poderíamos fazer acontecer algo de bom?'. Aposto que a resposta é sim, ou poderá ser sim, se dermos uns aos outros a oportunidade de participar e nos recompensarmos mutuamente por tentar."[582] (Clay Shirky)

Neste ponto, isto já deve ter ficado claro: esta pesquisa é sobre concorrência. Foi visto que a concorrência no ciberespaço pode levar a monopólios, entre outras disfunções de mercado. O poder de mercado na era dos dados e dos algoritmos leva à potencial ampla dominação social com a subjugação dos indivíduos e o severo comprometimento das personalidades, identidades, oportunidades e da dimensão coletiva. Trata-se, portanto, de um estudo sobre poder e controle, que defende uma alternativa de controle pelo poder público ao invés do privado; a autonomia e participação do sujeito, e não sua passividade; o mercado e as tecnologias respectivamente como ambiente e ferramenta que se prestam ao bem-estar social, e não como espaços livres para o domínio privado por determinados controladores de acesso. O bom uso do tempo, do potencial da tecnologia e das capacidades humanas passa pela escolha e participação ativa dos indivíduos conscientes, responsáveis e autônomos no processo de construção de uma sociedade justa e solidária.[583]

A presente seção se dedica à análise crítica do RMD, bem como de seus efeitos na construção do que se entende como mercados digitais mais equânimes e competitivos. Trata-se de um ponto amadurecido da pesquisa, em que se procurará refletir e aprofundar quanto às

---

[582] SHIRKY, Clay. *A cultura da participação*: criatividade e generosidade no mundo conectado. Tradução de Celina Portocarrero. São Paulo: Zahar, 2011, p. 215-216.

[583] SHIRKY, 2011, p. 215-216.

medidas propostas e seu potencial efeito de forma global na regulação dos mercados digitais. Procurar-se-á verificar a lei quanto à falta de abordagens sobre determinados temas, quanto à eventual existência de excessos e os potenciais problemas práticos ou de aplicação e garantia de cumprimento da lei.

4.3.1 Aspectos gerais

Inicia-se abordando alguns comentários gerais de estudos bastante recentes sobre o RMD, trazendo à luz as primeiras impressões acadêmicas acerca da legislação e seus prováveis desdobramentos.

Como vem sendo sustentado por este estudo, o RMD se baseou não apenas em princípios do antitruste, mas também em aspectos de proteção de dados e do consumidor. Tal abordagem é uma das principais responsáveis por tornar a referida legislação uma regulação preventiva (*ex ante*), em oposição às perspectivas corretivas (*ex post*) comuns ao direito concorrencial e que tendem a regular condutas punindo as indesejadas. A abordagem da UE é, portanto, inovadora e pode inspirar legislações no mundo, além de ter em si também o potencial para criar mercados digitais que funcionem melhor.[584]

Vanessa Turner, em seu artigo para a revista de antitruste da Associação Americana de Advogados (Bar), deixa claro que as mudanças pretendidas dependem de fatores práticos relevantes, como (i) a cooperação entre reguladores de diferentes países e setores (inclusive da proteção de dados e do consumidor), (ii) o direcionamento de recursos para o cumprimento da lei, (iii) inclusive recursos de tecnologia da informação e uma equipe multidisciplinar que envolva advogados, *experts* em tecnologia da informação e em comportamento do consumidor. A UE também (iv) terá de vencer a resistência dos controladores de acesso, o que tem sido uma constante no histórico dessas empresas, haja vista a tentativa de retardar e questionar a interpretação de dispositivos de lei. Por fim, a autora entende que será vital que se envolva usuários profissionais (outras empresas que usam o serviço) e usuários finais, que possam auxiliar na redução da assimetria de informações, assim fiscalizando e denunciando comportamentos de descumprimento da lei.[585]

---

584 TURNER, Vanessa. The EU Digital Markets Act: A new dawn for digital Markets? *Antitrust*. American Bar Association. Fall 2022, v. 37, n. 1, p. 48.

585 *Idem*, p. 48.

O instituto Max Planck promoveu um encontro de especialistas para tratar precisamente deste tema: "Cindir ou regular as *big tech*? Avenidas para restringir o poder privado no pacote RMD/RSD". Procurou-se, então, identificar se as referidas regulações eram adequadas para essa finalidade. Os editores dão destaque ao fato de que o debate antitruste nos EUA retornou, citando os já mencionados acadêmicos presentes na administração do presidente Joe Biden e líderes do movimento neo-Brandeis,[586] inclusive com discussões para desmembrar grandes empresas do setor de tecnologia.[587] A regulação europeia, por outro lado, não tem tocado nesse assunto, direcionando-se a regular as condutas empresariais, e não a estrutura do mercado. Traz-se à tona, ainda, casos anteriores, especialmente envolvendo o RGPD, em que a UE conduziu investigações consideradas lentas e pouco efetivas, o que ressoa a preocupação já trazida neste estudo quanto à necessidade de que a Comissão Europeia (CE) tenha os recursos adequados para lidar com tal desafio. O pacote legislativo vem, por fim, com a missão de atualizar a legislação, considerando os rápidos avanços no setor e o relativo envelhecimento da legislação vigente.[588]

Especialmente quanto ao RSD, há a preocupação de que a atribuição de muitas responsabilidades e dever de prestação de contas pelos controladores de acesso também deem a eles muito poder sobre tais atos, por exemplo, no que tange à moderação de conteúdo.[589] O controle dos entes privados sobre esses processos pode lhes dar a condição de estabelecer termos mais favoráveis a si mesmos e de fortalecer ainda mais seu poder, caso não haja forte atuação da CE.[590] Há, portanto, o estabelecimento de deveres, inclusive quanto à transparência, que, por outro lado, geram aspectos não desprezíveis de poder aos controladores de acesso e um ônus fiscalizatório às autoridades

---

[586] Os autores não são expressamente mencionados. Ainda assim, pode-se presumir, com alto grau de certeza, por todo o já exposto neste estudo, tratar-se de referência a Tim Wu e Lina Khan.

[587] *Vide* citações anteriores de Lina Khan e Tim Wu, neste estudo, mencionando esta possibilidade.

[588] RICHTER, Heiko; STRAUB, Marlene; TUCHTFELD, Erik (Editores). *Max Planck Institute for Innovation and Competition Research,* paper n. 21-25. To Break Up or Regulate Big Tech? Avenues to Constrain Private Power in the DSA/DMA Package, 2021. Disponível em: https://ssrn.com/abstract=3932809. Acesso em: 10 fev. 2024, p. 5-6. Tradução livre do título acima.

[589] Recorda-se que o tema de moderação de conteúdo não faz parte do recorte metodológico do presente estudo, sendo analisado sempre de forma lateral.

[590] *Idem*, p. 6.

Destaca-se, no RMD, a abordagem preventiva, sendo apontadas algumas das principais ferramentas criadas, como as proibições a (i) auto preferência; (ii) combinação de dados das plataformas com outras fontes, e obrigações como (iii) viabilização de acesso pleno a desenvolvedores; (iv) interoperabilidade; (v) transparência; (vi) e compartilhamento de dados e informações. A abordagem da regulação dá espaço para diversas perguntas acerca da suficiência das ferramentas para resolver o problema do poder privado: a abordagem comportamental teria sido a correta, deixando de lado a estrutural? O empoderamento do Estado para resolver tais problemas é a melhor solução, ou seria recomendável uma maior participação de atores privados? A passagem do tempo sob essas regulações certamente poderá indicar melhor, inclusive se elas sobrevivem aos rápidos avanços tecnológicos. O que se mostra, em um outro viés, é que a Sociedade Informacional acabou forçando diversas disciplinas do direito a trabalharem juntas, como se vem dizendo ao longo deste estudo.[591]

Um dos comentários se direciona aos elementos da descrição do controlador de acesso. Primeiramente, lembra-se que tal conceito é central para a legislação, já que é às empresas com tais características que a legislação se dedica, atribuindo obrigações e vedações. Os controladores de acesso são considerados empresas que prestam serviços essenciais digitais e, por essa razão, entre outras, devem se conformar a determinados padrões, visando garantir um nível de serviço, assim como de proteção de dados aos usuários, além de buscar estabelecer um ambiente propenso à abertura e possibilidade de competição e inovação.[592]

A abordagem dos controladores de acesso no RMD estabelece uma inovação significativa, já que, ainda que os requisitos para a qualificação como controlador de acesso sejam mais altos, basta que a empresa se qualifique nessa categoria para ter impostas diversas obrigações. A comparação mais adequada se dá com o Tratado sobre o Funcionamento da União Europeia (TFUE),[593] que prevê uma sistemática que demanda

---

[591] *Idem*, p. 6.

[592] BALLELL, Teresa Rodríguez de las Heras. The Scope of the DMA. *In*: RICHTER, Heiko; STRAUB, Marlene; TUCHTFELD, Erik (Editores). *Max Planck Institute for Innovation and Competition Research*, paper n. 21-25. To Break Up or Regulate Big Tech? Avenues to Constrain Private Power in the DSA/DMA Package, 2021. Disponível em: https://ssrn.com/abstract=3932809. Acesso em: 10 fev. 2024, p. 72 e ss.

[593] UNIÃO EUROPEIA, 2012.

a existência de conduta que caracterize abuso de dominância para que se tome medidas apenas após a verificação de efeitos anticompetitivos, o que representa um ônus bem mais significativo para a União Europeia contra as ditas empresas dominantes (art. 102 TFUE).[594]

Nesse sentido, primeiramente reconhece-se que a legislação, ao trazer um rol exaustivo de serviços, privilegiou a segurança jurídica; no entanto, corre-se o risco de a legislação se tornar obsoleta rapidamente, ou de acabar gerando lacunas ou controvérsias interpretativas, assim gerando potencial incerteza aos entrantes e dando poder aos controladores de acesso. É recomendada, nesse sentido, uma definição funcional das referidas atividades, visando evitar os efeitos negativos mencionados.[595]

Para Teresa Ballell, a abordagem quantitativa e qualitativa da lei quanto aos controladores de acesso também deveria ser baseada no serviço prestado em que há a prestação de serviços de plataforma essenciais e atuação como controladores de acesso, e não sobre o provedor de serviços como um todo, já que tal abordagem poderia arriscar a inovação e competição por mercados. Trata-se de crítica relevante direcionada à pouca clareza da lei nesse aspecto.[596]

Ainda que se compreenda a referida crítica, a escolha pela política mais adequada passa por uma decisão acerca do que se espera da concorrência no ciberespaço. Nesse sentido, uma abordagem que considerasse apenas o serviço, e não o prestador, permitiria que um controlador de acesso em uma plataforma essencial expandisse seus negócios para outro ramo, sem as restrições impostas por tal enquadramento jurídico. Tal sistemática, ainda que potencialmente permita maiores níveis de inovação a curto prazo, abre espaço para a expansão de grandes ecossistemas de serviços, o que está associado a maiores níveis de concentração e violação de direitos do consumidor e da privacidade dos usuários. Ainda seria facilitada a expansão de tais empresas para diversos ramos de novos serviços, com a potencial perpetuação de seus modelos de negócios e abordagens de dominação de mercados.

---

[594] GRAEF, Inge. The EU Regulatory Patchwork for Dark Patterns: An Illustration of an Inframarginal Revolution in European Law? (April 3, 2023). Forthcoming as a book chapter in Ramsi A. Woodcock, Toward an Inframarginal Revolution: Markets as Wealth Distributors, Cambridge University Press 2023, TILEC Discussion Paper, n. 2023-07, *Tilburg Law School Research Paper*, Disponível em: https://ssrn.com/abstract=4411537 or http://dx.doi.org/10.2139/ssrn.4411537, p. 5. Acesso em: 13 fev. 2024.

[595] BALLEL, 2021, p. 72 e ss.

[596] BALLEL, 2021, p. 76-77.

Por essas razões, é a posição deste estudo que uma abordagem baseada no provedor de serviços ou, quando muito, um regime misto, que estabelecesse restrições específicas para a expansão para novos mercados, atendem melhor ao objetivo maior, de mercados digitais voltados ao interesse público. Detalhando um possível regime misto, o que se propõe, em suma, é a presunção relativa do enquadramento do provedor como controlador de acesso, inclusive para novos mercados, somada a uma série de restrições ligeiramente mais leves e / ou em menor número que aquelas previstas para os serviços essenciais digitais em que o controlador de acesso atua originalmente. A presunção poderia ser elidida, caso a empresa comprovasse não ter vantagens de entrada neste novo mercado, ou as restrições poderiam ser dosadas em conformidade com a necessidade verificada para atingir os fins da lei.

Outro ponto relevante aplica-se à vedação à combinação de dados. Essa vedação se aplica ao controlador de acesso em relação a outros serviços essenciais de plataforma, mas também quaisquer outros dados que o controlador possa obter de outros serviços prestados por si ou mesmo de terceiros. Trata-se, portanto, de significativa proteção aos dados dos usuários, assim como potencial instrumento bastante interessante para que se debele uma vantagem competitiva relevante. Entretanto, a lei também prevê que o usuário final possa dar seu consentimento específico para tal combinação de dados. Ainda que se permita a recusa ou a retirada do consentimento e se estabeleça o prazo de um ano para a repetição do pedido de consentimento, esse mecanismo pode ser problemático.[597]

Para Inge Graef, em posição a que se filia este estudo, a sistemática de consentimento pelo usuário final pode facilitar que os usuários sejam enganados e não compreendam os impactos do seu consentimento para tal tratamento de dados. Além disso, há que se lembrar que o objetivo do RMD passa da mera proteção ao usuário individual, tendo a pretensão de tornar o mercado mais justo e contestável, o que pode ser prejudicado severamente pela combinação de dados nesses termos. A autora recomenda, então, que a combinação de dados seja possível apenas quando imprescindível para a prestação de um serviço

[597] GRAEF, Inge. Why End-User Consent Cannot Keep Markets Contestable. *In*: RICHTER, Heiko; STRAUB, Marlene; TUCHTFELD, Erik (Editores). *Max Planck Institute for Innovation and Competition Research Paper*, n. 21-25. To Break Up or Regulate Big Tech? Avenues to Constrain Private Power in the DSA/DMA Package, 2021. Disponível em: https://ssrn.com/abstract=3932809, p. 78 e ss. Acesso em: 10 fev. 2024.

específico contratado pelo usuário. Referida hipótese poderia até causar o que alguns veriam como um prejuízo aos consumidores, pois reduziria a personalização dos serviços; no entanto, seria central para dar espaço a entrantes no mercado, assim dando mais escolhas ao consumidor.[598]

O objetivo desse instrumental, portanto, seria permitir a combinação de dados apenas para serviços a serem prestados aos usuários, que de outra forma não existiriam, isto é, precisamente serviços inovadores. Por outro lado, o uso de dados combinados para mera personalização focada em anúncios, consolidação de perfilamento de usuários e publicidade direcionada é exatamente o que se visa coibir, não apenas para gerar abertura no mercado, mas também para restringir o poder dos controladores de acesso e gerar melhores efeitos dos mercados digitais aos usuários. Isso também ocorre, pois o consentimento de determinados usuários pode afetar outros com características semelhantes, que podem ser agrupados a partir de preferências e características demográficas semelhantes, assim anulando os pretensos efeitos do RMD. Deixar esse ônus apenas ao usuário final e fazer com que o sistema todo dependa da responsabilidade dele pode gerar prejuízos a partir da combinação de dados nos ecossistemas dos controladores de acesso, assim prejudicando consumidores, negócios e o Mercado único Europeu como um todo.[599] Reitera-se a concordância com a referida crítica, ressaltando-se que um possível escrutínio mais intenso das autoridades aos mecanismos de adequação à lei propostos pelos controladores de acesso para fins de tomada de consentimento pode amenizar os prejuízos da falha na sistemática legal.

Há ainda críticas fortes ao RMD quanto à opção por não aplicar expressamente medidas estruturais. Nesse sentido critica-se também a inexistência de uma inversão do ônus probatório em fusões e aquisições com a imposição de tal ônus aos controladores de acesso adquirentes. Os riscos de concentração ou aquisições predatórias é grande, e vários outros reguladores nacionais vêm aplicando medidas correlatas para facilitar a fiscalização e evitar a deterioração do mercado, entre eles os franceses, alemães, holandeses e estadunidenses.[600]

---

598 *Idem*, p. 81-82.

599 *Idem*, p. 80, 82.

600 FRANCK, Jens-Uwe; PEITZ, Martin. How to Challenge Big Tech *In*: RICHTER, Heiko; STRAUB, Marlene; TUCHTFELD, Erik (Editores). *Max Planck Institute for Innovation and Competition Research*, paper n. 21-25. To Break Up or Regulate Big Tech? Avenues to

A crítica à ausência de uma abordagem estrutural, além de prática, é fundante, já que a estrutura do mercado deve ser encarada como problemática. Trata-se de uma escolha política por mercados digitais com maior distribuição de poder, mais inovação e escolhas aos usuários. Embora o RMD aponte nesse sentido, parece não utilizar as ferramentas mais próprias para tanto, exaurindo-se em medidas preventivas e comportamentais e dando preferência expressamente a tais medidas sobre outras estruturais previstas no regramento antitruste europeu.[601]

Seriam também úteis medidas de desinvestimento/desmembramento, quando realizada investigação de mercado e demonstrado que determinada aquisição teve efetivamente impactos negativos no mercado. Para os autores, esses instrumentos costumam ser vistos como muito pesados para as empresas e de difícil condução pelas autoridades antitruste, no entanto, vêm sendo melhor vistos nos EUA, Alemanha, Grã-Bretanha e Austrália, e entende-se que são necessários para combater o domínio das grandes empresas de tecnologia.[602]

Acredita-se que, a despeito das mudanças impostas pelo RMD, a falta de perspectivas estruturais mais significativas pode ser um problema. Este estudo também sustenta a visão de que há problemas estruturais na concorrência no ciberespaço. Remédios comportamentais terão efeitos, provavelmente, bastante lentos e paliativos, não alcançando o cerne da questão: a estrutura atual do mercado em si é voltada, exclusivamente, ao atendimento dos interesses dos controladores de acesso, explorando os usuários, seus dados e suas identidades em prol de uma cultura de consumo, concentração de riquezas, liquidez das relações, isolamento e alienação. Interessa à coletividade a diluição e distribuição de poder no ciberespaço e a regulação em prol de um ambiente mais saudável, aberto, plural, comunitário e inovador.

Para tanto, é essencial que se mude drasticamente a estrutura do mercado, sendo uma conclusão deste estudo, a partir das fontes consultadas, que é necessário testar e tomar medidas contundentes para se ter resultados expressivos no combate ao poder das grandes empresas de tecnologia. A legislação objeto deste estudo não dá preferência a tais mecanismos, de forma que a adoção deles, ainda que possível, é

Constrain Private Power in the DSA/DMA Package, 2021. Disponível em: https://ssrn.com/abstract=3932809. p. 84-86. Acesso em: 10 fev. 2024.

601 FRANCK; PEITZ, 2021, p. 86-88.

602 FRANCK; PEITZ, 2021, p. 86-88.

bastante improvável. Cabe à autoridade europeia utilizar-se ao máximo dos instrumentos previstos pela lei, como a obrigação de relatórios de concentração pelos controladores de acesso quando da realização de operações, bem como as capacidades investigatórias exercendo rígida análise e evitando a concentração.

O RMD também se insere no quadro regulatório acerca de padrões escuros (*dark patterns*), que são práticas usadas pelas empresas para manipular, enganar ou coagir o usuário a praticar um ato potencialmente contrário a seus interesses, como se inscrever em algo, dar consentimento para compartilhamento de dados, entre outros atos de liberalidade, ou, ainda, adquirir algum produto ou serviço.[603] São várias as formas de apresentação dos padrões escuros. Eles podem vir como (a) ações forçadas, em que o usuário é levado falsamente a crer que necessita compartilhar (mais) dados para ter certos acessos; (b) interferência da interface: formas de apresentação da interface que escondem informações, pré-selecionam informações, entre outros; (c) repetição dos pedidos de consentimento; (d) tornar difícil a negativa ou retirada de consentimento; (e) custos ocultos ou renovações automáticas; (f) prova social falsa; (g) artifícios para incutir urgência ou escassez.[604]

Reconhecendo que tais condutas podem ter impacto coletivo, especialmente na concorrência, ao favorecer o crescimento das bases de usuários de controladores de acesso, assim como o aprisionamento e a manipulação, no sentido de obter maiores volumes quantitativos e qualitativos de dados, o RMD previu dispositivos contrários a esses comportamentos especialmente com o objetivo de garantir a contestabilidade e justiça nos mercados digitais.[605] O RMD, nesse sentido, prevê a proibição da repetição de pedidos de consentimento, nos termos já expostos neste estudo (Art. 5º), e em seu parágrafo 37, deixando claros vários aspectos envolvendo interface e usuário, como a necessidade de manter a qualidade do serviço, independentemente dos dados cedidos, assim como obrigações de clareza, simplicidade e a equiparação, em termos de facilidade, entre o consentimento e sua retirada.[606]

Resta, nesse sentido, uma crítica a que se filia este estudo e que se pode ampliar a outras matérias, especialmente a proteção do

---

603 OCDE. "Dark commercial patterns", *OECD Digital Economy Papers*, n. 336, OECD Publishing, Paris, 2022. Disponível em: https://doi.org/10.1787/44f5e846-en. Acesso em: 13 fev. 2024.

604 GRAEF, 2023, p. 5.

605 GRAEF, 2023, p. 14 e ss.

606 UNIÃO EUROPEIA, 2022a, p. 9.

consumidor e de dados pessoais: a crítica à coerência do sistema legal e aos responsáveis por sua aplicação. Não apensa quanto aos padrões escuros, mas também quanto aos demais temas, há uma série de normas e responsáveis pela aplicação, nacionais e internacionais, assim tornando mais difícil a coerência e clareza da regulação do tema, bem como a coordenação em sua aplicação, que certamente são aspectos que contribuiriam para sua efetividade prática e para o atingimento de seus objetivos gerais.[607]

Ainda na linha das críticas quanto ao sistema legal e de aplicação, comenta-se a relação do RMD com o Regulamento de Governança de Dados (RGD)[608] no intuito de estimular o compartilhamento de dados em prol dos usuários. O RGD interage, ainda, mais diretamente com o RGPD, já que o primeiro "fortalece os mecanismos de governança para facilitar o compartilhamento de dados", enquanto o segundo, como já mencionado, trata de regras gerais de proteção de dados. A principal colocação, nesse sentido, é que as legislações poderiam parecer contraditórias, já que o RGD estimula o compartilhamento, enquanto o RMD, assim como o RSD, restringe tal comportamento. A contradição, no entanto, é aparente, já que não se visa impedir uma economia de dados, mas sim promovê-la de forma saudável e plural, buscando atender ao interesse público. Dessa forma, o RMD restringe comportamentos dos controladores de acesso que constituem abusos de dados, enquanto o RGD promove o compartilhamento e a governança responsáveis em uma indústria ainda nascente de competidores aos serviços incumbentes.[609] Destaca-se, ainda, que o próprio RMD promove a portabilidade e interoperabilidade, como já apontado, tratando-se de um equilíbrio que se procura promover entre privacidade e competitividade.

A crítica, no entanto, é tecida quanto à pouca clareza do RGD acerca da forma de compartilhamento de dados, assim como sobre suas relações com o restante da legislação europeia, de forma que suas provisões podem gerar dificuldade de aplicação de medidas do RMD e também do RGPD, já que há verdadeiramente provisões incoerentes

---

607 GRAEF, 2023, p. 14 e ss.

608 UNIÃO EUROPEIA, 2022c.

609 GRAEF, Inge; GELLERT, Raphael. The European Commission's proposed Data Governance Act: some initial reflections on the increasingly complex EU regulatory puzzle of stimulating data sharing (March 25, 2021). *TILEC Discussion Paper*, N. DP2021-006, Available at SSRN: https://ssrn.com/abstract=3814721 or http://dx.doi.org/10.2139/ssrn.3814721. Acesso em: 13 fev. 2024, p. 1-3. Observe-se que o artigo foi escrito antes da entrada em vigor do RMD e do RGA.

nas referidas legislações. A legislação, então, possivelmente não atingiria seus fins, e também prejudicaria as demais legislações em vigência, já que se tornam incertos temas como a legislação aplicável para a combinação de dados, assim como para o compartilhamento de dados de controladores de acesso, sob o RMD, em relação a outras empresas reguladas pelo RGD, especialmente considerando as potenciais condições mais favoráveis do RMD.[610]

As dificuldades decorrentes das aparentes incoerências entre as legislações deverão certamente ser enfrentadas nos anos vindouros, inclusive com a eventual edição de posteriores alterações às leis. Por ora, entende-se que a legislação aplicável aos controladores de acesso deve sempre ser entendida como a mais rigorosa, por somar requisitos à mais suave, isto é, claro, exceto em situação de contradição entre os textos ou de dispensa expressa da aplicabilidade de outras leis.

Tratando da abordagem da normatividade em uma perspectiva ainda mais abrangente, Maurice Stucke entende que a principal questão a ser analisada é o objetivo da competição estabelecida no mercado. Tradicionalmente se compete especialmente por preço, mas também por qualidade, disponibilidade e logística, atendimento, responsabilidade social, entre outros. Quando se compete em um mercado de anúncios direcionados, a pergunta-chave, que indica a empresa que supostamente é a melhor, em termos de qualidade do serviço, é: Qual a empresa que coleta dados pessoais dos usuários em maior quantidade, qualidade e atualidade?[611] Na prática, a concorrência tende a valorizar, portanto, aquele que mais invade a privacidade dos usuários. Trata-se de uma competição em torno de um objetivo socialmente indesejável, nos termos em que se tem defendido ao longo deste estudo.[612]

O principal benefício gerado pelos anúncios direcionados poderia ser a redução dos preços do varejo, tendo em vista que os consumidores receberiam anúncios voltados especialmente a eles. No entanto, há indicativos de que, ainda que haja uma queda no custo dos anúncios, ela pode ser atribuída à passagem dos anúncios aos celulares. Tal mudança foi acompanhada pela queda da qualidade dos anúncios, de forma que os anunciantes têm tido resultados piores. Mais importante

---

610 GRAEF; GELLERT, 2021, p. 12-15.

611 Há outras questões relevantes no mercado, mas esta é a principal segundo os autores.

612 STUCKE, Maurice E. *Breaking away*: how to regain control over our data, privacy, and autonomy. Nova Iorque: Oxford University Press, 2022, p. 244-246.

que isso, a chamada publicidade comportamental pode até oferecer pequenos benefícios mensuráveis e de curto prazo, mas apresenta riscos sensíveis para a economia, a democracia, a privacidade, a autonomia e o bem-estar.[613]

Nessa linha, um estudo recente aponta que o aprendizado social tem acontecido cada vez mais com mediação de algoritmos que, ao contrário do desejável incentivo à cooperação e resolução coletiva de problemas, procuram apenas manter a atenção e o engajamento dos usuários nas plataformas, com seu consequente isolamento. Essa sistemática ocorre a partir da difusão intensa de conteúdos que transmitem aspectos de prestígio, de grupo, moral e emocional, assim, especialmente em contextos de moralidade e política, a criação de conteúdo por humanos e amplificação pelos algoritmos gera conflito e desinformação. O incentivo à produção de conteúdo desse gênero faz, por exemplo, com que se incentive um comportamento falso para simular prestígio. Outro exemplo é a amplificação de conteúdo emocional, em detrimento do verdadeiro, potencializando notícias falsas que, por outro lado, promovam engajamento. A solução, nesse sentido, estaria na origem dos algoritmos, que deveriam ser reformulados para serem transparentes quanto ao conteúdo que amplificam, bem como para ativamente promoverem a diversificação de informações.[614]

Atentando-se aos aspectos concorrenciais aplicáveis, a normatização concorrencial deve trazer incentivos que efetivamente moldem a concorrência, proibindo condutas como a criação de perfis identificados dos usuários e a própria publicidade comportamental,[615] que vem acompanhada de manipulação ou modulação de comportamentos, para que se incentive a utilização positiva dos dados, a favor da economia criativa, da privacidade e da democracia. A proposta é de que se estabeleça

---

[613] STUCKE, 2022, p. 244-246.

[614] BRADY, William J.; JACKSON, Joshua Conrad; LINDSTRÖM, Björn *et al.* Algorithm-mediated social learning in online social networks *In*: *Trends in Cognitive Sciences*. VOLUME 27, ISSUE 10, P947-960, OCTOBER 2023. Published: August 03, 2023, DOI: https://doi.org/10.1016/j.tics.2023.06.008. Acesso em: 02 mar. 2024. Disponível em: https://www.cell.com/trends/cognitive-sciences/abstract/S1364-6613(23)00166-3?_returnURL=https%3A%2F%2Flinkinghub.elsevier.com%2Fretrieve%2Fpii%2FS1364661323001663%3Fshowall%3Dtrue. Ver também: BRADY, William. Social media algorithms warp how people learn from each other, research shows. Publicado: 21 agosto 2023. *The Conversation*. Disponível em: https://theconversation.com/social-media-algorithms-warp-how-people-learn-from-each-other-research-shows-211172. Acesso em: 02 mar. 2024. Ver, ainda, FISHER, 2023, s.p. (O efeito Cassino).

[615] Também nesse sentido, e aprofundando com foco na abolição do uso de algoritmos que buscam apenas engajamento e decidem o que vamos ver nas redes sociais, FISHER, 2023, s.p. (Epílogo: Delatores).

incentivos legais e de mercados que promovam o desenvolvimento de tecnologias de privacidade, anonimização e desidentificação de dados, procurando gerar uma concorrência baseada num fluxo mais livre de dados e na utilização destes em favor dos usuários, sem prejudicar a privacidade.[616]

Tal estrutura concorrencial teria por foco transitar de uma cultura de vigilância para uma de colaboração e levaria os esforços de desenvolvimento para o fortalecimento da privacidade e extração máxima dos benefícios das grandes massas de dados pessoais em favor dos usuários. A intenção é se atentar às preocupações legítimas com um compartilhamento de dados em prol da concorrência, que poderia prejudicar aspectos de privacidade. O compartilhamento de dados, nessa mesma linha, ocorreria na medida de seu proveito, de forma que universidades e autoridades teriam acesso a informações mais completas, que lhes permitissem análises de mercados e a compreensão da operação dos controladores de acesso, enquanto as empresas em geral poderiam utilizar apenas dados desidentificados.[617]

Percebe-se que o RMD, ao proibir a combinação de dados entre plataformas, somado ao arcabouço legal europeu, que promove a anonimização de dados, apresentam elementos relevantes para uma mudança de paradigma concorrencial nos mercados digitais. Os avanços da portabilidade e interoperabilidade e mesmo de sua compreensão técnica trazem a perspectiva de autonomia do usuário, também representando um avanço significativo. É importante que se observe o ambiente digital nos próximos anos, na medida em que as referidas medidas entram em vigor, e seus efeitos são observados e compreendidos. Não se espera, nesse sentido, uma imediata mudança de paradigma, com a abolição da publicidade comportamental; no entanto, vislumbra-se a possibilidade, a partir do RMD e do arcabouço legal europeu, com apoio da atuação das autoridades responsáveis, de grandes avanços para promoção de mudanças nos mercados digitais.

4.3.2 Influência da regulação nos controladores de acesso

O surgimento dos grandes monopólios tecnológicos é surpreendente quando se pensa nos primeiros dias do ciberespaço e dos

[616] STUCKE, 2022, p. 247-253.
[617] STUCKE, 2022, p. 247-253.

mercados digitais. A economia de escala parecia não importar para fins de competição. A internet parecia ser destinada aos jovens e idealistas e cunhou-se o bordão de que não poderia haver barreiras de entrada, pois a concorrência estaria apenas "a um clique de distância". Como se sabe, as empresas que são hoje controladores de acesso iniciaram praticamente como instituições de caridade – ao menos foi como procuraram se divulgar –, já que não cobravam de seus usuários e prestavam serviços vistos como os melhores no setor.[618]

Tais circunstâncias são apenas uma lembrança distante no quadro da contemporaneidade, em que se tem as grandes empresas de tecnologia como as maiores e mais poderosas, com relevantes posições de dominância de mercado. Ficaram bem descritos, neste estudo, os efeitos e elementos que caracterizam os controladores de acesso e também os inegáveis benefícios que essas empresas e suas tecnologias trazem ao cotidiano dos usuários, ainda que com certos prejuízos. E ainda que tais benefícios possam ser considerados maiores que os prejuízos, o que não reflete a posição deste estudo, ficou demonstrado ser elemento importante do mercado a competitividade e a possibilidade de escolha ao usuário. É nesse sentido que se aborda a regulação preventiva do RMD sobre os controladores de acesso a seguir.

r) Regulação para a escolha

Relevante a visão do antitruste a partir da escolha do consumidor. Reconhece-se, nesse sentido, a importância da segurança jurídica e também da natureza política das escolhas dos valores que pautam o direito antitruste de cada jurisdição, ao optar-se por certos valores a serem protegidos. Tais valores não se exaurem nos preços, sendo viável sua expansão para áreas como a variedade a curto prazo e a inovação a longo prazo, além, é claro, de preço e eficiência.[619]

O conceito de direito concorrencial focado em dar escolha ao consumidor, conforme acima apontado, traz elementos fundantes do presente estudo, já que carrega consigo aspectos como decisão e controle, além de autonomia e liberdade do usuário, visando evitar abusos e o controle sub-reptício ou modulação do comportamento praticado pelos

---

618 WU, 2018, p. 119-121.

619 LANDE, Robert H.; AVERITT, Neil W.; NIHOUL, Paul. 'Consumer Choice' is Where We are All Going - So Let's Go Together (April 1, 2011). *Concurrences: Revue des Droits de la Concurrence*, No. 2, p. 1-3, 2011, Available at SSRN: https://ssrn.com/abstract=1856061 or http://dx.doi.org/10.2139/ssrn.1856061. Acesso em: 28 out 2023, p. 10.

controladores de acesso. Essa perspectiva defende, ainda, a competição como um fim em si, já que a variedade e a inovação, nos termos acima colocados, dependem de um mercado aberto.

A ideia de escolha do consumidor já vem sendo adotada em decisões judiciais e de autoridades antitruste europeias e americanas, muitas vezes focadas em deveres de proteção de dados bem como na transparência e clareza da informação fornecida pelas grandes empresas de tecnologia. Tal teoria deve, assim, ser desenvolvida visando evitar arbitrariedades, bem como buscando um equilíbrio entre escolhas e privacidade, em um mercado aberto, com aspectos de eficiência e preço, tendo por norte o bem-estar dos usuários.[620]

Essa ponderação entre valores é parte da escolha política que as sociedades devem realizar ao legislar ou não sobre determinado tema, já que a máxima eficiência não é obrigatoriamente um princípio soberano. Defendida como tal pelo neoliberalismo, a eficiência pode trazer consigo os sintomas do que Han definiria como uma sociedade do cansaço. Nela vige a violência neuronal e a massificação do positivo com a superprodução, superdesempenho, supercomunicação, superabundância, e tudo isso sem que haja uma resposta defensiva do indivíduo ou da sociedade, resultando em altos índices de depressão, síndrome de *burnout* e transtorno do déficit de atenção com hiperatividade (TDAH). É uma sociedade de desempenho em que se abraça qualquer melhora de eficiência, ainda que ela venha com o total esgotamento dos indivíduos e com a violência do isolamento e destruição da comunidade e da linguagem, já que esse cansaço traz consigo sintomas análogos à surdez, cegueira e mudez.[621]

Repete-se: a eficiência não necessariamente é soberana nas vidas dos indivíduos e sociedades. A vida torna-se mais significativa com arte, celebrações, rituais,[622] festas. A comunidade, as celebrações e a religião são elementos que dão relevância à vida, extrapolando a mera sobrevivência e o tempo do trabalho. Na sociedade do cansaço, a pausa não é senão uma pausa para retomar o trabalho, deixando de se tornar tempo de celebração e tornando vazia a existência do indivíduo.[623]

---

[620] LANDE, AVERITT, NIHOUL, 2011, p. 12.

[621] HAN, Byung-Chul. *A sociedade do cansaço*. Tradução de Enio Paulo Giachini. 2. ed. Petrópolis: Vozes, 2017, p. 16 e ss, p. 69.

[622] Para uma compreensão mais aprofundada sobre os rituais, ver HAN, 2021.

[623] HAN, 2017, p. 109 e ss.

O domínio da tecnologia pelos controladores de acesso direciona-a ao impulsionamento de tal cultura de estafa e exploração do indivíduo, que serve apenas para consumir e trabalhar. Um uso mais condizente com o que se deseja para as sociedades contemporâneas depende de deliberações, desenhos institucionais e políticas legislativas. Depende de vontade e decisões democráticas que tomem o controle de tal enorme potencialidade, para que se comece a descobrir como se quer viver em comunidade.

É nesse sentido que se estabelece uma conclusão parcial deste estudo, no sentido de que meros critérios de preço e eficiência se relacionam com as visões neoliberais de consumo e superprodução, não trazendo, obrigatoriamente, resultados positivos para o indivíduo e a sociedade. Outras perspectivas que valorizem autonomia, escolha, privacidade, laços sociais e inovação aberta em uma economia criativa podem trazer uma regulação mais adequada aos objetivos da sociedade, verdadeiramente potencializando os avanços tecnológicos e direcionando-os a favor do interesse público.

Observa-se que o quadro atual de concentração gera ilusões de qualidade e preços baixos a partir dos controladores de acesso, em detrimento dos aspectos acima indicados. E mesmo aspectos de preço e qualidade são realmente meras ilusões em um quadro monopolista ou de alta concentração de mercado. O que se pretende apontar, portanto, é, primeiramente, o papel dos controladores de acesso como símbolo desse superdesempenho, na medida em que procuram ostentar uma imagem de alta eficiência e da suposta infalibilidade tecnológica. Em segundo lugar, procura-se expor que as decisões legislativas encartadas no RMD favorecem uma perspectiva que pode ser representada pelo elemento da escolha, isto é, não se renuncia a níveis de desempenho e preço, entre outros elementos correlatos, mas se valoriza um mercado mais aberto, dinâmico e orientado em favor do usuário, em que a escolha seja possível.

Com os níveis de concentração de mercado observados e descritos ao longo deste estudo, não é possível sequer cogitar a existência de escolhas significativas. Passa-se, portanto à análise de tal contexto de concentração e suas características, visando compreendê-lo melhor para tratar das medidas a incidirem sobre ele a partir do RMD.

s) Concentração de mercado entre controladores de acesso

As autoridades reguladoras sequer compreenderam o que acontecia quando os gigantes *Meta, Amazon* e *Google* adquiriram potenciais concorrentes, ou copiaram suas principais funções, no âmbito de estratégias monopolistas. Tais condutas, ainda que embaladas em belos *slogans* como "aproximando o mundo cada vez mais" e ornadas com explicações baseadas em eficiência e um suposto serviço melhor que os demais, continuam sendo monopolistas e carregando consigo efeitos inevitáveis: controle/domínio de mercado e impacto direto na inovação. Ao fim e ao cabo, não se pode saber quem é o melhor se não há concorrência. O processo monopolista pode gerar uma falsa impressão de triunfo do melhor, no entanto um mercado dinâmico é algo a se buscar por seus efeitos na inovação, qualidade e desenvolvimento econômico e social. É importante, portanto, o enfrentamento dessas situações, inclusive com a abertura de grandes casos antitruste.[624]

Esta seção reforçará, portanto, aspectos da concentração de mercado obtida pelos controladores de acesso, assim consolidando a base teórica que dá ensejo à intervenção antitruste atual. Em seguida, sobre essa base será realizada a análise de casos específicos envolvendo tais controladores de acesso, bem como os primeiros desdobramentos do RMD nas imposições de adequações a tais empresas.

Uma das abordagens antitruste relevantes é a que vai além de condutas, tocando a estrutura e dinâmica do mercado. Nesse sentido, seria importante verificar os efeitos do poder de mercado das plataformas digitais verificando se eles geram possíveis conflitos de interesse anticompetitivos a partir da verticalização de suas estruturas empresariais; ou obtêm vantagens excessivas por seu espalhamento em diversas partes da cadeia produtiva, bem como se a própria estrutura de mercado não gera incentivos de condutas predatórias.[625] Tais circunstâncias da concentração de poder de mercado pelos controladores de acesso podem ser objeto de investigações pela CE sob o RMD, ainda que não seja essa a abordagem preferencial da lei.

E as áreas em que essas grandes empresas atuam são relevantes para a discussão. Não é como se elas conduzissem atividades comerciais fúteis: a maioria lida com informações. São redes sociais, buscadores, sistemas operacionais e outros ecossistemas de aplicativos, muitos deles

---

[624] WU, 2018, p. 122-126.

[625] KHAN, 2017, p. 717.

dominando o que o autor cunhou como "mercado das ideias", assim se relacionando com a liberdade de expressão, um direito complexo, com grandes repercussões na vida em sociedade e que, ao fim, está nas mãos desses que controlam a chave-mestra.[626]

Entendendo essas circunstâncias da concentração de poder dos controladores de acesso e se voltando a aspectos mais práticos da aplicação do RMD, verifica-se que a legislação inicia seu período de vigência com diversas mudanças para tais empresas. Como principais aspectos positivos, pode-se observar o diálogo estabelecido entre tais empresas, desenvolvedores, muitas vezes representando usuários profissionais, organizações de representação de interesses dos usuários finais e a autoridade antitruste, para alcançar uma solução que atenda de forma prática aos interesses dos envolvidos. Por outro lado, verifica-se a resistência dos controladores de acesso ao se adequarem à lei, realizando as mínimas concessões possíveis, estabelecendo restrições e regras pouco transparentes para os novos sistemas implementados e disputando excessivamente a interpretação de determinadas disposições. Um exemplo é o estabelecimento do modelo pago e sem anúncios da *Meta* para suas redes sociais, que foi criticado pelo comissário Thierry Breton da União Europeia, que afirma que a empresa deveria fornecer alternativas gratuitas do serviço aos usuários. Ao lado da chefe do antitruste da Comissão Europeia, Margarethe Vestager, ele afirmou que as investigações da comissão quanto ao cumprimento da lei começarão imediatamente, dando sinais positivos quanto à disposição dos reguladores para garantirem a plena aplicação do RMD.[627]

Um comunicado de imprensa da Comissão Europeia trata do tema informando já ter iniciado investigações sobre as adaptações implementadas pelos controladores de acesso para atender ao RMD. As investigações devem acontecer em doze meses e podem ser concluídas com a imposição de pesadas multas às empresas. Os principais temas investigados são as práticas de autopreferência da *Alphabet* e da *Apple*, ambas em suas lojas de aplicativos e sistemas operacionais, e a *Alphabet* também em seu mecanismo de buscas *Google*. Já a *Meta* será investigada quanto a seu modelo de assinatura e compartilhamento de

626 WU, 2011, p. 13.

627 CHEE, Foo Yun; MEIJER, Bart H. Apple, Google, Meta targeted in EU's first Digital Markets Act probes. *Reuters*. Publicado em 24.03.24. Disponível em: https://www.reuters.com/business/media-telecom/eu-investigate-apple-google-meta-potential-digital-markets-act-breaches-2024-03-25. Acesso em: 06 abr. 2024.

dados apelidado de "pague-ou-consinta",[628] em que o usuário teria de pagar uma assinatura mensal para ter acesso a uma opção com melhor proteção de dados e sem anúncios comportamentais. Em todos os casos acima, a Comissão tem a visão preliminar de que as medidas adotadas não cumprem o RMD, tendo sido iniciados procedimentos formais de descumprimento, nos termos da lei,[629] além de exigida a manutenção de documentos pelos controladores de acesso, visando garantir a transparência e clareza no cumprimento das obrigações.[630]

Destaca-se, ainda, o contexto estadunidense, em que se cogita até mesmo a cisão empresarial dos controladores de acesso como medida antitruste. No caso da *Apple*, entende-se que os ecossistemas de serviços da empresa, centrados em seus celulares e sistemas operacionais, geram um monopólio de mercado com prejuízos aos rivais e inflação de preços. No mesmo sentido, os reguladores europeus têm comentado sobre a potencial necessidade da *Alphabet* de alienar alguns de seus ativos para evitar conflitos de interesse, já que a empresa tende a favorecer seus próprios serviços em detrimento dos competidores. Para Andreas Schwab, um dos parlamentares europeus mais envolvidos na redação do RMD, a cisão empresarial parece ser uma solução para o caso de descumprimento da referida lei. As dificuldades para a tomada de medidas estruturais como as acima apontadas são grandes, devendo ser analisadas quanto a seus prós e contras, e são vistas como uma medida extrema.[631]

Posto o contexto geral dos controladores de acesso, passa-se à análise específica de cada empresa, suas circunstâncias, casos concorrenciais relevantes e as adaptações de tais empresas à vigência do RMD.

t) *Alphabet* (*Google*) e os efeitos do monopólio

Essencial, para entender os efeitos monopolistas obtidos pela *Alphabet*, aprofundar a compreensão dos efeitos de rede, que fazem

---

[628] Tradução livre de *pay-or-consent*.

[629] Estão sendo investigados descumprimentos aos artigos 20 do RMD, cominado com os artigos 13 e 29, assim como 5(2), 5(4), 6(3) e 6(5) todos do RMD.

[630] COMISSÃO EUROPEIA. Commission opens non-compliance investigations against Alphabet, Apple and Meta under the Digital Markets Act. *European Commission Press Release*. Bruxelas, 25 March 2024a. Disponível em: https://ec.europa.eu/commission/presscorner/detail/en/ip_24_1689. Acesso em: 05 abr. 2024.

[631] CHEE, Foo Yun; MUKHERJEE, Supantha. Google, Apple breakups on the agenda as global regulators target tech. *Reuters*. Publicado em 25.03.24. Disponível em: https://www.reuters.com/technology/google-apple-breakups-agenda-global-regulators-target-tech-2024-03-24/. Acesso em: 06 abr. 2024.

com que sejam mais valiosos e relevantes os serviços e produtos nos mercados digitais quanto mais pessoas os usem, assim criando uma rede e promovendo a ampla cessão de dados pessoais dos usuários aos controladores de acesso, que obtêm tais efeitos de rede em seus serviços. Repare-se que não é todo produto que se torna mais valioso quanto mais as pessoas o usarem. Para alguns produtos, há até um efeito de desgaste, por exemplo. Os efeitos de rede são valiosíssimos nos serviços e produtos nos mercados digitais, já que a rede tem um significado particular nesta economia, seja por ser o elemento central em uma atividade como a rede social, seja por representar uma enorme vantagem competitiva em uma economia de dados que se abastece das informações que são fornecidas pelos usuários, assim permitindo o desenvolvimento desenfreado de um mecanismo de buscas como o *Google* e dos demais produtos correlatos do ecossistema de serviços da *Alphabet*.[632]

Guggenberger traz uma perspectiva complementar explicando que fortes efeitos positivos de rede em si não são causadores da anulação da competição. De fato, o efeito de rede gera uma competição, mas ela cessa quando uma das empresas envolvidas em um setor de serviços, após receber fortes investimentos, acaba por dominar o mercado, obtendo o lucro monopolístico já esperado e almejado pelos investidores.[633]

Tal quadro conduz a potenciais monopólios no ciberespaço e que estão centrados no fluxo de informação. O que se defende, portanto, é que, verificada a possibilidade de um monopólio na internet, não se pode simplesmente aguardar sua dissolução com base em uma crença de que o mercado se ajustaria naturalmente, por uma suposta natureza dinâmica da internet. Um monopólio da informação pode ser um dos mais graves que a humanidade já vivenciou, e deve ser um assunto enfrentado com medidas concretas.[634]

O dinamismo da internet e o rápido avanço da tecnologia a ela associada são elementos verdadeiros a serem considerados. Nesse sentido, é relevante apontar que, teoricamente, ciclos de inovação por substituição poderiam ocorrer. No entanto, em uma infraestrutura como a da internet, em que há inovação sobre as camadas preexistentes, no

---

632 WU, 2011, p. 319.

633 GUGGENBERGER, 2023, p. 134.

634 WU, 2011, p. 320.

caso de dominância por determinados controladores de acesso, há risco significativo de fechamento para a inovação. Isso ocorre pois, com o estabelecimento de barreiras de mercado constituídas pelo acúmulo de grandes massas de dados e formação de um grande efeito de rede, o tamanho da empresa e o de seus bancos de dados passam a ser vantagens maiores que o desenvolvimento de qualidade, questões de preço e inovação no serviço.[635] É o que ocorre na fase atual da *Alphabet*, que, como demonstrado, possui alta concentração de mercado no setor de mecanismo de buscas, assim dominando também os anúncios direcionados correlatos.

Esse quadro é intensificado pelas práticas anticompetitivas das grandes empresas de tecnologia, que passam a tornar seus ecossistemas mais fechados, excluindo os competidores e centralizando atividades, bem como adquirindo competidores que possam lhes fazer frente. Mas o modelo de negócios baseado em dados não leva obrigatoriamente à concentração de mercado. Tal situação se dá pela atual moldura sócio-legal, que permite controle, propriedade e exclusividade a essas plataformas, privatizando o valor de tais redes e dos dados pessoais.[636]

Observa-se, nesse sentido, que arranjos tendentes a propor uma moldura diversa, que proponha que os benefícios das redes e dos dados atendam aos usuários e revertam as perspectivas de controle, propriedade e exclusividade privadas podem promover um ambiente competitivo mais diverso e moldado por decisões legítimas e públicas, convertendo o potencial das tecnologias em prol da humanidade. É o que propõem as medidas de dados encartadas no RMD, ao promover fluxo de dados pessoais mais livre e centrado no usuário.

A cronologia dos monopólios costuma se repetir. Primeiro conseguem a admiração dos usuários com inovação, eficiência e conveniência, inclusive utilizando seus lucros para gerar todo um impacto econômico e social positivo, com expansão, pesquisas e projetos de natureza pública, como a digitalização de bibliotecas realizada pelo *Google*. No entanto, os monopólios tendem a gerar estagnação comercial e tecnológica em médio e longo prazo, fazendo de tudo para não perder suas posições e gerando opressão aos usuários.[637]

---

635 GUGGENBERGER, 2023, p. 134-135.

636 GUGGENBERGER, 2023, p. 136-137.

637 WU, 2011, p. 320.

Neste contexto, visando compreender o quadro monopolístico da *Alphabet* e seus efeitos para os consumidores e seus dados pessoais, assim como o contexto concorrencial recente da empresa e os impactos do RMD para as condutas a ela associadas, passamos a analisar tal quadro prático cronologicamente, considerando alguns dos seus eventos mais relevantes.

Em uma das maiores multas impostas a grandes empresas de tecnologia, tem-se o caso do *Google Shopping* de 2017. Foi este o ano em que a *Alphabet* foi multada em 2.42 bilhões de euros[638] por utilizar seu serviço de buscas para favorecer os anúncios do *Google Shopping* em detrimento de competidores que prestavam serviços de comparação para compras. A decisão da Comissão Europeia concluiu que a empresa detinha, ao menos desde 2008, posição de dominância em todos os 31 países da área econômica europeia à época, superando 90% da participação no mercado da maioria dos países. A punição foi imposta não pela simples dominância do mercado, mas sim pelo abuso da posição dominante para expandir sua dominância ou usá-la como vantagem para avançar para outros mercados, como o de comparação de compras, com o *Google Shopping*. A referido serviço foi imediatamente posto em primeiro lugar nas buscas e com imagens privilegiadas, não sendo, portanto, submetido aos algoritmos a que as demais empresas estavam sujeitas, inclusive com algoritmos específicos que poderiam demovê-las nas pesquisas, fazendo com que os concorrentes aparecessem a partir da quarta página, em média.[639]

A investigação e punição da *Alphabet* teve por base o abuso de dominância de mercado a partir do mecanismo de buscas e a anulação da competição com base no mérito no setor de comparação de compras, já que o controlador de acesso utilizou sua posição para arbitrariamente promover seu serviço e demover os rivais. Pesquisas relevantes trazidas pela Comissão Europeia demonstram que os dez primeiros resultados das pesquisas costumam receber 95% dos cliques,[640] sendo 35% para o

[638] Em 2017 o valor era de aproximadamente 8.954 bilhões de reais, considerando uma taxa média de 3,7 reais por euro no referido ano.

[639] COMISSÃO EUROPEIA. Antitrust: Commission fines Google €2.42 billion for abusing dominance as search engine by giving illegal advantage to own comparison shopping service. *European Commission Factsheet*. Bruxelas, publicado em 27 de julho de 2017. Disponível em: https://ec.europa.eu/commission/presscorner/detail/en/ip_24_1161. Acesso em: 06 abr. 2024.

[640] As buscas *Google* costumam mostrar 10 resultados por página como padrão. Vários elementos podem alterar o número de resultados, desde configurações do usuário, tipos de pesquisa e ajustes feitos pela empresa ao longo do tempo no mecanismo de busca e no algoritmo.

primeiro resultado. Já o primeiro resultado da segunda página recebe aproximadamente 1% dos cliques. Tais efeitos são mais intensos em celulares e não podem ser explicados simplesmente pela relevância do conteúdo clicado, pois as evidências de pesquisa demonstram que o resultado comumente mostrado em primeiro perde 50% dos cliques quando é movido para terceiro na classificação.[641]

Como outro exemplo da dominância exercida pelo controlador de acesso, vê-se que o *Google Flights*, serviço de comparação de voos oferecido pela *Alphabet* recebe autopreferência, isto é, é favorecido em relação a serviços comparativos rivais. Como consequência do RMD, o *Google* passará a ter de tratar os serviços de competidores de forma idêntica aos seus, para fins de classificação de resultados. Contribuindo para a maior transparência e competitividade, o *Google* terá também de fornecer os dados gerados em sua plataforma aos usuários profissionais, assim permitindo que eles analisem e compreendam tais dados para fins de fiscalização da atuação do controlador de acesso e comparação com serviços rivais.[642]

Outras mudanças relevantes para a dinamização dos mercados digitais, aumento das possibilidades de escolha dos usuários e efetiva interoperabilidade, incluem a facilitação da mudança de navegador e mecanismo de buscas, entre outros serviços *Google* em celulares equipados com o sistema operacional pertencente à *Alphabet*, o *Android*. A partir da implementação do direito de portabilidade dos usuários, eles poderão carregar seus dados para outros prestadores de serviço. Ainda em relação a direitos que tocam a proteção de dados, a empresa terá de implementar mais mecanismos de consentimento para que os usuários optem com relação ao compartilhamento de dados entre aplicativos da *Google* para uso em anúncios direcionados. Sobre essas medidas, relata-se, por fim, a manifestação do controlador de acesso que, sem fornecer qualquer fundamento, disse-se preocupado que as medidas possam reduzir as possibilidades de escolha para usuários profissionais e finais na Europa.[643]

Interessante observar o avanço de tais medidas propostas pelo RMD, assim como o diálogo que vem sendo fomentado entre usuários

---

641 COMISSÃO EUROPEIA, 2017.

642 CHEE, Foo Yun. Google to tweak search results to comply with EU tech rules. *Reuters*. January 17, 2024. Disponível em: https://www.reuters.com/technology/google-tweak-search-results-comply-with-eu-tech-rules-2024-01-17/. Acesso em: 06 abr. 2024.

643 *Idem*.

em geral, controladores de acesso e autoridades antitruste, contribuindo para a melhor implementação das medidas e atingimento dos objetivos da legislação. Entre os avanços, vê-se o controlador de acesso implementando também ferramentas para que os usuários profissionais possam promover produtos em *sites* externos, aplicativos de terceiros ou outras lojas de aplicativos, competidoras da sua *Play Store*, assim também podendo realizar cobranças sem a interferência do controlador de acesso, além de verem implementado um programa para viabilizar a portabilidade de seus dados para outros aplicativos ou serviços.[644]

Os desenvolvimentos mais recentes, por sua vez, mostram interessantes decisões da Comissão Europeia, ao iniciar investigações em relação a diversos controladores de acesso, visando verificar o cumprimento da lei. Referidas investigações, além da garantia da efetiva adequação à lei, podem trazer mais transparência para o setor. Entre as obrigações em investigação quanto à *Alphabet*, estão a de permitir que usuários profissionais direcionem consumidores para fora das lojas de aplicativos. Tanto *Alphabet* quanto *Apple* podem estar impondo limitações excessivas à capacidade dos desenvolvedores de se comunicar, realizar ofertas e concluir vendas, inclusive com cobranças aparentemente abusivas. As medidas da *Alphabet* para evitar a autopreferência de seus serviços (por exemplo, o *Google Flights*, *Shopping*, *Hotels*) a partir do mecanismo de buscas *Google* também parecem ser insuficientes para garantir tratamento justo e não discriminatório em relação aos seus serviços.[645]

u) O caso *Amazon*: concentração vertical e autopreferência

Serão tratados alguns aspectos do caso da *Amazon* visando a compreensão dos efeitos do RMD sobre a estrutura da empresa, tendo em vista, especialmente, aspectos de concentração vertical, formação de ecossistema de serviços e aspectos de autopreferência ocorridos especialmente em sua operação de plataforma de comércio varejista. Como marco teórico, traz-se os estudos de Lina Khan, reconhecida por seu aprofundado estudo da referida empresa.

---

644 CHEE, Foo Yun. Google rolls out changes for users, apps developers as EU tech rules loom. *Reuters*. March 5, 2024. Disponível em: https://www.reuters.com/technology/google-rolls-out-changes-users-apps-developers-eu-tech-rules-loom-2024-03-05/. Acesso em: 06 abr. 2024.

645 COMISSÃO EUROPEIA, 2024a.

Nesse sentido, traz-se o *princípio da separação*, procurando evitar os malefícios dos monopólios de longo prazo, mantendo benefícios do desenvolvimento de uma empresa na economia digital, por exemplo.[646] Observando a expansão anticompetitiva dos controladores de acesso por várias áreas do mercado, procurou-se resgatar o *princípio da separação*, surgido na Lei das Empresas Controladoras Bancárias (1956, EUA) e aplicado também a outros setores estratégicos da economia com a intenção de evitar que essas empresas dominem toda uma série de setores relacionados, excluindo diversos competidores e criando severas barreiras de mercado a partir de seus ecossistemas de serviços.[647]

A separação estrutural, por meio de cisão empresarial, por exemplo, como forma de regulação de intermediários que dominem o mercado é uma das ferramentas antitruste a serem utilizadas a partir da compreensão de princípios da economia para as intervenções nos mercados digitais.[648] Entre os principais motivos para a aplicação da separação estaria a eliminação de conflitos de interesse na cadeia produtiva, já que por vezes uma empresa dominante, como a *Amazon*, pode ser fornecedor e comprador, assim estando em posição de prejudicar as demais empresas compradoras em favor da empresa pertencente ao seu grupo. Além disso, procura-se evitar o financiamento cruzado de atividades – o que aumentaria a dominância da empresa – bem como evitar a concentração de poder em geral e promover a diversidade em mercados como o de mídia ou informação, nos quais tal elemento pode ser entendido como importante para o projeto de sociedade.[649]

Passando a aspectos estruturais do mercado, analisa-se estruturas como a da *Amazon* para concluir que os monopólios digitais permitem, por exemplo, o uso de preços predatórios, que envolvam renunciar a lucros para estabelecer uma dominância de mercado. A empresa chega a vender *bestsellers* abaixo do preço de custo visando garantir a total dominância de mercado, gerando inclusive diversas falências nos vários mercados adjacentes ao redor do globo. A estratégia de dominância envolve, como já visto, aquisições generalizadas e o uso do poder de mercado e financeiro para ganhar vantagens em diversos setores de mercado.[650]

---

646 WU, 2011, p. 320.

647 KHAN, 2019, p. 1.041.

648 KHAN, 2019, p. 1.091.

649 KHAN, 2019, p. 1.052 e ss.

650 KHAN, 2017, p. 755 e ss.

Essas estratégias ainda devem ser aprofundadas no campo dos dados, uma vez que a opacidade das plataformas dificulta o acesso a tais informações de forma clara. Já está claro, no entanto, que a *Amazon* usa abusivamente os dados de consumidores e fornecedores para coleta e leitura generalizada em busca de tendências de mercado e para adoção de práticas anticompetitivas. É o caso quando a empresa observa as vendas de determinado produto para, depois, passar a produzir ou comercializá-lo sob suas próprias marcas, dando mais destaque aos seus produtos – em prática cunhada de autopreferência – assim causando, além de dominância e lucros para si em condições injustas, perdas aos comerciantes que vendiam inicialmente o referido produto. Referida conduta também inibe a inovação, na medida em que o controlador de acesso deixa o risco para os terceiros, que introduzem o produto no mercado, fazem o investimento e inovam, para então usar todos esses dados para assumir a dianteira daquela indústria, derrubando o concorrente, afinal sua plataforma domina o mercado intermediário.[651]

Ainda se pode promover essa separação estrutural com a finalidade de gerar estabilidade na infraestrutura de sistemas que podem estar relacionados com a base de determinadas cadeias produtivas, devendo, portanto, ser protegidas contra instabilidades que possam contaminar toda a cadeia, causando a quebra de várias empresas. O argumento, nesse caso, é de que a diversificação e verticalização de negócios poderia prejudicar o negócio primário de um intermediário como a *Amazon*. Por fim, algumas vantagens dessa medida são os fatos de ela ser menos drástica que um banimento; ser mais sujeita a uma administração no médio prazo, podendo ser alterada, a depender dos resultados; e ser mais fácil de aplicar, diante das dificuldades na identificação, por vezes, de condutas específicas das empresas que causem danos à concorrência.[652]

O escrutínio por autoridades antitruste em situações de integração vertical vem ocorrendo em diversos casos, exatamente por se verificar efeitos negativos de tal estrutura no mercado. As restrições aplicadas vão da proibição de expansão para mercados adjacentes até a proibição aplicada a qualquer outro mercado.[653] A estratégia de usar separações estruturais pode ser mais eficiente, mais adequada ao mercado

---

[651] KHAN, 2017, p. 780-782.

[652] KHAN, 2019, p. 1.057 e ss; 1.063 e ss.

[653] KHAN, 2019, p. 1.015 e ss.

e mais acessível a toda a estrutura institucional de fiscalização, desde as autoridades regulatórias até os magistrados que venham a apreciar os casos e identificar um mercado monopolizado ou verticalizado. A perspectiva, portanto, é a de mudança de ferramentas que analisam condutas para a análise estrutural do mercado.[654]

Isso ocorre, a partir da análise das peculiaridades do mercado, levando em consideração o apoio significativo dos mercados digitais em dados, além de procurar considerar, o mercado relevante, efeitos de rede e barreiras de entrada que indiquem uma dominância durável daquela plataforma. Assim é que se impõem determinadas medidas que gerem mais dinamismo, inovação e competitividade nos mercados. Importante, ainda, que se aprofunde mais temas como a constituição de cada plataforma, seus contornos e o escopo das separações.[655]

A vigência do RMD levou a Comissão Europeia a iniciar verificações acerca do cumprimento do controlador de acesso quanto às regras que impedem a autopreferência, já que a empresa pode ainda estar dando preferência às suas próprias marcas de produtos na *Amazon Store* a partir da forma com que classifica os produtos no *marketplace*.[656]

Os principais problemas identificados na *Amazon* são a concentração vertical e o potencial exercício de poder monopolista como intermediário de *marketplace*, assim dominando as condições de comercialização de uma ampla gama de produtos. Nessas condições, surge o problema do conflito de interesse gerado pela autopreferência dada pela empresa a seus próprios produtos, no contexto acima explanado a partir das análises realizadas por Lina Khan.

Observa-se que a autora sustenta, em argumentos sólidos, a necessidade de impedir essa integração vertical, visando ao melhor desenvolvimento do mercado. Pondera-se que, ainda que este estudo se filie a tal posição, o RMD não dá amparo direto a essas medidas, o que torna improvável que venham a ser adotadas no contexto da União Europeia. Como se observa, a atuação do bloco sobre tal controlador de acesso tem sido menos intensa e atualmente deve estar focada no combate à autopreferência, isto é, um aspecto tocante à conduta da

---

[654] GUGENBERGER, 2023, p. 168. O autor faz referência à ideia de utilização de noções estruturais como forma de buscar mercados mais plurais.

[655] KHAN, 2019, p. 1.065 e ss.

[656] COMISSÃO EUROPEIA, 2024a.

empresa, e não à sua estrutura, que pode, em si, ser considerada negativa ao mercado.

Por fim, em caso encerrado em novembro de 2023, encabeçado pela Autoridade de Competição e Mercado do Reino Unido, a *Amazon* teve de se comprometer a (1) deixar de usar dados de rivais para ganhar vantagens sobre eles; (2) garantir que todas as ofertas são tratadas com igualdade para fins de habilitar a opção "compre agora"; (3) permitir a negociação direta de taxas de entrega entre negócios de terceiros e prestadores de serviços independentes de entregas; (4) nomear um responsável pela supervisão de tais compromissos da empresa.[657] Observa-se que a autoridade está atenta às práticas da empresa já aqui identificadas e tem procurado tomar suas próprias medidas para promover um melhor mercado digital e gerar benefícios a usuários profissionais e empresas.

v) *Meta*: *Facebook* e a combinação de dados no ecossistema

Quanto à análise da empresa *Meta*, como foco na rede social *Facebook*, procura-se debruçar especialmente sobre situações de combinação abusiva de dados a partir do ecossistema de serviços ali formado, visto que a empresa adquiriu os aplicativos *Instagram* e *WhatsApp*, que aumentaram sua dominância quanto a redes sociais e mensagens, maximizando também suas oportunidades para combinação e abusos de dados pessoais.

Procurando trazer a atenção para casos específicos, aponta-se a investigação realizada pela Autoridade Antitruste Alemã em 2018 sobre a empresa *Meta* (*Facebook*, *Instagram* e *WhatsApp*), que ostentava 2,32 bilhões de usuários ativos mensais, o que, a partir de processos de eliminação da concorrência e aquisições, acaba por representar uma detenção de fatia excessiva do mercado, em processo de monopolização. Já à época, a Autoridade Antitruste Alemã decidiu, trazendo o foco para os dados, que as práticas de combinação dos dados de usuários pela empresa constituíam abuso da sua posição de controlador de acesso.[658]

---

657 COMPETITION AND MARKETS AUTHORITY. Investigation into Amazon's Marketplace. *Competition and Markets Authority cases and projects*. Published: 06.07.22. Atualizado: 12.02.24. Disponível em: https://www.gov.uk/cma-cases/investigation-into-amazons-marketplace. Acesso em: 28 abr. 2024.

658 BUNDESKARTELAMT. *Bundeskartellamt prohibits Facebook from combining user data from different sources*. Publicado em: 07.02.2019. Disponível em: https://www.bundeskartellamt.de/SharedDocs/Meldung/EN/Pressemitteilungen/2019/07_02_2019_Facebook.html?nn=3591568. Acesso em: 13 jan. 2024.

O caso envolveu os termos de serviços e condições do *Facebook*, considerando que a coleta e a utilização dos dados dos usuários pela plataforma violam as regras europeias de proteção de dados pessoais. Houve um trabalho de colaboração da autoridade antitruste alemã com as autoridades de proteção de dados europeias. Conforme os termos de uso da plataforma, seus usuários somente teriam acesso à rede social mediante autorização prévia do usuário de que a plataforma poderia coletar seus dados tanto na internet como em aplicativos de celular e serem compartilhados com outros serviços de propriedade da *Meta*, como *WhatsApp* e *Instagram*, bem como *sites* de terceiros, que poderiam ser combinados e atribuídos à conta do usuário.[659]

A autoridade alemã impôs restrições no processamento de dados do usuário pelo *Facebook* no sentido de que, se não houver consentimento pelo titular de dados para utilização em serviços da plataforma, incluindo *sites* de terceiros, a empresa teria que restringir substancialmente sua coleta e combinação de dados, bem como desenvolver propostas de soluções para esse efeito.[660]

A decisão da autoridade antitruste alemã, que ocorreu em fevereiro de 2019, teve como cerne do fundamento o fato de que a coleta, combinação e uso de dados dos usuários pela *Meta* se trataria de um abuso de posição dominante, por exceder o necessário para a operação da plataforma. A decisão trouxe uma abordagem inovadora para proteger os consumidores, mas, também, recebeu críticas no sentido de que ultrapassaria os limites do direito da concorrência, pois interferia nos modelos de negócios das plataformas.[661]

Uma visão maximalista do direito concorrencial, tal qual trazida por este estudo, entende ser papel desse direito e das autoridades responsáveis moldar a concorrência e os incentivos a ela relacionados, inclusive quanto a dinâmicas e modelos de negócios de um mercado como o digital. Isso se dá pois, com incentivos equivocados e modelos de negócios baseados em perspectivas antiéticas do tratamento do usuário, o mercado nunca poderá se estruturar em torno de uma concorrência saudável, que ofereça escolhas razoáveis aos usuários. É o que se percebe quando há um modelo baseado na modulação do comportamento do usuário e exploração de seus dados pessoais. Faz-se

---

[659] BUNDESKARTELAMT, 2019.

[660] *Ibidem*.

[661] *Ibidem*.

necessário proibir tais comportamentos, alterar os incentivos e moldar a concorrência para que o processo resulte em benefícios ao consumidor e respeito à sua dignidade e autonomia.

Já sob o RMD, vê-se que em março de 2024 a *Meta* escolhia seu caminho de adaptação às novas regras. Quanto à interoperabilidade, a empresa aponta que implementará tal medida para seus aplicativos *Messenger* e *WhatsApp*, indicando que o fará como uma opção de adesão para os usuários, alertando que a integração poderia favorecer *spam* e golpes. Para viabilizar a operação, os competidores teriam de assinar um acordo ainda indefinido e usar o protocolo *Signal* adotado pelos serviços *Meta*, ou outros com o mesmo nível de segurança. A solução como um todo envolve, inclusive, troca de mensagens entre aplicativos, em que um usuário de serviços de terceiros poderia trocar mensagens com usuário da *Meta*. Assim, já nas primeiras informações, observa-se que o controlador de acesso procura destacar a segurança de seu serviço, assim como a capacidade de sua infraestrutura, como forma de dificultar e desincentivar a interoperabilidade e convencer os usuários a permanecerem em seus serviços.[662]

Seguindo um certo roteiro que parece ter sido escolhido pelos controladores de acesso no que toca à interoperabilidade, a empresa não é muito clara quanto às condições para viabilizar tal operação, apresenta restrições e exigências aparentemente excessivas e com alguma margem para negarem ou dificultarem o acesso a concorrentes e faz pressão para convencer de que as mudanças são negativas ou arriscadas.

Em outra medida de adaptação, a *Meta* estruturou seus serviços das redes sociais *Facebook* e *Instagram* para incluir a opção de uma utilização sem anúncios mediante pagamento mensal. A oferta foi feita já em novembro de 2023, e a empresa agora vem negociando com as autoridades quanto ao valor da assinatura – de 9,99 euros para 5,99 para a primeira conta somados de 4 euros para adicionais. Organizações de consumidores destacam que a medida não resolve o problema. Trata-se de uma cortina de fumaça a partir de um sistema que implica a máxima "pague ou consinta", já que o formato proposto não dá uma base legal para a coleta de dados nem permite um consentimento livre e consentido, afinal, usuários pagantes terão acesso a uma versão com mais

---

662 PEREZ, Sarah. To comply with DMA, WhatsApp and Messenger will become interoperable via Signal protocol. *Tech Crunch*. Publicado em 06.03.24. Disponível em: https://techcrunch.com/2024/03/06/to-comply-with-dma-whatsapp-and-messenger-will-become-interoperable-via-signal. Acesso em: 05 abr. 2024.

privacidade, enquanto os não pagantes, queiram ou não, terão dados coletados e serão alvo da publicidade comportamental. As organizações de consumidores, além de não concordarem com a referida sistemática, opinam que os usuários deveriam ter mais tempo para decidir, por exemplo, a partir de um botão de "decidir depois", além receberem a informação explícita sobre quais dados serão coletados, explorados e compartilhados sob cada uma das opções.[663]

Após implementadas as alterações, a Comissão Europeia já indica que elas parecem não ter sido suficientes para dar cumprimento às exigências do RMD. Como visto, as regras para dificultar a combinação ou uso cruzado de dados no ecossistema de serviços das plataformas foi uma das modificações mais relevantes da nova lei. Ao estabelecer o referido modelo "pague ou consinta", o controlador de acesso provavelmente não permite uma real escolha aos usuários ao estabelecer um modelo binário que não respeita os objetivos da lei de evitar uma acumulação ilimitada de dados pelos controladores de acesso. A *Meta* também solicitou e teve concedido um adiamento de 6 meses para dar cumprimento às obrigações de interoperabilidade para o *Messenger*.[664]

Observa-se o início de uma disputa pelo controle da situação, com o controlador de acesso procurando impor sua leitura da regulamentação, assim como evitar o aprofundamento de tais medidas com sua correspondente influência nos mercados digitais. A empresa trabalha estrategicamente com prazos, restrições, limitações, cobranças e outros instrumentos, visando negociar o nível de cumprimento que dará às normas. A autoridade europeia, por sua vez, parece estar adequadamente atuando com firmeza para buscar o cumprimento pleno das normas, além de transparência e clareza das medidas tomadas pelos controladores de acesso.

No âmbito do Reino Unido, a *Meta* teve de se comprometer em uma perspectiva semelhante à do caso da *Amazon*, ficando proibida de obter vantagens a partir de dados de competidores que utilizassem sua plataforma para anúncios. Os compromissos da empresa envolvem a possibilidade de *opt out* para tais concorrentes, assim como diversas limitações de uso de dados dessas empresas para desenvolvimento

---

[663] PORTER, Jon. Ad-free Facebook might get way cheaper to appease EU regulators. *The Verge*. Publicado em 19.03.24. Disponível em: https://www.theverge.com/2024/3/19/24105660/meta-ad-free-subscription-facebook-instagram-gdpr-dma-eu-privacy-regulation. Acesso em: 06 abr. 2024.

[664] COMISSÃO EUROPEIA, 2024a.

de negócios da *Meta*. Igualmente, será nomeado um responsável pela fiscalização de cumprimento das obrigações.[665] Mostra-se novamente que as autoridades britânicas procuram tomar medidas, ainda que sem apoio de uma legislação como o RMD, para evitar práticas desleais em mercados digitais. As medidas, no entanto, parecem muito mais desarticuladas e de menor dimensão.

w) *Apple*: sistema operacional de celulares e loja de aplicativos

Famosa por seus equipamentos, como o celular *iPhone* ou o computador *iMac*, a *Apple* tem sido objeto de processos antitruste especialmente pelo uso que faz do que está dentro desses dispositivos: o sistema operacional *iOS* e a loja de aplicativos *App Store* a eles vinculados.

Em caso julgado em 2024, a empresa foi condenada a pagar multa de 1.84 bilhões de euros[666] por abusar de sua posição dominante no mercado de distribuição de aplicativos de música para usuários do seu sistema operacional a partir da *App Store*, com base no TFUE. A empresa impediu que aplicativos de música informassem aos usuários sobre alternativas mais baratas para aquisição desses serviços fora da sua loja de aplicativos. Em razão da referida conduta, usuários profissionais (desenvolvedores) e usuários finais foram prejudicados, especialmente levandlo-se em conta os preços mais altos e a limitação de escolha aos usuários finais pela imposição de taxas pela *Apple* para aquisição de tais aplicativos em sua loja.[667]

Observe-se a multa aplicada à empresa em quadro de outras multas relevantes impostas em casos de antitruste na União Europeia:

[665] COMPETITION AND MARKETS AUTHORITY. CMA protects competition by curbing Meta's use of ad customers' data. *Competition Law*. Published 03.11.23. https://www.gov.uk/government/news/cma-protects-competition-by-curbing-metas-use-of-ad-customers-data. Acesso em: 28 abr. 2024.

[666] Aproximadamente 10,06 bilhões de reais na cotação de 05.04.2024.

[667] COMISSÃO EUROPEIA. Commission fines Apple over €1.8 billion over abusive App store rules for music streaming providers. *European Commission Press Release*. Bruxelas, 4 March 2024b. Disponível em: https://ec.europa.eu/commission/presscorner/detail/en/ip_24_1161. Acesso em: 05 abr. 2024

FIGURA 9 – Maiores multas de antitruste na União Europeia[668]

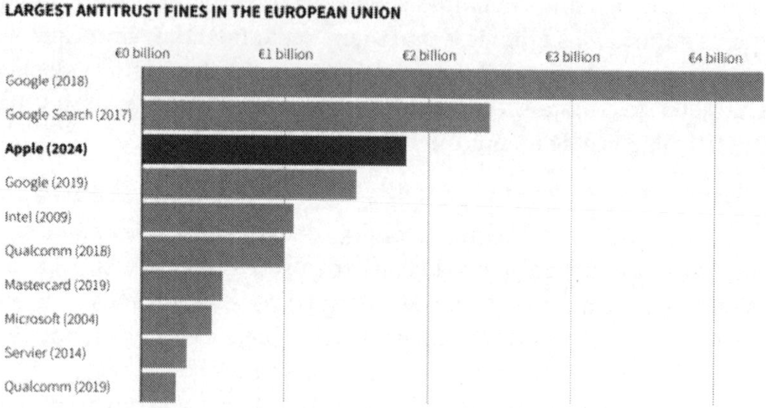

Fonte: Reuters/European Commission website.[669]

Com influência significativa na posição de dominância da empresa, que cobra taxas de até 30% de comissão sobre aplicativos em sua loja, vêm algumas disposições do RMD que permitem a criação de lojas próprias ou facilitam *downloads* de *sites* dos desenvolvedores a partir do sistema operacional da *Apple*. Ainda que a empresa tenha estabelecido algumas obrigações para os utilizadores profissionais, além de alguns passos necessários para os usuários, visando regulamentar tal situação internamente em seu sistema e potencialmente dificultar a utilização de tal sistemática, observa-se que a medida deve gerar efeitos positivos para a abertura do mercado e redução da concentração de poder do controlador de acesso.[670]

Também já sob o RMD, a *Apple* foi investigada por possíveis violações ao encerrar a conta de desenvolvedor da empresa *Epic Games*, que é relevante no mercado de jogos digitais. Novamente as violações envolvem a administração da loja de aplicativos da empresa e de seu sistema operacional, considerando inclusive que a *Epic Games* pretendia criar sua própria loja e lançar o conhecido jogo *Fortnite* na plataforma

---

[668] Tradução livre de *Largest Antistrust Fines in the European Union.*

[669] CHEE, Foo Yun. Apple hit with $2 billion EU antitrust fine in Spotify case. *Reuters*. March 4, 2024. Disponível em: https://www.reuters.com/technology/apple-hit-with-over-18-bln-euro-eu-antitrust-fine-spotify-case-2024-03-04/. Acesso em: 05 abr. 2024.

[670] WARREN, Tim. Apple to allow iOS app downloads direct from websites in the EU. *The Verge*. Publicado em 12.03.24. Disponível em: https://www.theverge.com/2024/3/12/24098334/apple-ios-web-distribution-eu-app-store-changes Acesso em: 05 abr. 2024.

do controlador de acesso. A permissão da criação de lojas por terceiros é uma obrigatoriedade a partir do RMD, e as multas podem atingir 10% do faturamento anual, ou 20% para o caso de reincidências. A incumbente alega que as violações contratuais do desenvolvedor é que causaram o encerramento de sua conta, alegando também que não violam qualquer legislação antitruste. Observa-se, por fim, que as empresas litigam em diversas localidades do globo em torno da loja de aplicativos, envolvendo informação aos usuários sobre as ofertas, formas de pagamento e criação de loja independente.[671] O desenvolvimento do caso acima se mostrou bastante relevante, na medida em que o início de investigações pela Comissão Europeia motivou o posterior reestabelecimento da conta de desenvolvedor da *Epic* a partir de um acordo entre as empresas para ajustar a forma de cumprimento conjunto do RMD.[672]

Entende-se o exemplo acima como um interessante caso a demonstrar os prováveis próximos passos das autoridades reguladoras europeias na exigência de cumprimento do RMD e promoção de um ambiente mais competitivo, transparente e equânime nos mercados digitais, especialmente evitando condutas abusivas dos controladores de acesso, que agora podem ser punidas de forma clara e segura pela regulamentação promulgada.

Também como movimentação decorrente do RMD, observa-se um anúncio de providências do controlador de acesso para viabilizar a portabilidade de dados entre sistemas operacionais. O usuário terá, a partir do outono europeu de 2025, acesso a uma sistemática mais amigável[673] para transferir seus dados para outros sistemas operacionais, inclusive o *Android*. As providências atuais já incluem atualizações de proteção de dados e possibilidade de transferência de fotos, notas, calendário, contatos, correspondência eletrônica, atividade financeira na carteira digital, dados do navegador entre outros.[674]

---

[671] LOMAS, Natasha. EU looking into Apple's decision to kill Epic Games' developer account. *Tech Crunch*. Publicado em 07.03.24. Disponível em: https://techcrunch.com/2024/03/07/apple-epic-dev-account-dma. Acesso em: 05 abr. 2024.

[672] SILBERLIN, Amanda. Fortnite is coming back to iOS in Europe (for real this time). *Tech Crunch*. Publicado 08.03.2024. Disponível em https://techcrunch.com/2024/03/08/fortnite-europe-ios-apple-epic/. Acesso em: 05 abr. 2024.

[673] Tradução livre de *user-friendly*.

[674] PEREZ, Amanda. Apple will make it easier to move to Android by fall 2025. *Tech Crunch*. Publicado 07.03.2024. Disponível em https://techcrunch.com/2024/03/07/apple-will-make-it-easier-to-move-to-android-by-fall-2025. Acesso em: 06 abr. 2024.

A Comissão Europeia está investigando o cumprimento das medidas pela *Apple* e, como apontado, tem procurado verificar a suficiência das medidas adotadas para impedir medidas abusivas a partir da loja virtual da empresa para cumprir a lei. Além disso, a comissão tem direcionado suas preocupações a diversos aspectos envolvendo escolhas no sistema operacional da empresa. As principais medidas a serem adotadas deveriam cumprir os seguintes requisitos: "(i) permitir que os usuários finais desinstalem facilmente um aplicativo de *software* no *iOS*, (ii) mudar facilmente as configurações padrão e (iii) apresentar aos usuários telas de escolha que devem permitir a escolha eficaz e fácil um outro serviço padrão". As medidas do controlador de acesso, inclusive o desenho das telas de escolha, podem ter sido insuficientes para garantir o cumprimento da lei, com a possibilidade de escolha aos usuários.[675]

São importantes as preocupações da Comissão Europeia com requisitos técnicos aspectos de desenho da interface dos aplicativos, assim demonstrando que o regulador estará atento a elementos que superam uma análise fria da lei e tocam a elementos práticos e concretos da interação dos usuários com os controladores de acesso.

4.3.3 Análise crítica: o RMD e o futuro da regulação concorrencial dos mercados digitais

Nesta seção, serão apresentadas algumas críticas ao RMD, procurando alguns aspectos em que a lei pode ter falhado, assim como dando um panorama de sua aplicação para a regulação concorrencial nos mercados digitais, especialmente a partir de dados pessoais, como é mote deste estudo.

x) Regulação: Controladores de acesso e condutas

Quanto à perspectiva regulatória em geral, viu-se que ela poderia ser, em suma, preventiva (*ex ante*), punitiva de determinadas condutas (*ex post*) ou estrutural, envolvendo cisões de empresas ou grupos empresariais em que haja concentração ou proibição de concentrações verticais, por exemplo.

O RMD ostenta regulação preventiva, ao estabelecer e regular a categoria dos controladores de acesso, e punitiva, indicando obrigações

---

[675] COMISSÃO EUROPEIA, 2024a.

e condutas proibidas cominadas por multas por descumprimento, mas não remédios estruturais. A crítica tecida por alguns teóricos, de pontos de vistas diferentes, seria para a inexistência expressa de tais previsões, já que podem ser a única alternativa para promover verdadeiras mudanças na dinâmica da competição entre empresas nos mercados digitais. Aponta-se, no entanto, que essas possibilidades não estão excluídas do repertório regulatório, mas certamente haverá ônus maior ao regulador que pretender aplicá-las a despeito da conformação do texto legal.

y) Medidas sobre o fluxo de dados pessoais

Foram estabelecidas diversas medidas sobre o fluxo de dados pessoais, com ênfase para a melhora dos mecanismos de consentimento, a proibição padrão à cominação de dados entre aplicativos e a nova regulação de portabilidade e interoperabilidade focada na abertura da dinâmica concorrencial.

Nesse aspecto a crítica principal toca o avanço insuficiente quanto à preservação da plenitude dos direitos aos dados, que ocorreria pela perspectiva do direito aos dados no local. Como apontado, os mecanismos estabelecidos podem não ser suficientes para gerar as esperadas mudanças quanto a consentimento, autonomia e mesmo competitividade nos mercados digitais.

Quanto aos aspectos concorrenciais e de regulação da atividade econômica, veja-se que há posições defendendo o estabelecimento de um regime de direito público sobre alguns controladores de acesso, quando eles se posicionarem como infraestrutura essencial na economia da internet.[676] Em uma abordagem mais leve, na mesma linha, há reflexões sobre a possível aplicação da doutrina de instalações essenciais, que poderia ser usada para garantir que um monopolista de determinado setor fosse obrigado a garantir acesso igualitário a seus serviços, igualmente não prejudicando competidores em mercados adjacentes.[677]

Também neste tema, será necessário aguardar os desdobramentos da atuação das autoridades regulatórias, bem como a leitura realizada do arcabouço legal europeu, com ênfase para as peças legislativas sobre dados pessoais, que estabelecem toda uma estrutura legal em torno do tema, havendo sérias dúvidas sobre o resultado da interpretação a ser dada a algumas disposições mais abstratas da lei.

---

676 KHAN, 2017, p. 797.

677 KHAN, 2017, p. 798-802.

z) Privacidade e consentimento

Tratando mais especificamente de privacidade, primeiramente observa-se que a preocupação com as modificações da lei em relação à privacidade é passível de soluções técnicas. Como se observou ao longo do estudo, há um atual quadro de abuso de dados pessoais a partir dos controladores de acesso. É certo que haja riscos em aumentar e tornar mais aberto o fluxo de dados, atribuindo controle aos usuários. No entanto, com os inventivos à criação de soluções focadas em privacidade, bem como com o avanço já obtido em tecnologias desse gênero, acredita-se que as soluções aqui propostas não gerarão prejuízo imediato à privacidade, bem como tendem a melhorar a proteção aos dados dos usuários e reduzir, a partir do arcabouço legal europeu, de forma significativa, os malefícios sofridos pelos usuários a partir de abusos que passarão a ser proibidos seja pelo RMD, seja pelo RSD.

Resta a crítica quanto aos mecanismos de consentimento. A despeito dos aprimoramentos em tais mecanismos, com a proibição de práticas claramente antiéticas, como a insistente repetição de pedidos de consentimento, o usuário segue sujeito a mecanismos muito simples e pouco claros de consentimento, isto é, há situações em que o usuário pode ainda se sujeitar a abusos de dados, como a combinação deles em ecossistemas de serviços, sem que entenda pelo que está passando. Essa situação implica prejuízos diretos aos usuários, além de danos à concorrência a partir da manutenção das já analisadas formas de concentração de dados.

Entende-se que mecanismos mais claros e focados no consentimento informado, bem como na proibição de comportamentos danosos aos usuários, são um caminho mais adequado nesse âmbito. Práticas antiéticas de obtenção de consentimento não devem ser amenizadas, mas sim banidas, assim como as práticas de perfilamento e modulação comportamental. A clareza e a compreensão das escolhas e do consentimento devem imperar.

a.1) Autoridades reguladoras

As autoridades concorrenciais europeias são peça importante para a execução da política concorrencial trazida pela legislação. Primeiramente, lembra-se que a execução adequada depende de interações entre as autoridades concorrenciais de cada país, além dos órgãos responsáveis por dados e pela proteção do consumidor, bem como das respectivas autoridades vinculadas ao bloco europeu e à Comissão Europeia.

Também em introdução a essa análise, apresenta-se aspectos de destaque do primeiro relatório emitido pela CE sobre suas atividades no ano de 2023 em conformidade com a lei. A CE reporta ter procurado uniformizar processos e manter contato com os atores envolvidos, bem como abertura para diálogos também com a sociedade civil por consulta pública. Ainda se destaca o meticuloso processo adotado para identificação dos controladores de acessos em serviços essenciais digitais, bem como os relatos de cooperação entre as diversas autoridades envolvidas e as notícias de aquisições por controladores de acesso, que já se iniciaram ao fim de 2023. Por fim, destaca-se a criação e o avanço das atividades do Grupo de Alto Nível para o RMD, envolvendo membros de organismos e redes europeus, assim como um grupo de peritos, visando contribuir com a regulação coerente do tema.[678]

Quanto ao aspecto técnico, por ora, observa-se que as críticas realizadas às autoridades vêm majoritariamente de representantes dos controladores de acesso e parecem ter em si uma pretensão de resistência à legislação, não tendo sido tecidas críticas concretas a situações específicas envolvendo erros técnicos. Quanto à adequação do corpo técnico, bem como do aporte financeiro a ser realizado para execução da política como um todo, trata-se, de fato, de elemento importante, não sendo possível, por ora, verificar sua adequação, o que deverá ser feito ao longo dos próximos anos de execução da política.

A assimetria de poder entre controladores de acesso e autoridades vem já se mostrando com a resistência imposta inicialmente pelas empresas ao cumprimento da lei. A Comissão Europeia tem demonstrado que resistirá a tais investidas utilizando-se dos instrumentos providenciados pela lei, como as investigações, que também combatem a assimetria informacional, e a exigência de cumprimento da lei no prazo estipulado e em todos os seus detalhes. A extensão em que a lei dará amparo para a superação de tais barreiras ainda é incerta, mas projeta-se melhoras significativas na relação entre autoridades e

---

678 COMISSÃO EUROPEIA. Relatório anual sobre o Regulamento (UE) 2022/1925 do Parlamento Europeu e do Conselho relativo à disputabilidade e equidade dos mercados no setor digital e que altera as Diretivas (UE) 2019/1937 e (UE) 2020/1828 (Regulamento dos Mercados Digitais), Bruxelas, publicado em 6.3.2024 COM(2024) 106 final. *Relatório da Comissão ao Conselho e ao Parlamento Europeu*. Disponível em: https://eur-lex.europa.eu/legal-content/PT/TXT/PDF/?uri=CELEX:52024DC0106. Acesso em: 29 abr. 2024.

controladores de acesso em benefício da sociedade. O RMD parece ter sido um passo bastante positivo nesse âmbito.

b.1) Benefícios tecnológicos

Entende-se que os benefícios tecnológicos oferecidos pelos controladores e pelos mercados digitais não devem ser prejudicados pela implementação do RMD. Foi possível esclarecer que o modelo de anúncios direcionados não oferece benefícios significativos nem ao usuário nem aos anunciantes (usuários profissionais). As práticas banidas ou reguladas pelo RMD seguem essa perspectiva procurando adequadamente manter os benefícios de rede entre outras vantagens tecnológicas obtidas a partir do desenvolvimento dos mercados digitais até o atual momento.

O RMD dá um passo a mais quando procura voltar esses benefícios em favor dos usuários. Trata-se de um foco nos dados pessoais explorados em tal ambiente, entendendo que os benefícios obtidos a partir dos dados devem ser de tais usuários. Projeta-se, nesse sentido, maior abertura no mercado, que deve se tornar mais disputável e equânime ao longo dos próximos anos, permitindo maior inovação, pluralidade e desenvolvimento de soluções para proteção e aproveitamento de dados pessoais a favor do usuário, visando conquistá-lo.

Na outra ponta, será dada maior autonomia ao usuário a partir da escolha dos prestadores de serviços essenciais digitais, bem como da administração de seus dados, inclusive com maior transparência e compreensão acerca das práticas dos controladores de acesso. Ambientes dominados por controladores de acesso, como lojas de aplicativos e sistemas operacionais, igualmente serão mais abertos, dando alternativas aos usuários e desenvolvedores. Ainda mais especificamente quanto aos dados pessoais, como delineado acima, seu tratamento será mais favorável ao usuário, que terá mais possibilidades de escolha e poderá evitar mais facilmente abusos, inclusive projetando-se que possa usufruir de práticas inovadoras a serem desenvolvidas para aprimorar a sua privacidade em competidores dos controladores de acesso.

4.4 Conclusões parciais

Dando continuidade à abordagem apresentada nos demais capítulos, apresenta-se as conclusões parciais a que se chegou a partir do estudo realizado, agora com foco no marco legislativo analisado, o Regulamento dos Mercados Digitais da União Europeia.

Foi identificada a perspectiva de normatividade e como ela ocorre nos mercados digitais, com influência das empresas, inclusive controladores de acesso, que dão conformidade à arquitetura da rede e tomam decisões normativas, fazendo com que emerjam normas que delimitam o que pode ou não fazer no ciberespaço. Importante, nesse sentido, o exercício da normatividade a partir de processos públicos e democráticos, visando tomar as decisões sobre como se pretende que funcionem os mercados digitais.

Ficou estabelecida a relevância, possibilidade e necessidade de legislar acerca da concorrência nos mercados digitais, tanto da perspectiva técnica, quanto como exercício de autonomia e forma de autodeterminação social. Assim, conclui-se que o RMD é fortemente marcado pela regulação concorrencial com base no fluxo de dados pessoais nos mercados digitais. Diversas das medidas propostas pela lei são direta ou indiretamente relacionadas a aspectos de concentração de dados pelos controladores de acesso.

O RMD também é marcado pela opção legislativa de regulação concorrencial preventiva (*ex ante*), em oposição à comum legislação punitiva (*ex post*), focada em condutas abusivas das empresas. Referida opção marca uma virada de paradigma regulatório, criando a categoria regulada dos controladores de acesso, com base em critérios que levam em consideração aspectos de concentração de dados. Ao que tudo indica, por outro lado, a lei não privilegia interferências estruturais no mercado, considerando-as medidas extremas, assim tornando improváveis potenciais cisões forçadas de controladores de acesso que detenham concentrações de mercado. Tal hipótese, no entanto, não está totalmente descartada, podendo ser determinada em uma conclusão das investigações promovidas pela Comissão Europeia.

A lei, então, cria as obrigações de interoperabilidade e portabilidade de forma detalhada, assim criando um caminho relevante para a autonomia do usuário, bem como para um fluxo de dados mais aberto, procurando promover mercados digitais mais competitivos e de respeito ao usuário. O regulamento dá ênfase a medidas de proteção de dados, assim procurando resguardar a privacidade dos usuários, o que se procura assegurar também por meio do arcabouço legislativo aplicável na União Europeia.

Conclui-se que as medidas apresentadas pelo RMD favorecem um quadro de menor assimetria informacional entre reguladores e controladores de acesso, assim tendendo a gerar uma regulação mais consciente e adequada dos mercados digitais em favor dos usuários e evitando a perpetuação de medidas enganosas ou pouco transparentes, condutas abusivas e fusões e aquisições prejudiciais ao mercado.

Uma das conclusões parciais envolve a percepção de que as disposições do RMD trazem em si a intenção de promover mudança de modelo de negócios dos controladores de acesso, ao comprometer elementos centrais da publicidade comportamental, tais quais o perfilamento de usuários, a abusiva combinação de dados pessoais e a obtenção enganosa de consentimento por meio de mecanismos maliciosos, como repetição ou formas de coação. Assim, inicia-se uma mudança relevante e que pode ser potencializada por outras medidas do RMD. Observa-se a movimentação dos controladores de acesso para cumprimento da legislação, assim como a atuação inicialmente intensa da autoridade reguladora, indicando um início positivo, quanto à vigência e aplicação da lei.

Diversos aspectos do cumprimento e alcance da lei e da atuação das autoridades responsáveis deverão ser observados ao longo dos anos. Ficam críticas desde já, no entanto, à extensão dos direitos dos usuários envolvendo seus dados, que poderiam ter avançado mais no aprimoramento dos mecanismos de consentimento e no sentido da proibição mais clara de métodos utilizados para abuso de dados pelos controladores de acesso. Ainda poderiam ter avançado mais os métodos de compartilhamento de dados, com passos no sentido da publicização da infraestrutura sobre a qual os dados se situam, seja pelo caminho do direito aos dados no local, seja por outra iniciativa de dados abertos.

Em uma conclusão geral, o RMD demonstra ter sido confeccionado de forma coerente com o arcabouço legislativo europeu, demonstrando a compreensão da comunidade europeia acerca dos aparatos tecnológicos da Sociedade Informacional, da relevância dos dados, assim como da conformação atual dos mercados digitais. A EU demonstra, então, sua intenção de exercer o controle sobre o caminho a ser tomado pelo desenvolvimento da tecnologia, no fluxo dos dados pessoais e quanto aos mercados digitais, atenta aos direitos dos usuários finais, buscando garantir o cumprimento de seus direitos fundamentais e a construção de mercados digitais equânimes e disputáveis com indivíduos autônomos e livres em uma sociedade justa e solidária.

É com base nessas conclusões parciais, bem como nas demais estabelecidas ao longo deste estudo, por meio da cautelosa e concreta validação das hipóteses de estudo, que se apresenta as conclusões finais.

CAPÍTULO 5

CONCLUSÕES

A compreensão do Direito Concorrencial e do contexto do ciberespaço leva à inescapável percepção de que as mudanças tecnológicas e sociais são suficientes para revolucionar também a dinâmica econômica entre os agentes dos mercados digitais, exigindo novas políticas reguladoras. Conceitos como mercado relevante, poder de mercado e bem-estar do consumidor devem ser revistos, e a própria lógica das políticas públicas e dos atos normativos direcionados à concorrência devem ser repensadas. Há uma nova economia em que determinadas plataformas se apresentam como controladores de acesso aos mercados de seus serviços essenciais digitais e exercem poder de mercado por meio do controle do fluxo de dados pessoais dos usuários. As dinâmicas desse mercado de dois lados devem ser consideradas, e medidas próprias de caráter técnico adequado devem ser postas em vigor para que se obtenha do mercado o desenvolvimento esperado, a inovação, a qualidade dos serviços e a competição.

A política concorrencial também está diretamente ligada a um certo projeto de Estado e de sociedade. A escolha encartada no RMD, objeto do presente estudo, indica a opção dos cidadãos da União Europeia no sentido de tomar as decisões que moldam as relações concorrenciais neste âmbito e, por conseguinte, o futuro dos mercados digitais e do ciberespaço.

O contexto da Sociedade Informacional impõe que tais decisões incidam sobre cada etapa do fluxo de compartilhamento de dados, já que tal fluxo afeta diretamente os usuários em sua segurança, confiança e nos estímulos de seus comportamentos cotidianos. Esse fluxo complexo, ágil e volumoso de dados influencia também diretamente a concorrência, estabelecendo potenciais barreiras de mercado e relações de domínio em setores dos mercados digitais.

A compreensão da arquitetura da rede e da dinâmica das relações, em seu bojo, leva à necessidade de se considerar os aspectos do fluxo de dados para que se possa analisar adequadamente as relações concorrenciais. Este estudo chega à conclusão, ainda, de que, mais do que nunca, a proteção do consumidor deve ter relevância significativa nesta equação, devendo ser vista em sua forma mais complexa e contemporânea, em suas dimensões da inovação em geral, competitividade, possibilidade de escolha, bem como em suas interfaces com a proteção de dados, envolvendo desde a formação do senso de identidade do sujeito até a qualidade dos serviços prestados.

O fluxo dos dados pessoais, em seus aspectos de compartilhamento e concentração nos mercados digitais, foi considerado para que se pudesse compreender toda a extensão de sua influência na concorrência entre empresas. Foi possível concluir que a concentração e o domínio sobre os dados levam à possibilidade de influência direta das empresas. Os algoritmos e a inteligência artificial, empregados em técnicas preditivas e na publicidade comportamental, por meio de anúncios direcionados, são frequentes presenças no ciberespaço, influenciando silenciosamente os usuários, moldando suas oportunidades e personalidades.

Ora, o Direito Concorrencial atenta-se ao exercício do poder de mercado e o quanto pode ser danoso à sociedade exatamente porque um agente de mercado teria um poder desmesurado, assim podendo agir sem qualquer justificativa ou transparência, bem como sem incentivos reais para inovar ou aprimorar seus serviços. Chama-se especial atenção para o fato de que o poder de que se fala neste estudo, exercido pelos controladores de acesso sobre os usuários, pode acompanhar a extensão do ciberespaço, que é global, de potencialidades enormes e ainda desconhecidas quanto à sua magnitude. Trata-se de um poder que exerce, assim, forte influência sobre os comportamentos das pessoas, sobre a formação de suas personalidades e opiniões e sobre decisões políticas.

O exercício de tal poder, que, do ponto de vista técnico, envolve a aplicação de inteligência artificial e algoritmos sobre bases enormes de dados pessoais, pode ser catastrófico, com impactos nos mais diversos âmbitos da sociedade, tirando de cada indivíduo, das coletividades e das sociedades em si a possibilidade de decidir consciente e claramente sobre seu futuro. Tal perspectiva desastrosa é que motiva a

União Europeia a agir sobre essa realidade por meio do Regulamento dos Mercados Digitais, buscando uma ação normativa e de política pública transnacional sobre os mercados digitais. A intenção é que os usuários tenham mais poder sobre seus dados e que a potencialidade das tecnologias mencionadas não se preste tão prioritariamente aos lucros dos controladores de acesso, mas sim ao benefício dos usuários e das sociedades no Mercado Único Digital.

O RMD pretende, ainda, gerar um mercado mais disputável e equânime, visando permitir a entrada de novos competidores para distribuir e diluir o poder dos controladores de acesso, fomentando pluralidade e inovação no mercado. Com isso, pretende-se, ainda, incentivar modelos de mercado mais favoráveis aos usuários, pois centrados no desenvolvimento de vantagens de privacidade e direcionamento dos benefícios dos dados a eles. Trata-se de uma perspectiva voltada à ampla possibilidade de escolha e autonomia pelos usuários, seja quanto aos prestadores de serviços ou quanto ao uso de seus dados.

Assim, este estudo apresenta a resposta à pergunta central da pesquisa e conclui pela correção de sua hipótese, no sentido de que a regulação da concorrência no ciberespaço ocorre por meio do estabelecimento de um regramento quanto ao fluxo de dados com ênfase para a interoperabilidade e a portabilidade de dados, possibilitando, assim, ganhos para a autonomia dos usuários. Ainda nesta linha, o RMD prevê outras medidas e é apoiado pela legislação europeia, regulando os controladores de acesso, de forma a criar obrigações relevantes quanto à proteção dos dados e do consumidor, bem como procurando viabilizar a disputabilidade de diversos mercados de serviços e produtos essenciais digitais no âmbito da União Europeia.

Embora ainda haja aspectos a serem aprimorados quanto aos detalhes de um compartilhamento de dados que favoreça ainda mais a autonomia dos usuários e a disputabilidade dos mercados, as diversas disposições recém-criadas favorecem o surgimento de entrantes nos mercados digitais, bem como a inovação nesses mercados. Do outro lado, obrigam os controladores de acesso a tomarem medidas que os tornam mais responsáveis pelos resultados de suas condutas; que naturalmente aprimoram os serviços prestados; e que tornam tais plataformas mais transparentes, assim facilitando a fiscalização, investigação e o aprimoramento dos reguladores, inclusive ao conhecer melhor o objeto da regulação.

Tais desenvolvimentos em termos de transparência ainda facilitam a compreensão, pelos usuários, acerca das relações em que estão envolvidos, assim como a fiscalização por outros agentes de mercado e a comparação entre serviços, visando aprimorar as potenciais soluções a serem apresentadas por competidores.

Trazendo alguns elementos centrais consolidados por esta pesquisa, tem-se que a regulação da concorrência nos mercados digitais é um passo essencial para uma sociedade democrática madura, que exerça sua autodeterminação. A conformação da arquitetura do ciberespaço foi bastante moldada pelos controladores de acesso, de forma que as medidas para que se retome o controle em favor dos usuários devem invariavelmente ser drásticas, inclusive potencialmente alterando a estrutura dos mercados digitais, os modelos de negócios aplicados e elementos-chave do fluxo de dados, alterando o foco para a autonomia e o benefício dos usuários.

As medidas propostas pelo RMD, com foco na interoperabilidade e portabilidade, bem como nas medidas de transparência e controle pelas autoridades antitruste, devem surtir efeitos relevantes para a disputabilidade e para um mercado mais equânime, assim como para a autonomia dos usuários. A peça legislativa, ademais, foi o acordo político possível, e seus efeitos deverão ser observados nos próximos anos, já havendo indicativos de adaptação dos controladores de acesso à lei e atuação firme e atenta dos reguladores. Assim, eventuais medidas adicionais, especialmente as estruturais, focadas na cisão de empresas ou vedação de aquisições, poderão ser futuramente avaliadas, considerando os resultados da aplicação inicial do RMD.

Visando expor metodologicamente o relatório[679] da presente pesquisa, inicia-se pelos principais reconhecimentos para, em seguida, tratar das descobertas. De forma geral, este capítulo pretende apresentar conclusões da pesquisa. Para categorizá-las, facilitando sua compreensão, traz-se a oportuna categoria de reconhecimentos, no que toca a informações constatadas a partir do estudo do estado da arte sobre o objeto de pesquisa. Já as descobertas são conclusões que pretendem

---

[679] Essa parte da conclusão é escrita em formato de relatório de pesquisa, procurando apresentar proposições (ou reconhecimentos e descobertas) da pesquisa. Sobre a noção de relatório em geral na pesquisa, bem como da ideia de elencar suas proposições (em tradução dos termos em inglês *report* e *claim*, respectivamente), parte-se da perspectiva dos autores que se cita adiante: BOOTH, Wayne C.; COLOMB, Gregory g.; Williams, Joseph M. *The Craft of Research* 3. ed. Chicago: The Univerity of Chicago Press, p. 120 e ss.

agregar a tal estado da arte, trazendo reflexões próprias do pesquisador e procurando contribuir para a academia a partir do estudo amplo e interdisciplinar aqui realizado.[680] Tais categorias corresponderiam também ao que se pode chamar respectivamente de achados e conclusões.[681]

Destaca-se a confirmação da hipótese proposta com os seus elementos constitutivos. Primeiramente, a confirmação da hipótese de pesquisa constitui uma das mudanças paradigmáticas do direito concorrencial ao se deparar com as peculiaridades dos mercados digitais, qual seja, a regulação concorrencial considerando o fluxo de dados pessoais. Diferente do que se propunha anteriormente, o RMD concebe critérios regulatórios com base na percepção de que os controladores de acesso detêm vantagens competitivas desproporcionais, geradas por concentração de dados pessoais, assim impondo restrições a tais empresas e obrigações envolvendo o compartilhamento de dados com os concorrentes a partir dos mecanismos da interoperabilidade e portabilidade, dando também autonomia aos usuários nessa dinâmica concorrencial.

O segundo reconhecimento do estudo é a mudança do paradigma regulatório concorrencial, adotando a regulação preventiva (*ex ante*). O direito concorrencial, ao longo de sua história, baseou-se prioritariamente na punição de condutas abusivas dos agentes de mercado (regulação *ex post*). A regulação dos controladores de acesso a partir de determinados critérios aplicáveis aos mercados digitais é única, procurando se amoldar ao quadro igualmente único de dominância de tais empresas. Trata-se de regulação a partir da presunção de que determinadas empresas que preencham os critérios da lei deteriam poder de mercado suficiente para serem obrigadas a seguir uma série de determinações. Tais regras visam dinamizar os mercados digitais em seus serviços essenciais, assim como resguardar direitos dos usuários, especialmente quanto a seus dados pessoais e nas relações de consumo.

Como terceiro reconhecimento, de certa forma acessória ao segundo, indica-se a consideração de um quadro semelhante ao de monopólio natural, considerando-se as vantagens dos efeitos de rede e da concentração de dados, que constituem um quadro em que a primeira empresa que toma o mercado acaba por dominá-lo completamente.[682]

---

680 GHOSH, Amitav. *O grande desatino*: mudanças climáticas e o impensável. Tradução: Renato Prelorentzou; São Paulo: Quina Editora, 2022, p. 11

681 KUMAR, Ranjit. *Research Methodology*: a step-by-step guide for begginers. 3. ed. Londres: Sage, 2011, p. 313-320.

682 Quadros comumente referidos em inglês pelos termos *winner takes all* e *tipping (the market)*.

A descoberta apresentada é que o legislador europeu, diante de tal quadro, não se satisfez com imposição de obrigações aos incumbentes. Atento às características peculiares dos dados, assim como à dimensão do poder concentrado nas mãos de tais empresas, o legislador avançou na estruturação de uma proposta de mercado disputável e equânime a partir da compreensão de que o fluxo de dados poderia e deveria estar centrado nas decisões dos usuários, assim viabilizando sua utilização por outros agentes de mercado em potenciais cenários de competição real.

Além das obrigações aos controladores de acesso, portanto, foram estabelecidos vedações e direitos aos consumidores que efetivamente caminham para a reformulação do modelo de negócios de tais empresas e para a mudança de elementos centrais do fluxo e dos benefícios dos dados em favor dos consumidores. Essa pretensão da legislação constitui um item que merece reconhecimento apartado do anterior, por sua relevância simbólica e prática para o objeto de pesquisa.

O quarto reconhecimento é o da estruturação de um sistema com a imposição de obrigações de transparência aos controladores de acesso e aumento de poderes das autoridades regulatórias, assim viabilizando uma série de potenciais avanços para a compreensão e tomada de medidas tendentes a desconcentrar tal mercado, gerando as desejadas diluição e distribuição de poder e capital pela competitividade. A opacidade dessas empresas e a ausência de instrumentos de atuação para as autoridades, em quadro de assimetria informacional e de poder, certamente constituía barreira relevante para o aprimoramento do cenário nos mercados digitais.

Com as referidas mudanças, abre-se uma avenida para o mapeamento dos mercados digitais e seu amoldamento às necessidades dos usuários e às concepções institucionais contemporâneas de um Estado democrático de direito, neste caso especificamente em nível supranacional. Tal transparência contribui ainda para possibilidades de fiscalização recíproca e comparação por outros agentes do mercado e por consumidores, assim expandindo possibilidades de concorrência, escolha, aprimoramento de qualidade e identificação de condutas desleais.

Como quinto reconhecimento, tem-se a visão de que a tecnologia deve ser concebida de forma ética. Essa premissa se aplica em vários níveis da análise, enfatizando-se a concepção tecnológica. Nesse sentido, não é suficiente uma regulação que procure corrigir problemas ao longo do avanço de um programa que, por exemplo, foi concebido para causar confusão no usuário. Exemplifica-se com um mecanismo de consentimento que tende a forçar a aceitação, geralmente condicionando o uso de um serviço essencial digital ao consentimento para a ampla coleta e combinação de dados, ou uma tecnologia criada com a intenção de gerar perfis detalhados dos usuários e explorar referidos perfis ao máximo, fornecendo dados de forma abusiva aos anunciantes e demais empresas (utilizadores profissionais) interessados. Não há como corrigir tecnologias concebidas para fins maliciosos; é necessário que haja transparência e que a tecnologia seja criada de forma ética, voltada para fins tidos como positivos para os usuários detentores dos dados pessoais. Como visto, entende-se que o RMD dá passos relevantes no sentido de contribuir com a concepção ética da tecnologia.

Por fim, como sexto reconhecimento, aponta-se a adequação da lei, em sua maior parte, às noções contemporâneas mais avançadas de regulação da concorrência nos mercados digitais, assim como da visão de que tal regulação está intimamente conectada à proteção de dados e do consumidor. O destaque que se deixa é para a perspectiva de autodeterminação da Comunidade Europeia representada por essa e outras leis.

No âmbito do mercado, chama atenção a valorização da competitividade, disputabilidade e um cenário equânime em que haja escolhas disponíveis ao usuário, assim favorecendo a inovação, a diversidade e o desenvolvimento de alternativas. Essa perspectiva concebe diversos aspectos de qualidade de um serviço ou produto, com ênfase, nos mercados digitais, à valorização da privacidade. Nesse sentido, a lei também prioriza a autonomia do usuário, procurando centrar nele as escolhas acerca dos dados pessoais e aprimorando a sistemática de consentimento. A legislação, portanto, apresenta-se, de forma coerente com a legislação europeia, valorizando a dimensão coletiva e comunitária da vida, assim como as noções de solidariedade e justiça.

Além dos reconhecimentos indicados, a pesquisa procurou, a partir desses e demais achados, trazer elementos a serem agregados ao estado da arte no tema e que podem ser intitulados de descobertas de pesquisa.[683]

Como primeira proposta a ser realizada a partir do estudo, tem-se a perspectiva de imposição de alterações no próprio modelo de negócios

683 Observe-se que todas as conclusões apresentadas desenvolvem proposições a partir de estudos realizados e registrados em capítulos anteriores da pesquisa. Metodologicamente, portanto, aponta-se certos reconhecimentos também neste momento, como premissas para alcançar-se as conclusões identificadas como descobertas.

dos controladores de acesso, em especial no que toca à publicidade comportamental. O RMD esboça tal perspectiva ao impor restrições à combinação de dados, bem como procurando aprimorar mecanismos de consentimento. Ainda assim, questiona-se até que ponto é socialmente sustentável a atividade que depende da predição e modulação sub-reptícia de comportamentos dos usuários,[684] inclusive controlando elementos do senso de identidade e oportunidades dos indivíduos.

Propõe-se, nesta linha, a mudança do direcionamento dos incentivos de eficiência. Além de não se desejar unicamente eficiência de um agente de mercado, a verdade é que sequer se deseja eficiência na atividade de anúncios direcionados ou publicidade comportamental. Eficiência nessa atividade comercial significa prever e modular o comportamento do usuário, de forma que ele pense estar fazendo escolhas autônomas, quando em verdade está sendo levado, pela inteligência artificial e seus algoritmos, a tomar decisões contra seus próprios interesses e em favor dos interesses de plataformas e anunciantes.

Os incentivos devem, então, ser direcionados ao aprimoramento dos mecanismos de abertura e compartilhamento de dados, somados à privacidade e anonimização de dados no contexto do fluxo de tais dados pessoais. Assim se permite e propicia a escolha do usuário em um mercado competitivo de serviços digitais essenciais. Os melhores serviços, portanto, serão os mais transparentes e que permitam a personalização e o uso dos dados pessoais nos exatos termos em que o usuário consentir, de forma consciente, e tendo seus dados utilizados para ganhos de qualidade em seu próprio benefício. Idealmente se propõe, portanto, a eliminação do modelo de negócios baseado em publicidade comportamental.

A regulação concorrencial, na medida em que lida com a dinâmica competitiva e com o modelo de negócio a partir do qual ela se desenvolve, deve também se inserir na perspectiva da promoção de uma sociedade justa e solidária. Em concreto, essa perspectiva deve estimular a cooperação social a partir de estruturas abertas, o compartilhamento de riscos com a proteção dos mais vulneráveis, o encontro com o outro, a responsabilidade mútua, a diversidade e o senso de pertencimento.

A proposta dessa primeira descoberta de pesquisa passa, em suma, pela regulamentação que estabeleça restrições e incentivos para

[684] Destaca-se, ainda, conceito correlato abordado neste estudo e cunhado de *superávit comportamental* (ZUBOFF, 2021, p. 13-16 e 153 e ss.).

promover a alteração dos modelos de negócios nos mercados digitais analisados. As referidas mudanças devem ser guiadas pelas perspectivas práticas e principiológicas aqui descritas; assim entende-se que haverá a legítima promoção do interesse público.

Como segunda descoberta, aponta-se que as noções de interoperabilidade e portabilidade de dados pessoais nos mercados digitais são ainda carentes de experiências práticas. Com sua colocação em vigor, será possível identificar pontos sensíveis e aspectos em que aprimoramentos tecnológicos serão necessários. É possível, assim, que novas legislações acerca de tais procedimentos especificamente devam ser elaboradas para dar conta de aspectos como (a) a extensão dos direitos; (b) os requisitos e detalhes técnicos para seu cumprimento pleno; (c) incentivos e obrigações a serem impostos; (d) aspectos de privacidade a serem cumpridos; (e) formas de disponibilização de dados e sua infraestrutura; (f) melhores formatos a serem adotados para viabilizar e fomentar a competição a partir de tais estruturas.

Além disso, vislumbra-se que a tecnologia terá de avançar para dar conta tecnicamente do desafio do fluxo de dados centrado nas decisões do usuário com respeito à privacidade. Tal desenvolvimento deverá ser incentivado, na medida do possível, por mecanismos de mercado e, na ausência destes, por regulamentações adicionais que deem conta das necessidades visualizadas ao longo da vigência do RMD.

Como terceira descoberta, ainda no campo dos dados pessoais, parte-se do reconhecimento da relevância dos conceitos de direito aos dados no local e dados abertos para refletir quanto às melhores formas de compartilhamento de dados pessoais nos mercados digitais para fins competitivos. Como visto na pesquisa, os dados dependem de seu contexto e da infraestrutura em que estão fixados, sendo soluções que priorizem tais aspectos as melhores a serem adotadas para fins de preservação dos benefícios aos consumidores e para ganhos de competitividade.

Essa perspectiva, com ênfase para os serviços essenciais de redes sociais, pode ser bastante relevante e pode vir a ser imposta pelas autoridades reguladoras, tendo em vista que não há óbice legal nesse sentido. A depender dos desdobramentos da aplicação e conformidade das empresas com a lei nos anos vindouros, projeta-se o aprofundamento dos mecanismos a serem aplicados para intensificar o compartilhamento dos dados, podendo alcançar circunstâncias mais próximas à efetivação do direito aos dados no local ou de modelos de dados abertos.

Como quarta descoberta, procura-se agregar ao estado da arte uma análise acerca da possibilidade de cisão de empresas ou vedação de aquisições com a intenção de romper ou evitar concentrações de mercado. Tem-se que essa situação não é privilegiada pelo RMD, de forma que se poderia presumir a baixa probabilidade de seu uso como ferramenta para a conformação estrutural dos mercados digitais a partir da ação das autoridades antitruste.

O que se entende a partir dos estudos realizados é que, embora tal medida não pareça de fato estar entre as priorizadas pelo legislador, ela não é descartada pela lei. Pelo contrário, a estruturação de todo o quadro de investigações de mercado, o aumento de poder da autoridade antitruste e a maior facilidade de comunicação entre as autoridades (nacionais, de dados e do consumidor), entre outras, abrem um caminho para medidas desse gênero, caso venham a se mostrar necessárias ou proveitosas para os fins postos pela legislação.

Assim, espera-se que tais medidas sejam tomadas em caso de quadros monopolistas, conflitos de interesse e / ou concentrações verticais cujos efeitos não sejam significativamente reduzidos, na vigência do RMD, por outras medidas mais amenas. Mencionadas medidas igualmente podem ser tomadas a partir da utilização de instrumentos previstos na lei, tais quais a obrigação de apresentação de relatórios pelos controladores de acesso, quando realizarem aquisições, bem como os poderes investigatórios atribuídos às autoridades.

Por fim, como quinta descoberta, tratando de aspectos de concentração de dados e de poder, aborda-se a expansão dos controladores de acesso para novos e potenciais mercados. A posição adotada pelo RMD foi de criar restrições aos provedores de serviços digitais essenciais, assim criando obstáculos também para a expansão dos controladores de acesso a mercados novos ou potenciais em que eles ainda não possuam posição de dominância. Como delimitado neste estudo, há críticas relevantes a essa abordagem, em razão dos possíveis prejuízos à inovação a partir de tais controladores de acesso para novos ou potenciais mercados. A proposta pelo texto crítico é de uma abordagem por serviço, e não por provedor.

Esta pesquisa, por todo o exposto, alinha-se à abordagem do RMD por três principais razões: (1) a regulação estabelecida pelo RMD traz preceitos bastante razoáveis, que não seriam óbice excessivo para empresas com o *status* de controlador de acesso; (2) os controladores de acesso possuem um enorme poder a partir dos dados e dos substratos tecnológicos e humanos agregados às suas empresas, de forma que seguiriam tendo vantagens sobre competidores neste quadro; (3) há fortes razões para crer que essas empresas buscariam a dominância de tais novos mercados, o que dá ainda mais razões para se manter as restrições do RMD.

Como elemento agregado ao estado da arte, então, o que se propõe é a reflexão em torno de um possível sistema misto, em que se estabelecesse restrições específicas para a expansão para novos mercados procurando direcionar a concorrência nesses novos ou potenciais mercados digitais ao atendimento do interesse público. O regime misto traria, em linhas gerais, a presunção relativa do enquadramento do provedor como controlador de acesso, inclusive para novos mercados, somada a uma série de restrições ligeiramente mais leves e/ou em menor número que aquelas previstas para os serviços essenciais digitais em que o controlador de acesso atua originalmente. A presunção poderia ser elidida, caso a empresa comprovasse não ter vantagens de entrada neste novo mercado, o que seria bastante improvável. Ou as restrições poderiam ser dosadas em conformidade com a necessidade verificada para atingir os fins da lei.

Acredita-se, portanto, ter estabelecido um quadro claro da legislação estudada com ênfase para a regulação concorrencial a partir do fluxo de dados, inclusive com a apresentação de perspectivas de aprimoramento e desenvolvimento esperado do tema. Em uma conclusão geral, este estudo procura contribuir para o desenvolvimento da matéria e dos estudos correlatos, inclusive para países ainda não dotados de legislações assemelhadas. O estudo foi desenvolvido em bases sólidas, de forma honesta e dedicada, voltado à compreensão tão objetiva quanto possível da realidade nos mercados digitais, das estruturas sociais contemporâneas e das perspectivas para o futuro da humanidade. Um futuro que será certamente humano. Que se faça dele algo tão bom quanto possível para todos os humanos.

REFERÊNCIAS

ACCESSNOW. *Virtual worlds, real people*: human rights in the metaverse. 2021. Disponível em: https://www.accessnow.org/cms/assets/uploads/2021/12/Virtual-Worlds-Real-People-1c-1082766984.pdf. Acesso em: 09 set. 2023

AKERLOF, George A. "The market for lemons: quality uncertainty and the market mechanism". *Quarterly Journal of Economic*, Oxford University Press, v. 84, n. 3, p. 488-500, ago. 1970. Disponível em: https://viterbi-web.usc.edu/~shaddin/cs590fa13/papers/AkerlofMarketforLemons.pdf. Acesso em: 31 out. 2023.

ALIMONTI, Roberto; NEUROHR, Bertram; RALSTON, Helen. Digital Markets and implications for competition policy: Evidence from recent economic analysis. *In*: PARCU, Pier Luigi; MONTI, Giorgio; BOTTA, Marco (Ed.). *Economic Analysys in EU Competition Policy*: Recent Trends at the National and EU Level. Cheltenham (UK): Edward Elgar Publishing Limited. 2021.

ASSEMBLEIA GERAL DAS NAÇÕES UNIDAS. *Declaração Universal dos Direitos Humanos*. United Nations Information Centre, Portugal, Adotada e proclamada pela Assembleia Geral das Nações Unidas (resolução 217 A III) em 10 de dezembro 1948. Disponível em: https://www.ohchr.org/en/human-rights/universal-declaration/translations/portuguese?LangID=por. Acesso em: 28 abr. 24.

TURNER, Vanessa. The EU Digital Markets Act: A new dawn for digital Markets? *Antitrust*. American Bar Association. Fall 2022, v. 37, n. 1.

ASIMOV, Isaac. *Robots and empire*. Nova Iorque: Doubleday, 1985.

ASIMOV, Isaac. *Runaround*: Astounding Science Fiction. Nova Iorque: Street and Smith, 1942.

AUTORITÉ DE LA CONCURRENCE; BUNDESKARTELLAMT. *Competition Law and Data*, 2016. Acesso em: 09 set. 2023. Disponível em: http://www.bundeskartellamt.de/SharedDocs/Publikation/DE/Berichte/Big%20Data%20Papier.html.

BALLELL, Teresa Rodríguez de las Heras. The Scope of the DMA. *In*: RICHTER, Heiko; STRAUB, Marlene; TUCHTFELD, Erik (Editores). *Max Planck Institute for Innovation and Competition Research*, Paper n. 21-25. To Break Up or Regulate Big Tech? Avenues to Constrain Private Power in the DSA/DMA Package, 2021. Disponível em: https://ssrn.com/abstract=3932809. Acesso em: 10 fev. 2024.

BANDEIRA DE MELLO, Celso Antônio. *Curso de direito administrativo*. 27. ed. São Paulo: Malheiros. 2010.

BAUMAN, Zygmunt; LYON, David. *Vigilância líquida*. Tradução de Carlos Alberto Medeiros. Rio de Janeiro: Zahar, 2014 (2013).

BEAUCHAMP, Tom L.; KING, Nancy M. P. *A history and theory of informed consent*. Nova Iorque: Oxford University Press, 1986.

BENKLER, Yochai. *Wealth of networks*: how social production transforms markets and freedom. New Haven: Yale University Press, 2006.

BIDEN, Joseph. Executive Order on Promoting Competition in the American Economy. *The White House*, July 9, 2021. Disponível em: https://www.whitehouse.gov/briefing-room/presidential-actions/2021/07/09/executive-order-on-promoting-competition-in-the-american-economy/. Acesso em: 1 out. 2023.

BLANCO, Luis Ortiz. *Market power in EU antitrust law*. Oxford: Hart Publishing, 2011.

BOBBIO, Norberto. *Estado, governo, sociedade*: para uma teoria geral da política. Tradução de Marco Aurélio Nogueira. 14. ed. São Paulo: Paz e Terra, 2007.

BOBBIO, Norberto. *O positivismo jurídico*: lições de filosofia do direito. Tradução e notas: Márcio Pugliesi, Edson Bini, Carlos E. Rodrigues. São Paulo: Ícone, 1995.

BOOTH, Wayne C.; COLOMB, Gregory g.; Williams, Joseph M. *The craft of research* 3. ed. Chicago: The Univerity of Chicago Press.

BRADY, William J.; JACKSON, Joshua Conrad; LINDSTRÖM, Björn *et al*. Algorithm-mediated social learning in online social networks. *In*: *Trends in Cognitive Sciences*. volume 27, issue 10, p. 947-960, october 2023. Published: August 03, 2023, DOI: https://doi.org/10.1016/j.tics.2023.06.008. Acesso em: 02 mar. 3024. Disponível em: https://www.cell.com/trends/cognitive-sciences/abstract/S1364-6613(23)00166-3?_returnURL=https%3A%2F%2Flinkinghub.elsevier.com%2Fretrieve%2Fpii%2FS1364661323001663%3Fshowall%3Dtrue.

BRADY, William. Social media algorithms warp how people learn from each other, research shows. Publicado: 21 agosto 2023. *The Conversation*. Disponível em: https://theconversation.com/social-media-algorithms-warp-how-people-learn-from-each-other-research-shows-211172. Acesso em: 02 mar. 2024.

BRANDOM, Russell; KELLY, Makena. *Tech antitrust pioneer Lina Khan will officially lead the FTC*. The Verge, 15 jun. 2021. Disponível em: https://www.theverge.com/2021/6/15/22527709/lina-khan-ftc-commissioner-competition-facebook-amazon-google-apple. Acesso em: 01 out. 2023.

BRITO, Terezinha Alves; KLEIN, Érico Prado *et al*. Por que o Domínio da Internet pelas *Big Techs* é um Problema? *Anais do XVI Congresso de Direito de Autor e Interesse Público*, 2023, Curitiba, PR. Organizadores: Marcos Wachowicz *et al*. Curitiba, PR: GEDAI, 2023, p. 608-627. Disponível em: https://www.gedai.com.br/wp-content/uploads/2023/01/Anais-XVI-CODAIP_2023.pdf.

BROWN, Wendy. *Cidadania sacrificial*: neoliberalismo, capital humano e políticas de austeridade. Tradução Juliane Bianchi Leão. Pequena Biblioteca de ensaios. Rio de Janeiro: Zazie Edições, 2018.

BUARQUE, Chico; NASCIMENTO, Milton. Cálice. Álbum: *Chico Buarque*. Rio de Janeiro: Polygram, 1978.

BUENO, Neide; KLEIN, Érico Prado. *Big techs* e concentração de dados: análise quanto à necessidade e viabilidade de regulação. *Anais do XV Congresso de Direito de Autor e Interesse Público*, 2022. Organizadores: Marcos Wachowicz *et al*. Curitiba, PR: GEDAI, 2022, p. 374-400. Disponível em: https://www.gedai.com.br/wp-content/uploads/2022/03/Anais-XV-Codaip_2022.pdf.

BUNDESKARTELLAMT. *Bundeskartellamt prohibits Facebook from combining user data from different sources*. Publicado em 07 fev. 2019. Disponível em: https://www.bundeskartellamt.de/SharedDocs/Meldung/EN/Pressemitteilungen/2019/07_02_2019_Facebook.html?nn=3591568. Acesso em: 13 jan. 2024.

CABRAL, L.; HAUCAP, J.; PARKER, G.; PETROPOULOS, G.; VALLETTI, T.; and VAN ALSTYNE, M. The EU digital markets act: a report from a panel of economic experts. *Publications Office of the European Union*, Luxembourg, 2021, ISBN 978-92-76-29788-8, doi:10.2760/139337, JRC122910. Disponível em: https://papers.ssrn.com/sol3/papers.cfm?abstract_id=3871419. Acesso em: 20 nov. 2023.

CASTELLS, Manuel. *A galáxia da internet*. Reflexões sobre a internet, os negócios e a sociedade. São Paulo: Zahar, 2003.

CASTELLS, Manuel. *A sociedade em rede*. São Paulo: Paz e Terra, 1999.

CATALA, Pierre. Ébauche d'une théorie juridique de l'information, in Le droit à l'épreuve du numérique. Jus ex Machina, coll. "*Droit*, Éthique, *Société*", PUF, Paris, 1998, p. 224-244; p. 235 e ss. Disponível em: https://mafr.fr/fr/article/ebauche-dune-theorie-juridique-de-linformation/. Acesso em: 21 out. 2023.

CBInsights. *Visualizing tech giants' billion-dollar acquisitions*. Research Briefs, february 24, 2021. Disponível em: https://www.cbinsights.com/research/tech-giants-billion-dollar-acquisitions-infographic/. Acesso em: 20 set. 2021.

CHEE, Foo Yun; MEIJER, Bart H. Apple, Google, Meta targeted in EU's first Digital Markets Act probes. *Reuters*. Publicado em 24.03.24. Disponível em: https://www.reuters.com/business/media-telecom/eu-investigate-apple-google-meta-potential-digital-markets-act-breaches-2024-03-25. Acesso em: 06 abr. 2024.

CHEE, Foo Yun; MUKHERJEE, Supantha. Google, Apple breakups on the agenda as global regulators target tech. *Reuters*. Publicado em 25.03.24. Disponível em: https://www.reuters.com/technology/google-apple-breakups-agenda-global-regulators-target-tech-2024-03-24/. Acesso em: 06 abr. 2024.

CHEE, Foo Yun. Google to tweak search results to comply with EU tech rules. *Reuters*. January 17, 2024. Disponível em: https://www.reuters.com/technology/google-tweak-search-results-comply-with-eu-tech-rules-2024-01-17/. Acesso em: 06 abr. 2024.

CHEE, Foo Yun. Google rolls out changes for users, apps developers as EU tech rules loom. *Reuters*. March 5, 2024. Disponível em: https://www.reuters.com/technology/google-rolls-out-changes-users-apps-developers-eu-tech-rules-loom-2024-03-05/. Acesso em: 06 abr. 2024.

CHEE, Foo Yun. Apple hit with $2 billion EU antitrust fine in Spotify case. *Reuters*. March 4, 2024. Disponível em: https://www.reuters.com/technology/apple-hit-with-over-18-bln-euro-eu-antitrust-fine-spotify-case-2024-03-04/. Acesso em: 05 abr. 2024.

CHOMSKY, Noam. *Mídia*: propaganda política e manipulação. São Paulo: WMF Martins Fontes, 2013.

COMISSÃO EUROPEIA. European Data Act enters into force, putting in place new rules for a fair and innovative data economy. *Press Release*. Disponível em: https://digital-strategy.ec.europa.eu/en/news/european-strategy-data-data-governance-act-becomes-applicable#:~:text=The%20Data%20Governance%20Act%20entered,increasing%20trust%20in%20data%20sharing. Acesso em: 17 abr. 2024.

COMISSÃO EUROPEIA. European strategy for data: Data Governance Act becomes applicable. *Press Release*. Publicação 25.09.23. Disponível em: https://digital-strategy.ec.europa.eu/en/news/european-data-act-enters-force-putting-place-new-rules-fair-and-innovative-data-economy. Acesso em: 17 abr. 2024.

COMISSÃO EUROPEIA. Commission opens non-compliance investigations against Alphabet, Apple and Meta under the Digital Markets Act. *European Commission Press Release*. Bruxelas, 25 March 2024a. Disponível em: https://ec.europa.eu/commission/presscorner/detail/en/ip_24_1689. Acesso em: 05 abr. 2024.

COMISSÃO EUROPEIA. Commission fines Apple over €1.8 billion over abusive App store rules for music streaming providers. *European Commission Press Release*. Bruxelas, 4 March 2024b. Disponível em: https://ec.europa.eu/commission/presscorner/detail/en/ip_24_1161. Acesso em: 05 abr. 2024.

COMISSÃO EUROPEIA. Antitrust: Commission fines Google €2.42 billion for abusing dominance as search engine by giving illegal advantage to own comparison shopping service. *European Commission Factsheet*. Bruxelas, publicado em 27 de julho de 2017. Disponível em: https://ec.europa.eu/commission/presscorner/detail/en/ip_24_1161. Acesso em: 06 abr. 2024.

COMISSÃO EUROPEIA. Relatório anual sobre o Regulamento (UE) 2022/1925 do Parlamento Europeu e do Conselho relativo à disputabilidade e equidade dos mercados no setor digital e que altera as Diretivas (UE) 2019/1937 e (UE) 2020/1828 (Regulamento dos Mercados Digitais), Bruxelas, publicado em 6.3.2024 COM(2024) 106 final. *Relatório da Comissão ao Conselho e ao Parlamento Europeu*. Disponível em: https://eur-lex.europa.eu/legal-content/PT/TXT/PDF/?uri=CELEX:52024DC0106. Acesso em: 29 abr. 2024.

COMPETITION AND MARKETS AUTHORITY. CMA protects competition by curbing Meta's use of ad customers' data. *Competition Law*. Published 03.11.23. https://www.gov.uk/government/news/cma-protects-competition-by-curbing-metas-use-of-ad-customers-data. Acesso em: 28 abr. 2024.

COMPETITION AND MARKETS AUTHORITY. Investigation into Amazon's Marketplace. *Competition and Markets Authority cases and projects*. Published: 06.07.22. Atualizado: 12.02.24. Disponível em: https://www.gov.uk/cma-cases/investigation-into-amazons-marketplace. Acesso em: 28 abr. 2024.

COMPETITION AND MARKETS AUTHORITY. Investigation into Google's 'Privacy Sandbox' browser changes. *Competition and Markets Authority cases and projects*. Publicado em 08.01.21. Atualizado em 26.04.24. Disponível em: https://www.gov.uk/cma-cases/investigation-into-googles-privacy-sandbox-browser-changes. Acesso em: 30 abr. 2024

COOTER JR., Robert B.; ULEN, Thomas. *Law and Economics*. 6. ed. Harlow: Pearson, 2014.

CRARY, Jonathan. *Terra arrasada*: além da era digital, rumo a um mundo pós-capitalista. Tradução de Humberto do Amaral. São Paulo: Ubu, 2023.

DE GREGORIO, Giovanni. *Digital constitucionalism in Europe*: reframing rights and powers in the algorithmic society. Cambridge: Cambridge University Press, 2022, p. 311.

DE MAURO, Andrea; GRECO, Marco; GRIMALDI, Michele. A Formal definition of Big Data based on its essential Features. *Library Review*. 65: 122–135. doi: 10.1108/LR-06-2015-0061, 2016.

DELEUZE, Gilles. Postscript on Control Societies. *In*: *Negotiations* (1972-1990). Tradução para inglês de Martin Joughin. Nova Iorque: Columbia University Press, 1995a.

DELEUZE, Gilles; GUATTARI, Félix. 7.000 a.C. – aparelho de captura. Tradução: Janice Caiafa. *In*: *Mil platôs*: capitalismo e esquizofrenia (1980). Rio de Janeiro: Editora 34, 1995b.

DI PIETRO, Maria Sylvia Zanella. *Parcerias na administração pública*. 7. ed. São Paulo: Atlas, 2009.

DONEDA, Danilo Cesar Maganhoto *et al*. Considerações iniciais sobre inteligência artificial, ética e autonomia pessoal. *Pensar-Revista de Ciências Jurídicas*, v. 23, n. 4, p. 1-17, 2018. Disponível em: https://ojs.unifor.br/rpen/article/view/8257/pdf. Acesso em: 06 out. 2022.

DONEDA, Danilo Maganhoto. *Da privacidade à proteção de dados pessoais*: fundamentos da Lei Geral de Proteção de Dados. 2. ed. rev. e atual. São Paulo: Thomson Reuters Brasil (Revista dos Tribunais), 2020.

DYSON, George. *Turing's Cathedral*: the origins of the digital universe. New York: Pantheon Books, 2012. [livro digital].

EPSTEIN, Robert. The unprecedented power of digital platforms to control opinions and votes. *Digital Platforms and Concentration*: Second Annual Antitrust and Competition Conference Stigler Center for the Study of the Economy and the State University of Chicago Booth School of Business. Chicago: ProMarket, 2018. Disponível em: https://www.promarket.org/wp-content/uploads/2018/04/Digital-Platforms-andConcentration.pdf. Acesso em: 01 out. 2022.

EVANS, David S. "The Antitrust Economics of Multi-Sided Platform Markets". *Yale Journal on Regulation*, v. 20, p 325-381, 2003.

EVANS, David S. Attention to Rivalry among Online Platforms and Its Implications for Antitrust Analysis. *Coase-Sandor Institute for Law & Economics Working Paper*, n. 627, 2013, p.42. Disponível em: https://chicagounbound.uchicago.edu/law_and_economics/68/. Acesso em: 27 set. 2023.

EVANS, David S., Antitrust Economics of Free (April 17, 2011). *Competition Policy International*, Spring 2011, Disponível em: https://ssrn.com/abstract=1813193. Acesso em: 08 out. 2023.

EVANS, David S.; SCHMALENSEE, Richard. "The Antitrust Analysis of Multi-Sided Platform Businesses". *NBER Working Paper Series*, n. 18783, fevereiro de 2013. Disponível em: http://www.nber.org/papers/w18783. Acesso em: 08 out. 2023.

EXEC. OFFICE OF THE PRESIDENT. *Big Data*: Seizing Opportunities, Preserving Values 2, 2014. Disponível em: http://www.whitehouse.gov/sites/default/files/docs/big_data_privacy_report_may_1_2014.pdf. Acesso em: 29 out. 2023.

EZRACHI, Ariel; STUCKE, Maurice E. eDistorcions: how data-opolies are dissipating the internet's potential. *Digital Platforms and Concentration*: Second Annual Antitrust and Competition Conference Stigler Center for the Study of the Economy and the State University of Chicago Booth School of Business. Chicago: ProMarket, 2018. Disponível em: https://www.promarket.org/wp-content/uploads/2018/04/Digital-Platforms-andConcentration.pdf. Acesso em: 28 jun. 2022.

EZRACHI, Ariel; STUCKE, Maurice. *How big tech barons smash innovation*: and how to strike back. Nova Iorque: Harper Collins, 2022, livro digital, sem paginação.

EZRACHI, Ariel; STUCKE, Maurice. *Virtual competition*: the promise and perils of the algorithm-driven economy. Cambridge: Harvard university Press, 2016.

EXPLODING STATS. *Video streaming services stats*, 2024. Disponível em: https://explodingtopics.com/blog/video-streaming-stats. Acesso em: 09 mar. 2024.

FOUCAULT, Michel. *Microfísica do poder* (1979). Tradução de Roberto Machado. Rio de Janeiro: Graal, 1998, p. 185-191.

FOUCAULT, Michel. *Vigiar e punir*: nascimento da prisão (1975). Tradução de Raquel Ramalhete. 36. ed. Petrópolis: Vozes, 2009.

FEDERAL TRADE COMMISSION (FTC). *Monopolization Defined*. Disponível em: https://www.ftc.gov/tips-advice/competition-guidance/guide-antitrust-laws/single-firm-conduct/monopolization-defined. Acesso em: 13 jan. 2024.

FEINER, Laura. "Big Tech critic Tim Wu joins Biden administration to work on competition policy". *CNBC*, 5 mar. 2021, 8:41 AM. Atualizado em 5 mar. 2021, 2:51 PM. Disponível em: https://www.cnbc.com/2021/03/05/big-tech-critic-tim-wu-joins-biden-administration-to-work-on-competition-policy.html. Acesso em: 01 out. 2023.

FISHER, Max. *A máquina do caos*: como as redes sociais reprogramaram nossa mente e nosso mundo. Tradução: Érico Assis. São Paulo: Todavia, 2023.

FRANCK, Jens-Uwe; PEITZ, Martin. How to Challenge Big Tech. *In*: RICHTER, Heiko; STRAUB, Marlene; TUCHTFELD, Erik (Editores). *Max Planck Institute for Innovation and Competition Research Paper* No. 21-25. To Break Up or Regulate Big Tech? Avenues to Constrain Private Power in the DSA/DMA Package, 2021. Disponível em: https://ssrn.com/abstract=3932809. p. 84-86. Acesso em: 10 fev. 2024.

FRAZÃO, Ana. *Big Data e repercussões anticoncorrenciais*. Disponível em: http://www.ibrac.org.br/UPLOADS/Eventos/392/Ana%20Fraz%C3%A3o.pdf. Acesso em: 20 ago. 2021.

FRIEDMAN, B., LIN, P., MILLER, J.K.: Informed consent by design. *In*: CRANOR, L.F., GARFINKEL, S. (eds.) *Security and Usability*, Cap. 24, p. 495–521, Sebastopol: O'Reilly Media, 2005 [livro digital sem paginação].

FRIEDMAN, Batya, FELTEN, Edward, and MILLETT, Lynette I., Informed Consent Online: A Conceptual Model and Design Principles, *CSE Technical Report*, Seattle: University of Washington, 2000.

GAUTIER, Axel; LAMESCH, Joe. Mergers in the Digital Economy. *Cesifo Working Paper*, n. 8056, 2020. Disponível em: https://ssrn.com/abstract=3529012; Acesso em: 30 set. 2023.

GERADIN, Damien; KUSCHEWSKY, Monika. *Competition law and personal data*: preliminary thoughts on a complex issue, 2013. Disponível em: https://ssrn.com/abstract=2216088. Acesso em: 31 mar. 2024.

GHOSH, Amitav. *O grande desatino*: mudanças climáticas e o impensável. Tradução: Renato Prelorentzou; São Paulo: Quina Editora, 2022.

GIBLIN, Rebecca; DOCTROW, Cory. *Chokepoint capitalism*: how big tech and big content captured creative labor markets and how we'll win them back. Boston: Beacon Press, 2022.

GOOGLE. *Descontinuação de cookies de terceiros*. Privacy Sandbox. S.d. Disponível em: https://developers.google.com/privacy-sandbox/3pcd?hl=pt-br. Acesso em: 30 abr. 2024.

GRAEF, Inge. Market definition and market power in data: the case of online platforms. *World Competition: Law and Economics Review*, v. 38, n. 4 (September, 2015), p. 473-506. Disponível em: https://ssrn.com/abstract=2657732. Acesso em: 07 out. 2023.

GRAEF, Inge. *Data as essential facility*: competition and innovation on online platforms. Tese (Doutorado em Direito) – Katholieke Universiteit Leuven, Faculty of Law, 2016. Supervisor: Prof. Dr. Peggy Valcke. Co-supervisor: Prof. Dr. Wouter Devroe. Disponível em: https://lirias.kuleuven.be/bitstream/123456789/539854/1/Final+draft+PhD+-+Inge+Graef+-+Data+as+Essential+Facility+-+30+May+2016.pdf. Acesso em: 26 abr. 2024.

GRAEF, Inge. Why End-User Consent Cannot Keep Markets Contestable. *In*: RICHTER, Heiko; STRAUB, Marlene; TUCHTFELD, Erik (Editores). *Max Planck Institute for Innovation and Competition Research Paper*, n. 21-25. To Break Up or Regulate Big Tech? Avenues to Constrain Private Power in the DSA/DMA Package, 2021. Disponível em: https://ssrn.com/abstract=3932809, p. 78 e ss. Acesso em: 10 fev. 2024.

GRAEF, Inge; GELLERT, Raphael. The European Commission's proposed Data Governance Act: some initial reflections on the increasingly complex EU regulatory puzzle of stimulating data sharing (March 25, 2021). *TILEC Discussion Paper,* N. DP2021-006, Available at SSRN: https://ssrn.com/abstract=3814721 or http://dx.doi.org/10.2139/ssrn.3814721. Acesso em: 13 fev. 2024.

GRAEF, Inge. The EU Regulatory Patchwork for Dark Patterns: An Illustration of an Inframarginal Revolution in European Law? (April 3, 2023). Forthcoming as a book chapter in Ramsi A. Woodcock, Toward an Inframarginal Revolution: Markets as Wealth Distributors, Cambridge University Press 2023, TILEC Discussion Paper, n. 2023-07, *Tilburg Law School Research Paper.* Disponível em: https://ssrn.com/abstract=4411537 or http://dx.doi.org/10.2139/ssrn.4411537, p. 5. Acesso em: 13 fev. 2024.

GRAEF, Inge; TOMBAL, Thomas. The regulation of access to personal and non-personal data in the EU: from bits and pieces to a system? *In*: *TILEC Discussion Paper*. Tilburg University, DP 2022-019, November, 2022, p. 14. Disponível em: https://ssrn.com/abstract=4304148. Acesso em: 16 abr. 2024.

GRAU, Eros Roberto. *A ordem econômica da Constituição de 1988*. 7. ed. São Paulo: Malheiros, 2008.

GRUNES, Allen P.; STUCKE, Maurice E. No mistake about it: the important role of antitrust in the era of big data. *The Antitrust Source,* April 2015. Disponível em: https://ssrn.com/abstract=2600051. Acesso em: 30 set. 23.

GUGGENBERGER, Nikolas. Moderating monopolies. *Berkeley Technology Law Journal*. Vol. 38, p. 119-172, 2023.

HALEVY, Alon; NORVIG, Peter; PEREIRA, Fernando. The Unreasonable Effectiveness of Data. *IEEE Computer Society*, 1541-1672, 2009.

HAN, Byung-Chul. *A sociedade do cansaço*. Tradução de Enio Paulo Giachini. Petrópolis: Vozes, 2017.

HAN, Byung-Chul. *O desaparecimento dos rituais*: uma topologia do presente. Tradução de Gabriel S. Philipson. Petrópolis-RJ: Vozes, 2021.

HAN, Byung-Chul. *Infocracia*: digitalização e a crise da democracia. Tradução de Gabriel S. Philipson. Petrópolis-RJ: Vozes, 2022.

HARCOURT, Bernard E. The expository society. *In*: HARCOURT, Bernard E. *Exposed*: Desire and Disobedience in the Digital Age. Cambridge: Harvard University Press, 2015, p. 21.

HARI, Johann. *Foco roubado*: os ladrões de atenção da vida moderna. Tradução de Luis Reyes Gil. São Paulo: Vestígio, 2023.

HASTIE, T., TIBSHIRANI, R., FRIEDMAN, J. *The Elements of statistical learning*: data mining, inference, and prediction. 2. ed. Springer: Nova Iorque, 2003.

HAYEK, Friedrich Auguste. *O caminho da servidão*. Tradução de Ana Maria Capovilla e outros. Rio de Janeiro: Expressão e Cultura e Instituto Liberal, 1987.

HÖPPNER, Thomas. *Data exploiting as an abuse of dominance*: the german Facebook decision. (Fev. 2019). Disponível em https://www.hausfeld.com/news-press/data-exploiting-as-an-abuse-of-dominance-the-german-facebook-decision. Acesso em: 09 set. 2023.

HUI, Yuk. *Tecnodiversidade*. Tradução de Humberto do Amaral. São Paulo: Ubu, 2020.

HUSTINX, Peter. *Privacy and competitiveness in the age of big data*: The interplay between data protection, competition law and consumer protection in the Digital Economy, March 2014. Bruxelas. Preliminary Opinion of the European Data Protection Supervisor. Disponível em: https://edps.europa.eu/data-protection/our-work/publications/opinions/privacy-and-competitiveness-age-big-data_en. Acesso em: 08 out. 2023.

HUTTON, Luke; HENDERSON, Tristan. Beyond the EULA: Improving Consent for Data Mining *In*: T. Cerquitelli *et al.* (eds.), Transparent Data Mining for Big and Small Data. *Studies in Big Data*, v. 11. Cham, Suíça: Springer Publishers, 2017.

JOHNSON, Joseph. *Google*: search engine market share in selected countries 2021. Jul 8, 2021. Disponível em: https://www.statista.com/statistics/220534/googles-share-of-search-market-in-selected-countries/. Acesso em: 09 set. 2023.

JUSTEN FILHO, Marçal. *Teoria geral das concessões de serviço público*. São Paulo: Dialética, 2003.

KETTEMANN, Mathias C. *The normative order of the internet*: a theory of rule and regulation online. Oxford: Oxford University Press, 2020.

KHAN, Lina M. Amazon's Antitrust Paradox. *The Yale Law Journal*, v. 126, p. 710-805, 2017.

KHAN, Lina M. The separation of platforms and commerce. *Columbia Law Review*, (Faculty Scholarship), v. 119, p. 973-1.098, 2019.

KUMAR, Ranjit. *Research Methodology*: a step-by-step guide for begginers. 3. ed. Londres: Sage, 2011.

LANDE, Robert H. and AVERITT, Neil W. and NIHOUL, Paul. 'Consumer Choice' is Where We are All Going - So Let's Go Together (April 1, 2011). *Concurrences: Revue des Droits de la Concurrence*, n. 2, p. 1-3, 2011, Available at SSRN: https://ssrn.com/abstract=1856061 or http://dx.doi.org/10.2139/ssrn.1856061. Acesso em: 28 out. 2023.

LANDE, Robert H., The Microsoft-Yahoo Merger: Yes, Privacy is an Antitrust Concern. FTC: Watch, n. 714, 2008, *University of Baltimore School of Law Legal Studies Research Paper*, n. 2008-06, Available at SSRN: https://ssrn.com/abstract=1121934. Acesso em: 28 out. 2023.

LANIER, Jaron. *Who owns the future?* New York: Simon & Schuster, 2013.

LASSERRE, B. MUNDT, A. *Competition law and big data*: the enforcers' view, in italian antitrust review, n. 1, 2017, pages 87-103. Disponível em: https://www.bundeskartellamt.de/SharedDocs/Publikation/EN/Fachartikel/Competition_Law_and_Big_Data_The_enforcers_view.pdf?__blob=publicationFile&v=2. Acesso em: 07 out. 2023.

LEHTINIEMI, Tuukka; RUCKENSTEIN, Minna. The social imaginaries of data activism. *Big Data & Society*, January–June 2019: 1–12. Sage Publishing: Los Angeles. Disponível em: https://journals.sagepub.com/doi/10.1177/2053951718821146. Acesso em: 22 out. 2023.

LEMLEY, Mark A.; CASEY, Bryan. Remedies for Robots. *The University of Chicago Law Review*, Print Article 86.5, 2019, 1311-1396. Disponível em: https://lawreview.uchicago.edu/print-archive/remedies-robots. Acesso em: 19 nov. 2023.

LERNER, A.V. The Role of "Big Data" in Online Platform Competition, *SSRN Working Paper*, 2014, available at http://papers.ssrn.com/sol3/papers.cfm? abstract_id=2482780, p. 62-63.

LESSIG, Lawrence. *Code*: version 2.0. Nova Iorque: Basic Books, 2006.

LÉVY, Pierre. *As tecnologias da inteligência*: o futuro do pensamento na era da informática. Tradução de Carlos Irineu da Costa. São Paulo: Editora 34, 1993.

LÉVY, Pierre. *O que é o virtual?* São Paulo: Editora 34, 1996.

LÉVY, Pierre. *Cibercultura*. Tradução de Carlos Irineu da Costa. São Paulo: Editora 34, 1999.

LOMAS, Natasha. EU looking into Apple's decision to kill Epic Games' developer account. *Tech Crunch*. Publicado em 07.03.24. Disponível em: https://techcrunch.com/2024/03/07/apple-epic-dev-account-dma. Acesso em: 05 abr. 2024.

LYON, David. Surveillance as Social Sorting: computer codes and mobile bodies. *In:* LYON, David. *Surveillance as social sorting*: privacy, risk and digital discrimination. Londres: Routledge, 2003.

LYON, David. *The electronic eye*: the rise of surveillance society. Minneapolis: University of Minnesota Press, 1994, p. 4.

MARSDEN, Christopher. *Internet Co-Regulation*. European Law, Regulatory Governance and Legitimacy in Cyberspace. Cambridge: Cambridge University Press, 2011.

MARTENS, Bertin; PARKER, Geoffrey; PETROPOULOS, Georgios; VAN ALSTYNE, Marshall. Towards Efficient Information Sharing in Network Markets. *In*: *TILEC Discussion Paper*. Tilburg University, DP 2021-014, November, 2021, p. 31-32. Disponível em: https://ssrn.com/abstract=3956256. Acesso em: 16 abr. 2024.

MARX, Karl. *O 18 Brumário de Luis Bonaparte*. 4. ed. São Paulo: Nova Cultural, 1987-88.

MARX, Karl. *Salário, preço e lucro*. 4. ed. São Paulo: Nova Cultural, 1987-1988.

McCRAW, Thomas K. *Prophets of Regulation*. Cambridge: Belknap Press, 1986.

MEIRA, Silvio. *Efeitos de rede e ecossistemas digitais* [VI]. 2023. Disponível em: https://silvio.meira.com/efeitos-de-rede-e-ecossistemas-figitais-vi/. Acesso em: 6 ago. 2023.

MENDONÇA, Nadir Domingues. *O uso dos conceitos*: uma tentativa de interdisciplinaridade. Petrópolis: Vozes, 1985.

MISES, Ludwig Von. *As seis lições*. Tradução de Maria Luiza X. de A. Borges. 2. ed. Rio de Janeiro: José Olympio e Instituto Liberal, 1986.

MOROZOV, Evgeny. *Big tech*: a ascensão dos dados e a morte da política. Tradução de Claudio Marcondes. 4. reimp. São Paulo: Ed. Ubu, 2018.

MYRDAL, Gunnar. *Solidaridad o desintegración*. Tradução para espanhol de Salvador Echevarría e Enrique González Pedrero. México D.F.: Fondo de Cultura Económica, 1956.

OCDE. *Supporting Investment in Knowledge Capital, Growth and Innovation*, (322), 2013. Disponível em: https://www.oecd-ilibrary.org/industry-and-services/supporting-investment-in-knowledge-capital-growth-and-innovation_9789264193307-en. Acesso em: 29 out 2023.

OCDE. *Start-ups, Killer Acquisitions and Merger Control*, 2020. Disponível em www.oecd.org/daf/competition/start-ups-killer-acquisitions-and-merger-control-2020.pdf. Acesso em: 09 set. 2023.

OCDE. Data portability, interoperability and digital platform competition, *OECD Competition Committee Discussion Paper*, 2021. Disponível em: http://oe.cd/dpic. Acesso em: 06 dez. 2023.

OCDE. *Supporting Investment in Knowledge Capital, Growth and Innovation*, 322 (2013). Disponível em: https://www.oecd-ilibrary.org/industry-and-services/supporting-investment-in-knowledge-capital-growth-and-innovation_9789264193307-en. Acesso em: 29 out. 2023.

OCDE. "Dark commercial patterns", *OECD Digital Economy Papers*, n. 336, OECD Publishing, Paris, 2022. Disponível em: https://doi.org/10.1787/44f5e846-en. Acesso em: 13 fev. 2024.

O'NEIL, Cathy. *Algoritmos de destruição em massa*. São Paulo: Ed. Rua do Sabão, 2020.

PARKER, Geoffrey; PETROPOULOS, Georgios; VAN ALSTYNE, Marshall W. Digital Platforms and Antitrust. *Concurrences*: Antitrust Writing Awards, 2021. Disponível em: https://ssrn.com/abstract=3608397, p. 20-22. Acesso em: 25 abr. 2024.

PARKER, Geoffrey; PETROPOULOS, Georgios; Marshall, VAN ALSTYNE. 'In situ" data rights. *Communications Of The Acm*, December 2021, vol. 64, No. 12, p. 34. Acesso em: 10 out. 2023. Disponível em: ttps://www.researchgate.net/publication/356687486.

PARLAMENTO EUROPEU. Regulamento Inteligência Artificial: Parlamento aprova legislação histórica. *Comunicado de Imprensa do Parlamento Europeu*. Disponível em: https://www.europarl.europa.eu/news/pt/press-room/20240308IPR19015/regulamento-inteligencia-artificial-parlamento-aprova-legislacao-historica. Acesso em: 06 abr. 2024.

PASQUALE, Frank. *New laws of robotics*: defending human expertise in the age of AI. Cambridge e Londres: The Belknap Press of Harvard University Press, 2020.

PASQUALE, Frank. *The black box society*: the secret algorithms that control money and information. Cambridge: Harvard University Press, 2015.

PASQUINELLI, Matteo. *The eye of the master*: a social history of artificial intelligence. Londres: Verso, 2023.

PEREZ, Sarah. To comply with DMA, WhatsApp and Messenger will become interoperable via Signal protocol. *Tech Crunch*. Publicado em 06.03.24. Disponível em: https://techcrunch.com/2024/03/06/to-comply-with-dma-whatsapp-and-messenger-will-become-interoperable-via-signal. Acesso em: 05 abr. 2024.

PEREZ, Amanda. Apple will make it easier to move to Android by fall 2025. *Tech Crunch.* Publicado 07.03.2024. Disponível em https://techcrunch.com/2024/03/07/apple-will-make-it-easier-to-move-to-android-by-fall-2025. Acesso em: 06 abr. 2024.

PETIT, Nicolas. *Big tech and the digital economy*: the moligopoly scenario. Oxford: Oxford University Press, 2020.

PETIT, Nicolas. TEECE, David J. *Taking Ecosystems Competition Seriously in the Digital Economy*: A (Preliminary) Dynamic Competition/Capabilities Perspective (December 9, 2020). OCDE, 2020. Disponível em: https://ssrn.com/abstract=3745453. Acesso em: 09 set. 2021.

PITRUZZELLA, G. Big Data and Antitrust Enforcement. *Italian Antitrust Review*, n. 1, 2017, pages 77-86, Disponível em: http://a-p-p-review.com/article/view/12609. Acesso em: 10 out. 2023.

PORTER, Jon. Ad-free Facebook might get way cheaper to appease EU regulators. *The Verge.* Publicado em 19.03.24. Disponível em: https://www.theverge.com/2024/3/19/24105660/meta-ad-free-subscription-facebook-instagram-gdpr-dma-eu-privacy-regulation. Acesso em: 06 abr. 2024.

POSNER, Richard A. Antitrust in the new economy. *Chicago John M. Olin Law & Economics Working Paper*, n. 106 (2D Series). The University of Chicago Law School, 2000, p 10-11. Disponível em: http://papers.ssrn.com/paper.taf?abstract_id=249316. Acesso em: 11 mar. 2024.

PRADO, Priscila. *Fósforo*. Curitiba: Donizela, 2024.

RAWLS, John. *Justiça e democracia*. Tradução de Irene A. Paternot. São Paulo: Martins Fontes, 2000.

RICHTER, Heiko; STRAUB, Marlene; TUCHTFELD, Erik (Editores). *Max Planck Institute for Innovation and Competition Research*, Paper n. 21-25. To Break Up or Regulate Big Tech? Avenues to Constrain Private Power in the DSA/DMA Package, 2021. Disponível em: https://ssrn.com/abstract=3932809. Acesso em: 10 fev. 2024.

RIFKIN, Jeremy. *The age of access*: The new culture of hypercapitalism, where all of life is a paid-for experience. New York: Penguin Putnam Inc., 2000.

RODOTÁ, Stefano. *Solidarietà*: Un'utopia necessaria. Roma: Editori Laterza, 2014.

RODOTÀ, Stefano. *Tecnologie e diritti*, Bologna: Il Mulino, 1995

RODRIGUES, Giovane; TRANJAN, Tiago. Os frutos que calculavam: o que Wittgenstein tem a dizer sobre a capacidade de pensar da inteligência artificial. *Revista Piauí*, ed. 207, dez. 2023, p. 56-57.

RUSSELL, Stuart J.; NORVIG, Peter. *Artificial intelligence*: a modern approach. 3. ed. Nova Jersey: Prentice Hall, 2010 (1995).

SALOMÃO FILHO, Calixto. *Direito concorrencial*. 2. ed. Rio de Janeiro: Grupo GEN, 2021.

SCHWAB, Andreas. *Draft report on the proposal for a regulation of the European Parliament and of the Council Contestable and fair markets in the digital sector (Digital Markets Act)*. European Parliament. IMCO_PR(2021)692792. (COM(2020)0842 - C9-0419/2020 - 2020/0374(COD)) Committee on the Internal Market and Consumer Protection, 2021. Disponível em: https://www.europarl.europa.eu/doceo/document/IMCO-PR-692792_EN.html. Acesso em: 16 abr. 2024.

SILBERLIN, Amanda. Fortnite is coming back to iOS in Europe (for real this time). *Tech Crunch*. Publicado 08.03.2024. Disponível em https://techcrunch.com/2024/03/08/fortnite-europe-ios-apple-epic/. Acesso em: 05 abr. 2024.

SILVEIRA, Sérgio Amadeu da. A noção de modulação e os sistemas algorítmicos (33-47). *In*: SOUZA, Joyce; AVELINO, Rodolfo; SILVEIRA, Sérgio Amadeu da. *A Sociedade de controle*: manipulação e modulação nas redes digitais. 2. ed. São Paulo: Hedra, 2021.

SILVEIRA, Sérgio Amadeu da. A hipótese do colonialismo de dados e o neoliberalismo (32-50). *In*: SOUZA, Joyce; CASSINO, João Francisco; SILVEIRA, Sérgio Amadeu da. *Colonialismo de dados*: como opera a trincheira algorítmica na guerra neoliberal. 2. ed. São Paulo: Autonomia Literária, 2021.

SIMILARWEB. *Ranking de sites mais visitados do mundo em fevereiro de 2024* (última atualização em 01.03.2024). Disponível em: https://www.similarweb.com/pt/top-websites/. Acesso em: 09 mar. 2024.

SIMILARWEB. *Ranking dos sites de mecanismos de pesquisa mais visitados em fevereiro de 2024*. (última atualização em 01.03.2024). Disponível em: https://www.similarweb.com/pt/top-websites/computers-electronics-and-technology/search-engines/. Acesso em: 09 mar. 2024.

SIMILARWEB. *Search Engines Market Share* (June 2023). Disponível em: https://www.similarweb.com/engines/. Acesso em: 09 mar. 2024.

SIMILARWEB. *Ranking de sites de Streaming e TV online mais visitados do mundo em fevereiro de 2024* (última atualização em 01.03.2024). Disponível em: https://www.similarweb.com/pt/top-websites/arts-and-entertainment/tv-movies-and-streaming/. Acesso em: 09 mar. 2024.

SIMILARWEB. *Ranking de sites de redes sociais mais visitados do mundo em fevereiro de 2024* (última atualização em 01.03.2024). Disponível em: https://www.similarweb.com/pt/top-websites/arts-and-entertainment/tv-movies-and-streaming/. Acesso em: 09 mar. 2024.

SIMILARWEB. *Ranking de sites Marketplace mais visitados do mundo em fevereiro de 2024* (última atualização em 01.03.2024). Disponível em: https://www.similarweb.com/pt/top-websites/e-commerce-and-shopping/marketplace/. Acesso em: 09 mar. 2024.

SHIRKY, Clay. *A cultura da participação*: criatividade e generosidade no mundo conectado. Tradução de Celina Portocarrero. São Paulo: Zahar, 2011.

SMITH, Adam. *A riqueza das nações*: investigação sobre sua natureza e suas causas (1776). v. I. Tradução de Luiz João Baraúna. São Paulo: Nova Cultural, 1996.

SNIJDERS, C.; MATZAT, U.; REIPS, U.D. 'Big Data': Big gaps of knowledge in the field of Internet. *International Journal of Internet Science*, 7: 1–5, 2012.

SOKOL, Daniel; COMERFORD, Roisin. Antitrust and Regulating Big Data. *UF Law Faculty Publications*, Rev. 1129, 2016. Disponível em: /https://scholarship.law.ufl.edu/cgi/viewcontent.cgi?article=1817&context=facultypub. Acesso em: 30 set. 2023, p. 34.

SOUTO, Marcos Juruena Villela. *Desestatização*: privatização, concessões, terceirizações e regulação. 4. ed. Rio de Janeiro: Lumen Juris, 2001.

STATISTA. *As redes sociais mais populares em todo o mundo até janeiro de 2024, classificadas pelo número de usuários ativos mensais (em milhões)* (última atualização em janeiro de 2024). Disponível em: https://www.statista.com/statistics/272014/global-social-networks-ranked-by-number-of-users/. Acesso em: 09 mar. 2024.

STATISTA. *Os marketplaces mais populares no mundo em dezembro de 2023, baseado no número de visitas* (publicado em janeiro de 2024). Considerados apenas acessos por desktop. Disponível em: https://www.statista.com/statistics/1332178/global-market-share-leading-marketplaces/. Acesso em: 09 mar. 2024.

STATISTA / SYNERGY RESEARCH GROUP. *Worldwide market share of leading cloud infrastructure service providers in Q4 2023*. Disponível em: https://www.statista.com/chart/18819/worldwide-market-share-of-leading-cloud-infrastructure-service-providers/. Acesso em: 09 mar. 2024.

STAT COUNTER. *Frequently Asked Questions*. Disponível em: https://gs.statcounter.com/faq#social-media-methodology. Acesso em: 09 mar. 2024.

STAT COUNTER. *Social Media Stats Worldwide* (Feb 2023 - Feb 2024). Disponível em: https://gs.statcounter.com/social-media-stats. Acesso em: 09 mar. 2024.

STAT COUNTER. *Mobile Operating System Market Share Worldwide* (Feb 2023 - Feb 2024). Disponível em: https://gs.statcounter.com/os-market-share/mobile/worldwide. Acesso em: 09 mar. 2024.

STAT COUNTER. *Desktop Operating System Market Share Worldwide* (Feb 2023 - Feb 2024). Disponível em: https://gs.statcounter.com/os-market-share/desktop/worldwide. Acesso em: 09 mar. 2024.

STUCKE, Maurice E.; GRUNES Allen P. *Big Data and competition policy*. Oxford: Oxford University Press, 2016.

STUCKE, Maurice E. *Breaking Away*: How to Regain Control Over Our Data, Privacy, and Autonomy. Nova Iorque: Oxford University Press, 2022.

SUPREME COURT OF THE UNITED STATES. *Justices 1789 to Present*. Disponível em: https://www.supremecourt.gov/about/members_text.aspx. Acesso em: 1 out. 2023.

SWIRE, P. *Protecting Consumers*: Privacy matters in antitrust analysis, CCTr. for Am. Progress, 19 out. 2007. Disponível em: https://www.americanprogress.org/article/protecting-consumers-privacy-matters-in-antitrust-analysis/. Acesso em: 28 out. 2023.

TARNOFF, Ben. *Internet for the People*. 1. ed. Nova Iorque: Verso, 2022.

TAYLOR, Dan. DOJ's lawsuit ignores the enormous competition in the online advertising industry. Public Policy. *Google*. The Keyword. Publicado em 24.01.23. Disponível em: https://blog.google/outreach-initiatives/public-policy/doj-ad-tech-lawsuit-response/. Acesso em: 30 abr. 2024.

TIROLE, Jean. *Economia do bem comum*. Tradução de André Telles.Rio de Janeiro: Zahar, 2020.

TURING, Alan M. Computing Machinery and Intelligence. *Mind 49*, p. 433-460. Disponível em: https://academic.oup.com/mind/article/LIX/236/433/986238. Acesso em: 19 nov. 2023.

UNIÃO EUROPEIA. Tipos de legislação. *União Europeia*. S.D. Disponível em: https://european-union.europa.eu/institutions-law-budget/law/types-legislation_pt. Acesso em: 28 abr. 2024.

UNIÃO EUROPEIA. Tratado sobre o Funcionamento da União Europeia (TFUE). 26.10.2012 *Jornal Oficial da União Europeia* C 329/49. Disponível em: https://eur-lex.europa.eu/LexUriServ/LexUriServ.do?uri=CELEX:12012E/TXT:PT:PDF. Acesso em: 21 ar. 2024.

UNIÃO EUROPEIA. Comunicação da Comissão ao Parlamento Europeu, ao Conselho, ao Comité Económico e Social Europeu e ao Comité das Regiões. Estratégia para o Mercado Único Digital na Europa {SWD(2015) 100 final}. *Jornal Oficial da União Europeia*, Bruxelas, Bélgica, 6.5.2015. COM(2015) 192 final. Disponível em: https://eur-lex.europa.eu/legal-content/PT/TXT/PDF/?uri=CELEX:52015DC0192. Acesso em: 10 dez. 2023.

UNIÃO EUROPEIA. Proposta de Regulamento do Parlamento Europeu e do Conselho que Estabelece Regras Harmonizadas em Matéria de Inteligência Artificial (Regulamento Inteligência Artificial) e altera determinados atos legislativos da União. *Jornal Oficial da União Europeia*, Bruxelas, Bélgica, 21 abr. 2021 COM(2021) 206 (final), 2021/0106 (COD). Disponível em: https://eur-lex.europa.eu/resource.html?uri=cellar:e0649735-a372-11eb-9585-01aa75ed71a1.0004.02/DOC_1&format=PDF. Acesso em: 10 dez. 2023.

UNIÃO EUROPEIA. Regulamento (UE) 2022/1925 relativo à disputabilidade e equidade dos mercados no setor digital e que altera as Diretivas (UE) 2019/1937 e (UE) 2020/1828 (Regulamento dos Mercados Digitais). *Jornal Oficial da União Europeia*, Bruxelas, Bélgica, v. L 265/1, p. 2, 14 set. 2022a. Disponível em: https://data.consilium.europa.eu/doc/document/PE-17-2022-INIT/pt/pdf. Acesso em: 29 ago. 2023.

UNIÃO EUROPEIA. Regulamento (UE) 2022/2065 do Parlamento Europeu e do Conselho de 19 de outubro de 2022 relativo a um mercado único para os serviços digitais e que altera a Diretiva 2000/31/CE (Regulamento dos Serviços Digitais). *Jornal Oficial da União Europeia*, Bruxelas, Bélgica, 27 out. 2022b L 277/1. Disponível em: https://eur-lex.europa.eu/legal-content/PT/TXT/PDF/?uri=CELEX:32022R2065. Acesso em: 10 dez. 2023.

UNIÃO EUROPEIA. Regulamento (UE) 2016/679 do Parlamento Europeu e do Conselho de 27 de abril de 2016 relativo à proteção das pessoas singulares no que diz respeito ao tratamento de dados pessoais e à livre circulação desses dados e que revoga a Diretiva 95/46/CE (Regulamento Geral sobre a Proteção de Dados), *Jornal Oficial da União Europeia*, Bruxelas, Bélgica, 4 maio 2016 L 119/1. Disponível em: https://eur-lex.europa.eu/legal-content/EN/TXT/PDF/?uri=CELEX:32016R0679. Acesso em: 10 dez. 2023.

UNIÃO EUROPEIA. Tratado da União Europeia (Versão Consolidada). Publicado em 7.6.2016, Bruxelas: *Jornal Oficial da União Europeia*. Disponível em: https://eur-lex.europa.eu/resource.html?uri=cellar:9e8d52e1-2c70-11e6-b497-01aa75ed71a1.0019.01/DOC_2&format=PDF. Acesso em: 28 abr. 2024.

UNIÃO EUROPEIA. Regulamento (UE) 2019/1150 do Parlamento Europeu e do Conselho de 20 de junho de 2019 relativo à promoção da equidade e da transparência para os utilizadores profissionais de serviços de intermediação em linha. *Jornal Oficial da União Europeia*, Bruxelas, Bélgica, 11 jul. 2019 L 186/57. Disponível em: https://eur-lex.europa.eu/legal-content/PT/TXT/PDF/?uri=CELEX:32019R1150. Acesso em: 10 dez. 2023.

UNIÃO EUROPEIA. Regulamento do Parlamento Europeu e do Conselho relativo ao respeito pela vida privada e à proteção dos dados pessoais nas comunicações eletrônicas e que revoga a Diretiva 2002/58/CE (Regulamento relativo à privacidade e às comunicações eletrônicas). *Jornal Oficial da União Europeia*, Bruxelas, Bélgica, 10.1.2017 COM(2017) 10 final 2017/0003 (COD). Disponível em: https://eur-lex.europa.eu/legal-content/PT/TXT/PDF/?uri=CELEX:52017PC0010. Acesso em: 10 dez. 2023.

UNIÃO EUROPEIA. Carta dos Direitos Fundamentais da União Europeia. *Jornal Oficial das Comunidades Europeias*, Bruxelas, Bélgica, 18.12.2000 C364/1. Disponível em: https://www.europarl.europa.eu/charter/pdf/text_pt.pdf. Acesso em: 10 dez. 2023.

UNIÃO EUROPEIA. Regulamento (UE) 2023/2854 do Parlamento Europeu e do Conselho de 13 de dezembro de 2023 relativo a regras harmonizadas sobre o acesso equitativo aos dados e a sua utilização e que altera o Regulamento (UE) 2017/2394 e a Diretiva (UE) 2020/1828 (Regulamento dos Dados). *Jornal Oficial da União Europeia*, Bruxelas, Bélgica, 22 de dezembro de 2023. Disponível em: http://data.europa.eu/eli/reg/2023/2854/oj. Acesso em: 16 abr. 2024.

UNIÃO EUROPEIA. Regulamento (UE) 2022/868 do Parlamento Europeu e do Conselho de 30 de maio de 2022 relativo à governação europeia de dados e que altera o Regulamento (UE) 2018/1724 (Regulamento Governação de Dados). *Jornal Oficial da União Europeia*, Bruxelas, Bélgica, 3 de junho de 2022c L 152/2. Disponível em: https://eur-lex.europa.eu/legal-content/PT/TXT/PDF/?uri=CELEX:32022R0868. Acesso em: 16 abr. 2024.

UNIÃO EUROPEIA. Resolução legislativa do Parlamento Europeu, de 13 de março de 2024, sobre a proposta de regulamento do Parlamento Europeu e do Conselho que estabelece regras harmonizadas em matéria de inteligência artificial (Regulamento Inteligência Artificial) e altera determinados atos legislativos da união. *Jornal Oficial da União Europeia*, Bruxelas, Bélgica, 13.03.2024 COM(2021)0206 – C9-0146/2021 – 2021/0106(COD)). Disponível em: https://www.europarl.europa.eu/doceo/document/TA-9-2024-0138_PT.pdf01aa75ed71a1.0004.02/DOC_1&format=PDF. Acesso em: 06 abr. 24.

U.S. DEPARTMENT OF JUSTICE, OFFICE OF PUBLIC AFFAIRS. Justice Department Sues Google for Monopolizing Digital Advertising Technologies. *Press Release*. Publicado em 24.01.23. Disponível em: https://www.justice.gov/opa/pr/justice-department-sues-google-monopolizing-digital-advertising-technologies. Acesso em: 30 abr. 2024.

VÉLIZ, CARISSA. *Privacidade é poder*: como e por que você deveria retomar o controle de seus dados. Tradução de Samuel Oliveira. São Paulo: Contracorrente, 2021.

VELOSO, Caetano. Um índio. 1977. Álbum: *Bicho*. Formato: LP. Rio de Janeiro: PolyGram.

WACHOWICZ, Marcos; LANA, Pedro de Perdigão. Entendendo a fragmentação da Internet a partir de aspectos fundamentais sobre regulação, soberania digital e a experiência da União Europeia *In*: PINTO, Eduardo Vera-Cruz e MARQUES DA SILVA, Marco Antônio. (coord.) *Direito e ciberespaço*: coletânea de artigos da revista digital CyberLaw by CIJIC. São Paulo: Quartier Latin, 2023.

WARREN, Tim. Apple to allow iOS app downloads direct from websites in the EU. *The Verge*. Publicado em 12.03.24. Disponível em: https://www.theverge.com/2024/3/12/24098334/apple-ios-web-distribution-eu-app-store-changes Acesso em: 05 abr. 2024.

WHISH, Richard; BAILEY, David. *Competition law*. 7. ed. Oxford: Oxford University Press, 2012.

WITTGENSTEIN, Ludwig. *Investigações filosóficas*. Tradução, organização, apresentação e vocabulário crítico de Giovane Rodrigues e Tiago Tranjan. São Paulo: Fósforo, 2022, [livro digital].

WU, Tim. *Attention merchants*: the epic struggle to get inside our heads. London: Atlantic Books, 2017.

WU, Tim. *The curse of bigness*: antitrust in the new gilded age. New York: Columbia Global Reports, 2018, p. 136.

WU, Tim. *The master switch*. Nova York: Random House (Vintage Books), 2010.

YUN, John M. *The role of Big Data in antitrust*. 2020. Disponível em: https://ssrn.com/abstract=3733677. Acesso em: 30 set. 23.

ZIMMER, Daniel. Digital markets: new rules for competition law. *Journal of European Competition Law & Practice*, v. 6, issue 9, n. 2015, p. 627–628, https://doi.org/10.1093/jeclap/lpv049.

ZUBOFF, Shoshana. *A era do capitalismo de vigilância*: a luta por um futuro humano na nova fronteira do poder. 1. ed. Rio de Janeiro: Intrínseca, 2021.

Esta obra foi composta em fonte Palatino Linotype, corpo 10
e impressa em papel Pólen Bold 70g (miolo) e Supremo 250g (capa)
Gráfica Formato.